谨将此书献给

中华人民共和国六十周岁生日

《道德经》新诠

——道即价值体系论

岳德常 著

黄河水利出版社

·郑 州·

内 容 提 要

社会主义核心价值体系是我们党努力推进马克思主义中国化的新成果，依据这个新成果，本书提出了一个新论点：老子所说的“道”就是价值体系，老子所说的“常道”即是社会主义核心价值体系。围绕这个新论点，本书对《道德经》进行了新的诠释，把老子的学说与现代政治科学的新成果有机地结合起来，承袭了中华文化注重“闻道”的优秀传统，深入探讨了建设社会主义核心价值体系这一战略目标的深厚历史内涵；在把中华民族的古老智慧运用于认识和解答现实问题的同时，也把中国哲学、西方哲学和马克思主义有机地联系起来，为占领人类精神的制高点奠定了基础，这对我们构建和谐社会和实现中华民族的伟大复兴具有重要意义。

图书在版编目（CIP）数据

《道德经》新诠：道即价值体系论 / 岳德常著. —郑州：黄河水利出版社，2009.7（2015年3月修订重印）

ISBN 978-7-80734-668-5

Ⅰ. 道…　Ⅱ. 岳…　Ⅲ. ①道家 ②老子—研究 ③中国特色—社会主义建设模式—研究　Ⅳ. B223.15　D616

中国版本图书馆CIP数据核字（2009）第103697号

出 版 社：黄河水利出版社

地址：河南省郑州市顺河路黄委会综合楼14层　邮编：450003

发行单位：黄河水利出版社

发行部电话：0371-66026940、66020550、66022620(传真)

E-mail：hhslcbs@126.com

承印单位：河南省瑞光印务股份有限公司

开本：720 mm×1000 mm　1/16

印张：24.5

字数：389千字　　印数：3501—4500

版次：2009年7月第1版　　印次：2009年7月第1次印刷

2011年2月第2次印刷

2015年3月第3次印刷

定价：36.00元

前言：跨越两千五百年的对话

——老子所说的“道”即是我们现在所说的价值体系

2006年10月，党的十六届六中全会首次提出了建设社会主义核心价值体系的新目标，这是我们党执政近六十年来不懈奋斗、艰苦探索、努力推进马克思主义中国化的又一新成果，把我们对人性与人类社会组织运行规律的认识向前推进了一大步，对于巩固马克思主义在意识形态领域的指导地位、巩固全党全国人民团结奋斗的共同思想基础、引导全社会在思想道德上共同进步、实现构建和谐社会的伟大目标，具有十分重大而深远的意义。

除对价值体系问题怀有兴趣外，我和许多中国人一样，对《道德经》的博大精深怀有一种深深的敬畏。在好奇心的驱使下，我也很想知道老子所说的“道”究竟是什么。在寻找这个解答的过程中，我突然有了一个领悟：老子所说的“道”就是价值体系；与之相对应的，老子所说的“常道”就是社会主义核心价值体系；我把这个领悟称为“道即价值体系论”。西方人不是喜欢搞一些哥德巴赫猜想之类的东西么，我觉得这个领悟也可算是一个猜想，而且是更具重要意义的猜想，值得为它下功夫寻找证明。

要想证明这个猜想，就要把《道德经》从头到尾检视一遍，看看其中有哪些文字符合这个猜想，又有哪些不符合这个猜想，找出合理解释，于是就要对《道德经》重新进行一次诠释。尽管本人缺少这方面的经验，但既然提出了这个猜想，那就必须鼓起勇气，先试试再说。

在运用“道即价值体系论”诠释《道德经》之前，我首先要对老子所说的“道”与现代人所说的“价值体系”之间的联系谈点看法。

一、价值体系问题对于人的生命过程的重要性

所谓价值体系，也即是由人们所意识到的各种需要组成的体系，它的发

展演变过程，便是人类需要的成长过程，也是人类对自身需要的认识过程。

与动物千篇一律地重复着同样的生活道路不同，人是未完成的、不确定的，他的需要处于发展变化之中。“自然似乎没有把他铸成就将其放到世界中；自然没有做出关于他的最后决定，而是在某种程度上让他成为不确定的东西。因此，人必须独自地完善他自己……必须试图依靠自己的努力解决他那专属他自己的问题。”[①]小朋友不具有成年人的需要，但那些需要仍然潜在地蕴含在其身体内，随着其身体的成长过程，自然就要逐步地发育出来，这就像一粒树种潜在地包含着长成一棵大树的可能性一样；同样道理，尽管原始人不具有现代人所具有的需要，这些需要仍然蕴含在人的整个价值体系之中。人类社会的发展过程也就是这个价值体系的展开过程，这是一个漫长的精神进化之旅，同时也是一个自然历史过程。

与动物和植物的成长过程不同，人类价值体系的展开过程还伴随着一个自我认识过程；人的需要本来就蕴含在人体之中，对于那些基本需要来说，它们会自动地表现出来，驱使人们寻找满足它们的办法；而对那些高层次的需要来说，诸如赢得社会尊重、爱和自我实现的需要，人们能否把它们发展出来，则要取决于人们对它们的认识程度。如果人们有足够的能力认识到那些高层次需要，便可以自觉主动地创造条件去实现它，并在追求这些需要的过程中，充分地、全面地发展自己，与社会和自然保持和谐，圆满地走过生命的各个阶段。但如果人们认识不到那些高层次的需要，始终把基本需要作为核心价值，就会形成畸形、不合理的价值体系，从而把自己引入歧途，违反人的自然，戕害人的天性；在这种低水平价值体系的主导下，人们就会如老子所说的那样，“不知常，妄作，凶”。“正如古人已看到的，知识和德行的可能性也包含着错误和罪恶的可能性。人可能把自己提升为一种值得敬慕的、令人惊奇的事物，但‘腐败了的最好的东西就是最坏的东西’（亚里士多德）：人也可能利用他自我形成的能力而‘变得比任何野兽更野蛮’。”[②]

由于存在着变得更野蛮的危险性，所以人就必须尽早地认识“常道”，以引导自己正常健康地发展。就像迷宫里的老鼠急于找到出口一样，人必须尽快地找到“常道”——那个大自然为人类所设定的终极目标，才能找到真正的

[①]兰德曼．哲学人类学[M]．上海：上海译文出版社，1988：202．
[②]同上，203．

"自我"。那个"常道"本来就存在于我们自己身上，但我们却不能在一开始就发现它，必须经历一个漫长的觉悟过程，才能找到"常道"，此即闻道。那些没闻道的人们，尽管不知道什么是价值体系，也仍然下意识地坚守着某种低水平的价值体系，这就是老子所说的"道可道，非常道"；在这种低层次价值体系的驱使下，走上人生歧途。在《阿房宫赋》中，杜牧曾就后人对前人的"哀之而不鉴之"大发感慨，其实不仅是当政者会犯这种错误，在时代潮流中漂流的普通民众又何尝不是如此呢？闻道至关重要，它是生命过程中的一个质的飞跃，只有闻道了，人们才能走出杜牧所发现的那个怪圈。是做一个真正的人还是做一个会说话的野兽，是做君子还是做小人，区别就在于人们所坚守的价值体系的高度。所以孔夫子把闻道看作生命的最高价值，他说"朝闻道，夕死可矣"。

综上所述，价值体系是与每一个人的生命息息相关的东西，闻道是人生的永恒主题，任何一个热爱生命的人迟早都要接触到这个题目。老子率先深入到这个问题，并进行了系统研究，这正是其五千言之所以魅力永存的原因所在。

二、价值体系进化过程所经历的四个范式

闻道并非仅仅是一件个人事务，而是一个必须在社会集体进步过程中才能实现的目标。黑格尔很早就发现了时代精神有一个自我运动的过程，并试图找到其内在逻辑。当我们深入认识到价值体系问题以后，便会发现，黑格尔所说的时代精神的自我运动，也无非就是社会价值体系的进化过程。马克思曾经说过："整个历史也无非是人类本性的不断改变而已。"[①]换作现在的说法，这也就是说，整个历史也无非是人类价值体系的不断进化过程而已。

就像一粒种子要经历发芽、成长、开花和结果的发展过程一样，人类价值体系的成长过程也是一个必然的有次序的成长过程。在此过程中它经历了一系列历史发展阶段；在每一个历史阶段中，都有一个价值处于这个时代的价值体系的核心地位；在不同的历史阶段，其价值体系中的核心价值也各不相同，它们也有一个由低级到高级的成长过程；围绕着这个价值体系的成长

[①]马克思，恩格斯．马克思恩格斯选集：第1卷[M]．北京：人民出版社，1995：172.

过程，社会的各个组成部分诸如经济基础、上层建筑也经历了一系列成长过程。人们可以从不同的角度来考察这个成长过程，把它描述为阶级斗争史，或者是政治制度演变史，或者说是生产力发展史，或者说是科学技术进步史，但要想抓住其核心或本质，还是要考察价值体系的成长史。价值体系的成长过程也无非就是人的需要的展开过程，或者说是人们对自身需要的认识的不断觉醒过程，原来处于潜意识之中的需要，上升到人们的意识层面，成为人们自觉追求的核心价值。这个成长过程最集中地体现在哲学史里面，我们可以把它概括为前后相继的四个阶段，或者用库恩的话来说，就是四个哲学范式[①]。

1. 第一级范式产生于人类认识外部世界的需要，简称为本原论范式。

这个范式对应于人类的好奇心、研究科学的兴趣、求真的需要、爱智慧的需要，这是人类的永恒需要。即使是进入了下几级哲学范式，它依然是人生的基本需要。

这一范式产生于雅斯贝斯所说的轴心期之前，“人类知识的最初阶段一定是全部都只涉及外部世界的，因为就一切直接需求和实践利益而言，人都是依赖于他的自然环境的。”[②]为了合理行动以维持生存，人类就必须认识外部世界，比如为了适时播种，人们就要研究天文现象、气候变化和植物生长的规律；为了避免自然灾害，人类就必须研究天地水火等自然现象的规律。刚从动物界分化出来人们，生存的自然必然性以及好奇心驱使他们弄明白这个世界的来历，力图在杂乱无章的现象背后，找到本质性的东西。在这个哲学发展的初级阶段，人们只能把世界的本原归结为一些可感知的事物，如泰利士就认为水为万物的根本，后来的赫拉克利特认为宇宙是“一团永远活生生的火”。我们中国则有“五行”学说，把世界设想为这些基本原素的产物，万物产生于它们，又复归于它们，循环不已。

把这种范式应用于对人自身的认识，哲学家们于是就要寻找人的本质属

---

①范式的概念和理论由美国著名科学哲学家托马斯·库恩提出，在《科学革命的结构》中进行了系统阐述。它是科学家集团所共同接受的一组假说、理论、准则和方法的总和，这些东西构成了科学家们的共同信念，它不仅是一个科学家集团团结一致、协同探索的纽带，而且是其进一步研究和开拓的基础；不仅能赋予任何一门新学科以自己的特色，而且决定着它的未来和发展。

②恩斯特·卡西尔．人论[M]．上海：上海译文出版社，1985：5．

性。据说柏拉图把人定义为“长着两条腿的、没有羽毛的动物”，于是第欧根尼就提着一只拔光了毛的鸡，讥笑他说：“瞧，这就是柏拉图的‘人’！”这个寻找人的本质属性的认识过程不断深入，后来有人把人进一步定义为“会说话的动物”、“理性的动物”、“伦理的动物”、“宗教的动物”。但由于不管在体质形态上，还是在社会属性上，人与动物的差异都是无限多的，如果用人的某种属性来规定人，肯定是片面的；但如果要想用“穷举法”把人的所有属性描述出来，这又是不可能的。因此在本原论范式的范围内来认识人，不仅不完全，而且根本就不可能。这个问题又与世界起源问题、人的起源问题难分难解地交织在一起，在找不到答案的地方，人们便用想象来填补空白，认为上帝先创造了世界，然后又创造了人。由于上帝的加入，引入了善与恶的意识，开辟了人类精神发展的新方向，哲学于是便过渡到下一级范式。

2. 第二级范式唤醒人类关于善恶的意识，简称为善恶论范式。

这个范式产生于约束人类本能中的兽性、把人类团结起来以应对生存难题的需要。人类的威胁不仅来自外部世界，而且还来自人类自身。如果没有向上的引力来引导人性、驯服人的与生俱来的野性，人类便会堕落到动物式的存在水平上，社会就无法稳定运行，在日益加剧的内耗中自我毁灭。要避免这种结局，人类就要形成关于善恶的认识，在道德不断提升的基础上建立社会秩序。这个范式以引导人性去恶向善为核心价值。老子、孔子、墨子等圣贤都教导人类去恶向善，不管是主张性善论的孟子还是主张性恶论的荀子，其目标都是为了引导人性向善；在中国以外的地方，则有苏格拉底、柏拉图、佛陀、基督和穆罕默德等人向民众宣传他们发现的真理或者戒律，其目标也同样是为了引导人类去恶向善。

雅斯贝斯把人性中这种去恶向善的需求萌发出来的时期称为轴心期，在这个时期，地球的几个不同地域都有人“意识到整体的存在、自身和自身的限度。人类体验到世界的恐怖和自身的软弱。面对空无，他力求解放和拯救。”[①]人类的社会结合本来是为了更好地生存，但由于人类自身的缺陷，却反过来制造了矛盾对立与灾难，威胁人类自身的生存。这就迫使那些特别敏感的人们把追寻世界本原的目光收回来，关注自身的命运。“一切高级宗教、高级哲

[①][德]卡尔•雅斯贝斯．历史的起源与目标[M]．北京：华夏出版社，1989：8．

学，对人的行动都进过同样的切合实际的良言，都指出人的最高目的就是要克制自己，不能为满足贪欲而企图统治宇宙；并指明克制自己的目的就在于为超越自己的某种东西而献身。”[①]

东方的圣贤与西方的先知们具有充分发展的人性，他们以仁慈悲悯的目光关注着人类的苦难，寻找其中的原因并力图找到救治的方案。为了驯化人类从动物界进化过来时所随身携带的兽性，以老子、孔子为代表的中国圣贤用“大道”来引导人性，把闻道作为人生的终极目标，并用一套礼仪来规范人们的行为；佛陀、基督和穆罕默德则把民众的注意力引向那个神秘的天国，让他们藐视或厌弃世俗的生活，用戒律和静修来抑制内心汹涌的激情，以死后进入天国为人生目标；对于那些不愿接受戒律的人，宗教家们又杜撰出因果报应、地狱轮回来进行恫吓，以此来把他们从野蛮状态中提升出来。生活在持续动乱而又看不到什么希望的时代，人的躯体成了他最为沉重的负担，人们渴望幸福，但在现世中无法找到它，只好寄望于来生或者是天国，从而把自己从感性的、庸俗的、个别的事物中解救出来。

宗教包含了道德规范，却不是纯粹的道德；面对仍然处于野蛮状态的人们，道德只有披上宗教的外衣，通过这种实用技术，给人体中桀骜不驯的兽性套上笼头。这种实用技术固然有用，但同时也有副作用；因为人们经常舍本逐末、买椟还珠，把宗教形式绝对化而忽视了其实质，沿着这个方向发展下去，欧洲人误入了禁欲主义、自我摧残的歧途，进入了漫长的黑暗的中世纪，以上帝的名义颁布下来的道德反而演变为禁锢人性健康成长的祸害。

由于对上帝的崇拜反而导致了不幸，所以它必然会受到人的健全天性的抵制，上帝的存在便受到了怀疑；与之相应的，教会为了维护上帝权威，便要努力证明上帝的存在；于是便产生了一种经院哲学，这种哲学盛极一时，后来便深入到研究“在创造世界以前，上帝在什么地方”、“上帝是否也可以具有女人的形象”、“上帝是否也可以显现为驴子或南瓜的形象”之类的问题。在这种哲学里，“一切对这一个世界关怀的知识和行为都完全被排斥掉了。凡是关怀视和听等官能的知识，对于普通现实界的宁静的考察和研究，在那里一点地位也没有。”“那唯一的真理是和人孤立绝缘的，它还没有贯彻其作用

[①]展望二十一世纪——汤因比与池田大作对话录[M]. 北京：国际文化出版公司，1985：349.

于整个精神的现实界。……只是当礼拜的时候，在一刻钟之内算享有着圣洁性；而在其余整个星期的期间都是过着最粗糙的自私自利、争权夺利和最狂热的情欲生活。”[①]这种哲学导致了很多抽象无味的论辩，所论辩的也就是一些无穷的琐细区别，“这种理智上的野蛮作风乃是完全无理性的。看起来这就有点像给猪的颈上戴上一条金项链。”[②]与之同时，由于教会征服了世俗的力量，便成为神权政治，“于是世俗的东西和神圣的东西的区别便模糊了，两者妥协起来了，——但并不是采取合理的方式，就教会说来，乃是采取堕落腐化的方式。……正是这种超感官的世界在抽象理智方面和实际教会方面遭到破坏，不可避免地迫使人离开那个渎亵了至高神圣的庙宇”[③]。

从上述情况可以看出，善恶论范式只是提出了问题，却没有能力解决问题。它只是浮在社会生活的表面，不能改变现实社会的运行机制，反过来却被现实生活过程所改变；中国的儒家发现了人类社会的一些规则，并力图通过运用社会政治手段来向民众传播这些规则，也同样要受到现实社会运行规则的抵制和改造。要摆脱这种困境，把社会公平正义的理想渗透到社会运行过程中去，人类还需要经历极其复杂而又漫长的路程。

3. 第三级范式打破人们对于自身认识能力的自信与独断，启发人类深入认识思维与存在的关系，简称为思存论范式，或者也可称为认识论范式。

这个范式以笛卡尔为开端，“他是一个彻底从头做起、带头重建哲学的基础的英雄人物”[④]。他之所以要做这件事情，其目的也无非是为了解决人类行为的合理性。善恶论范式企图解决人类行为合理性的问题，引导人类去恶向善，却没有找到解决问题的途径。人们在全知全能的上帝指引下，仍然要经常地犯错误，“因为我们听说过有一位神存在，他创造了我们，他是全能的，因此他也许是把我们创造得会犯错误。——如果我们把自己的存在想象成并非来自神，而是来自某种别的东西，来自我们自己，那就越发显得我们是很不完善的，非犯错误不可了。”为了避免犯错误，笛卡尔就要“把那些并非十分确实、并无充分根据的东西放弃掉”，寻找到既确定又真实的东西。他的第一

[①]黑格尔．哲学史讲演录：第三卷[M]．北京：商务印书馆，1981：280、317、325.

[②]同上，318.

[③]同上，330.

[④]黑格尔．哲学史讲演录：第四卷[M]．北京：商务印书馆，1981：63.

个命题是怀疑一切，抛弃一切假设和规定；“对曾经骗过我们一次的东西不加信任，是合乎审慎之道的。”[①]第二个命题是思维的直接确认，“我们必须寻求确定的东西，确定的东西就是确认，就是一贯的、纯粹的认识本身。”“既然我们像这样抛弃了我们可以稍加怀疑的一切，或者把它们说成虚假的，那我们就很容易作出一种假定，认为既没有神，也没有天，也没有形体，但是我们并不能就此说进行这项思维的我们不存在。因为设想思维的东西不存在，是矛盾的。……因此，‘我思维，所以我存在’这一认识，是第一号最确定的认识，任何一个有条有理地进行哲学思维的人都会明白见到的。”[②]

笛卡尔的这个思考打破了对传统与权威的迷信，主张运用自己的理性以获得确实可靠的知识，于是就开启了哲学思考的新方向，把哲学引向研究人类认识与客观现实之间的关系的哲学范式。

把这种范式应用于对人类自身的认识，哲学家们把注意力由本原论范式所关注的人的本性、善恶论范式所关注的人的本质深入到人的“存在”，冲破了自然主义决定论和伦理主义目的论的束缚，凸显了人的主体性。由于人性或人的存在只是一种可能性，而不是某种特定属性，那么具体人性所呈现出来的多样性、可变性和相互之间的对立，都是人的可能性的具体实现方式，都是个人选择的结果。人性也就不再受自然必然性或伦理目的性的束缚，人就完全“自由”了。

然而，这种“自由”是忽略了人们的社会实践所具有的丰富规定性的抽象“自由”，就像企图拔着自己的头发以离开地球一样的“自由”。在笛卡尔的“我思故我在”中，那个“我”是一个抽象的点；而在实际上，作为出发点的“我”却是“在社会中进行生产的个人”[③]，“正因为思维是这一确定的个人的思维，所以这个思维就是他的由他的个性和他在其中生活的那些关系所决定的思维。”[④]这些关系经历了一个漫长的发展过程，人从远古走来，带着私有制社会所强加给他的与生存本能结合在一起的物质生活生产方式、社会组织结构，以及与之相应的价值体系，这个价值体系因而是不证自明的。

[①]黑格尔．哲学史讲演录：第四卷[M]．北京：商务印书馆，1981：68．
[②]同上，69．
[③]马克思，恩格斯．马克思恩格斯选集：第2卷[M]．北京：人民出版社，1995：1．
[④]马克思，恩格斯．马克思恩格斯全集：第3卷[M]．北京：人民出版社，1965：296．

人们对思维与存在的关系的研究没有深入到价值体系问题，却带来了一个副作用，那就是把人们追求幸福的目标从天国转移到尘世，把那种不证自明的价值体系从上帝的束缚下解放出来，把世俗生活的需要重新置于核心价值的位置，以个人利益作为人类行为合理性的标准，抛弃神的标准，转而由自己来确定标准，从自身的需要来确定行为的合理性，于是便出现了文艺复兴运动。

为了限制人类从动物界所带来的非理性的情欲物欲，宗教曾经进行了艰难的努力，却没有完成任务，反而导致了中世纪的各种悲剧，总结教训之后，人们干脆放弃这种努力。在抛弃上帝的同时,人们也抛弃了宗教中的合理成分,把婴儿和洗澡水一块倒掉了。历史的钟摆又摆向了放纵情欲物欲的另一个极端，在经历了漫长的压抑的中世纪之后，人们又重新开始关注现世的幸福，以财富的私人占有为核心价值。现实生活于是就按照资本主义价值体系自身的逻辑向前发展去了，抽象的自由民主与以财富的私人占有为核心价值的价值体系结合在一起，召唤出了巨大的生产力，彻底改变了地球的面貌，同时也带来了巨大的麻烦与灾难，人类所创造出来的生产力反而成了自己无法驾驭的妖怪。

因此笛卡尔的怀疑是不彻底的，还有更重要的制约着人类认识过程的东西没有被他的理性注意到。认识过程只是人类整个实践过程的一个局部领域，在认识领域里所找到的“自明的第一判断”，并没有解决人类社会实践中遇到的问题。沉溺于思维与存在的关系的哲学思辨没有深入到价值体系问题，哲学因而就还需要把笛卡尔的怀疑进一步深入下去，深入到价值体系问题，打破价值体系上的独断论，进而找到那个科学合理的完善的价值体系，以保证人们的认识与实践的合理性。这是下一个哲学范式的任务。

4. 第四级范式打破人们对于自身的价值体系的自信与独断，研究实践与价值体系的关系，简称为知行论范式。

在人类认识自身的过程中，已经经历了三个范式，本原论范式致力于寻找人的本性，善恶论范式强调存在着先验的人的本质，思存论范式转向人的存在，现在则要进入第四级范式，人类理性进一步深入认识自身，发现那个一直隐藏在无意识深处控制着人类行为的价值体系问题。虽然价值体系一直控制着人类的实践，却没有被人们所认识，于是低级狭隘的价值体系便得以控制人类的实践，驱使着人类与自己作对，自相矛盾，自己折腾自己，直至自我毁灭。深入认识人类实践中的价值体系问题，打破价值体系上的独断论，为自己寻找一个先进合理的价值体系，这就是第四级范式所提出的问题，它对应于人类从私有制的控制下解放出来的需要，驾驭资本主义所创造出来的生产力的需要，以及人的自由全面发展的需要。

在西方国家，这个新范式以马克思为起点，他和笛卡尔一样，也是一个彻底从头做起、带头重建哲学基础的英雄人物。他发现，物质生活的生产方式制约着整个社会生活、政治生活和精神生活的过程，因而在实际上，人们思考问题的第一判断并不是“我思故我在”，这个思考着的大脑不能孤立地存在，支持着这个大脑的是人的整个生命过程，而这个生命过程又必须扎根于社会经济过程之中，因而马克思说：“人的本质不是单个人所固有的抽象物，在其现实性上，它是一切社会关系的总和。”[①]认识到这一点，马克思主义也就实现了一个飞跃，从抽象的思维着的“头脑”上升为具体的人。马克思后来进一步展开说：“人本身是他自己的物质生产的基础，也是他进行其他各种生产的基础。因此，所有对人这个生产主体发生影响的情况，都会在或大或小的程度上改变人的各种职能和活动，从而也会改变人作为物质财富、商品的创造者所执行的各种职能和活动。在这个意义上，确实可以证明，所有人的关系和职能，不管它们以什么形式和在什么地方表现出来，都会影响物质生产，并对物质生产发生或多或少是决定的作用。”[②]

针对思存论范式沉溺于抽象思辨的迷误，马克思说：“对社会主义的人看来，整个所谓世界历史不外是人通过人的劳动而诞生的过程，是自然界对人来说的生成过程，所以关于他通过自身而诞生、关于他的产生过程，他有直观的、无可辩驳的证明。因为人和自然界的实在性，即人对人来说作为自然界的存在以及自然界对人来说作为人的存在，已经成为实际的、可以通过感觉直观的，所以，关于某种异己的存在物、关于凌驾于自然界和人之上的存在物的问题，即包含着对自然界和人的非实在性的承认的问题，实际上已经成为不可能的了。”[③]

[①]马克思，恩格斯．马克思恩格斯选集：第1卷[M]．北京：人民出版社，1995：56．
[②]马克思．剩余价值理论：第一册[M]．北京：人民出版社，1975：300．
[③]马克思，恩格斯．马克思恩格斯全集：第3卷[M]．北京：人民出版社，2002：310．

马克思强调人类实践的意义，他说："从前的一切唯物主义（包括费尔巴哈的唯物主义）的主要缺点是：对对象、现实、感性，只是从客体或者直观的形式去理解，而不是把他们当作感性的人的活动，当作实践去理解。"[①]"理论的对立本身的解决，只有通过实践方式，只有借助于人的实践力量，才是可能的；因此，这种对立的解决决不只是认识的任务，而是现实生活的任务，而哲学未能解决这个任务，正因为哲学把这仅仅看作理论的任务。"[②]他还说："人的思维是否具有客观的真理性，这不是一个理论的问题，而是一个实践的问题。"[③]

一旦人们的意识深入到人的实践问题，哲学也就从思辨的云雾中下降到现实土地上，接触到那真正重要的问题——人类行为的合理性问题，自然就会发现资本主义社会的异化现象。异化现象的根源就在于人们的实践所依据的价值体系的狭隘片面，正如人们要想正确推理就需要有一个无可置疑的大前提一样，人们如要合理行动，也需要有一个无可置疑的价值体系。驱使人们行动起来的价值体系是多种多样的，比如说，同样是忍饥挨饿，有的人是因为贫穷落后，有的人则是为了减肥；人们的动机来自于人们的生理需要、文化传统、社会规章制度等各个方面，但不管来自何处，都要进入人的意识，汇总为一个价值体系。如果这个价值体系是有缺陷的，便会扭曲人的意识，使人们不能正确认识客观世界，也就不能合理行动。马克思所发现的异化现象，不是由于某一个人的价值体系的缺陷，而是由于整个资本主义社会中占主导地位的价值体系的狭隘片面，它把个人与社会、自然割裂开来，使人们不能合理行动，使人们贪婪愚蠢，一厢情愿地追求个人利益，结果是危害了社会和自然，同时也危及自身。马克思发现了异化现象，自然就会提出改变现实社会的政治目标，揭示出社会主义代替资本主义的历史必然性。

马克思之所以能够完成这一伟大变革，关键就在于他完成了价值体系的飞跃，用他自己的话来说，就是"立脚点"的转换："旧唯物主义的立脚点是市民社会；新唯物主义的立脚点则是人类社会或社会的人类。"[④]所谓"立脚

[①]马克思，恩格斯．马克思恩格斯选集：第1卷[M]．北京：人民出版社，1995：54．
[②]马克思，恩格斯．马克思恩格斯全集：第3卷[M]．北京：人民出版社，2002：306．
[③]马克思，恩格斯．马克思恩格斯选集：第1卷[M]．北京：人民出版社，1995：55．
[④]同上，57．

点”的转换，并不是真的把脚从“市民社会”中伸出去，而只能是在头脑中超越“市民社会”所强加的那一套价值体系的束缚。由于这个“立脚点”的转换，哲学社会科学摆脱了思存论哲学范式的羁绊，跨进了新的范式——研究实践与价值体系的关系的哲学范式。对于社会科学的研究者来说，“立脚点”（也就是价值体系）的提高至关重要，有了这个提高，就可以居高临下地看到其他人所看不到的东西。所以马克思就可以对商品拜物教进行分析批判，并建立起一个全新的理论体系。那些没有提高“立脚点”的人们就不能进行这种分析批判，他们仍然深陷在市民社会的价值体系的独断论之中，其“立脚点”还在原地，甚至没有能力理解马克思的分析。所以在西方就有许多人不自量力地批判、证伪马克思主义，比如卡尔·波普就专门写过一本《历史决定论的贫困》。

与西方人的思想僵化形成鲜明对比的是，我们中国人很早就认识到“天人合一”和“天下为公”，在“立脚点”上本来就站在很高的位置，所以就有能力理解并继续坚持马克思所开创的哲学变革方向，踏上推动社会实现伟大变革的漫长而艰难的跋涉。

这个过程的第一推动力来自外部，西方人用坚船利炮惊醒了睡梦中的中国人。中国人开始睁开眼睛看世界，为了救亡图存，经历了洋务运动、戊戌变法、辛亥革命，这些运动或革命均以失败而告终；十月革命一声炮响，给中国人送来了马列主义，催生了中国共产党。在领导中国人民改造旧中国、建立新中国、建设社会主义事业的过程中，中国共产党人同时也推动了哲学范式的进步。在这个探索过程中，毛主席是第一个环节，他于 1937 年写作了《实践论》，其副题就是“论认识与实践的关系——知和行的关系”，他明确地提出了“改造客观世界，也改造自己的主观世界”的任务，他认为，“社会的发展到了今天的时代，正确地认识世界和改造世界的责任，已经历史地落在无产阶级及其政党的肩上。”[①]后来他又进一步强调改造世界观的问题，并提出了一个著名论断：“世界观的转变是一个根本的转变。”第二个环节是改革开放，确立了以经济建设为中心的价值体系。在推动社会生产力高速发展的同时，这种价值体系也带来了生态环境恶化、社会冲突加剧等各种问题。在

[①]毛泽东选集：第一卷[M]．北京：人民出版社，1999：296．

追求物质财富的实践中，人们找不到生命意义的终极解答，于是便陷入空虚、郁闷、痛苦之中。经过了上述两个环节，当今共产党人才能进一步发现人类实践过程中的价值体系问题，提出以人为本、科学发展观、构建和谐社会和建设社会主义核心价值体系的目标。

从中国人所走过的上述路程可以看出，价值体系的进化是一个与社会历史过程有机联系的辩证发展过程。有人站在事后诸葛亮的立场上，期望能够避免走这个弯路；但社会价值体系的进化必须经历这样一个过程，这就是黑格尔所说的“历史的狡计”，也就是老子所说的“反者道之动”，“将欲弱之，必固强之；将欲废之，必固兴之”；要超越动物式的非理性的情欲物欲，要想超越丛林法则，就必须让它充分发展。必须经历践行这种价值体系所遭遇的困境，各级领导和人民群众才能普遍地认识到实践中的价值体系问题，进而为之寻找解决办法；此即孔夫子所说的“困而学之”，人们于是便被现实问题驱迫着踏进下一个哲学范式的大门。

经历了这样一个漫长的探索实践过程，我们就有可能进一步发展出那种最完善的、内部和谐的价值体系，它代表了哲学发展的最高成就。西方人没有经历这样的探索实践过程，所以就仍然处于价值体系的独断论之中，难以从危机中解脱出来。资本主义社会的运行规则决定了在其中生活的人们的价值体系，它把丛林法则强加给每一社会成员，为了生活下去，他们必须按照现有社会运行规则行事。比如说美国人制造出经济危机，然后又拆东墙补西墙地想办法救治，而他们想出来的办法又进一步在原来的趋势上推波助澜，并把危机转嫁给其他国家。如果没有一个价值体系的转换，他们的个人命运和社会运行都将被牢牢锁定在资本主义轨道上。价值体系的这个转换过程是一个社会历史过程，由于美国人在丛林法则的路径上走得太远，就像现在的猴子失去了进化为人的机会一样，美国人也难于回归大道。就像古罗马的武士只能在角斗场上厮杀到死一样，现代美国人在市场法则所营造的环境中也必须厮杀到人生终点。

人类之所以要建设社会主义核心价值体系，并不是因为某些人的心血来潮或是为了实现某种高尚理想，这是人类为了生存下去而不得不打造的“诺亚方舟”。

三、由第三级范式向第四级范式的进化，必须经历一场社会变革

这四个范式依次展开的逻辑过程，也就是价值体系的进化过程。对世界本原的追求引导人类从愚昧中走出，对美德的追求引导人类从动物式本能中走出，对物质财富的追求引导人类从贫困中走出，对人格完美的追求引导人类从内耗中走出，它们都是人类精神进步、走向和谐的必然环节。人的各个层级的需要都必须作为核心价值来追求，都必须达到极端的程度，才能为更高级需要的产生铺平道路，由新出现的更高级需要出来矫正其过度发展的弊端；矫枉必须过正，人类在这个方向上的过度发展所带来的成果才能巩固下来，积淀到文化中去。新达到的哲学范式并不否定原来的范式，而是把它吸收进来，以更高级需要为核心重新建立起完善的价值体系。四个范式犹如植物成长必须经过萌芽、成长、开花等成长阶段一样，其目标是达到第四个范式，把人们从动物式的存在状态中解放出来。江山代有才人出，各领风骚数百年，最终必须达到第四个阶段，进入研究实践与价值体系的关系的哲学范式，致力于建设以人为本的价值体系，人类精神才算修成了正果。

这个前后相继的过程是人类精神成长的主旋律。实际上，在每一个历史阶段，这四个范式都是同时并存的，只不过是其中只有一个范式处于主导地位，其他的处于附属地位。那些处于附属地位的范式，即使没有被人们认识到，也仍然存在着，在人们无意识状态下发挥着作用。比如说发展生产力的需要，并非仅仅是资本主义的目标，它产生于人类的生存需要，经济建设是硬道理，在任何情况下都不能停止；再比如说对科学的兴趣、对道德的追求，也是在任何情况下都不能停止的。即使在人们普遍奉行丛林法则的西方社会，也还有人追求着利他主义的目标。

当人们对某种核心价值的追逐走上极端，难以为继，以至于威胁到人类基本生存时，新的哲学范式就该出场了。于是便会有新的核心价值出来取代原来的核心价值，占据社会生活的中心。四个范式是人的需要的四个维度，它们都开辟了新方向，或者说是新领域、新境界，就像火车头拖着车厢前进一样。与这些引导人性向上的倾向相对应，社会生活中天然地存在着那种引导人性趋向堕落的力量，它们也要顽强地表现自己。为了找到人类的各种灾难的根源并对症下药地进行治疗，无数杰出人物进行了艰难的探索，这便是哲学范式进步的内在动力，这就像为火车更换一个马力更强大的火车头一样。

这个探索从人类对外部世界的科学兴趣开始，步步深入。人类就像迷宫里的老鼠，沿着一条狭窄的通道往前奔跑，他们总是面临着很多复杂的问题，总是面临着是生存还是毁灭的严峻选择，永远有危机伴随着他们，驱使着他们永不停息地向前狂奔，直到无路可走的时候，突然发现旁边有一扇小门，于是便钻了进去，原来这里面又是一片新天地，于是人类便开始了新的发展；这种发展又会带来新的问题，又会达到难以为继的程度，人类又需要找到新出路，发现新天地。这个过程不断重复，直到发现第四个范式，人类才最终走出迷宫，找到历史之谜的解答。

我们还可以用雕塑师创作一尊雕像的过程作比喻，那最后形成的价值体系就如同那最终完成的雕像，它本来就存在于大理石毛坯里面，但需要经历漫长的雕刻过程，才逐步展现出来。对于以前各个时代的人们来说，他们所拥有的雕像是一个未完成的作品，人的自由全面发展等目标没有被他们所认识，但这些需要仍然存在于人们身上，人类就要继续雕琢，让它逐步呈现出来。人类就是自己的雕塑师。黑格尔说："哲学史所昭示给我们的，是一系列高尚的心灵，是许多理性思维的英雄们的展览，他们凭藉理性的力量深入事物、自然和心灵的本质——深入上帝的本质，并且为我们赢得最高的珍宝，理性知识的珍宝。"[①]

以往的先知们所提出的各种救世方案都失败了，其原因在于他们没有找准病源：人的生存需要在私有制社会经济政治制度下成长起来，两者有机地结合在一起。比如基督教就没有把这两者分开，所以就认为人生下来就带着"原罪"，他们不能设想一种新的满足生存需要的方式，于是便认为，人们要获得解脱就只有在死后进入天国。中国的理学家们也没把这两者分析开来，把"人欲"视为与"天理"相对立的有害东西，与"人欲"进行了顽强的斗争。佛教也要求人们彻底根除一切邪欲，为之设定诸多戒律。虽然他们都怀有良好愿望，最终结果却事与愿违。

直到马克思发现了人类苦难的根源之所在，才最终找到解决办法。这种办法不是与人的基本需要作对，而是对人类基本需要在私有制社会的表达方式动一个手术，打碎外部形式，拯救其内涵，把人的基本需要纳入全面合理

[①]黑格尔．哲学史讲演录：第一卷[M]．北京：商务印书馆，1981：7.

的价值体系之中，在以人为本、科学发展的引导下，实现人的自由全面发展，在个性和谐的基础上构建和谐社会。前三个范式都没能正确地提出问题，一直在绕圈子，做清扫外围的工作，到了马克思才接触到实质问题。我们现在关于社会主义核心价值体系的讨论则进一步深化了马克思的理论，结束了关于“人的本性”、“人的本质”与“人的存在”的争论，把这个空泛的理论问题转化为一个现实政治的具体问题——如何建设社会主义核心价值体系。

由此可见，由第三级范式向第四级范式的过渡并不是由哲学家在书斋里进行的，而是要由马克思这一类新型知识分子来引领，他们还必须组成政党，借助于无产阶级的力量，才能打碎旧的国家机器、改造旧世界和建设新世界。“哲学家们只是用不同的方式解释世界，而问题在于改变世界。”在这个改造世界的过程中，共产党人经历了一系列的发展阶段，不断地发现新问题，解决新问题。在每个新问题面前，都要经历一个“遭遇挫折——总结教训——解决问题”的轮回，然后再迎接下一个新问题。改造旧世界的革命就在这样的不断试误的过程中步步深入，直到接触到价值体系这个根本问题，才能就理想社会形成全面认识，从而指导人们合理行动，把理想社会建设起来。只有在改造旧世界的革命进程中，人类才能深入认识社会，抓住社会运行的主要矛盾。

因而我们必须强调，引导和推动人类进入第四级范式，实际地改造私有制社会，这是共产党人的责任。只有通过他们的努力，才能把新的价值体系灌输到人民群众中去，形成稳定的超循环过程。我们注意到，在从第三级范式向第四级范式过渡的过程中，还有一派存在主义哲学家，如克尔凯郭尔、尼采、萨特、海德格尔等人，他们也关心人的命运，关心人的生存体验，对资本主义价值体系对人性的损害进行了深入细致的解析，“号召人在自由选择的行动中不断地创造自己的存在，承担自由的重负，对自己的行动、对整个世界负责。……号召人摆脱既定的一切，依靠与己俱生的自由去创造自身的未来，人只有依靠自己才可自救”[①]。这些书斋里的哲学家们只能发现问题，却解决不了问题，他们跳不出第三级哲学范式的陷阱，所以他们便陷入郁闷、绝望中。此外还有语言哲学、分析哲学、结构主义、现象学等，也都是书斋

[①]杜小真．一个绝望者的希望——萨特引论[M]．上海：上海人民出版社，1988：2．

里的哲学，其共同缺点在于，它们都没有深入到价值体系问题，都对控制着现实生活的资本主义价值体系束手无策。

另有一些人把实现“民主”作为解决现实困境的最终答案，他们也没有深入认识现实生活中的价值体系问题，而是把资本主义价值体系对社会生活的控制作为不言而喻的前提。西方社会之所以面临重重危机而找不到出路，其原因就在于，他们也跳不出第三级范式的陷阱，处于价值体系的独断论之中，坚持着资本主义价值体系而不自知，这就决定了他们所宣称的“民主”必然地流于虚伪。毛主席把这种忽略价值体系基础的“民主”称为抽象民主，这是很准确的，“开始的即是最抽象的，即因为它只是一种萌芽，它自身尚没有向前进展。”[①]“抽象地思维，就是幼稚的思维。”[②]处于这种思维水平上的民主实践必然要流于虚伪和自相矛盾；要摆脱这种幼稚状态，人们就必须超越这种抽象认识的阶段，“从抽象上升到具体的方法，只是思维用来掌握具体、把它当作一个精神上的具体再现出来的方式。”[③]“由这种向前进展的过程所达到的最后的形态，作为一种进一步的规定而出现，当然是最具体的。”[④]在认识到“民主”之下的价值体系问题之后，人们自然要建设社会主义核心价值体系，为其构建一个坚实的基础；只有在建设这种价值体系的过程中，人们才能把诸多关于理想社会的抽象原则在头脑里整合起来，“在思维行程中导致具体的再现”[⑤]，进而在现实中把理想社会构建出来，实现真正的“民主”。

鉴于有人习惯于待在思存论范式陷阱里，把价值体系仅仅理解为人类头脑中的观念，所以就有必要特别强调社会价值体系这个词。与单个人的价值体系不同，社会价值体系是变动不居的人类文明的最隐秘最稳定的核心，各种新思想只有渗透到这个核心部位，积淀下来，才能最终稳定下来。价值体系的进化过程首先萌生于个别杰出的人类个体身上，然后在社会中逐步扩散开来，推动社会整体价值体系的进化。它近似于通常所说的意识形态，这是一个无形却又非常坚实的存在物。它就像水库的大坝一样，人类必须不断地在这道大坝上添土夯实，提升它的高度，人类文明进化的水位才能不断地提

[①]黑格尔．哲学史讲演录：第一卷[M]．北京：商务印书馆，1981：45.
[②]阿尔森•古留加．黑格尔小传[M]．北京：商务印书馆，1980：65.
[③]马克思，恩格斯．马克思恩格斯选集：第2卷[M]．北京：人民出版社，1995：19.
[④]黑格尔．哲学史讲演录：第一卷[M]．北京：商务印书馆，1981：45.
[⑤]马克思，恩格斯．马克思恩格斯选集：第2卷[M]．北京：人民出版社，1995：18.

升，保持社会经济、政治和文化的较高的发展水平。我们现在要建设社会主义核心价值体系，即是要建造一道高于以往各种文明水平的大坝，当这座大坝稳定地矗立起来之后，社会主义政权的巩固、共产党的文化领导权的确立，以及我们所追求的以人为本、科学发展观、构建和谐社会乃至建设和谐世界的目标也就可以自然而然地实现了，马克思的共产主义理想和中国圣贤所提出的大同世界也就可以自然而然地实现了。只有在这时，人才能最终脱离动物界，他真正的历史才算是开始了。建设社会主义核心价值体系，这是对历代圣贤所提出的各种问题的一揽子解决方案，用马克思的话来说，这就是“历史之谜的解答”。

问题的新提法本身就已包含着问题的解决。前三个范式都没有正确地提出问题，它们都只是突出了人类生活中的某一个方面，与普通人的生活常识相脱离，甚至是相矛盾；哲学范式的步步深入，必将引导人类由片面而进入全面，进入第四级范式，哲学也就从抽象思辨的云雾中下降到现实的土地上，最终成为人民大众日常生活中的智慧。现在我们所能认识的“常道”就是社会主义核心价值体系，现在所能够确立的最高目标便是在社会生活中建设社会主义核心价值体系，摆脱丛林法则的束缚，把人的自由全面发展作为核心价值。在追求这种核心价值的过程中，人类才能摆脱异化现象，从内耗丛生、战乱贫困的纠缠下解脱出来，获得真正的自由。

四、东西方哲学的区别是知行论范式与思存论范式的区别

在有了上述关于人类精神进步过程的整体认识之后，我们便可对东西方的哲学进程作一个对比了。我们中国哲学所思考的问题很超前、很早熟，很早就进入了第四个范式，这便是我们中国人所一向孜孜以求的“闻道勤行”。《道德经》开篇即说“道可道，非常道。名可名，非常名”，开门见山地概括了人们对大道的实践与认识之间的关系。《论语》开篇即说，“学而时习之，不亦说乎”，其中的“学”即是指对大道的学习，“习”即是实践。后来还有“顿悟”与“渐悟”的争论、“知易行难”与“知难行易”的争论，所探索的都是实践与价值体系的关系。我们中国人从老子开始就认识到的问题，西方人要经历很长时间才能想到，其间依次经历了本原论、善恶论、思存论等三个范式，直到出现了马克思，才进入知行论范式。但由于马克思主义在西方

并不占主流地位，所以当代西方社会科学至今也没有进入知行论范式，他们摆脱不了资本主义价值体系的纠缠，甚至想不到要摆脱其纠缠，其反思的能力深入不到价值体系这个层次。与之相对照，我们中国人有着在哲学思维上高位运行的长期积淀，所以就很自然地提出建设社会主义核心价值体系的目标；虽然西方的那一套价值体系在现代中国盛行一时，但它要长期控制中国人的头脑，那就很难，这也就是郑板桥所说的“由聪明转入糊涂更难”。

在知行论范式的高度上，再回过头来看过去的哲学家们所研究的“本体论”、“认识论”，便可发现，它们都没有抓住根本问题，哲学所要解决的根本问题其实也不过就是人类行为的合理性问题。“善恶论”也没有抓住根本问题，通常人们所坚持的那种善与恶或公与私的两极对立，也不过是假象，实际上是明智与愚蠢的两极对立，那些狂热地追求个人私利的人们经常地事与愿违，不能实现自己的利益，但现实的社会运行规则却硬要把人们驱赶到这条人生歧途上；人们不知道自己行为合理性的依据，但生活却一刻不停地继续着，其行为的不合理性也就在继续着、积累着，并不断地自我强化，于是便出现了“异化”现象，甚至要把人类推向自我毁灭。现在看来，哲学上所谓的“本体论”问题所要寻找的归根到底就是在社会生活过程中最终起决定作用的那个东西，这就是价值体系，它就是社会生活的决定因素、序参量；所谓“认识论”问题，归根到底也就是要研究人类如何认识自身的价值体系，如何找到那个保证自己行为合理性的价值体系；若要找到这个价值体系，作为认识主体的我们自身的价值体系则必须有一个充分的发展，才能站在一个新的基础上反思现实中控制着自己行为的价值体系，发现其中的问题，找到解决问题的办法，并进一步付诸实践，改变世界，这就进入“知行论”范式了。

于是我们便可发现，哲学上的所谓“中西之辨”，其实是前后相继的两个哲学范式的区别。有些人用西方那一套思存论范式的标准来评价已经进步到知行论范式的中国哲学，于是便产生了一个“中国哲学的合法性”问题；还有人就老子思想是唯物论还是唯心论的问题争论不休，这就像用一件小孩衣服往大人身上套一样，显得十分滑稽可笑。此外还有很多人标榜自己是马克思主义者，却没有得到其精髓，也陷在唯物主义与唯心主义的争论中，实际上还处于第三级范式上。而马克思则超越了第三级范式，与中国的老子孔子处在同一级范式上。马克思主义在西方只能生存在书斋里，而在中国却因为有老子孔子打下的基础，所以就可以在社会经济政治过程中生根开花，大行其道。在马克思主义的指导下，在改造社会的过程中，我们对社会运行规律的认识不断深入，反过来也进一步发展了马克思主义。由马克思开创的社会主义事业，最终由具有优秀文化传统的我们这一代中国人来完成，看来是当仁不让，舍我其谁。

由此可见，我们中国哲学本来就处于一个较高的位置上，并不像有些人所说的那样——“中国没有哲学”，这种自我贬低、甘愿寄人篱下的念头是非常荒诞的。尽管我们中国的哲学还有待于进一步发展，仍然要比西方哲学高一个层次。我们也思考却并不纠缠于本体论和认识论问题，我们所研究和追求的是从根本上和总体上认识和把握人生、社会、世界和宇宙及其相互关系，目标是“闻道勤行”以赞天地之化育，探讨的是“知难行易”还是“知易行难”。我们所研究的是人类行为的合理性问题，这才是根本问题。

这样看来，中国文化与西方文化的差别是价值体系的高级阶段与低级阶段的差别。但我们也看到，中国文化的这种早熟，仅属于少数优秀人物，没有渗透到现实社会经济运行过程之中，其长处无法充分发挥出来，所以社会运行就一直处于周期性的治乱循环之中。与之形成对照的是，处于低级阶段的西方文化却可以很好地与经济社会的低级发展阶段相配套，于是就反而显得更加优越。由于这个原因，从18世纪以来，中国人在西方文明咄咄逼人的攻势面前一败涂地。于是就使那些并没有真正掌握中国文化精髓的中国人误以为西方的一切都是先进的。他们虽然生活在中国文化环境中，但在价值体系上仍然处于初级阶段，所以就对同样处于初级阶段的西方文化感到更为亲切，月亮是西方的更圆，哲学也以西方为标准，把自己家里的哲学贬得一塌糊涂。他们认识不到价值体系的存在，仍然受困于私有制的那一套价值体系，没有能力想象一种不是私有制的新制度，当然也就不能为构建和谐社会发挥积极的建设性作用。

现在，西方资本主义的弊端已经是人尽皆知，它的被抛弃的命运已经不再是秘密了；与之相应的，西方哲学也必将衰落下去，代之而起的只能是我们中国的哲学。在以博大的胸怀吸纳继承东西方人类文明的优秀成果之后，中国的执政党提出了建设社会主义核心价值体系的新目标，中华优秀传统文化便可借此返本开新，重新焕发活力，大放异彩，引领时代潮流，成为全人类的共同价值体系，挽救人类濒于毁灭的命运，保障人类在地球上的繁衍生息。

五、把老子的伟大智慧转化为人民群众的常识

建设社会主义核心价值体系的目标已经写进党的十六届六中全会决议和十七大报告，正在成为全党乃至全国人民的实际行动，历史新阶段的大幕已经拉开了。站在这个新的历史高度，我们再回头来看《道德经》，便会发现它是人类最早研究价值体系问题的专著，“社会主义核心价值体系”就是“道”的充分发展的形态，就是在当今社会主义制度下才能真正实现的“常道”。

认识到这一点，我们就可以拨开以往人们所笼罩在《道德经》上面的神秘主义迷雾，把它变成通俗易懂的东西。从而把老子的伟大智慧从课堂上和书本里解放出来，转化为人民群众日常生活中的常识，为人民群众的精神成长打开通道，同时也使大道与现实生活结合起来，具有了生命力。

认识到这一点，我们就可以找到建设社会主义核心价值体系的路径。这便是老子所指出的那个路径，从“修之身”做起，直至把这种价值体系“修之天下”，我们便可把老子的伟大智慧运用于解决现实问题，为诸多争论不休的问题找到答案，一劳永逸地解决这些问题，为万世开太平。

认识到这一点，我们就可以占领人类精神进步的制高点。把中国哲学、西方哲学和马克思主义有机地联系起来，打通了中西马，超越“以西释中”的框架，解决某些专家所说的中国哲学的“合法性”焦虑问题，使我们恢复文化自信，作为新文明的开拓者和立法者而理直气壮地站在历史前列。

认识到这一点，我们就可以找到人类解放之道，为共产党的执政地位提供理论依据。老子的理想是通过“侯王”对大道的领悟和实践来改进政治过程；现在看来，他的理想只有通过现代“侯王”——共产党人对社会主义核心价值体系的倡导和坚持才能实现。对于共产党人来说，则必须掌握老子留下的智慧，才能抓住社会运行的关键，提高执政能力，驾驭社会政治过程进入和谐稳定的新轨道，实现对社会的科学治理。

现在看来，老子所讲的道理并不复杂，也无非是抓住人类社会事务中的主要矛盾，并把它切实管好。正如老子自己所说的那样，“吾言甚易知，甚易行”，却需要人类用两千五百多年的时间来消化，这是一件最可令人惊奇、感概的事情。“关于人的科学本身是人自己的实践活动的产物”[①]；这个实践活动是一个漫长的进化过程，“历史是人的真正的自然史”[②]。就算是那发生在人类头脑里的进步——人类对自身价值体系的认识，也必须经历这样一个漫长的过程。正如黑格尔所说的那样：“精神曾经费了很长的时间去发挥出哲学来，而这时间之长初看起来是可惊异的，有点像天文学上所说的空间那样辽阔。就世界精神进展之缓慢而论，我们须知它有充分的时间，用不着紧张忙迫。‘在神的面前，千年如一日’。它有充分时间，即因它在时间之外，即因它是永恒的。那飘忽即逝的当日事变却没有充分时间去完成许多目的。（谁不是在他的目的没有完成之前就死去了？）它不只是有充分的时间，——要想达到一个目的，实现一个理想，所需的不只是时间，还需要许多别的东西。说它利用了许多民族、许多世代的人类来完成它寻求自我意识的工作，说它造成了万物生生灭灭的庞大展览，也还不够。它有充分富足的资源来作无限的展览，它大规模地进行它的工作，它有无数的国家、无数的个人供它使用。有一句流行的话：‘自然采取最短的道路以达到它的目的’，这话是不错的，但殊不知精神的道路是间接的，是曲折的。凡有限生活里所须考虑的问题，如时间、劳力、费用，它都不在意。我们也不可太性急，以为某些见解直至现在还没有发挥出来，或这一真理、那一真理还不是业已在那里。在世界历史里，进步是很迟缓的。”[③]所以我们也不应忙迫，尽管我们面临着诸多紧迫任务，但仍然应当以从容的心境，重新审视《道德经》，仔细搜寻其中的智慧，以帮助我们从容应对现实难题。

据说孔夫子见了老子后说“老子犹龙”，这大概是说老子像在云雾里飞腾的龙一样高深莫测，这里露出一只角，那里露出一只爪子，很难看清他的完整形象。为什么会产生这种印象呢？这是因为，老子在精神成长的尺度上，高高在上，其他水平不高的人就会由于自身局限性而看不清。人的精神成长过程是一个客观存在，所有的人都要在这个精神成长的标尺上找到自己的位置。有人闻道勤行，有人闻道后若有若无，还有人闻道则哈哈大笑；由于第二种人和第三种人很多，所以老子等率先闻道的人们就非常孤独。在茫茫人

[①]马克思，恩格斯．马克思恩格斯全集：第 3 卷[M]．北京：人民出版社，2002：359．
[②]同上，326．
[③]黑格尔．哲学史讲演录：第一卷[M]．北京：商务印书馆，1981：39．

海中，他们寥若晨星，曾经有人说，三百年出一位圣人，犹如接踵而至；三百里出一位贤人，犹如并肩而立，所以他们就很渴望彼此间的友谊；但由于时空的限制，他们彼此互不相识；只能凭借着竹简与纸片上的文字传递思想。陈子昂有一首诗极精确地表达了闻道者的感受："前不见古人，后不见来者。念天地之悠悠，独怆然而涕下。"闻道者在茫茫天地之间孤独地面对着传统的巨网，努力撑起人性进化的空间，开辟着人类文明的新境界。他们怀着热切的期盼，想把对大道的领悟传达给昏睡中的同胞，但这是一个艰难的历史过程。一个显而易见的事实是，随着资本主义价值体系的肆虐所造成的危害的日益显现，越来越多的人被唤醒，人类自身生存繁衍的需要将会迫使人们走上闻道勤行之路，按照这个趋势，我们可以期待，闻道者的队伍必将遍天下，最终会形成巨大的洪流，冲破一切阻碍，走向人类彻底解放的新天地。因而在社会主义制度与大道之间就存在着一种有机的联系，社会主义制度的诞生与发展之所以是一种历史必然性，其原因并非仅仅是为了发展社会生产力，而是由于它是大道自我实现的需要，这是一个植根于人类天性健康发展的需要之上的历史必然性。本书第一版出版时，正值中华人民共和国六十岁生日的前夕，新中国的诞生为大道的普及创造了条件，六十年的艰难历程也为我们深入认识大道创造了机遇。由于感受到这种机遇的珍贵，所以我特意在扉页上加上一句"谨将此书献给中华人民共和国六十周岁生日"。

在这个需要把关于大道的知识普及开来的时代背景之下，我们再来诠释《道德经》，就与通常所说的做学问有着极大的区别，钻进故纸堆里做学问是一件很枯燥的事情，而我用"道即价值体系论"来诠释《道德经》，就像与古代的智者做猜谜游戏一样，是一件极其亲切而有趣的事情，所以便乐此不疲，经常会得到一些启发，收获一些感悟。为了表达这些感悟，除了在每章的注解之后加一个解说之外，我在上篇与下篇的结尾处，分别作了一个概述。

关于本书的书名问题，现在有很多人研究《道德经》，于是便有大量关于《道德经》的"新译"、"新探"、"新得"、"新读"、"新研"、"新编"、"新评"、"新说"等，蔚为壮观。为避免与诸位先生的大作重名，我特意在网上作了一下搜索，发现"新诠"一词还没被人用过，于是便将本书命名为《〈道德经〉新诠》，为了表明"新诠"之新在何处，又特意加了一个副题——"道即价值体系论"。

在注解《道德经》的过程中，经常有一些原本自我感觉比较良好的解释，过一段时间又发现还存在问题。所以在本书第一版刚刚付印之际，我就已经开始了修订；经过一年多的修订，对其中许多囫囵吞枣、似是而非之处进行了纠正，同时也更充分地坚持了“道即价值体系论”，2011年印刷了第二版；又经过四年的沉淀，这次重印之际，又对其进行了修订；当然，这次重印的稿子仍然是一个阶段性成果，肯定还有许多没有发现的问题，有待进一步探讨。大道“玄之又玄”，《道德经》这本描述大道的著作也是“玄之又玄”，对它的探讨也没有止境。

本书对《道德经》的解读以王弼本为底本，参考了帛书甲乙本、魏源本、高亨先生的《老子注译》和廖名春先生的《郭店楚简老子校释》。

在本书写作、出版过程中，得到了黄河水利出版社的岳德军、李洪良等同志的大力支持，还得到了何秋玲、高平、李剑铭、杨新安、史龙超、汪德峰等朋友的帮助，在此谨向各位同志和朋友们一并致以衷心感谢。

欢迎大家批评指教，我的电子邮箱是：ydcydcydc3@163.com。

目　　录

《道德经·上篇》新诠

《道德经·下篇》新诠

《道德经·上篇》新诠

第一章

[原文]

道可道，非常道[1]。名可名，非常名[2]。无名，天地之始。有名，万物之母[3]。故常无欲，以观其妙。常有欲，以观其徼[4]。此两者[5]同出而异名，同谓之玄[6]。玄之[7]又玄，众妙之门。

[注释]

[1]道可道，非常道：第一个“道”是“价值体系”，第二个“道”是对价值体系的“实践”；第三个“道”与“常”组合为“常道”，指的是永恒的大道，即人类终将达到的科学合理的价值体系。很多人对自己所践行的价值体系并没有清醒认识，不过是在时代潮流中漂流，这种在下意识状态中坚守的价值体系通常不是“常道”。

[2]名可名，非常名：第一个“名”是人类给价值体系所起的名字，如老子说“吾不知其名，字之曰道”，而我们现在则“名”之为“价值体系”；第二个“名”是人类对价值体系的认识和命名的活动，这个活动总是处于一定的历史发展阶段上，必然具有局限性；随着人类实践的进步，对价值体系的认识也逐步深入，如我们曾经以经济建设为中心，发展到现在的以人为本、科学发展和构建和谐社会，对社会发展目标的认识越来越全面；但这是一个无限逼近的过程，永远不能达到“常名”。

[3]无名，天地之始。有名，万物之母：高亨将这一句句读为“无，名天地之始。有，名万物之母”，今不取。承接上一句，应当把逗号放在“名”之后，“无名”即是“没有被人认识”，“有名”则是“被人认识”。全句的意思是：在人类给大道命名之前，大自然的进化过程早就开始了，因而是“天地之始”。后来人类出现了，对自己的需要有一个认识过程，这也就是价值体系的进化过程。按照由低级到高级的顺序，人的价值体系逐步展开，新需要不断地进入人的意识，成为人们自觉追求的目标；这个过程并非孤立地发生在

人的头脑中，同时也是一个以不断进化的价值体系为序参量来重组世界的过程，人类的实践改变了世界，构建出马克思所说的“人化的世界”，于是乎，“有名”就成了“万物之母”。

[4]故常无欲，以观其妙。常有欲，以观其徼：高亨先生将其句读为“故常无，欲以观其妙。常有，欲以观其徼”，这又是误读，应当把本句句读为“故常无欲，以观其妙。常有欲，以观其徼”。其理由有二，首先，在第三十四章还有一句“常无欲可名于小”，高亨先生就将其正确地句读为“常无欲，可名于小”。这一句与上两句的结构是一样的，因而其句读也应当一致起来；其次，在马王堆帛书《老子甲本释文》中，本句为“故恒无欲也以观其妙，恒有欲也以观其所噭”，根据古汉语语法，也应当把逗号放在“也”字之后。徼，王弼注，“归终也”；高亨注引陆德明《释文》，“徼，边也”。我以为，可以将其解释为“结果”。

[5]两者：王弼认为是“始与母也”；高亨认为是“常有与常无”，我看应当是指上一句的“有欲”和“无欲”。

[6]玄：奥妙，微妙。

[7]之：高亨注，“犹而也”。

[译文]

人们当下所践行的价值体系，不是那终极完善的价值体系。人们当下所认识的价值体系，也不是终极完善的价值体系。在人类认识价值体系之前，大自然的进化过程早就开始了，因而“无名”是“天地之始”。等到人类出现了，不断深入认识自己的需要，并按照这个不断发展的价值体系来改造世界，建设起一个以人类的价值体系为序参量而构建起来的世界，于是“有名”就成了“万物之母”。在对价值体系的认识与实践的过程中，人们在无欲状态下观察世界万物演化之妙，在有欲状态下观察自身实践的结果。“无欲观妙”和“有欲观徼”同是人类认识与实践价值体系的活动，名字却不一样，相对于普通常识来说，都可以称为“玄妙”。对价值体系的深入认识，又推动人们进入更高的实践层次，这个新的实践又推动人们进一步深入认识价值体系，进而推动人类实践的进一步深入。这个过程层层递进，永无止境，人类进化过程的一切奥妙都产生于这里。

[解说]

“道”是老子留下的一个谜，历代人都来猜这个谜。谜底究竟是什么，众说纷纭，莫衷一是。马克思有句话可以把我们引出迷宫：“理论的对立本身的解决，只有通过实践方式，只有借助于人的实践力量，才是可能的；因此，这种对立的解决绝对不只是认识的任务，而是现实生活的任务，而哲学未能解决这个任务，正是因为哲学把这仅仅看作理论的任务。”[①]马克思还有一段名言：“社会生活在本质上是实践的。凡是把理论导致神秘主义的神秘东西，都能在人的实践中以及对这个实践的理解中得到合理的解决。”[②]这个道理同样适用于《道德经》研究，归根到底，我们之所以要研究老子留下的这部经典，其目的也还是为了寻找其中的智慧、解答现实生活提出来的难题。

现在我们发现了价值体系，它是一个客观存在，即使人们对之视而不见，它也仍然潜藏在人类的历史进程之中，经历了一系列的发展环节，现在达到了这样一个环节：由于现实生活中遇到的难题，通过其他层次的调控手段都已无法解决，迫使人类认识它的存在，进而对它进行升级转换，把它置于理性的控制之下。正是这种现实需要引导我们重新认识古代经典，寻找前辈哲人所留下的智慧。现实生活的需要推动着哲学的进步，“哲学工作的产物并不是寄存在记忆的庙宇里，作为过去年代的古董，而它们现在仍然同样地新鲜，同样地生动，如同它们初生时一样。……哲学史所研究的是不老的、现在活生生的东西。”[③]倘若《道德经》的研究不与现实生活对接，仍然深陷在神秘主义泥潭之中，那就不过是少数人的智力游戏而已，孤芳自赏，没有现实意义。借助于道即价值体系论，我们便可走出这种理论陷阱。下面再就本章的具体内容作点解说。

一、关于“常道”

人具有各种不同层次的需要，有些被人们意识到了，有些没有被人们意识到。所谓价值体系，也就是由人们认识到的各种需要组成的体系。由于这

[①]马克思恩格斯全集：第 3 卷[M]．北京：人民出版社，2002：306．
[②]马克思恩格斯选集：第 1 卷[M]．北京：人民出版社，1995：60．
[③]黑格尔．哲学史讲演录：第一卷[M]．北京：商务印书馆，1981：42．

个认识过程有一个由低级到高级、由简单到丰富的发展过程，所以人们的价值体系就有一个成长过程，从低阶价值开始，逐步认识到完整的价值体系，这个完整的价值体系就是“常道”。这个认识“常道”的过程不是单个人所能独自完成的过程，而是作为一个整体的人类的认识发展过程，作为个体的人，尽管人们有可能追求闻道勤行的目标，但能否在实际上达到“常道”，却要取决于社会集体的发展水平。处于某个具体的发展阶段的人们，特别是老子那个时代的人们，他们所认识和实践的只能是不完善的“道”，而不是“常道”，所以老子开篇就说“道可道，非常道”。

尼采曾说要“重估一切价值”，这其实不过是用他所达到的价值体系来评价其他人所坚持的价值体系，换句话来说，他也无非是用自己所达到的“道”来评价其他人所坚持的“道”。这实际上是每个人都一直在做的事情，只不过是尼采意识到了这件事情，其他人没有意识到而已。然而，尼采要想做好这件事情，就必须仔细地审视一下自己用来重估一切价值的尺度是否标准，是不是“常道”。不过我们可以断言，他所坚持的评价标准肯定不是“常道”，所有的人都只能以自己现有的价值尺度作为标准，这个价值尺度只能在时代所提供的基础上成长起来，“常道”永远是那遥远的地平线。此即“道可道，非常道”。认识到这一点，我们便可打破对现有的价值体系的迷信，克服“独断论”，这对于闻道来说，至关重要，所以，把这一句放在《道德经》之首，是非常正确的。如果人们对自己的价值体系缺少自省，依然带着现实生活所强加的价值体系，就难以闻道。

关于“道”与“常道”的关系，在黑格尔的体系中也有与之相对应的一组概念存在着，这就是“有限的自我意识”与“绝对的自我意识”的关系，或者说是“有限的精神”与“绝对精神”的关系。那有限的精神“努力完成自己，发展自己并且由自身中前进”[①]，最终达到对绝对精神的认识。“因此我们现在的观点是对于理念的认识，认识到理念就是精神，就是绝对精神，于是这个精神就与另一种精神、有限的精神相对立，而有限精神的原则便在于认识绝对精神，使绝对精神可以成为有限精神的对象。”[②]哲学史便是这一系列哲学精神形态的进展过程。“现在看来它似乎达到它的目标了，因为绝对

[①]黑格尔．哲学史讲演录：第四卷[M]．北京：商务印书馆，1981：373．
[②]同上，379．

自我意识已不再是异己的东西，而精神也成为现实的精神了。”[①]透过这些晦涩的语言屏障，我们猜到黑格尔所要描述的正是“可道”之“道”与“常道”的关系。

二、关于“有名，万物之母”

人们通常认为老子的“道”囊括天地万物，我虽然把它限定为人的价值体系，但由于人是万物之灵，所以人的实践以及价值体系的优劣仍然对天地万物具有举足轻重的意义。马克思说过：“自然界，就它自身不是人的身体而言，是人的无机的身体。”[②]黑格尔也说过：“凡是自在的东西必定要成为人的对象，必定要进入人的意识，因而成为‘为人’的存在。”[③]在上述认识的基础上，再来解释“无名，天地之始。有名，万物之母”，就比较容易了。这句话的意思是说，在人们还没有意识到价值体系的存在的时候，大自然的进化过程就已经开始了。等到人类出现了，按照自己的需要——可道之道而非常道——来改造世界，建设起一个“人化”的世界——一个在人类实践的参与下构建起来的世界，于是乎，“有名”——被人类认识到的价值体系就成了万物之母。

这里的“无名”与“有名”的区别，接近于康德的“自在之物”与“为我之物”的区别。就人的价值体系来说，在人们认识它之前，它仍然是一个客观存在，但在这种情况下，它作为异己的存在物，以盲目的自然必然性的方式控制着人们；而当人们认识到它的存在，那就可以自觉地实践它。这个从“无名”到“有名”的变化，并非仅仅是人类认识领域里的变化，它同时也给世界打上人类活动的烙印，改变了世界，这便是人们所说的“为自然界立法”，给天地万物命名，认识事物运行规律，为自然界建立秩序，按照人的需要来改造自然，推动生产力的发展，进而拓展了人类活动的新领域。

经历了漫长的历史过程，在出现了马克思主义之后，我们才回过头来发现，在老子所说的“有名，万物之母”中包含着极其深刻的意义。这里面所强调的正是人的认识、实践与物质世界的关系问题。人类所能认识到的万物，

[①]黑格尔．哲学史讲演录：第四卷[M]．北京：商务印书馆，1981： 378.
[②]马克思恩格斯全集：第 3 卷[M]．北京：人民出版社，2002：272.
[③]黑格尔：哲学史讲演录：第一卷[M]．北京：商务印书馆，1981：26.

并不是在第三级哲学范式之下的那种与人的认识过程相对立的直观的物质世界，而是在人类实践过程中历史地形成的物质世界。马克思在《德意志意识形态》中用了大量的文字来批判费尔巴哈的直观的唯物主义，“他没有看到，他周围的感性世界决不是某种开天辟地以来就直接存在的、始终如一的东西，而是工业和社会状况的产物，是历史的产物，是世世代代活动的结果，其中每一代都立足于前一代所达到的基础上，继续发展前一代的工业和交往，并随着需要的改变而改变它的社会制度。甚至连最简单的‘感性确定性’的对象也只是由于社会发展、由于工业和商业交往才提供给他的。大家知道，樱桃树和几乎所有的果树一样，只是在数世纪以前由于商业才移植到我们这个地区。由此可见，樱桃树只是由于一定的社会在一定时期的这种活动才为费尔巴哈的‘感性确定性’所感知。”[①]为了帮助人们理解直观唯物主义与他的实践唯物主义的区别，马克思进一步“打个比方说，费尔巴哈在曼彻斯特只看见一些工厂和机器，而一百年以前在那里只能看见脚踏纺车和织布机；或者，他在罗马的坎帕尼亚只发现一些牧场和沼泽，而在奥古斯都时代在那里只能发现罗马资本家的葡萄园和别墅。费尔巴哈特别谈到自然科学的直观，提到一些只有物理学家和化学家的眼睛才能识破的秘密，但是如果没有工业和商业，哪里会有自然科学呢？甚至这个‘纯粹的’自然科学也只是由于商业和工业，由于人们的感性活动才达到自己的目的和获得自己的材料的。这种活动、这种连续不断的感性劳动和创造、这种生产，正是整个现存的感性世界的基础，它哪怕只中断一年，费尔巴哈就会看到，不仅在自然界将发生巨大的变化，而且整个人类世界以及他自己的直观能力，甚至他本身的存在也会很快就没有了。”[②]马克思在这里所反复说明的思想，正是人类实践对自然界的改造，而在人类实践又随着价值体系的改变而改变，这正是老子所说的“有名，万物之母”。

三、关于“观其妙”与“观其徼”

这个“观其妙”与“观其徼”的过程，所说的是人们对道的认识与实践过程。人们对道的体悟是一个生命历程，这不是在教室里听听老师讲课就可

[①]马克思恩格斯选集：第1卷[M]．北京：人民出版社，1995：76．
[②]同上，77．

以完成的，它要我们以生命来实践和追求。“常道”是那种终极的理想的价值体系，它是一个由健全合理的需要组成的体系。而对每一个具体的人来说，也都有着自己的价值体系，也是一个由种种欲望组成的体系，它与“常道”的区别在于，“常道”是完美的、全面的，同时也是尚未实现的理想；而人们现有的价值体系则是不全面的、有缺陷的、历史的、暂时的、具体的存在。“常道”始终在我们的前面，可望而不可即，在现实中支配着我们行动的始终是不完善的价值体系，它曲解现实，使我们不能合理行动，人们必须立足于这个有缺陷的体系去认识那个全面的体系，于是就必须交替使用两种方式，一种是在无欲状态下对“道”进行观察体悟，一种是在有欲状态下对“道”进行实践。

人们之所以要“常无欲，以观其妙”，这是因为，在欲望的支配下，人们便不能欣赏“道”的妙处。人们的欲望常常会蒙蔽人们的认识能力，正如王弼所说：“妙者，微之极也。万物始于微而后成，始于无而后生，故常无欲空虚，可以观其始物之妙。”马克思也这样说过：“忧心忡忡的、贫穷的人对最美丽的景色都没有什么感觉；经营矿物的商人只看到矿物的商业价值，而看不到矿物的美和独特性。”[①]任何一个对象对我的意义都以我的感觉所及的程度为限。受欲望支配的人们无法体验道的奥妙，人要想认识道的奥妙，就应当让自己处于无欲空虚的状态。无欲便是用孩子的眼睛来观察世界，它是没有目的的，用天真无瑕的眼光注视着、凝视着，既不表示同意，也不表示反对；既不表示批评，也不表示赞许。他对道的内在的引人注目的神妙感到心醉神迷，即使是那有缺陷的价值体系，仍然在社会生活中起着序参量的作用，制导着社会生活过程，上演着一幕又一幕悲壮的历史剧，作为大自然进化过程的一个环节，它比自然界的其他事物要高一个层次。要研究这个过程，研究者必须保持无欲的状态，才能领略其中的玄妙。

而另一方面，人们又必须投身到生活中去，在诸多具体欲望的支配下去生活。人们的各种需要便是大道的具体表现形式，“道”离开了人的欲望、追求便没有了依存。王弼说：“徼，归终也。凡有之为利，必以无为用。欲之所本，适道而后济，故常有欲，可以观其终物之徼也。”这观物之徼的过程包含

[①]马克思恩格斯全集：第 3 卷[M]．北京：人民出版社，2002：305.

了人的实践在内，不是单纯的认识过程，没有人的自觉追求，“道”不可能自动地实现。所谓“微”，也就是实践的结果。“常有欲，以观其微”，也就是说，人必须实际地追求着某个目标，然后才能观察到这种追求的效果，检验这种追求的合理性，如果其结果是好的有利于人性健康成长的，那就接近于“常道”；如果其结果是不好的危害人性健康成长的，那就背离了“常道”。人们要想知道自己是不是走在接近“常道”的过程中，必须经过这么一个试误的过程，用现在的话来说便是，实践是检验真理的唯一标准。对“常道”的理解必须经过一系列人生阶段，每个阶段有每个阶段的目标，每个阶段都有一个主要矛盾，必须在实践中得到正确解决，才能顺利地进入下一个阶段。一个没有亲身投入到这种实践中的人，仅仅依靠书本上的知识，他对“常道”的理解就是有缺陷的。这就像黑格尔所说的那样，同样的一句格言，从一位饱经风霜的老人嘴里说出来，与从一位年轻人嘴里说出来，含义是不一样的。比如说反腐败，很多人对腐败现象深恶痛绝，但他自己是否真的就能意志特别坚强地保持清廉呢，这还要看他在金钱美女的考验面前的实际表现。做官是一个很危险的事情，意志不坚定的人就不要急着往那个队伍里挤。所以我对某些年轻人在这个问题上的慷慨激昂颇不以为然，要知道那些贪官也不都是笨蛋，只不过是因为“大道远而难遵，邪径近而易践”（唐太宗：《帝范》），而没有毅力走到底而已。在我们嘲笑别人时，自己也不一定就能沿着那条又远又难走的“大道”走到底，所以还是要等到自己过了这一关以后，再对别人吹牛，才是比较稳妥的。

所谓“常有欲，以观其微”，就是要全身心地投入到社会生活中去。诸葛亮本来也可以高卧隆中以观其妙，但他后来却选择了出山，为了天下百姓而鞠躬尽瘁，参与到现实政治过程之中，切身地体验其中的酸甜苦辣，作为社会变革的一个因素而推动社会的发展，他对社会过程的观察就与推荐他的那位高人是不一样的，这便是“常有欲，以观其微”。在参与社会变革的过程中来认识社会及人生之道，这与隐者与禅者的悟道是有区别的。不出户而知天下，不窥牖而见天道，这便是“常无欲，以观其妙”，科学家们通常是在这种状态下开始工作的。

所以说，有欲和无欲是相辅相成的。在人生的每个阶段，都要有相应的目标或欲望，但人们又不能陷溺于其中，必须看到它不过是阶段性的目标，而不是常道；有欲望而又不过于执着，知道这不过是一个阶段的目标，是悟道的阶梯，既要提得起也能放得下。如果把阶段性目标作为唯一的目标，就会误入歧途，找不到“大道”了。怎样才能“常有欲”，同时又“常无欲”呢？可能有人会以为这是个自相矛盾的要求，其实并不矛盾，人的欲望哪能一成不变地持续下去呢？“飘风不终朝，暴雨不终日。”“天地尚不能久，而况于人乎？”（第二十三章）所以“常有欲”与“常无欲”应当是相容的，就像白天与黑夜的交替一样，人应当适应自然规律，知进知退，适可而止，该投入的时候，就全身心地投入，该放弃的时候就要知道放弃，不要在牛角尖里一直钻下去。无欲的状态是人生的驿站，经常进去歇歇脚，还是很有必要的。

从对“道”的实践的角度来看，“无欲”与“有欲”这两者的关系就像理论与实践的关系一样，人们在“无欲”的状态下认识“道”，在“有欲”的状态下追求“道”；这样的人不同于那些浑浑噩噩的人，他们就把自己全身心地投入到对“道”的追求中，心甘情愿地把自己作为“道”的实现工具，从而在履道的过程中实现生命的最大价值。这种对“道”的追求本身也是一种欲，有这种欲才能“观其徼”，看到“道”的结果。与通常的欲望不一样，这是更高的人生目标，有了这样的目标，人们就能做到“不贵难得之货”，便可以从更高的层次进入生活，不仅是提高自己的生活质量，而且会正确地处理矛盾纠纷，在社会生活中发挥积极的引导作用。这样的人眼光高远，赞天地之化育，把历史引向前进的方向，不悟道的人就不是他的对手。

四、“此两者同出而异名”中的“两者”所指的是什么？

“此两者同出而异名”中的“两者”，王弼认为是“始与母”，但我认为，在“无名，天地之始。有名，万物之母”与“两者”中间还隔了一句。所以，“两者”应当是与之最近的上一句中的“无欲观妙”和“有欲观徼”，也就是人们对价值体系的认识与实践，这两者有机地统一在一起，谁也离不开谁，所以“两者”便“同出而异名”。

对于不闻道的人来说，对较高层次价值的认识和实践处于其认识范围之外，他不知其中的奥妙，于是便感到很“玄”。认识到较高层次价值的人们则可以在新的认识水平上开展实践，在实践中则又会遇到新问题，推动自己对价值体系的认识的进一步深入，从而在一个更高的层次上开展实践，进而推动人类价值体系的进化过程进入一个新的阶段；对于价值体系的这个较高的认识和实践层次来说，还有比它更高的层次，又需要人们去深入认识和实践，“实践、认识、再实践、再认识，这种形式，循环往复以至无穷，而实践和认识之每一循环的内容，都比较地进到了高一级的程度。”[①]

人类及其文明的出现不是自然界里发生的偶然事件，价值体系的进化也是一个必然的进程，现在中国人所提出的“建设社会主义核心价值体系”、“构建和谐社会”等一整套政治目标，就是整个大自然进化过程在当前这个阶段所要实现的目标。只有实现了这一目标，人类才能从私有制的奴役下解放出来。当我们把社会主义核心价值体系建设起来之后，人类是否还会提出其他更高的进化目标呢？按照“道可道，非常道”的逻辑，肯定还会有更高的目标。至于这个目标是什么，那就是下一代人所要思考的问题了，我们的任务是做好我们这一代人的事。

全部哲学都建立在这个极其简单的事实上：人类价值体系有一个在人类自己的认识与实践过程中不断成长的进化过程。尽管人与其他动物都有需要，但人的需要与动物的需要有一个根本区别：人能够意识到自己的需要。“人则使自己的生命活动本身变成自己意志的和自己意识的对象。他具有有意识的生命活动。……有意识的生命活动把人同动物的生命活动直接区别开来。”[②]与动物千篇一律地重复着同样的生活道路不同，人是未完成的、不确定的，他的需要处于发展变化之中，“自然似乎没有把他铸成就将其放到世界中；自然没有做出关于他的最后决定，而是在某种程度上让他成为不确定的东西。因此，人必须独自地完善他自己……必须试图依靠自己的努力解决他那专属他自己的问题。”[③]生存的自然必然性、个性发展的需要，都要经过其大脑的加工，成为其实践活动的目标，由此而产生了一个价值体系的进化过程，这个进化过程就是人类发展的内在动力，与之相应的，人类社会也就经历了一系列历史发展阶段。“玄之又玄，众妙之门”，人类进化过程的一切奥妙都产生于这里。老子之所以伟大，就在于他一把抓住根本，人类的一切苦难都产生于这里，人类的一切辉煌也都产生于这里。

[①]毛泽东选集：第一卷[M]. 北京：人民出版社，1991：296.
[②]马克思恩格斯全集：第3卷[M]. 北京：人民出版社，2002：273.
[③][德]兰德曼. 哲学人类学[M]. 上海：上海译文出版社，1988：202.

第二章

[原文]

天下皆知美之为美，斯[1]恶已。皆知善之为善，斯不善已。故有无相生[2]，难易相成[3]，长短相较[4]，高下相倾[5]，音声相和[6]，前后相随[7]。是以圣人处无为之事[8]，行不言之教。万物作焉而不辞[9]。生而不有，为而不恃[10]，功成而弗居。夫惟弗居，是以不去。

[注释]

[1]斯：则、就。

[2]有无相生：有与无在互相对立中生成、转化。

[3]难易相成：难和易在互相对比中形成。

[4]长短相较：长和短在互相比较中而存在；在《郭店楚简》中为“长短之相形也”，含义相同。

[5]高下相倾：高与下在互相依赖中存在。第三十九章中有“高以下为基”可以佐证。倾，应当解释为倾斜、依赖。

[6]音声相和：声音有大小、长短、高低、清浊的区别，它们组合在一起构成优美的和声。

[7]前后相随：前与后在互相跟随中存在。

[8]圣人处无为之事：圣人即明智的管理者，他认识到有与无、难与易、长与短、高与下、前与后都是对立统一的存在，所以就不在这一系列两极对立中推崇一极而贬斥另一极，这就是无为之事。

[9]万物作焉而不辞：在《郭店楚简》中为“万物作而弗治也”，应予采用。作：活动、成长；不治：听其自然。

[10]为而不恃：在《郭店楚简》中为“为而弗志”，意为“民众各有所为，管理者不予主导”。

[译文]

当人们都把某个目标作为美来追求以后，由此而造成的社会整体效果就不美了。当人们都把某个目标作为善来追求以后，由此而造成的社会整体效果就不善了。这是因为，有与无在互相对立中生成、转化，难和易在互相对比中形成，长和短在互相比较中而存在，高与下在互相依赖中存在，各种不同的声音组合在一起构成优美的和声，前与后在互相跟随中存在。所以，明智的当政者认识到有与无、难与易、长与短、高与下、前与后都是对立统一的存在，所以就不在这一系列两极对立中推崇一极而贬斥另一极，而是采用无为的管理办法，实行不言之教。民众各自活动，管理者不加干涉，民众各有所为，管理者不予主导，辅助民众成功而不自居其功。正因为其不自居有功，谁也抹杀不了他的功劳。

[解说]

“天下皆知美之为美也，斯恶已。皆知善之为善，斯不善已。”其意思就是说，当人们都知道某个东西是美的善的以后，便都去追求这个目标，由此而造成的社会整体效果就不美、不善了。人们可以找到很多例子，比如说在古代就有“楚王好细腰，宫中多饿死”的悲剧；在资本主义社会，资本家以利润为目标，结果就导致了异化现象；在现代，大家都以 GDP 为目标，结果就会带来两极分化、环境污染等一系列问题。还有一些干部以热情招待为目标，以外出考察为乐事，他们还认为级别越高就应当配备价格越高的小汽车，这样的价值观形成了气候，其结果必然是把国家财政中的一大部分耗费在公款招待、公车消费和公款出游上面，人民群众意见很大，各级领导也想了很多办法，但时至今日也还没有找到有效的解决办法。

为什么人们追求美和善，反而会带来不美与不善的后果呢？老子在第一章说过了，“道可道，非常道”，美与善作为大道的组成部分，也是同样道理，“美可美，非常美”，“善可善，非常善”。人们所追求的这个目标并不是终极的美与善，而只是价值体系进化过程中的阶段性目标，在人类价值体系中，它们并不是终极的核心价值，而是低层次的目标。当人们把低层次目标作为核心目标来追求的时候，便会导致不和谐现象、异化现象，把个人的成长引向歧途。如果全社会都把它作为核心价值，其中的缺陷就会在社会运行过程中放大并积累起来，带来灾难性后果，于是便“斯恶已”、“斯不善已”了。

马克思所发现的异化现象，中国的老子早在两千五百年前就发现了。庄子后来更进一步明晰了这个思想，他说“丧己于物，失性于俗者，谓之倒置之民”。（《庄子•缮性第十六》）然而，即使人类发现了这个问题，仍然也还是既不能跳过也不能用法令取消自然的发展阶段，这就像小朋友不能一步跨入成年一样。即使是那些低水平的需要，也仍然要在一定的发展阶段上作为核心价值来追求。因而以经济建设为中心，以 GDP 为核心价值，以利润为核心价值，这都是必须经历的发展过程。

所有的人都处于成长的过程中，于是人们就应当克服把现有的目标绝对化的“独断论”，不断地超越现有的目标。社会整体运行状态是无数个人的追求所形成的合力，一个和谐的社会便是人们把各自的丰富多彩的个性充分展示出来的社会，如果人们的价值体系被引导到一个狭隘片面的方向，就会导致不和谐，甚至灾难。要解决这些问题，那就还是要在病根——社会价值体系的缺陷上想办法。

老子在指出问题之后，又对病源进行了分析。他说“故有无相生，难易相成，长短相较，高下相倾，音声相和，前后相随”，其意思是说，每一种价值观都会造成一种两极对立，并把天下人的注意力吸引到其中的一极；美与不美、善与不善、有与无、难与易、长与短等都是相反而相成的，人们如果都追求其中的一极，对另一极避之犹恐不及，就必然要造成“斯恶已”和“斯不善已”的后果。

“是以圣人处无为之事，行不言之教”，这句话可以分析出两层意思。第一层意思是，既然“有无”、“难易”等是相比较而存在的，领导者就不能只要其中的一极而忽视另一极，所以，执政者就要慎重地引导社会价值体系，既要对人们不危害社会整体利益的多元化发展予以包容，又要引导人们尽快地走出片面性与幼稚，从而在保持社会发展活力的同时保持社会和谐。价值导向正确就是社会之福，价值导向的狭隘片面就是社会之祸。领导者的根本任务就是引导社会价值体系，但遗憾的是，历代执政者经常忽略这项工作。然而，即使是在他们不知道这项根本任务的情况下，也仍然在倡导着某种价值体系。这种倡导并不是看他们说了什么，而是看他们做了什么，在这种无意识的情况下，他们通常是通过自己的胡作非为把民众引向歧途，其结果是自己也没有得到好下场。

第二层意思是，要注意引导社会价值体系的艺术。老子在这里独树一帜地提出了“无为之事”、“不言之教”的管理办法。要理解这种管理办法，就必须把它们放在老子的整个体系中来理解。之所以要“处无为之事”，为的是要“辅万物之自然，而不敢为”（第六十四章）；由此可见，“无为”与“自然”之间存在着一种有机的联系。什么是“自然”呢？我以为，老子所说的“自然”，就是现代科学中刚出现不久的“自组织”一词。

所谓自组织，是指事物（系统）不是由于外部的强制，而是通过自己内部各部分之间的相互作用，自发地形成有序结构的动态过程。拉兹洛说：“凡在出现生命的各种组织层次上的系统，对于要在周围环境中无限期地存在下去而言……只有能进化出一种复制或再生产自身结构的能力才行。使用H·马图拉纳在20世纪60年代引入的一个术语，我们可以把这类相对高组织层次上的系统称做是自创生的（autopoietic）。确实，细胞、器官、生物体，以及生物体组成的群体和社会都是自创生系统；它们自己更新自己，自己修复自己，并且自己复制自己或自己生产自己。”[①]根据这种理论，社会组织的发展演变也是一个自组织过程，可以通过自己内部各部分之间的相互作用而自发地形成有序结构。社会是由处在特定关系中的人组成的系统，是人的行动和相互作用的结果，“虽然个人的行为举止部分受到有意设立的规章制度的指导，但最终形成的秩序却是自然而然的，更像是一个有机体，而不像是一个组织”[②]。协同学的创始人哈肯则做了这样一个类比：“在无生命自然界中，例如在水的液相或固相中，各个分子相互间有一定方式的排列关系，而这种关系又转而决定水或冰的宏观状态。人类社会成员的行为方式在不同的政府形式中也是不同的。”[③]更准确地说，在不同的社会制度下，人类社会成员的行为方式是不同的。处于进化过程中的社会系统，它的宏观状态如经济、政治、文化的发展状况造就了社会成员的发展环境和条件，制约着每一社会成员的发展水平；反过来，社会成员的发展水平和行为方式又决定了相互联系的方式，决定了社会的宏观状态，并且适应宏观环境的变化而改变自己的行

[①]拉兹洛．进化——广义综合理论[M]．北京：社会科学文献出版社，1988：45．
[②]同上，91．
[③]赫尔曼·哈肯．协同学：大自然构成的奥秘[M]．上海：上海译文出版社，1995：168．

为方式，并进而影响和改变宏观环境，为自身的进化创造宏观条件。

现在我们再回过头来看老子，他在两千多年前就已经把自然与社会看作是一个自组织过程了，这个思想是贯穿五千言之中的有机组成部分。“悠兮其贵言。功成事遂，百姓皆曰‘我自然’。”（十七章）其意思是说，聪明的统治者悠闲自得，少言寡语，放手让老百姓去干自己的事，万事成功遂意，百姓们并不认为统治者起了什么作用，而认为是自己努力的结果。然而放手让老百姓自由发展，并不是不管不问，而是要用正确的价值体系去引导人的发展，“道之尊，德之贵，夫莫之命而常自然。”（五十一章）也就是要树立道与德的尊贵地位。由于道与德的尊贵，人们都向而往之，用不着命令，人们都会自然地顺着这条道路走下去。

老子的“自然”除了有自组织的含义以外，还有一个“人和社会的理想状态”的含义。老子的“道”所指的是能够保证社会与人性正常发展的价值体系，而不是泛指一般的价值体系。同样的，老子的“自然”指的是由“道”所制导的社会与人性的成长发育过程，并不包括那些有缺陷的价值体系所制导的不正常的成长过程，这种有缺陷的状态是不合于自然的。“自然”包括人性的自然和社会自然，前者是指人获得正常的发展，由生到死，圆满地走过人生的各个阶段；后者是指社会组织适合于人性的健康发展。要做到这一点，社会管理者就应当按“自然”的要求来进行管理。在道与自然的关系上，自然被摆在比道还高的位置上，“人法地，地法天，天法道，道法自然。”（二十五章）道不是来自于某个神秘的意志，它只不过是自然界和人类社会自身的规律的反映；作为社会的管理者，就必须认识、顺应和促进自然和社会的自组织过程。这种态度是对普通常见的那种用自己的主观意志来干涉、控制社会过程的做法的否定，然而十分遗憾，精于权术的人难以运用这一管理艺术，“不言之教，无为之益，天下希及之。”（四十三章）“大道甚夷，而人好径。朝甚除，田甚芜，仓甚虚；服文采，带利剑，厌饮食，财货有余；是谓盗夸，非道也哉！”（五十三章）“吾言甚易知，甚易行。天下莫能知，莫能行。”（七十章）人们用自己的小智来管理国家，他们自己的欲望很多，想把社会和人民都玩弄于股掌之上，干预社会的自组织过程，搞得鸡犬不宁，自己也头破血流。“民之饥，以其上食税之多，是以饥。民之难治，以其上之有为，是以难治。民之轻死，以其上求生之厚，是以轻死。”（七十五章）这样做的结果是倡导出了一种畸形的价值体系，并以这种价值体系来对社会生活进行自组织。

当然，这种自组织过程不是那些蹩脚的社会管理者所有意要做的事。他们也不希望出现“民之难治”、社会动荡不安等现象，然而由于他们不知道保持社会稳定与其践行正确价值体系的密切关联，为了满足自己的欲望，无情地剥削民众，恣意妄为，“损不足以奉有余”（七十七章）；他们不知道这样做的危险，“甚爱必大费，多藏必厚亡”（四十四章），剥夺别人的人，反过来要被别人剥夺，“金玉满堂，莫之能守。富贵而骄，自遗其咎”（九章）。最终是“强梁者不得其死”（四十二章）。在一个动荡不安的社会环境中，谁也不能强大得永远立于不败之地，几千年来，人类一直在上演着“你方唱罢我登场”的老节目，在这种经常性的社会震荡中，人们都不可能实现其“自然”。

概括起来说，老子的“自然”首先是指的社会的自组织过程，其次是表示人和社会的理想状态。这两层意思合在一起，老子的理想就是以“常道”为序参量的社会自组织过程，如果以其他价值体系作为序参量来制导社会自组织过程，社会与人生都不可能实现其“自然”。在理解了这一层意思之后，我们便可理解老子所说的“无为之事”与“不言之教”了，这就是通过调控社会价值体系、倡导大道来实现社会的科学管理。

人作为自然进化较晚阶段的产物，比起较早阶段出现的生命形式，包含着更多的进化层次，在某种意义上可以说，整个宇宙的进化都浓缩在人身上。从人在自然进化中的这种地位来看，人必须理解整个自然的进化，并承担起保护自然、促进这一进化过程的责任。这种对自然进化过程的意识与责任感，是人性发展到一个较高阶段的产物，老子是早熟的，他率先体味到这种感情。然而，绝大多数人们对此并没有清醒的意识，在大自然的进化过程中，人获得了最珍贵的成果——理性思维能力，很多人却不知珍惜，不是将其用于有价值的目标，而是肆意滥用，干涉自然的进化过程，破坏自然和社会系统的正常发展，为了一己之私欲而肆意妄为，这就干扰破坏了人与社会的“自然”。现在我们看到，最令人不安的意外事件不是来自自然界，而是来自人类自身，人类对自然的每一次胜利都受到自然界的报复，人类为了眼前利益而进行的开发，往往都会带来一系列难以估量的灾难性后果，老子的“无为”便是为了救治这种弊病而开出的药方。

要想采用这个药方，就需要有悟道早的人把“常道”和与之相应的行为规则灌输到社会生活中去，从而使一种更高层次的社会秩序自发地呈现出来。通过倡导科学发展观，便可解决两极分化、生态恶化的问题；通过建设社会主义核心价值体系，把干部们的注意力从吃喝招待、出国考察和攀比乘坐公务车的级别待遇中解放出来，也就可以根治公款吃喝、公款出游和公车消费所造成的巨大财政负担。“无为”并不是无所作为，而是要建设一种科学合理的社会价值体系，由它来主导社会的自组织过程。对于当今共产党人来说，这是一个极为紧迫的任务。如果不能真正地取得价值体系上的领导权，共产党人就无法在社会政治过程中进入自由王国，想要做的事情总是做不到，总是事与愿违，而他们所不希望的东西却总是层出不穷地冒出来。

“无为之事”与“不言之教”是一件具有高度艺术性的工作，要把那个新的价值体系在人民群众的心里建设起来，就要营造一种引导人性健康向上的社会经济文化环境，建设一个与新的价值体系相适应的生活方式，把新的价值体系灌输到生活过程中去，彻底结束旧的价值体系的统治地位，让新的价值体系成为占支配地位的法则。采用这种方法，社会管理工作只能是越来越简单，越来越无事可干，这便是无为而治所要达到的境界。就如同个体有一个闻道的过程一样，社会集体也有一个闻道的过程；个体的闻道是一个很难的事情，那么集体的闻道就是一个更难更复杂的系统工程。

社会的自组织机制是一个客观存在，社会管理者如果不认识这一机制，他的管理工作必然会遇到很多困难，无论是有为还是无为都不能把社会管好，便会宽严皆误。进一步来说，无论是无为还是有为，都不过是社会的自组织机制借以表现自己的方式，谁也逃不出它的手掌。老子要求人们无为，无非是要求人们认识这一机制，顺应这一机制，不做无益的举动，在社会管理上由盲目转入自觉，免去许多由于错误的社会政策而给社会造成的不协调、痉挛与动乱，以及由此而来的个人悲剧。无为而治即是“顺木之天以致其性”，把社会稳定的目标实现在对社会价值体系的引导中。“为无为，事无事，味无味”（六十三章），不要轻易地倡导什么，在倡导一个目标之初就已经把人们追求它所带来的社会整体效应都估计清楚了。“事无事”即是通过现在所做的事要使将来无事可做。如果等到问题出来了再去想办法解决，那就是“事有事”了，这种人虽然很忙，为了天下人的利益而夙夜操劳，人们亲而誉之，但仍不能算是高明的政治家。当然，在没有更好的政治家的情况下，碰上这种人也已经是老百姓的造化了；最倒霉的是遇上了第三类或第四类的管理者，他们不了解个人的价值体系与社会宏观目标的关系，一方面用自己的实际行动倡导出一种骄奢淫逸的价值体系，另一方面又不想要与之相应的结果，想当然地期待着天下大治的目标，这就是自己与自己打架，社会不听他的控制，人民"畏之"、"侮之"，他们自己的日子不好过，最终受其祸的还是人民群众。

尤其需要强调的是，老子所具有的那种对自然与人的进化过程的深厚的情感，他"辅万物之自然，而不敢为"（六十四章），"常善救人，故无弃人；常善救物，故无弃物。"（二十七章）因此，他可以把对社会与自然的自组织过程的认识运用于救人救物的目的。但倘若人们不具备老子的那种情怀，而是怀有自利之心、骄矜之色，那他在把对社会与自然的自组织过程的知识运用于社会管理方面时，便会演变为机诈权谋，这种做法无论对社会还是对他自己都将是一件很危险的事。

理解了前面的内容后，本章后面几句就可以按通常的理解来解释。"万物作焉而不辞（治），生而不有，为而不恃，功成而弗居。夫唯弗居，是以不去。"在建立了新的价值体系之后，民众自然而然地循着这种价值体系生生不息，圣人对之实行无为而治；民众各自活动，管理者不加干涉，不予主导，辅助民众成功而不自居其功。正因为其不自居有功，所以谁也抹杀不了他的功劳。但如果他们要是炫耀自己的功劳，那就反而会失去民众的赞赏；在第二十二章，老子说"不自伐，故有功"，在第二十四章，老子说"自伐者无功"，老子的主张是始终一贯的：高明的政治家不仅要对社会政治过程具有高超的引导控制能力，还必须具有谦逊的态度。

必须强调的是，老子与我们所处的时代不同，在他那个时代，人们刚从蒙昧中走出，人的私欲刚被唤醒，所以他就可以主张"无为"，以避免私有化的进一步强化，他理想中的人性是回归原始人的无知无欲状态。而在我们这个由资本主义价值体系主导的时代，就不能简单地照搬老子的"无为"，而是必须推进价值体系的进一步进化，在确立了社会主义核心价值体系的主导地位之后，再来谈论"无为"。

第三章

[原文]

不尚贤[1]，使民不争；不贵[2]难得之货，使民不为盗；不见[3]可欲，使民心不乱。是以圣人之治，虚其心，实其腹，弱其志，强其骨。常使民无知无欲。使夫智者不敢为也。为无为，则无不治[4]。

[注释]

[1]尚：推崇。贤：有才智的人。

[2]贵：重视，崇尚。

[3]见：表现，宣扬。

[4]使夫智者不敢为也。为无为，则无不治：这一句在帛书乙本中为“使夫知不敢，弗为而已，则无不治矣”，应当采纳。“不敢”，参考第七十三章的“勇于敢则杀，勇于不敢则活”，“敢”指的是好勇斗狠的丛林法则，“不敢”所指的则是正确处理人际冲突的和谐法则；“弗为”即是“无为”。本句的意思是：如能使民众知道和谐法则，领导者即使什么也不做，也不会有治理不好的社会。

[译文]

不推崇贤人，就可以使民众不再争斗。不看重珍奇财宝，就可以使民众不去偷窃。不宣扬那些诱发情欲物欲的东西，就可以使民众的价值体系不再混乱。所以，圣人管理社会的方法是：使民众内心无欲望，腹里充实，志向淡泊，筋骨强壮；始终使民众处于没有知识、没有欲望的状态。如能使民众知道和谐法则，领导者即使什么也不做，也不会有治理不好的社会。

[解说]

在理解了道即是价值体系、自然即是自组织过程、无为即是对社会价值体系进行引导之后，对本章的理解也就很容易了。本章所介绍的是一种高级的社会管理艺术：即通过对社会价值体系的引导来保证社会稳定。“不尚贤”、“不贵难得之货”、“不见可欲”，这便是对社会价值体系的引导，通过这种引导，“常使民无知无欲”，从根本上消除那些有可能破坏社会稳定和谐的因素。人们的价值体系与社会运行状态之间存在着有机的联系，认识这种有机联系，并自觉地在价值体系的引导上下功夫，就可以把社会引向和谐稳定轨道，实现无为而治的政治局面。

社会和谐之道仅此一条，而歧途却很多。两者之间的区别就在于社会运行规则和目标，即社会所“尚”的是什么。比如西方拳击比赛，其规则的合理性就很可疑，在观众发狂的呐喊声中，两个人打作一团，鼻青脸肿、头破血流也不算完，必须有一个人被打倒在地、抬出场地才算结束。西方人对这种残忍比赛的狂热实在令人莫名其妙。再比如在酒桌上劝酒的人们也有一套约定俗成的目标和规则，招待客人若不丰盛便是失礼，若不让客人喝醉便不够热情，如是则互相攀比，酒宴规格越来越高，开支越来越大；赴宴者互相劝酒，不顾身体，不要健康，喝坏了党风喝坏了胃，发了多少个文件，也没能管住一张嘴。对于社会运行过程来说，我们现在面临着收入分配差距拉大、生态环境恶化、社会环境丛林化的问题，虽然大家都发现了问题，都在想办法解决，但问题依然是越来越严重，其原因也还是社会价值体系出了问题，既然引入了市场经济的那一套价值体系，就必然会出现这些结果。

当今时代，影响社会稳定的各种因素纠缠在一起，形势高度复杂。在这种情况下，社会管理者要想保持社会稳定发展，仍然要学习老子的政治智慧，抓住主要矛盾。这就是社会主义与资本主义这两种价值体系的矛盾，这个“视之不见”、“听之不闻”、“搏之不得”的东西，在社会生活中却发挥着“序参量”的作用。社会管理者必须抓住这个矛盾，主动地“尚”和“贵”那种有助于社会稳定和谐的社会主义核心价值体系，不“尚”和不“贵”那种有害于社会稳定和谐的资本主义价值体系。如果从政者不知道这个智慧，就必然要遇到麻烦。

要想抓住主要矛盾、做好社会价值体系的引导工作，靠的是政治家自身的价值体系的发展水平，取决于他自己是否“闻道”。人们可以很容易地观察到，越是那些水平差的人就越是缺少自知之明，越是渴望着当官掌权。水平差的人，就是想抓住主要矛盾也抓不住，想要做好社会价值体系的引导工作也干不好。那种内在的东西决定了人们的判断力，“见小暗大，而不知所务；从物如流，不知其所执”（《孔子家语·五仪解》），在关键时刻总是出错，如袁绍在与曹操对阵的时候，正确的意见其实都有人向其提供了，但为什么他总是做出错误的决策，这就是由于他的价值体系的缺陷，他不知道什么是真正重要的东西。英雄与狗熊之间的差别就在那一念之间，甚至是那种下意识的感觉起着决定性的作用。有不少贪官，在道理上也是很明白的，他们之所以失足，并非不知道自己的根本利益，只是因为多“见可欲”之事物，致使私欲产生而膨胀，才逐渐变成了贪腐成性的邪恶之人，在潜意识之中，还是“见小暗大”，把不重要的东西作为自己的核心价值。某些人高喊要“民主”而不惜胳膊肘向外拐，甘做国外敌对势力搞垮中国的内奸，这也是由于“见小暗大”，没有抓住主要矛盾。他们对价值体系问题讳莫如深，却又在实际上顽强地倡导那种毁灭社会与人生的价值体系，本能地拒绝健康向上的价值体系，也是因为那种下意识的感觉发挥了决定作用。

从整体上看，人类的历史进程也就是寻找和谐之道的过程。但在此过程中，有很多人终生找不到，还有很多人根本就不想去找这个道，他们像一群蚂蚁一样在地球上乱撞。一个社会中，这样的人要是多了起来，成了气候，这个集体就必然要趋向于衰败。由于人们只是在时代潮流的引导下漂来漂去，于是便出现了一种很危险的局面，人们互相影响，其行动之所以充满自信是因为大家都如此行动，而这种行动是否合理，所带来的整体效果是否对人们有利，却被人们置诸一旁。“人类社会的文明体制就是这样把最重大的事情置于脑后，一方面推迟状况的改变和局面的打开，同时向着悲惨的结局飞奔。其速度不但不见减弱，反而日益加快。……这就像一个不知道害怕的孩子，使劲地踩着汽车的加速器，越是增加速度越是高兴。但道路是弯弯曲曲的，错走了一步就有可能从悬崖上滚落下去的危险。……事态是极其严重的。”[①]要想改变这种局面，就需要进行社会价值体系的建设，执政者就要掌握老子所发现的政治艺术。但在实际上，有很多管理者理解不了老子所倡导的社会管理艺术，不知道社会价值体系的引导与社会政治的优劣之间的关系。他们

[①]池田大作，贝恰．二十一世纪的警钟[M]．北京：中国国际广播出版社，1988：178．

也希望不断提高社会管理水平，却又不自觉地倡导着那种与这种局面背道而驰的价值体系，于是便南辕北辙、事与愿违，搬起石头砸自己的脚，民众陷入灾难不幸之中，他自己也身败名裂。几千年来，中国与世界的政治都在这种运行状态下继续着。故魏源先生在注解本章时说："老子救世之书也。""世之不治，以有为乱之也；有为由于有欲，有欲由于有知。日启其无涯之知，而后节其无涯之欲，是滥觞江河，而徐以一苇障之也。"

必须注意的是，我们要学习的是老子的政治智慧，却不能照搬老子的药方。尽管老子对社会病理的分析是深刻独到的，但他为了保证社会稳定而开出的药方却有问题，他不是推动人性的进化，而是要回归原始状态，这就与价值体系进化的历史必然过程相矛盾了。人类价值体系必须经过一个否定之否定的进化过程，把人的欲望充分展示出来，推动社会生产力得到充分发展之后，人类社会才能在一个新的文明阶段重建新的淳朴风尚。在此过程中，政治家们就不能"不尚贤"、"不贵难得之货"；而是要努力倡导新的先进的价值体系，帮助民众认识大道，突破那种以财富的私人占有为核心价值的价值体系，建设起以人的自由全面发展为核心价值的价值体系。

这里把建设社会主义核心价值体系作为主要矛盾，并不意味着忽视经济建设。在当前国内外矛盾纷纭复杂的情况下，我们要保证中国稳定地运行在社会主义道路上，当然要保证社会经济过程的正常运转，这是基础。民以食为天，然后要在社会价值体系的冲突中坚持社会主义方向，掌握主动权，建设我们的软实力，这是保持社会稳定的关键。这两者并不矛盾，而只是一个先后的程序问题，或者说是同一个问题的有机结合的两面，新提出的问题把原来的问题包括于其中，也就是毛主席所说的"纲举目张"。

当今时代的主要矛盾就是两种价值体系的冲突。这是一个人们想绕也无法绕过去的东西，树欲静而风不止，只有正视这个冲突，才能正确地应对。一方面，我们在国际上要理直气壮地亮出和谐社会、科学发展观和以人为本的旗帜，这是包括了人权民主但又高于人权民主的价值体系；另一方面，在国内要自觉建设这个价值体系，从而把社会凝聚为一个有机整体以正确应对各种挑战。只要我们搞好了社会主义核心价值体系建设，就可以把社会凝聚为一个有机整体，自信坦然地迎接任何挑战。

第四章

[原文]

道冲而用之或不盈[1]。渊兮似万物之宗；[2]挫其锐[3]，解其纷[4]，和其光[5]，同其尘[6]。湛[7]兮似或存。吾不知谁之子，象帝之先[8]。

[注释]

[1]道冲而用之或不盈：根据帛书乙本，本句应为“道，冲而用之，有弗盈也。”冲，即是空虚，引申为谦虚；用之，即是实践之，坚守之；有，可以理解为通过对大道的实践而把大道修之于身，积累得越来越深厚；盈：即为满，引申为表现于外，向人炫耀；有弗盈也，与后面的“被褐怀玉”是同一个意思。本句意为：对于大道，执政者要用谦虚的态度来坚守与倡导它，把它修之于身并积累深厚，不要向人炫耀。

[2]挫其锐，解其纷，和其光，同其尘：高亨认为本句又见于五十六章，在此处是衍文，并认为“在此处，文章（疑为意）不合，当删去”。但帛书甲乙本和王弼本、魏源本都没有删掉这一句，且在帛书甲乙本中的这一句的前后排序不一样，如在帛书乙本的“知者不言章”中为“和其光，同其尘，銼其兑而解其纷”，故不应当删除本句。

[3]锐：锋芒。人们所犯的错误常常是某种正常需要的过度发展，超过了合理的限度；挫其锐即是抑制那些超过了正常限度的欲望，使之回归正常。

[4]解其纷：用现在的话来说，就是正确处理人民内部矛盾。

[5]和其光：混合各方的光芒，可以将其理解为“发挥每个人的特长或优势”，也即是现代人所说的“各尽所能”。

[6]尘：高亨注，“行路人要带起尘土，所以尘字可用来象征人的行迹”。“同其尘”即是统一大家的前进方向。

[7]湛（音 zhàn）：高亨注，“《说文》：‘湛，没也。’没入水中为湛，引申为‘看不见’的意思”。

[8]象帝之先：高亨注，“象，读为像，似也”。王弼注，“帝，天帝也”。先，祖先。魏源先生说，“末二语就体道之人言之，方平易亲切。诸家皆谓推极，然问道为谁氏之子，既太支离，而推道为在帝先，又太幻渺，故并不取”。我以为“吾不知谁之子，象帝之先”这一句可以理解为大道的倡导者与大道之间的关系，闻道者不是在现成既定的价值体系的基础上进行治理，而是在以大道渗透到社会过程中去的情况上进行治理。这样的政治基础是怎样形成的？究竟是先有这样的社会基础呢，还是先有倡导大道的执政者？究竟是先有鸡还是先有蛋？老子所说的“吾不知谁之子”所问的应当就是这个鸡与蛋的关系，“象帝之先”，其意思可以理解为，好像这样的政治基础要比倡导大道并执政的圣人还要在先。五千言中就只有这一个“帝”字，可以把它理解为倡导大道同时又执政的圣人，他比坚守大道但不执政的圣人要高一个档次。所谓“象帝之先”，也就是说，他在成为“帝”之前，就必须先要为自己营造执政的社会价值体系基础。这很像葛兰西关于“文化领导权”的理论：“一个成功的统治阶级，就是那个在实际上取得政治权力之前就已经在精神和道德上取得了领导地位的阶级。”[1]

[译文]

对于大道，执政者要用谦虚的态度来坚守与倡导它，把它修之于身并积累深厚，不要向人炫耀。大道潜藏在社会运行过程的深处，似乎是万物的主导因素。执政者应当用大道来抑制民众的超过正常限度的欲望；正确处理矛盾冲突，解开纠缠不清的纠纷；综合各自的特长和优势，统一他们的方向。人们看不见大道，但又可以感觉到它的存在。我不知道大道是怎么产生的，好像在闻道且执政的圣人之先就已经存在了。

[解说]

关于“道冲而用之或不盈”，有两种句读，一种是王弼本的“道，冲而用之或不盈”，另一种是高亨本的“道冲，而用之或不盈”。比较这两种说法，我认为应当采纳王弼的意见，其理由如下。

---

[1]詹·约尔．西方马克思主义的鼻祖——葛兰西[M]．长沙：湖南人民出版社，1988：130.

一、高亨先生把这一句解释为："道（宇宙本体）是虚无而没有形体的，但宇宙万类都在用它，而它或者不会穷尽。"得出这一结论的前提是本原论哲学范式，而老子所达到的哲学范式是知行论范式。从上下文的语言环境来看，这里所讲的是如何认识和坚持大道，而不是研究世界的本原。上一章讲的是"不尚贤"，"为无为，则无不治"；下一章讲的是"圣人不仁，以百姓为刍狗"，所说的都是圣人如何管理社会。因而单独把这一句理解为对宇宙本体的思考，是说不通的。这是"以西释中"的典型例证。正是由于哲学范式的限制，使得高亨先生解释不了本章中的"挫其锐，解其纷，和其光，同其尘"，于是他便要把这一句删除。

二、高亨先生为得出他的解释，就必须想法把"盈"解释为"罄"，这个解释很是牵强。他注道："盈，当读为逞。《文选•思玄赋》李善注引《字林》：'逞，尽也。'实借为罄。"而在随后的第六章有"用之不勤"，高亨先生也将其解释为"尽"的意思，他说："汉帛书甲乙两本均作'堇'，实即当时的简体字。《淮南子•原道》高诱注：'勤，尽也。'"这样把"盈"和"勤"均解释为"尽"的意思，是很可疑的。与之同时在《道德经》还有很多"盈"字，如第九章的"持而盈之"、第十五章的"保此道者不欲盈"、第二十二章的"洼则盈"、第三十九章的"谷得一以盈"、第四十五章的"大盈若冲"，这些"盈"均被解释为"满"或"充实"，而唯独这一个"盈"被解释为"罄"，这种前后不一致的情况，是缺乏说服力的。

三、相比较而言，王弼本的解释就很有说服力："冲而用之，用乃不能穷；满以造实，实来则溢。故冲而用之，又复不盈，其为无穷，亦已极矣。"进一步来思考，与"冲而用之"相同的句式在《道德经》中还很不少，如"持而盈之"、"揣而棁之"、"亲而誉之"、"勤而行之"、"持而保之"等；"冲而用之"强调的是，闻道者在坚守大道并把大道推广开来的过程中，要采用一种很谦虚的态度，使人们对大道不会产生反感。其理由在于这样一个矛盾：一方面，大道的坚守并不仅仅是个人的事情，它是社会集体的事情，需要社会集体的所有人员的共同参与，只有在社会集体闻道的进程中，个体才能真正地闻道；另一方面，意识到这一目标的人又不能一味等待社会集体的行动，闻道又是我们对自己所必须承担起来的首要责任，因而又需要当下就行动起来。于是他就会遇到未闻道者的不解、讥讽与反对，这是无法回避的命运。那些不闻道的人们，不分国度、不分亲疏，由于其价值体系的一致而自然而然地站在一起，结成反对闻道者的同盟；不是他们在主观上有意要这么做，而是因为他们的实际认识就是这个水平。他们要提高认识水平是很难很难的，有的人甚至是只能带着花岗岩脑袋去见上帝。量子物理学的开创者和奠基人、诺贝尔物理学奖获得者普朗克曾有一段名言：“一个新的科学真理不能通过说服她的反对者而使其理论获胜，她的获胜主要由于其反对者终于死去而熟悉她的新一代成长起来了”；此即所谓“普朗克科学原理”，这个说法也很适用于价值体系的进化过程。

在这种情况下，那些率先闻道的人们有什么办法把自己对大道的体悟传达给自己的同胞呢？如果带着优越感来宣传它，甚至是企图把它强加于人，反而会引起他人反感，更加难以令人接受，由此而必然引起尖锐的冲突；此即所谓“人而不仁，嫉之已甚，乱也。”但如果要避免冲突、姑息忍让，后者在坚守自己的低水平价值体系上又会得寸进尺，这同样要强化其低水平价值体系。所以，那些率先闻道的人们要想把自己关于大道的知识传播开来，就要注意技巧，要像老子所强调的那样，“知其雄，守其雌”，“为而不争”，“保此道者不欲盈”，“大盈若冲，其用不穷”，这些说法与本章的“冲而用之”是前后一贯的。“冲”是状语，“冲而用之”所讲的是率先闻道者传播大道时所要注意的方式、态度，而不是说大道本身是空虚的。人们都愿意用自己的价值体系来改造世界，许多不闻道者尚且志得意满，咄咄逼人，更何况闻道者乎？为了坚持自己所钟爱的真理，人们很容易一意孤行，知进而不知退，所以闻道者就应当自我警惕，“去甚，去奢，去泰”，这是老子的一贯主张。

四、根据帛书乙本，可以把“或不盈”改为“有弗盈也”，本句就可以句读为“道，冲而用之，有弗盈也”，读起来也很顺口。

再看下一句，“渊兮似万物之宗”。高亨先生解释“宗”为“祖也”，可以理解为本原的意思，但他同时又补充道：“或说：‘宗，主也。’也通。”延伸一下，所谓“主”者，也就是主宰，或者用《矛盾论》中的说法，就是事物运行过程中的主要矛盾；或者用协同学的术语来说，就是“序参量”（order parameter），即控制社会秩序的参量，决定了社会发展的线路图。因而我们就可以把“渊兮似万物之宗”理解为“它潜藏在社会运行过程的深处，似乎是万物的主导因素。”这要比把“道”理解为万物的本原要准确贴切。本原论作为第一级哲学范式，是一种低水平的范式，从这种范式出发，人们不能正确地解决生活的现实问题，在这种提问题的方式下，人们寻找自然与社会现象的本原，只是为了认识世界。而人类认识世界的目的在于实践，在于改造世界，所以就需要抓住主要矛盾。如果把“宗”理解为本原，那也就只是知道有那么一个本原存在着，而如果把“宗”理解为是社会运行的“序参量”，即主导因素，也就突破了本体论范式，进入知行论范式了。

再下一句“湛兮似或存”，我们把“道”理解为价值体系，这个描述就非常准确。价值体系这个东西看不见摸不着，虚无而没有形体，但又确实是一个客观存在；它不仅是人们头脑中的意识，同时也是社会运行过程的规则，这两者都是一个客观存在，共同决定着一个人所能达到的价值高度。看不见摸不着，却又确实存在着，这即是“湛兮似或存”。然而，在那种执着于唯物主义和唯心主义的两分法的哲学范式中，价值体系却找不到自己的位置。只有放弃这种两分法，人们才能睁开眼睛看到价值体系的存在。价值体系生生不息，不断进步，在社会生活中发挥着重要作用，永远也不会穷尽。它控制着所有的人，任何人都离不开它。对理解它的人来说，它发挥着重要作用，人们可以感觉到它的存在；对不理解它的人来说，人们便感觉不到它的存在；但即使是在这种情况下，它也同样发挥着重要作用，于是便显得很深奥，这就是“渊兮似万物之宗”。

关于新的社会价值体系如何产生的问题，在某个具体历史时期，人们往往会迷惑于先有鸡还是先有蛋的问题。但如果我们退后一步观察人类进化的宏观过程，便不会迷惑；价值体系的产生是由于人类从生物界脱颖而出之后，具有了意识，于是便对自己的生活目标也有了一个认识过程；这是人与其他生物的根本区别，同时也是价值体系产生的根源；有了这个基础，人类自然就要进一步产生出一个新需要：自觉控制人类价值体系的进化过程，发展出与其技术创造力相适应的充分成熟的经济政治文化和社会结构，这是一个由人类本性所决定的历史必然性。

第五章

[原文]

天地不仁，以万物为刍狗[1]；圣人不仁，以百姓为刍狗。天地之间，其犹橐籥[2]乎？虚而不屈，动而愈出[3]。多言数穷，不如守中[4]。

[注释]

[1] 刍狗：有两种解释，一种解释来自《庄子 · 天运》，“夫刍狗之未陈也，盛以箧衍，巾以文绣，尸祝齐戒，以将之。及其已陈也，行者践其首脊，苏者取而炊之而已”。其意思是，刍狗是用草扎的狗，古人用来作为祭祀时的祭品，祭完后就扔掉；另一种解释来自河上公，“天地生万物，人最为贵，天地视之如刍草狗畜不责望其报也”，把刍狗解释为刍草和狗。我们这里采用前一种解释。

[2] 橐籥（音 yuè）：古代冶炼时用来鼓风的器具。

[3] 天地之间，其犹橐籥乎？虚而不屈，动而愈出：本句又见于郭店楚简，廖名春先生将其释为“天地之间，其犹橐籥与。虚而不屈，冲而愈出。是说，天地之间，就像个风箱一样。虚而不可穷尽，空而来愈多。”

[4] 多言数穷，不如守中：本句在帛书甲乙本中均为“多闻数穷，不若守於中”，故应当采纳。

[译文]

天地不需标榜仁义，它在万物的生生灭灭中进化；圣人也不标榜仁义，他们在百姓的生生不息中推进价值体系的进化。大道在天地之间发展演变，就像风箱一样，空虚而不可穷尽，鼓动越快就出风越多。执政者如果想人为地干扰这个自然过程，那就必然会遭遇困境，所以执政者与其发号施令而遭遇困境，不如把大道放在心中，实行无为而治。

[解说]

关于本章的解释，分歧很多，主要集中在两个问题上：（1）天地和圣人为什么会不仁？（2）究竟是“多言数穷”还是“多闻数穷”？本人在“道即价值体系”的前提下，对这两个问题谈点看法。

一、天地和圣人为什么会不仁？

王弼解释说：“天地任自然无为无造，万物自相治理，故不仁也。仁者必造立施化有恩有为，造立施化则物失其真，有恩有为则物不具存；物不具存则不足以备载矣。地不为兽生刍而兽食刍，不为人生狗而人食狗。无为于万物而万物各适其所，用则莫不赡矣。若慧由己树，未足任也。”“圣人与天地合其德，以百姓比刍狗也。”

魏源先生说：“老子见乱世民命如寄，故感而言曰，悲哉天地有时而不仁乎，乃视万物如土苴而听其生死也；圣人其不重仁乎，乃视斯民如草芥而无所顾惜也。诿之于天地，尊之为圣人，盖悲天悯人，无所归咎之词。”

上述说法均有一定道理。但从“道”就是价值体系的角度来看，天地之所以不仁，圣人之所以不仁，还可以有更简单的解释。

首先，从历史的进化过程来看，万物和人都是转瞬即逝的。但也正是在无数个体的生死之上，成就了一个波澜壮阔的历史进化过程，成就了社会价值体系的进化过程。如果历史有一个目标的话，人的价值体系的进化过程就是历史的目标，这个目标的实现只能建立在大自然的进化过程之上，因而是最高的价值。人类的躯体和万物都不过是这个目标自我实现的工具，或者说是价值体系所借以表现的舞台。万物的新陈代谢与人类个体的生生死死对于这个庞大过程来说，都是用过即扔的刍狗，所以老子便说“天地不仁”、“圣人不仁”。比如说，资本主义社会的发展就是无数个体的牺牲所堆砌起来的，“在这个直接处于人类社会实行自觉改造以前的历史时期，人类本身的发展实际上只是通过极大地浪费个人发展的办法来保证和实现的”[①]。对于资本家来说，工人不过是他实现价值增值的工具，是用过即扔的刍狗；而资本家自身也不过是资本的人格化，因而也不过就是资本的刍狗。相对于人类整体的

[①]马克思．资本论：第3卷[M]．北京：人民出版社，2004：103．

进化过程来说，资本主义又何尝不是刍狗呢？“由于资本的无止境的致富欲望及其唯一能实现这种欲望的条件不断地驱使劳动生产力向前发展，而达到这样的程度，以致一方面整个社会只需用较少的劳动时间就能占有并保持普遍财富，另一方面劳动的社会将科学地对待自己的不断发展的再生产过程，对待自己的越来越丰富的再生产过程，从而，人不再从事那种可以让物来替人从事的劳动，——一旦到了那样的时候，资本的历史使命就完成了。”①

人类整体的进化是最高的价值，个人的生命与之相比，则只能是次一级的价值；人们的喜怒哀乐都不过是社会价值体系所借以表现自己的手段，人类的生存繁衍过程同时也是社会价值体系的发展进化过程，这是一个自然过程。有人说，母鸡是一个鸡蛋制造另一个鸡蛋的工具；更进一步来说，不管是鸡蛋还是母鸡，都是鸡子的遗传密码自我复制的工具。“从某种意义上讲，所有的生物都是其基因的奴隶。……繁殖后代、传递基因的欲望是自然界最强有力的冲动。”②对于人类来说，则不仅要传递基因，还要传递价值体系，所有的人类个体都是人类价值体系自我复制、自我进化的载体，这也就是老子所说的“刍狗”。对于这个“被刍狗”的命运，谁也不要抗拒，这是大自然规定的法则，我们所要做的只能是自觉地完成这一使命。

其次，老子说“圣人不仁，以百姓为刍狗”，其实就以老子自己来说，又何尝不是刍狗呢?人都是天地之间的匆匆过客，都不过是某种价值体系的承载者，都不过是用过即扔的刍狗，谁也不能例外。在这个大前提下，圣人与普通人的区别即在于，普通人被流行的有缺陷的价值体系控制着而不自知，狂热地追求着这些价值体系所设定的目标，以为那就是他的根本利益，以为那就是他的自由；而圣人则知道自己不过是价值体系进化过程的刍狗，于是便努力使自己成为完善的价值体系的刍狗，把仅有一次的生命投入到人类进化的伟大进程中去，古往今来的仁人志士都是这么做的，“因为在人类，也像在动植物界一样，种族的利益总是要靠牺牲个体的利益来为自己开辟道路的，其所以会如此，是因为种族的利益同特殊个体的利益相一致，这些特殊个体的力量，他们的优越性，也就在这里。”③雷锋把有限的生命投入到无限的为

---

①马克思恩格斯全集：第 46 卷上[M]．北京：人民出版社，1980：287.

②[美]布莱森．万物简史[M]．南宁：接力出版社,2005：373.

③马克思．剩余价值理论：第二册[M]．北京：人民出版社，1975：124.

人民服务之中，从而也就使生命具有了最大的价值。

但是，圣人、伟人也不能人为地加快价值体系的进化过程，即使民众在错误价值体系的控制之下，圣人也没法替人们跨过这个阶段，该走的路还是要人们自己来走。他只能怀着殷切的期盼，就像母亲照顾幼儿一样，为之创造各种必要的条件，但幼儿要想长高，要想学会走路、说话，还是要靠自己。人们都必须自己教育自己，自己解放自己，面对不开悟的人们，圣人也爱莫能助。比如说那些反动派，就只能按着“捣乱失败，再捣乱再失败，直至灭亡”的逻辑发展，他们要想摆脱这种命运，还是要靠他们自己的觉悟。

只有在价值体系的选择上掌握了主动权，自觉地追求闻道的目标，闻道勤行，人们才能逐步摆脱传统、习俗所强加给自己的东西，使那些单调乏味的、模仿的东西越来越少，使那些属于自己个性的东西越来越多，进而使自己的创造性潜力充分地表现出来，人们才能得到真正的自由，从而使自己成为真正的自己，一个不可重复的独创的自己，实现人的最根本的价值。这是一个需要付出毕生精力来追求的目标。在此过程中，人们不仅要摆脱物欲的纠缠，而且还要摆脱那些传统、习俗所强加在自己身上的约束。就像被圈养的羊群对自己被圈养的生活方式安之若素一样，人们珍视自己现有的思想感情、行为习惯，哪怕是那些恶习，也对它们视为当然。人不难于违众而难于违己，所以人们就必须对自尊心所庇护的各种习惯予以高度警惕，要敢于否定自己，不断地超越自我，才能成就一个完美的自我。

二、究竟是“多言数穷”还是“多闻数穷”？

理解了上述进化过程，“天地之间，其犹橐籥乎？虚而不屈，动而愈出”也就容易理解了，它所描述的正是天地万物的进化过程，就像风箱一样，空虚而不会穷尽，越鼓动风就越多。比如说在5.42亿至5.20亿年前的进化“瞬间”，一些未知的原因导致当时地球上出现了几乎所有现有物种的祖先，学界上称之为寒武纪生命大爆发；后来又有考古学家对澳大利亚的生物群化石进行了分析，声称发现了地球生命进化史上的又一次大爆发，它们在阿瓦隆纪的2500万年里突然出现，于是便称之为阿瓦隆纪大爆发。大自然的这种进化过程也就是老子所说的“虚而不屈，动而愈出”。包括人类的繁衍生息也是同样，只要没有天灾人祸，便会自然而然地以几何级数不断增长。

因而，大自然和人类的进化都是自组织过程，都有一支“看不见的手“主导着这个过程。人类要想全面地认识这个自组织过程，那就会像庄子所说的那样，“以有涯随无涯，殆矣”，从这个意义上来说，“多闻数穷”是正确的；现代系统科学有一个互克性原理，其大致意思是说，系统的复杂性与人们对其进行描述的精确度是成反比的。这个理论印证了老子所说的“多闻数穷”，而如果管理者还企图进一步用自己的发号施令来取代社会系统的自组织过程，那就必然会“多言数穷”，正如王弼所说，“愈为之则愈失之矣”，这样看来，“多言数穷”也有道理。

比如说，当年我们搞计划经济，企图把整个社会生活过程纳入计划之中，包括制造女士们用的发卡所需要的钢铁也要列进计划，于是就形成了一个僵化笨拙的经济体制，社会经济过程难以协调运转，以至于不得不进行经济体制改革，引入市场机制这支“看不见的手”。所谓引入市场机制，实际上是放手发展市场机制，因为它原本就存在于我们的社会中。然而，这种机制是有缺陷的，它的过分发展，又带来了我们所不希望的那些东西：腐败现象的猖獗、收入分配差距的拉大以及环境污染等。

经历了这种“一管就死、一放就乱”的困境，我们现在就应当寻找新的出路，用一种新的价值体系来主导社会经济的自组织过程。所以，我们应当像老子那样把社会生活看成是一个自组织过程，却不能像他那样希望人们回到无知无欲的原始状态。他说，“古之善为道者，非以明民，将以愚之”。但这很困难，人们的欲望就像风箱里的风一样，风箱只要一动就会有风，不管是拉还是推，人的欲望也是这样，不管领导者是倡导还是反对，都会刺激它产生出来，说得越多，就越是把人们的注意力吸引在它上面，越是难以回归原始淳朴状态。怎样解决这个问题呢？老子提出的方案是“不如守中”，什么都别说，通过修之于身的示范过程，把民众引回原始的淳朴状态。

我们现代人则希望人类快一些进化，在价值体系上达到新的水平。但这需要经过一系列历史发展阶段。那完善的价值体系，包括对人的关心尊重、人的自由全面发展，这些都必须在人类发展到一定高度后才能提上人类的议程；这种对人的尊重还必须进一步地渗透到社会生活过程中去，成为大众的常识，才能真正地得到实现。只要还有人仍然以财富的私人占有为核心价值，以人为本就仍然不能完全实现。只要人们还没有闻道，他就难以正确处理人际冲突，近之则不逊，远之则怨，和谐就无法实现。在这种价值体系的主导下，必然会出现“一管就死、一放就乱”的困境。要想摆脱这种困境，我们也需要“守于中”，把新发现的社会主义核心价值体系修之于身，进而修之于家、修之于乡、修之于国、修之于天下，从而使这种价值体系成为主导社会运行过程的序参量，用一只新的“看不见的手”来取代斯密的那只“看不见的手”。

这样看来，相对于社会管理者来说，“多言数穷”与“多闻数穷”的差别其实不大，“言”被理解为发号施令，“闻”被理解为积累知识，而积累知识的目的也还是为了发号施令。“多闻数穷”强调的是人们的认识无法全面掌握社会生活的自组织过程，“多言数穷”强调的是人们的主动干预反而会干扰了社会生活的自组织过程，两者并没有实质性的区别，它们都是对前面所说的“无为之事”与“不言之教”的进一步说明。

“无为之事”与“不言之教”不是什么事也不干，也不是什么话都不说，而是认识到价值体系在社会生活的自组织过程中的重要作用，从而自觉地建设那种最优秀的价值体系，老子称之为“常道”，我们现在称之为社会主义核心价值体系，让它支配社会的自组织过程，从而把社会的自组织过程稳定在较高的发展阶段上。在人性的发展与社会的自组织过程中，价值体系发挥着制导作用，老子看到了这个因素，力倡一种能保证社会稳定、人生幸福的价值体系。在这个复杂多变的地球上，唯有社会主义核心价值体系可以保证高度脆弱的人类文明得以继续生存下去。对于所有的国家和人民来说，它都至关重要，因而只有它才是真正的“普世价值”。

第六章

[原文]

谷神[1]不死，是谓玄牝[2]。玄牝之门，是谓天地根。緜緜[3]若存，用之不勤[4]。

[注释]

[1]谷神：高亨注，“河上公注：‘谷，养也。’按‘谷’当读为‘穀’。《尔雅·释诂》：‘穀，生也。’《广雅·释诂》：‘穀，养也。’道能生养天地万物，却又没有形体，神妙难识，所以老子称道为穀神。此神字不是有人格的天神。”

[2]玄牝：玄，幽深难测。牝，母性。“玄牝”，高亨先生注解说是“形而上的、微妙难知的母体”。

[3]緜緜：高亨注，“犹冥冥，不可见的形容词”。

[4]勤：王弼注，“无物不成，用而不劳也，故曰用而不勤也”。高亨注：“汉帛书甲乙两本均作‘堇’，实即当时的简体字。《淮南子·原道》高诱注：‘勤，尽也。’”两说均可讲通，比较起来，将其解释为“尽”要更贴切一些。

[译文]

道这个生养天地万物的神物不会死亡，它是玄妙而难以认识的母体。这个更深一层的母体的门户是天地万物的根源。它渺渺茫茫，无迹可寻，但又好像确实存在着，宇宙万物都从它那里获得不竭的动力，永不穷尽。

[解说]

关于“谷神”和“玄牝”的解释，以上仍然采纳传统的说法。但我还可以为之提供一个新解释。

我们现在知道遗传基因，老子不知道有这些东西，但我们观察到，他用“谷神”这个词所描述的，应该就是这个东西。谷，就是农作物的种子，其中所包含的遗传密码，就是谷里面的“神”，称之为“谷神”，也是很贴切的。春天来了，农民把谷种埋进土里，便可生根发芽，到秋天结出更多的谷子。如果种下石头等其他东西，就长不出谷子；此即俗话所说的“种瓜得瓜，种豆得豆”，这确实是很神奇的事情。对于动物的出生来说，也是遗传密码自我复制的过程。用鸡蛋可以孵出小鸡，用石头便孵不出小鸡，这也是很神奇的，所以老子便把这个不知其名的东西称之为“谷神”、“玄牝”。动植物的遗传密码代代相传，其生命力很顽强，以前曾听说过古莲籽在地下埋藏千年还能发芽开花的报道；最近又有报道说，以色列的科研人员用两千年前的海枣树种培育出了海枣树，“已有三年树龄，高约 1.2 米，长势良好”。“科学家对这一树种进行碳 14 测定，结果显示这些树种有约两千年的历史，该树种也是年代最久远的发芽树种。”[①]由此足可证明“谷神不死”。由于老子还不知道遗传密码里面的千变万化，也不知道不同的物种有不同的基因，但知道是它决定了动植物的生命过程，所以便把“谷神”、“玄牝”混而为一，统称为道。

道对于生物界来说，就是基因；对于人类社会来说，就是价值体系。价值体系是在基因进化的基础上产生出来的，我们每一个人都是在 DNA 中携带人类全部进化历史的活化石，同时又是承载着把这个进化过程继续下去的载体。不管是基因，还是价值体系，都是肉眼所看不到的，“緜緜若存”就是这两者所共有的特点。尽管我们看不见也摸不着它们，但对它们的重要作用，必须具有充分认识，并怀有坚定的信念。

春天来了，农民之所以要把种子播撒在大地上，那是因为他相信，只要为种子创造适宜的条件，它就会发芽成长开花结果，给人类带来收获。对于人类社会来说，我们要想构建和谐社会和实现科学的发展，也必须播撒种子，在社会中撒下能够带来这些结果的价值体系，为之创造成长的条件。以往的许多政治家之所以遭遇挫折，其原因就在于他们没有弄明白价值体系与社会政治目标之间的关系。他们尽管也希望天下大治，却又身体力行着与天下大治的目标相对立的低水平价值体系，不自觉地播下了坏种子。这些低水平价值体系正如农田里的杂草一样，不需要刻意培育就可以疯长起来，在这种情况下，欲求天下大治，岂不是一厢情愿、南辕北辙。

[①]《参考消息》2008 年 6 月 14 日文章：《种子来自两千年前，三龄海枣树长势良好》。

第七章

[原文]

天长地久。天地所以能长且久者[1]，以其不自生[2]，故能长生[3]。是以圣人后其身而身先；外其身而身存。非以其无私邪[4]，故能成其私[5]。

[注释]

[1] 在帛书甲乙本中“天地”后均有一“之”字，当据添。

[2] 以其不自生：天地的运行不是为了自己的生存。王弼注，“自生则与物争，不自生则物归也”。

[3] 生：高亨本综合前辈注家意见，认为“敦煌本与龙兴观碑皆作‘久’，与首句应，是也”。

[4] 非以其无私邪：高亨注，“《释文》引河上公本、景龙碑、龙兴观碑均无‘非、邪’二字，今据删。”

[5] 故能成其私：王弼注，“无私者无为于身也，身先身存，故曰能成其私也”。

[译文]

天地永久存在。天地之所以能长久存在，因为它生养万物而不自益其生，所以就能长久。圣人效法天地的做法，把自己置于民众之后，结果却反而被民众推举在前；把自身安危置之度外，结果却反而保全了自身。正由于他的无私，反而成全了他的私利。

[解说]

为了论证“以其无私，故能成其私”，老子要人效法天地，“天地所以能长且久者，以其不自生”。然而，人的闻道尽管需要来自外部的启示，最根本的还是要反求诸己，从自身的最深处的需要出发，把自身成长的潜在必然性开发出来。闻道之后，人们自然就能做到“以其无私，故能成其私”，这是由于在价值体系上达到一定高度而表现出来的一种人生境界。如果是没有闻道的人，就难以理解这句话。所以，我们需要对这一句作些辨析。

首先，我们现在经常看到的一个悖论是，一个自私的人常常不能维护自己的利益。人为财死，鸟为食亡，多么浅显的道理，可仍然有那么多人眼睁睁地自蹈死地。现在的人们仍然还像当年唐太宗所说的那样“贪人不解爱财”，不知道自己的利益是什么。人和动物都是自私的，但动物比人幸运的地方是，动物只是在自然之手把它铸成之后才来到世上，它只需要实现在它之中已经是现成的东西，它们的生活目标不用被意识到，不用它们自己操心，所以它们的自私保证了其正常的发展。而人则是未完成的、不确定的，他必须选择决定自己的发展方向，自己完善自己，这是上苍对人的格外关照。然而从另一个角度来看，权利同时也意味着责任，自己来做决定也就意味着风险。尽管人们都是自私的，但由于人们的决策能力的高低不同，所以就导致了人们的发展程度也各不相同，有的甚至是自找麻烦、自取灭亡。

其次，要判断什么是“私”，就要有一个价值体系问题。这也就是说，要判断什么是利益，就必须有一个合理的价值体系。我们要代表人民的利益，首先也要解决这个价值体系问题。在大家的价值体系一致的情况下，领导者领导民众为了大家都认可的人民利益而奋斗，自然就可以得到人民的拥护。

但如果一个社会集体中没有一个公认的价值体系，情况就复杂了。这可以概括为两种情况：第一种情况，领导者认为是人民利益，人民并不认为那是自己的利益，在这种情况下，领导者就算是真心想为百姓干事，并且也干得很好，人民群众照样不领情，反而对领导有意见，于是便要民主。如果领导者不知道什么是人民的利益，人民群众比领导高明，那就更有理由要民主了。第二种情况，领导者和人民群众都不知道什么是人民的根本利益，各顾各的利益，在这种社会价值体系严重混乱的情况下，局面就只能是越来越混乱，一盘散沙，等待着人们的只能是悲惨的结果。

再次，要想从这种状态中走出来，就需要有人出来组织领导，把社会凝聚为一个有机整体。不管是什么时代，人民群众都需要有人来领导，社会都需要“侯王”。领导者有两个职责，一是倡导一种适宜的价值体系，二是要组织实施这个价值体系。而要做好这两件事，并不是自己站在竞选的台子上吹牛说自己如何如何就可以的，而是必须自己先实践起来，先天下之忧而忧，把人民的利益当成自己的利益，无私奋斗，以自己的实际行动来感动全国人民，才能得到人民的认可。在他们无私奋斗的过程中，也成就了自己的“私利”，一是使自己的生命潜力得到充分发挥，正如台湾的严元叔先生所说的那样：“活了一辈子，吃了两辈子的苦，创造了三辈、四辈人的成就”；二是获得了人民群众的衷心拥戴，“处上而民不重，处前而民不害。是以天下乐推而不厌”（第六十六章）。而要达到这种境界，那就必须遵道而行，坚守科学合理的价值体系，把社会集体事务当成自己的事情。

综上所述，老子的大道是代表着每一个人的根本利益的哲学，当人们认识并实践它的时候，个人利益便与社会利益自然而然地统一起来。老子给人类指出了一种实现个人利益的新的行为方式，一种把社会和谐与个人利益有机结合起来的方式，一种新的道路，也即大道。坚守这种方式，和谐就当下即是；背离这种方式，灾祸就积累起来。坚守这种方式，私有制社会就趋向于瓦解；背离这种方式，私有制社会就继续强化巩固起来。

附注：魏源先生对这一章的解释有其独到之处，留此存照：“上章谷神不死而为天地根，此天地之所以长久也。天施地生，而不自私其身，故能长生。使天地而自私其身，则天地亦一物矣，何以能长且久哉。是以圣人处柔处下，本以先人而后其身也，而人愈贵之。寡欲无求，本以利人而外其身也，而人愈不害之。其后身外身，夫非心之无私邪，乃身以先且存焉而成其私，亦理势之固然耳。程式俱曰，天地人一源耳，天之所以为天，地之所以为地，人之所以为人，固同。而天地之能长且久，人独不然者何哉？天不知其为天，地不知其为地，今一受形而为人，则认以为己，曰人耳人耳，谓其有身，不可以不爱也，而营分表之事，谓其养身不可以无物也，而骋无益之求，贵其身而身愈辱，厚其身而身愈伤。是世之丧生者非反以有其生为累邪？黄老之旨如此，岂养生家自私其身所得托哉。”

第八章

[原文]

上善若水。水善利万物而不争[1]，处众人之所恶，故几于道[2]。居善地，心善渊，与善仁[3]，言善信，正[4]善治，事善能，动善时。夫唯不争，故无尤。

[注释]

[1]水善利万物而不争：本句在帛书甲本中为“水善利万物而有静”，在帛书乙本是“水善利万物而有争”，均与王弼本不一致。由于“不争”是《道德经》的一贯主张，在本章就有“夫唯不争，故无尤”，故仍应采用王弼本。

[2]众人之所恶：指众人所厌弃的地方；几：将近，几乎。

[3]与善仁：“与”即施与；“善”即擅长；“与善仁”即是施予别人财物时善于传播仁爱之心。包括学雷锋做好事，也不单纯是做好事，而应当把对“道”的理解传播开来，让受助者也成为好人。

[4]正：高亨注，“读为政”。

[译文]

最高的善就像水一样。水善于辅助万物却不与之相争，自处于众人所厌恶的位置，因而最接近于“道”。居处则选择卑下的地方，心胸像大海一样博大深沉，在施予财物时广播仁爱之心，说话必定重诺守信，治国理政无不精当妥帖，安排人事善于用人之长，采取行动善于把握时机。正因为他与世无争，所以没有过失。

[解说]

从建设社会主义核心价值体系的思路来考虑，我把“与善仁”译为“在施予财物时善于传播仁爱之心”，强调的是在与人交往时要传播大道。圣人与人交往的目标就是传播自身的价值体系，修之于家，修之于乡，直至修之于天下，交往的范围有多大，就修之于多大的范围。

关于“政善治”，我译为“治国理政无不精当妥帖”，闻道的领导者像诸葛亮一样料事如神，具有高明的决策能力和周密的计划安排，所要干的事都能按计划完成，而不能总是在事后才发现问题。

老子所说的这七个“善”，综合起来，也就是当个好领导，提高社会集体事务的管理水平。现代人对此进行了深入全面的研究，形成了一些很专门的学科和很厚的专著；但遗憾的是，我们看到，就算是那些把这些专著弄得很熟的人也未必能当一个好领导，可见当一个好领导的关键并不在这些地方，那在什么地方呢？我看还是在“上善若水。水善利万物而不争，处众人之所恶，故几于道”和“夫唯不争，故无尤”，这是一些与人们的常识相反的东西，虽然老子表述得很清晰，但普通人难以企及，只有闻道者才可以理解。

所谓“善利万物而不争”，也就是要求领导者致力于开发人性的潜力，为人性的充分发展创造条件，要引导而不是越俎代庖或揠苗助长；所谓“不争”、“处众人之所恶”，也就是对众人所追求的低层次目标持一种超然的态度，不参与众人所追求的目标。只有站在人性的高处，才能引导人性进化。毛主席就是这么做的，他在青少年时代就立下救国救民的大志，粪土当年万户侯，在他的言传身教的带领下，培养了一大批杰出的共产党人，不贪享受，不谋发财，为的是“全心全意为人民服务”；为了中华民族的复兴而站在民众前面，率先垂范，冲锋在前，享受在后，他们不用自己达不到的道德标准来要求别人，而是“有诸己而后求诸人，无诸己而后非诸人”，前赴后继，不怕牺牲，活了一辈子，吃了两辈子的苦，所以就能领导中国人民改天换地，取得了三辈子、四辈子的成就。尽管现在有些党员蜕化变质了，但这不是因为党的宗旨不好，而是因为某些党员背离了党的宗旨，忘记了毛主席的教导。

至于“上善若水”，这不过是打一个比方。在逻辑思维不够用的地方，人们往往就要用形象思维来说明自己的想法。人类的精神导师们由于站在精神成长的前列，经常面对着新问题，为了把自己感知到的真理传播开来，就需要用比喻来形象地表达自己的思想。如老子、庄子、耶稣、黑格尔、马克思、列宁、毛主席都是如此，打比方是他们所钟爱的修辞手段，乐此不疲。比如“要想让富人进入天堂，就像让骆驼穿过针眼”，等等。

第九章

[原文]

持而盈之[1]，不如其已；揣而棁之[2]，不可长保。金玉满堂，莫之能守；富贵而骄，自遗其咎[3]。功遂身退，天之道。

[注释]

[1]持：高亨注，“持，借为庤。《说文》曰：‘庤，储置屋下也。’即储蓄积累。”

[2]揣（音 zhu ì）：捶击。

[3]遗：赠予、致送。

[译文]

积蓄财富，使之无限增加，不如及时罢手。捶炼兵器，使其尖锐，必定不能常保。家里堆满金玉，没有谁能够守住。有势有钱而又骄横跋扈者，必会给自己留下祸根。功业成就而激流勇退，这才符合自然之道。

[解说]

在这一章中，老子展示了两种价值体系的区别。一种价值体系以财富的私人占有为核心价值，在这种价值体系的驱动下，人们只知聚敛财富，由此而制造出社会不平等、两极分化、生态环境恶化以及社会动荡。老子告诉人们，这种行为模式很危险，还是及时罢手吧，这样才能保证平安。

但是，要想超越这种价值体系，则很困难。自从私有制社会产生以来，人们就在这种价值体系的支配下，不管是官僚还是资本家，不到危机到来的最后一刻，都不肯罢手。历史上诸如赵高、杨国忠、秦桧、贾似道、严嵩、魏忠贤等贪官污吏，他们的下场都有惊人的相似之处。清代大贪官和珅富甲天下，搜尽天下珍宝，他所住的房子，地上铺的竟然全是用翡翠做的地砖。

和珅深信翡翠有“镇惊防邪”、“驱灾避险”等神奇的法力，所以身上戴的牌饰、吃饭用的筷子、喝水用的茶杯都用翡翠做成，就连抽烟用的烟管也用翡翠做成。后来被抄家时，抄出的物品总价值近 9 亿两白银。持而盈之、揣而棁之、金玉满堂、富贵而骄，自遗其咎，和珅可谓样样俱全，老子的论述在其身上一一应验。

这样的例子比比皆是，比如那个以奢侈荒淫而著称的陈后主，即位之后耽于诗酒，专喜声色。据有关资料介绍，他在本已十分豪华的台城里，耗费巨资修筑了结绮、临春、望仙三座高达数十丈的楼阁，穷土木之奇，极人工之巧。户牖栏槛，都以沉檀木为之，并以金玉珠翠装饰。服玩珍奇，器物瑰丽，皆近古未有。阁下积石为山，引水为池，遍地奇花异草，到处莺鸣鸟啼，宛如人间仙境。陈后主和宠妃经常在这里举行酒宴，与他的宰相江总、尚书孔范等一干人等通宵达旦地喝酒赋诗，还把他们的诗配上曲子，让数以千计的美女边歌边舞。陈后主和李后主一样会作诗，自谱新曲《玉树后庭花》，估计当时也是好评如潮的吧。但好景不长，隋兵南下，江边守将告急的警报接连不断地送到建康。可此时的陈后主很忙，与宠妃、文人们醉得七颠八倒，收到警报，连拆都没有拆，往床下一丢了事。当其时也，楼上灯火，城外烽火，笙歌未歇，杀声四起。陈后主后来与宠妃一起被捉于胭脂井中，成为隋兵的阶下囚，金粉南朝就在这靡靡之音中土崩瓦解了。堪叹“金玉满堂，莫之能守”，为后来的文人雅士留下了感慨系之的话题。刘禹锡来此凭吊，留诗一首：“台城六代竞豪华，结绮临春事最奢。万户千门成野草，只缘一曲后庭花。”杜牧到此盘桓，也留下一首诗：“烟笼寒水月笼沙，夜泊秦淮近酒家。商女不知亡国恨，隔江犹唱后庭花。”

而今的贪官污吏们尽管全都聪明无比，却仍然重复着同样的路子，这是因为他们与其前辈有着同样的价值体系。对于这些不开悟的人来说，老子所说的“功遂身退天之道”，是一个软弱无力的说教，其价值体系决定了他们的人生轨迹。就像是莎士比亚的悲剧中的人物一样，他们面对着一种可以预见却又无法摆脱的命中注定的必然性。

第十章

[原文]

载营魄[1]抱一，能无离乎？专气致柔[2]，能婴儿乎？涤除玄览[3]，能无疵乎？爱民治国，能无知[4]乎？天门开阖，能无雌乎[5]？明白四达，能无为乎[6]？生之畜之，生而不有，为而不恃，长而不宰[7]，是谓玄德[8]。

[注释]

[1]载营魄：王弼注，“载犹处也，营魄人之常居处也”。营魄：高亨转引河上公注，“魂魄也”。

[2]专气致柔：专即专注，气可解为情绪、欲望，或者说注意力，专气致柔即是控制自己的情绪欲望，把注意力专注于保持柔弱上。

[3]玄览：高亨注，“玄览，帛书甲本览作蓝，乙本作监。览、蓝均当读为监。监是古鉴字，镜也。老子称人的内心为玄监，因为心是玄妙的形而上的镜子。”我认为，所谓“览”，就是“看”；“玄览”就是更深一层的“看”，自己对自己的思想意识进行观看；就是自我反省、自我批评，就是反思，对自己头脑中原有的谬误偏见进行清理，“损之又损”，直到找到那终极的价值，这便是王弼所说的“涤除邪饰至于极览”。

[4]知：高亨本根据景龙碑、开元幢、古楼观碑，将其改为“为”。

[5]天门开阖，能无雌乎：高亨注，“天门，目耳口鼻。这是人身上天赋的自然门户，所以老子称作天门。开阖，指导视、听、言、食、嗅的动作”。能无雌乎，帛书乙本作“能为雌乎”，当据改。

[6]明白四达，能无为乎：本句在帛书乙本中为“明白四达，能毋以知乎”；高亨本根据景龙碑、开元幢、古楼观碑，也将其中的“为”改为“知”。故应当据帛书乙本予以修订。其意思是“明白四达，所知很多，能否不自以为是？”

[7]生而不有，为而不恃，长而不宰：“有”即占有的意思；“恃”即恃才

傲物的意思；“宰”即主宰的意思。

[8]玄德：通常译为玄妙的德；但进一步推敲起来，可以把“玄”解为“更深一层”，把“德”解为“利益”，“玄德”于是便可解释为“更深一层的利益”，人们虽然一时认识不到，但它确实存在着，它就是现在所说的“人民的根本利益”，这就是“玄德”。

[译文]

修道之士应当自问：让自己的价值体系保持与大道合而为一的状态，能够不分离吗？控制自己的情绪欲望，把注意力专注于保持柔弱上，能像婴儿那样吗？深入观察内心并清除杂念，能够没有瑕疵吗？爱人民理政事，能够做到无为而治吗？认识社会和外部世界，能否做到实事求是？明白四达，所知很多，能否不自以为是？能够做到以上几点，也就可以辅助万物按其本性生长繁殖。生养万物而不据为己有，推动万物发展而不自恃有功，引导帮助万物成长而不操纵控制，这就是最深沉最博大的美德。

[解说]

本章是对掌权的闻道者提出的要求。老子既没有现在的书写工具，也没有现在这样完备的概念和语言系统，其表达不可能像我们现在这样明白，但他所描述的东西却是我们现在同样要遇到的，于是我们便按现在所达到的认识水平来理解他的思路。

“载营魄抱一，能无离乎？”本句理解的关键在于“抱一”的“一”，我认为这里所说的“一”，与第四十二章的“道生一”、第三十九章的“得一者”中的“一”是同一个含义，所指的是被完整地理解的大道。所谓“载营魄抱一”，按照道即价值体系的观点，也就是在价值体系上来一个转换提升，从而与大道保持一致，并始终如一地坚守状态；或者形象一点来说就是，打扫我们自己的头脑，让大道住进来，并长期地住下去。

“天门开阖，能为雌乎？”这里所说的“雌”是什么意思，许多注家严守这个字的本意，就很不好讲通。我以为，“天门开阖”就是人们认识外部世界，对于认识过程来说，其根本要求就是客观准确、实事求是，不要把自己的主观想象掺杂于其中。人们很难做到这一点，正由于这个原因，从毛泽东、邓小平到现在的中央领导，都坚持和倡导“实事求是”。老子所要强调的“雌”应当也是这个意思。王弼解释说：“雌，应而不倡，因而不为。”与之相对应的“雄”就是“倡而不应，为而不因”的主观主义了。在老子的时代，没有主观主义或是自我中心主义等词，老子便用“雌”与“雄”等直观的词来描述。所以，我把这一句译为“认识社会和外部世界，能否实事求是呢？”

“为而不恃。”恃，即是恃才傲物，自负才高，藐视他人；这也是普通人所常有的毛病，出了一点力，就觉得高人一等，很了不起，于是便伸手要官要待遇。在《三国演义》中，曹操有一位名为许攸的谋士，在采用他的计谋攻下冀州后，他在进城的队伍中很得意，以鞭指城门而呼操曰：“阿瞒，汝不得我，安得入此门？”操大笑，众将闻言，俱怀不平。吹了这么一次也就算了，但这位先生的毛病很难改，根深蒂固地自以为高人一等，这个意识一张嘴就要冒出来。后来又一次在城门口遇到许褚，一张嘴说话，那种自负才高的意识又情不自禁地跑了出来：“汝等无我，安得出入此门乎？”可这一次的运气就没上一次好，许褚与之争论起来，最后的结果是“褚大怒，拔剑杀攸，提头来见曹操”。曹操尽管爱才，却也没有办法把他的脑袋重新安上，只能“深责许褚，令厚葬许攸”。在那个人命如草的年代，人的死因是千奇百怪的，许攸的这个恃才傲物的毛病，也是其中之一。毛主席也遇到了这种人：“不少的人对工作不负责任，拈轻怕重，把重担子推给人家，自己挑轻的。一事当前，先替自己打算，然后再替别人打算。出了一点力就觉得了不起，喜欢自吹，生怕人家不知道。”

人类有很多毛病，除了上面所说的恃才傲物的毛病以外，与之相联的还有另一个毛病，那就是“操纵”、“控制”，老子所说的“长而不宰”中的“宰”就是这个意思。这是心理学上的一种病症，那就是非要把自己的意志强加于人。这样的人如果掌了权，便要滥用权力，如果不掌权，便会高喊“民主”，不管是在什么位置上，这样的人都会妨害别人按其本性来成长，因而也就不符合老子所说的“辅万物之自然而不敢为”的要求，因而也就不利于社会和谐。老子是心理学家，针对人类的这个毛病，提出了“长而不宰”的要求，这即是说要“引导帮助万物成长而不操纵控制。”第二十八章所说的“大制不割”也是这个意思，最好的政治制度不会伤害人的健全天性。

第十一章

[原文]

三十辐共一毂[1]，当其无，有车之用。埏埴[2]以为器，当其无，有器之用。凿户牖[3]以为室，当其无，有室之用。故有之以为利，无之以为用[4]。

[注释]

[1]辐：车的辐条。毂（音gǔ)：车轮中心车轴穿过的零件。共，在帛书乙本中为“同”，可以采用。

[2]埏埴：和泥。埏（音shān)，用水和土，揉土。埴（音zhí），黏土。

[3]牖（音yǒu)：窗。

[4]有之以为利，无之以为用：高亨先生注，“之，犹则也（《经传释词》有此例）。利，条件。前文均是无与有并列，无与有是相反相成的，故第二章言：‘有无相生。’不可相离，此二句正是这样。”

[译文]

三十根辐条汇集到一个毂上，有了车毂中间的洞孔，才能让车运转起来。揉捏陶土做成器皿，有了器皿中空的地方，才有器皿的作用。开凿门窗建造房屋，有了门窗四壁内的空间，才能给人遮风挡雨。“有”之所以能给人便利，全靠“无”发挥了作用。

[解说]

本章举了车、器、室三个例子，以说明“有之以为利，无之以为用”。专家们认为老子在这里提出了“有”和“无”的概念。但我认为，老子的每一个字都是服务于整个理论体系的，在其理论体系中，“有”和“无”有何深意呢？联系上下文来看，上一章要求人们使自己的价值体系保持与大道合而为一，下一章讲诸多妨害人健康成长的欲望，那么，根据道即价值体系论，这一章是想让人们明白，人们的躯体与价值体系的关系，就像电脑的硬件与软件的关系一样，“有”就是硬件，“无”则是软件；用在人身上，“有”就是人的躯体，“无”即是由人的各种需要组成的价值体系。价值体系——不管是“可道”之道还是“常道”——尽管视之不见、听之不闻、搏之不得，因而被称为“无”，却仍然是一个客观存在，它必须借助于人的躯体以表现自己。当然，老子所关心的是“常道”的实现，如果没有人的这个躯体，“常道”便无处可居，便是一个飘荡的“幽灵”；只有进入人的躯体，进入人的实践，“常道”才具有了改造现实的力量。为了使社会趋向于和谐，人们就应当像给电脑软件升级一样，把那些先入为主的低级的价值体系清除出去，把“常道”迎进来，安顿下来，这便是“修之于身”。人的躯体因“常道”的进入而得到充分的发展、实现其最大价值，此即“有之以为利”；“常道”反过来则又需要借助于人的躯体而体现其作用，此即“无之以为用”。

和前面的“上善若水”一样，本章的“车”、“器”、“室”都不过是打比方，结果却让后来的人们理解出“有”与“无”这两个哲学概念，引申出很多长篇大论，这就很有些穿凿附会。如下面这两段话，就是这样的泛泛而谈，正由于其难以准确理解，所以便越发显得玄妙而高深。中国哲学一向存在这个问题，沿着这个方向，便会把哲学引入歧途，因为真理总是很简单很朴实的道理。下面是魏源先生在注解本章时所引用的两段话：

“吕氏惠卿曰，非有则无，无以致用。非无则有，有以施其利。观于车器居室，而其则不远矣。至于身则不知吾之所以为用者何邪？是故圣人入而未尝有物，所以观其妙；出而未尝无物，所以观其徼。故曰利用以安身，而入神以致用也。知两者之合一而不可离，则至矣。”

“薛氏蕙曰，章末虽并举有无而言，顾其旨意，则即有而明无之为贵也。盖有之为利，人莫不知，而无之为用，则皆忽而不察，故借人所明数事以晓之。”

第十二章

[原文]

五色令[1]人目盲；五音令人耳聋；五味令人口爽[2]；驰骋畋猎，令人心发狂；难得之货，令人行妨[3]。是以圣人为腹不为目[4]，故去彼取此。

[注释]

[1]在帛书甲乙本中，这个“令”及以后的四个“令”均为“使”。

[2]爽：伤败；《广雅·释诂》：“爽，伤也。”

[3]妨：伤害，破坏。行妨，即是妨害人的正常成长过程。

[4]在帛书甲乙本中，“圣人”之后均有“之治也”三字，当据增。为腹不为目：王弼解释道，“为腹者，以物养己。为目者，以物役己。故圣人为腹不为目也。”用现在的话来说，以物养己即是以人为本，让物质为人的正常成长服务；以物役己则是以物为本，为低水平的价值而损害高级价值，妨害人的正常成长过程。

[译文]

五彩缤纷的色彩使人眼花缭乱；纷繁的音乐使人听觉失灵；丰盛的食物使人味觉迟钝；纵情跑马狩猎，使人心情激荡发狂；稀奇珍贵的物品，使人操行失常。因此，在圣人的治理下，民众只关注自己的实际需要，不去追求那些正常需要之外的虚假目标，所以他们舍弃那些有害身心的欲望，只保留有益身心的需要。

[解说]

老子要求人们把自己的需要限制在正常的生理需要范围内，过一种俭朴、和谐的生活。一旦超过了这个范围，人们便会被物欲驱赶着，永不知足，失去自由，掉进“揣而梲之，不可长保。金玉满堂，莫之能守；富贵而骄，自遗其咎”的陷阱之中。但是，这种陷阱并不是人们想摆脱就可以摆脱的。在私有制社会中，人们被生存的自然必然性控制着，与之相应的，人们就被那种以财富的私人占有为核心的价值体系控制着。处于这种发展水平上的人一旦掌权执政，有了放纵声色的条件，就必然要步入歧途，跌入陷阱之中而不能自拔。在中国有掌权者搞出酒池肉林之类的名堂，在西方也有掌权者搞出空中花园之类的建筑。腐败现象之所以是人类社会的顽疾，其根源就在于这个陷阱的存在。

现代许多国家的领导人也仍然处于发狂状态，他们不是把精力用于自己国家的治理，而是用于给其他国家制造麻烦；他们把其他国家的人民视为“垃圾人口”，整天想的是怎么消灭这些“垃圾人口”，然后由他们这些“精英”来独享地球资源。在这种价值体系的误导下，执政者自身就是各种麻烦的制造者。当今世界充斥着大大小小的各种麻烦，其原因就在于这种麻烦制造者的存在。

按照老子的设想，圣人之治应当是“虚其心，实其腹，弱其志，强其骨”，但现实社会发展却与之背道而驰，在市场经济的运行机制控制下，人们千方百计地唤醒人们的低层次欲望，如果不这样做就无法拉动消费，就会出现危机，于是就要让整个社会都处于“心发狂”的状态。如小朋友们为玩电子游戏而发狂，大人们为赌博、炒股而发狂，年轻人为追星而发狂，某些人为追求官位级别而发狂，资本家为追求利润而发狂，他们都把那些狭隘的目标作为自己的核心价值，不知道还有别的价值。由于人们一直生活在谬误之中，于是便以谬误为正常，老子所倡导的那种俭朴和谐的为腹不为目的生活方式反而成为不正常的了。在这种低水平价值体系的控制下，构建和谐社会就是一个可望而不可即的幻想、“乌托邦”。

所以，人类需要有一个价值体系的转换，我们现在要建设社会主义核心价值体系，也就是要在价值体系上拨乱反正，从那种以物为本的价值体系升级转换到以人为本的价值体系，这就是老子所说的“闻道”，也就是本章所说的“去彼取此”，去掉那种低层次的价值体系，建设一个可以保证每一个人和谐健康成长的价值体系，让这种价值体系在社会生活中占据支配地位，便可无为而治，实现社会的和谐、人与自然的和谐。

然而“去彼取此”这看上去很简单的四个字，却需要一个漫长的历史阶段来完成。从老子提出这个任务以来，已经过去了两千五百年，人类一直生活在那种扭曲的价值体系的控制之下，老子所说的闻道一直无法实现。即使是我们现在认识到这个目标并着手进行这项工作，仍然还要经历一个很艰难的过程。要想把那一直盘踞着社会生活过程的老树根拔掉，种上新树，让它生根发芽成长起来，可不是一件容易事。因而，历史老人就安排了一整个历史阶段来进行这项工作，这就是社会主义阶段。在这个历史阶段，那陈旧的价值体系不肯退出历史舞台，所以就始终存在着两种价值体系的冲突。这种冲突并非仅仅存在于社会政治生活中，同时也存在于每一个人的心灵深处。是继续在各种非理性欲望的控制下而为之癫狂，还是坚持科学合理的“为腹不为目”的价值体系，过上一种和谐自然的生活，这是每个人都无法回避的选择。

人民群众对大道的认识程度，这是决定社会和谐状态的决定因素，同时也是政治家制定政策的依据，所以他们就必须认真辨识并自觉建设。如果他们忽略了这一重要因素，那就不可能真正做到实事求是。从我国现在的情况来看，我们尽管生产力水平有了很大发展，遇到的难题却越来越多，越来越难解决，实践证明，并非仅仅是生产力发展水平才是硬道理，社会价值体系的发展水平同样是硬道理。不管是在什么样的生产力发展水平上，领导者都必须把民众组织起来，凝聚成一个有机整体，在此基础上，才能协同一致地应对各种外部挑战。而要把民众组织起来，就要靠社会主义核心价值体系，资本主义价值体系只能把民众分解为一盘散沙。所以执政的共产党人就必须进行价值体系的建设，抑制以物为本的价值体系，倡导以人为本的价值体系。不管是现实的价值体系距离以人为本的价值体系有多大差距，他们都必须这么做。不管现实多么严峻，他们都必须正视现实，针对这个现实制定适宜的政策，推进价值体系的进化过程。

尤其需要强调的是，两种价值体系的消长决定着社会主义制度的命运，所以我们就必须自觉进行社会主义核心价值体系的建设，对民意进行正确引导，这是营造共产党的执政基础的固本工程。马斯洛说：“人类对爱、知识或者某种人生观的需要却并不是明白无误的，相反是很微弱的，它们用低语而不是喊叫来表达自己。”“病人、神经病患者会进行错误的选择，他们不知道自己想要什么，即使知道，也没有足够的胆略进行正确的选择。”[①]因而有相当数量的人还不知道价值体系的升级转换的必要性，历史并不是一条直线地向前发展，有时错误的选择还能够支配历史潮流的走向，正因为如此，人类的自我毁灭仍然是一个现实威胁。要避免这种威胁，领导者就必须承担起责任，唤醒人民群众身上蕴藏的潜力，让人民群众自己教育自己，自己解放自己。资本主义价值体系所造成的灾难也在从反面教育人民群众，毫无疑问，人类如要继续生存下去，就必须自觉进行价值体系的升级转换，坚持社会主义核心价值体系，这是历史的大趋势。随着认识到这一大趋势、并自觉实现价值体系的升级转换的人数的增加，社会主义制度最终将稳定下来。

所以，我们不能总是重复一些“尊重苏联东欧人民的选择”之类的空话，而是要总结苏联东欧共产党人没有自觉进行价值体系建设的教训。对于中国共产党人来说，只有在价值体系的引导建设工作上掌握了主动权，才能把民众凝聚在自己周围，构建自己的执政基础，才能在执政能力的建设上取得合格证，进入自由王国，才能实现中华复兴的伟大抱负。

价值体系的进化就是人类文明进化的发动机，这个进化过程犹如动植物的成长一样，是一个日积月累的成长过程。每一代人都有自己的现实问题，只有那些闻道者才能经历“斗争失败，再斗争再失败，直至胜利”的发展过程，为其找到其正确解答；作为个体，我们必须把大道修之于身，这是找到现实难题的正确解答的起点。只有进了这个门，才有可能在修之于家、修之于乡、直到修之于天下的每一个环节上推进现实难题的解决，在为现实难题找到正确解答的同时，自然也就推动了价值体系的进化。

价值体系的进化与现实问题的解决是一个有机统一的过程。这是一个漫长的旅程，需要许多世代的人们共同来完成。对于个人来说，人生尽管短暂，但由于我们为人类精神文化大厦的建设付出了一份努力，给子孙后代留下了自己的探索成果，从而也就使我们的短暂生命在人类集体进步过程中获得永生，这就是老子所说的“死而不亡者寿”。

[①]马斯洛．动机与人格[M]．北京：华夏出版社，1987：328、330.

第十三章

[原文]

宠辱若惊[1]，贵大患若身[2]。何谓宠辱若惊？宠为下[3]，得之若惊，失之若惊，是谓宠辱若惊。何谓贵大患若身？吾所以有大患者，为吾有身[4]，及吾无身，吾有何患[5]？故贵以身为天下，若可寄天下[6]；爱以身为天下，若可托天下[7]。

[注释]

[1]宠辱若惊：宠辱，前人的解说大多认为是人们受到当权者的宠爱或侮辱；但在实际上，老子给自己设定的读者对象是“侯王”，所以应当是指当权者受到民众的爱戴或侮辱，也即是第十七章所说的“其次亲而誉之”和“其次畏之；其次侮之”；这样来解释，可以与下文衔接得连贯一些。若，犹乃也，是也。宠，按照现代人对领导者的习惯说法，应当译为“爱戴”。

[2]贵大患若身：“贵”乃本章理解的关键，高亨说：“此贵字当读为遗，留也。”我以为“贵”其实就是“重视”、“珍视”的意思，即是把某项价值作为其价值体系中的核心价值。其他章中的“不贵难得之货”、“贵食母”、“不贵其师”均为同样意思。贵大患若身，其意思是说，当权者重视社会运行中的大患，就像重视自己身体一样。

[3]宠为下：王弼解释说，“宠必有辱，荣必有患。惊辱等荣，患同也，为下”。魏源先生解释并引证道，“宠，荣也；贵，重也。世人不知辱之为辱而宠之，不知患之为患而贵之，是荣其辱而贵其患也。……吴氏澄曰，人以为荣者，自知道者反观之，则辱也，有何可爱，而爱之者于此而惊焉。人以为大利者，自知道者反观之，则大患也，是岂足贵，而贵之者于此而身焉，是故被宠至卑下耳，而得失动心，身外之物至轻耳，而若与身俱有，则惑之甚也。吕氏惠卿曰，宠者畜于人者也，下道也。宠而有其宠则辱矣。”以上解释都缺少说服力，联系第二章的“高下相倾”、第三十九章的“高以下为基”，

我们应当将“下”解释为“执政基础”，对于侯王来说，民意就是其执政的基础，必须高度重视，认真构建，得之若惊，失之若惊，不可对其麻木不仁。惊，在这里不仅有惊恐的意思，还有畏惧的意思。

[4]有身：所有的人都“有身”，人的肉体存在是人类社会存在的前提，“像野蛮人为了满足自己的需要，为了维持和再生产自己的生命，必须与自然搏斗一样，文明人也必须这样做；而且在一切社会形式中，在一切可能的生产方式中，他都必须这样做。”①反过来说，人类社会的稳定运行也是人的肉体存在的前提，为了保障自己的平安，人们就必须关心社会的稳定运行。假如人类无须考虑生命的维持过程，那就没有什么值得忧心的事情了，哪怕是太阳系被黑洞吞没了，也不过是一个自然现象而已。

[5]及吾无身，吾有何患：高亨注，“及，如果，假设之辞。”当权者自身的身家性命与社会的稳定运行息息相关；因而当权者必须把社会的稳定运行看得与自己的身家性命一样重要，帝王的每一个决策都关系到天下社稷与百姓利益，其中首当其冲的是自己的身家性命，所以就必须战战兢兢，如履薄冰；由于社会的稳定运行是极其脆弱的，不仅取决于社会经济过程的稳定，还取决于民意或者说时代潮流的方向，因而把自己的身家性命与之联系在一起，就十分危险。当年齐奥塞斯库在罗共中央大厦阳台上演讲时看到群众起哄，还习以为常地认为是群众兴高采烈地对他欢呼呢。据说崇祯皇帝在李自成的大军攻入北京之际，曾挥剑砍向自己女儿，并哀叹道“汝何故生我家？”老子所说的“及吾无身，吾有何患”，也就是说，假设我没有身家性命的拖累，又有什么忧患呢？换句话说，如果我没有对身家性命的关切，又何须承担执政的重任呢？

[6]贵以身为天下，若可寄天下：“以身为天下”即是以身许国，也就是“为人民服务”的意思；“贵以身为天下”，动宾结构，“贵”是动词，“以身为天下”是宾语，意为“把‘以身为天下’作为最核心的价值”。“寄”与下一句中的“托”均为“托付、委托”的意思。《庄子·在宥第十一》中也有“故贵以身于为天下，则可以托天下”可作参照。

[7]爱以身为天下，若可托天下：结构与“贵以身为天下”相同，“爱”

---

①马克思．资本论：第三卷[M]．北京：人民出版社，2004：928．

比“贵”更进了一层，不仅把“以身为天下”作为最高价值，而且作为一种享受，乐此不疲；所以就可以把天下托付给这样的人。

[译文]

当权者不管是受到民众的爱戴或侮辱，都应感到惊恐；他们必须重视那些妨害社会稳定的大祸患，就像重视自己身体一样。为什么当权者受到民众的爱戴和侮辱都应感到惊恐呢？因为民众的爱戴是执政的民意基础，得到它要高度珍惜，失掉它则要深刻反省、努力挽回，这就是对民众的爱戴和侮辱都感到惊恐的原因。为什么当权者要重视那些大祸患，就像重视自己的身体一样呢？我之所以会有大祸患，是因为我有身体的存在，这个存在必须在社会稳定运行的情况下才能继续存在下去；假如我没有自身的存在，还会有什么祸患呢？所以说，谁如果把“以身为天下”作为核心价值，就可以把管理天下的重任托付给他。谁如果把“以身为天下”作为核心价值，而且把它作为一种爱好而乐此不疲，那就更应当把管理天下的重任委托给他了。

[解说]

“贵大患若身”的人与上一章所说的那种为追求声色与难得之货而“心发狂”的人是有区别的，他不再以物为本，而是把自己的生命作为核心价值，这是一个进步；但相对于那种“贵以身为天下”的人来说，仍然存在很大的差距。对这两种人来说，“身”都是极其重要的，但是对“贵大患若身”的人来说，他们把宠与辱看得和“身”一样重要，也就是把宠辱得失作为核心价值。对“贵以身为天下”的人来说，他们把“天下”看得和“身”一样重要，“以身为天下”，也就是现在所说的“全心全意为人民服务”，也就是说，他们把为人民服务作为核心价值。如果人们达不到“贵以身为天下”的水平，也就无法区别这两种人，他们不理解“贵以身为天下”的人，不相信会有这样的人，因而就无法理解这一章。其实这样的人是一个客观存在，不仅在是共产党里有这样的人，其他各个时代都有这样的人，举不胜举。

人都要从自己出发，都要关心自己的生存。他的所有的忧患，都是因为他有一个自我，如果他没有自己的生存问题，又有什么忧患呢？这便是“及吾无身，吾有何患？”但我们并非因此就可以得出“人就应当自私自利”的结论，这只是自私的一个低级阶段，是与动物式的认识水平相适应的自私。与人类的认识水平相适应，人们就应当有一个全面的价值体系，其个人利益与家庭利益、国家利益乃至整个地球人的利益都联系在一起，他要爱惜自己的身体，就必须爱惜天下所有人的身体。由于他认识到个人与社会的有机联系，同时也由于他自己就是地球人中的一员，所以就无法逃避这个责任。这便是“贵以身为天下”、“爱以身为天下”，所谓代表人民的根本利益，也就是要求人们闻道，具有全面的价值体系，把人民的利益包含在自己的利益之内。

如果人们没有闻道，就不可以把天下托付给他。现在的人类社会仍然处于丛林法则的制度和文化环境控制下，有相当数量的人们对个人利益的认识还处于动物的水平上，拼命地压榨剥削自己的同胞，肆无忌惮地掠夺式地使用地球不可再生的资源。地球人如果再不觉悟，就离那种整体毁灭结局不远了。从社会稳定的角度出发，就应当让那些先觉悟的人们掌握执政权力，担负起教化民众、引导价值体系进步的责任。

价值体系问题是社会生活过程中的最隐秘、最后的决定性因素。若想管理好地球公共事务，就必须在价值体系的调控上掌握主动权，这是一个无法绕过去的环节。现在那些谈论抽象民主的人们，其失误不在于他们所看到了的东西，而在于他们没有看到民主之下的更深层次的价值体系问题。掩耳盗铃者并不因听不到铃声而使铃声归于消失；同样道理，没有看到价值体系问题的人们也不能因此而摆脱了价值体系问题。他们在实际上仍然被潜意识里的价值体系控制着，其中有相当多的人还没有走出动物式的生存状态。这样的人本身就是麻烦制造者，如果他们热衷于当官，就会制造出更多的麻烦。由于价值体系的这个缺陷，结果就导致了这样的现状：在自由民主的口号之下，人们总是为了最起码的生存问题和一点点可怜的利益而争斗，自相残杀。那种真正重要的目标被排斥在思考范围之外，人们不能想象另外一种和谐与有尊严的生活方式。在这样的价值体系控制下，他们始终站在科学政治学的大门之外。构建和谐社会的工作千头万绪，首先要培养出“贵以身为天下”的闻道者，这是问题的关键。

第十四章

[原文]

视之不见名曰夷[1]；听之不闻名曰希[2]；搏之不得名曰微[3]。此三者不可致诘[4]，故混而为一。其上不皦[5]，其下不昧[6]。绳绳[7]不可名，复归于无物。是谓无状之状，无物之象[8]，是谓惚恍[9]。迎之不见其首，随之不见其后。执古之道，以御今之有[10]。能知古始，是谓道纪[11]。

[注释]

[1]帛书甲本为“视之而弗见，名之曰微”，当据改。

[2]帛书甲本为“听之而弗闻，名之曰希”，当据改。希：高亨注引《释文》，“希，静也”。

[3]帛书甲本为“捪之而弗得，名之曰夷”，除“捪”字太生僻，不宜采用以外，其他当据改。夷：高亨注，“《释文》引钟会注：‘夷，灭也。’夷是无形的形容词。”

[4]致诘：致，尽，极；诘，问，查究；致诘即追问究竟。

[5]其上不皦：高亨本根据傅奕本、帛书甲乙本在本句前面增补“一者”二字。“其上”，高亨将其解释为“即在有道以前”。皦（音 jiǎo）：清晰。

[6]昧：昏暗。其下：高亨注，“指道生天地之后”。

[7]绳绳：在帛书甲乙本中为“寻寻”，高亨注释，“绳、寻古字通用。王弼注：‘绳绳，行动无穷极也。’即运动不息的形容词。《释文》引梁简文帝注：‘绳绳，无涯际之貌。’即广大无边的形容词。今从王说。”

[8]无状之状，无物之象：王弼注，“欲言无邪而物由以成；欲言有邪而不见其形，故曰无状之状，无物之象也”。

[9]惚恍：王弼注，“不可得而定也”。

[10]执古之道，以御今之有：在帛书甲乙本中，本句均为“执今之道，

以御今之有”，当据改。其理由是，第一，帛书甲乙本早于王弼本，且甲本和乙本的这一句完全一致，因而可以作为定论；第二，大道作为有生命的存在物，不可能像一个古董一样保持原样，当人们在老子的书中寻找大道的蛛丝马迹时，所能找到的只能是他自己头脑中的东西，而这个头脑只能存在于现实生活过程之中；因而人们只能认识和坚持现在的已经发展了的价值体系，用它来驾驭当今社会，这也就是说，人们不可能“执古之道，以御今之有”，只能“执今之道，以御今之有”，用现在的话来说就是，用发展的马克思主义来指导实践，而不能简单地照搬马克思的原有论断来指导实践。

[11]能知古始，是谓道纪：能，在帛书甲乙本中均为“以”，当据改；纪，《辞海》中的解释中有一条为“找出散丝的头绪”。本句应当与上一句联系起来解释，上一句所说的是“认识和坚持现在的已经发展了的价值体系，用它来驾驭当今社会”，在这种实践的基础上，人们进一步追溯其开端，掌握其精髓，这样的人便可以为现实问题找到解决办法，自觉坚持和发展大道，推进价值体系的进化。“道纪”指的是能够坚持和发展大道的人。

[译文]

看它不见，称之为“微”；听它不到，称之为“希”；摸它不着，称之为“夷”。这三者无法推问追究，所以把它们混为一个整体。这个整体就是道。在有道以前是什么样，没有人能明白；在有道以后，就有了天地万物，逐渐明白而不再暗昧了。道广大无涯而又永远运动不息，无法给它命名，也无法把它归结为某种物体，只好又回复到无形无象的状态。可以说这是没有形状的形状，没有物体的形象，又可称为“惚恍”。在前面看不见它的头，在后面看不见它的尾。认识和坚持现在的道，用它来驾驭现实社会运行过程。同时还应当追溯其开端，这样的人才能掌握大道的精髓，为现实问题找到解决办法，自觉坚持和发展大道。

[解说]

这一章是对“道”的形象描述，这些描述既可适用于支配生物界的遗传密码，也可适用于支配人类社会的价值体系。现在我们可以把它们区分开来，生物学家和医学家从事遗传密码的研究，社会学家从事价值体系的研究。当然，老子不可能研究遗传密码，他的研究重心是在价值体系上，他不知其名，称之为“道”，又称之为“一”。

本章也是关于价值体系的认识论。对价值体系的认识与其他事物的认识有区别，它看不见、听不着、摸不到，却又实实在在地存在着，并在社会生活中发挥着“序参量”的作用，控制着社会生活过程。人们就只能通过它在社会生活中的表现来认识它，由表及里，由个别到一般，找到其存在的蛛丝马迹。反过来说，大道也不甘寂寞，总要千方百计地表现自己，如果受到了人类的冷落，便要惩罚人类，迫使人类认识到它的存在。

人类认识大道的过程，总是先从少数先知先觉的人开始。这是一个漫长的过程，通过一代又一代闻道者的努力，我们今天才能建设社会主义核心价值体系，把社会生活过程导向稳定和谐的发展轨道。如果没有闻道者出现，社会生活就只能在低水平价值体系的主导下运行。在这种情况下，人们便不能合理行动，追求个人利益的结果却是危害个人利益，处于自相矛盾的状态，灾难不幸便如影随形地无休无止地纠缠着人们。

我们过去认为，每个人总是属于特定的阶级，各种思想无不打上阶级的烙印。现在看来，这个论断中暗含着一个前提，每个人都追求自己的利益，而且都知道自己的利益是什么；而在实际上，没有闻道的人们并不知道自己的利益是什么，所追求的是那些似是而非的利益，结果就搬起石头砸自己的脚，捣乱失败，再捣乱再失败，不仅要把自己所在的阶级推向灭亡，而且还要连带着把整个人类推向毁灭。

只有当人类认识到了大道的存在，认识其进化的规律，自觉地进行价值体系的培育工作，才能打破丛林法则价值体系的束缚，消灭阶级，实现人类的解放。因而闻道者是超阶级的，只有他们才能“执今之道，以御今之有”。未闻道的人，由于智力水平的低下，不管是处于哪个阶级，对闻道者都同样不理解或者反对。这样的人掌权，就不可能引导社会趋向和谐，也找不到摆脱困境的出路，他们所能想到的各种方案都不过是折腾，诸如普选、政治体制改革等，都无法扭转现在的两极分化、环境恶化的发展趋势，这些问题都不过是在私有制价值体系支配下的社会自组织过程的必然表现。哪怕是再来一场革命，如果不能带来价值体系的进步，那也不过是用一部分人的邪恶来取代另一部分人的邪恶，因而只能是一场动乱，一次更大的折腾。

比如说著名的物理学家霍金，他也看到了人类所面临的危险。他警告说：人类正进入“历史上越来越危险的时代”，他认为“人类遗传密码中携带着自私与侵略本能，这在过去曾是存活的优势。但人类很难在未来 100 年内避免灾难，更不用说未来 1000 年或 100 万年。”怎样避免这种危险呢？他的建议是移民太空，“人类能长久生存的唯一机会就是搬离地球，开始居住到别的星球上。”[①]可是，移民太空就可以解决人类遗传密码中“携带着自私与侵略本能”的问题吗？我看很玄乎。霍金先生尽管具有很聪明的大脑，在人类前途问题上出的却是馊主意。

只有价值体系的进步才是解决人类危机的根本出路，而要实现这个进步，就要靠那些闻道者，他们就是“道纪”。“纪”是“找出散丝的头绪”，“道纪”也就是那些率先闻道的人，他们是把大道移植到社会生活过程中的引路人，承担着把大道灌输到社会生活中的任务。大道不能自动地实现，它必须借助于闻道者的奋斗，才能成长起来，此即所谓“人能弘道，非道弘人”。闻道者就像那个盗来天火把光明带到人间的普罗米修斯一样，是把和谐社会的法则带到人间的人。古人有“天不生仲尼，万古长如夜”的说法，现在我们则可以说，如果没有马克思主义把新的人生理想带到人间，人类就只能永远地在丛林法则的控制下，在灾难不幸的深渊里挣扎。

为什么在“是谓道纪”的前面还有一个“以知古始”呢？这是因为，普通的闻道者能够“执今之道，以御今之有”，也就足够了；但如果是率先闻道的“道纪”，就必须“以知古始”，即知道大道的起源。这可以从黑格尔的说法中得到印证：“我们之所以是我们，乃是由于我们有历史，或者说得确切些，正如在思想史的领域里，过去的东西只是一方面，所以构成我们现在的，那个有共同性和永久性的成分，与我们的历史性也是不可分离地结合着的。我们在现世界所具有的自觉的理性，并不是一下子得来的，也不是从现在的基础上生长起来的，而是本质上原来就具有的一种遗产，确切点说，乃是一种工作的成果，——人类所有过去各时代工作的成果。”[②]由此可见，“以知古始”这四个字大有深意，能够在 2000 多年后的西方哲人的著述中为老子的思想找到印证，这确实是一件非常令人愉快的事情。

[①]霍金称人类唯一出路是移民太空[N]．参考消息．2010－8－11(7)．

[②]黑格尔．哲学史讲演录：第一卷[M]．北京：商务印书馆，1981：7．

第十五章

[原文]

古之善为士者，微妙玄通，深不可识[1]。夫唯不可识，故强为之容[2]：豫兮若冬涉川；犹兮若畏四邻[3]；俨[4]兮其若容；涣兮若冰之将释[5]；敦兮其若朴[6]；旷兮其若谷[7]；混兮其若浊[8]；孰能浊以静之徐清？孰能安以久动之徐生[9]？保此道者不欲盈[10]。夫唯不盈，故能蔽不新成[11]。

[注释]

[1]识：在郭店楚简中为“志”，“志”即“识”。

[2]容：在郭店楚简中为“颂”，颂即是作文以形容。

[3]豫与犹，二兽名，性多疑畏，老子以之比喻人之临事，迟疑不决，顾虑多端。若冬涉川，如履薄冰的意思。

[4]俨：恭敬庄重的意思。容，郭店楚简中为“客”，当据改。

[5]涣兮若冰之将释：郭店楚简本为“远乎其如释”，廖名春说“涣”“远”“音义皆近，故可通用”，意为“与人关系非常疏远啊，就好像要分手一样”。

[6]敦兮其若朴：郭店楚简本中为“屯乎其如朴”，“屯”为“纯”之本字，与“敦”音义皆近，义为纯厚天真。朴：木的本来状态，未经削砍雕琢。

[7]旷，空也。

[8]浊：糊涂。

[9]对这两句，廖名春先生根据楚简本校订为“谁能浊以靖者？将徐清；谁能牝以主者？将徐生”，并解释为“谁能以浊为靖？浊就将渐渐变清；谁能以卑为贵？愿为卑者的人就会渐渐产生。”这个校订与解释非常好地体现了领导者对社会价值体系所承担的引导责任：让已经混乱的价值体系安静下来，重归于清明；让误入歧途的价值体系回归正道，重新焕发生机。

[10]盈：通常解释为“满”，在此处应解释为在坚持某种价值体系时“走

极端”、“不留余地”。

[11]夫唯不盈，故能蔽不新成：高亨说，“蔽不新成”“当作敝而又成”；“不”字应是“而”字在转抄中出错所致。廖名春认为这一句“疑本为注，后混入正文”。

[译文]

古代善于为士的人，其言行细致精妙，在更深的层次上达到和谐通畅，深邃得一般人难以理解。所以作文来描述他：他小心谨慎，好像冬天踩着薄冰过河；他警觉戒备，好像怕凶恶的邻居；他待人恭敬郑重，好像赴宴做客；他与人关系疏远啊，好像就要分手一样；他木讷朴实，好像未经加工的原木；他含蓄浑厚，好像头脑糊涂。谁能以浊为靖？浊就将渐渐变清；谁能以卑为贵？愿为卑者的人就会渐渐产生。掌握了这个规律的人，处事从不走极端。正因为他处处留有余地，所以就能够在走入困境之后仍然有机会回归大道并取得新的成功。

[解说]

关于本章的解读，我非常叹服魏源先生的观点。

魏源先生同林则徐一样，是鸦片战争时期“睁眼看世界”、最有眼光的人物；他既坚决反抗侵略，又重视了解和学习西方科学技术，在《海国图志》中，他提出了“师夷长技以制夷”的正确口号，在当时社会上发生了振聋发聩的影响。他对当时的政风有深刻的体验：“鄙夫胸中，除富贵而外不知国计民生为何事，除私党而外不知人才为何物。所陈诸上者，无非肤琐不急之谈，粉饰润色之事。以宴安鸩毒为培元气，以养痈遗患为守旧章，以缄默固宠为保明哲，人主被其熏陶渐摩，亦潜化于痿痹不仁而莫之觉。岂知久之又久，无职不旷，无事不蛊，其害且在强藩、女祸、外戚、宦寺、权奸之上，其人则方托老成文学，光铺升平，攻之无可攻，刺之无可刺，使天下不阴受其害而己不与其责焉。古之庸医杀人，今之庸医，不能生人，亦不敢杀人，不问寒、热、虚、实、内伤、外感，概予温补和解之剂，致人于不生不死之间，而病日深日痼。故鄙夫之害治也，犹乡愿之害德也，圣人不恶小人而恶鄙夫乡愿，岂不深哉！”（《默觚下・治篇十一》）由于这样的政治生态，他从经学中找不到“经世致用”的途径，遂将学术重点转向子学，撰写了《老子本义》，为的是在《道德经》中找到救世之道，同时也为了“救己”之“心灰意冷”。这样一位志在救国救民而又历尽坎坷的老人来诠释老子本义，自然有其独到而精深的见解；由这样的人来诠释的“善为士者”，自然就非比寻常见识，因为这里面包含了他的全部生活经历。现将他对第十五章的注释抄录如下：

“此章不言圣人至人而言善为士者，是专示人入道之要，而强为之容也。粗尽而微，微至而妙，妙极而玄，则无所不通而深不可识矣。戒而后动曰豫，其所欲行，迫而后动，不得已也；疑而不行曰犹，其所不欲，迟而难之，如有所畏也；俨若客不敢肆也；此三者皆有道者不敢为天下先，其容若此。然其豫犹俨恪者，初非有所执而不化也。涣若冰之将释，油然无形而物莫之觉矣，夫奚滞之有乎？故又以下三者形容之。为道至于融释，则反本完真，乃能存天性之全而不雕于人伪，故若朴也；性全而不自有其全，无所不受，故若谷；水性本清而不自洁于物，故若浊。夫七者有道之容，而即求道之要。豫犹俨恪者，所以入德也，既涣然冰释，乃能希夫敦朴旷浑之全，所以成德也。道至于浊则和光同尘，与物一体，此忘我之极而最难者也，故即承浊问曰：‘孰能浊以止乎？’浊者动之时也，动久而静，吾恐其又察察以为清矣，因而又承静问曰：‘孰能安以久乎？’安者静之时也，静继以动，吾恐其又纷纷而生起矣，是皆知道而不能自保者也。所以不能保，以其易盈，是以分别与躁动乘之，而不能止且久。惟不以善自盈，则能安其敝而不求新成，斯则其能浊也，安以久也，如此则微妙玄通之道斯可保矣。盖敦朴旷浑者浊之容，豫犹俨恪者安之容，皆以冲得之，以盈失之者也。老子之‘大成若缺，其用不敝；大盈若冲，其用不穷’，保此道之谓也。”

关于“保此道者不欲盈”，其含义也即是《朱子家训》中的“凡事当留余地”。康百万庄园里有一块匾，其内容也可以帮助我们理解“不欲盈”：“留有余不尽之巧，以还造化；留有余不尽之禄，以还朝廷；留有余不尽之财，以还百姓；留有余不尽之福，以还子孙。盖造物忌盈，事太尽未有不贻后悔者。”我们中华民族绵延几千年，历经无数内忧外患而仍能顽强地生存下来，一个重要原因就在于我们有这种不走极端的智慧。西方人不知道留余的智慧，只知在一条道上走到底，穷而不知思变，所以其历史就悠久不起来。

第十六章

[原文]

致虚极，守静笃[1]。万物并作，吾以观复[2]。夫物芸芸，各复归其根[3]。归根曰静，是谓复命[4]。复命曰常，知常曰明[5]。不知常，妄作，凶[6]。知常容，容乃公[7]，公乃王，王乃天[8]，天乃道[9]，道乃久，没身不殆。

[注释]

[1]致虚极，守静笃：郭店楚简为“至虚，恒也；守冲，笃也”，廖名春先生解释为，“达到虚，就能永恒；保持空，就能长久。”我认为，此句是对“常无欲以观其妙”的延伸，“致虚”与“守冲”都是要求领导者“无欲”，“恒也”、“笃也”是要求其经常地稳定地保持“无欲”，这样才能以超脱的心态来研究价值体系的进化过程。

[2]万物并作，吾以观复：郭店楚简为“万物旁作，居以顾复也”，“万物”是指人，“旁作”是指人们的各种基本需要从萌芽、成长直到过度发展、误入歧途的过程。“居以顾复也”，廖名春先生解释为，“要守持住虚空以观看他们的复返”。在民众“旁作”的情况下，领导者则需要保持虚静，这样才能“常无欲以观其妙”，也就是观察社会价值体系循环往复的运动过程。假如他们也随波逐流，社会中就失去了可以引导社会潮流回归正道的力量。“复”是指价值体系反复振荡的过程，人们的各种倾向都不可能永远地持续下去，在达到极端的时候，势必难以为继，自然就会像钟摆一样向另一极回归。

[3]夫物芸芸，各复归其根：郭店楚简为“天道云云，各复其根”，廖名春先生解释为，“天道是运动不已的，万物最后还是要返归各自的本始”。“云云，运动不停的样子”；“各复其根”的意思是，各自认识到自己本来的需要；根就是核心价值，它本来就存在于人们的身上，只是由于外部环境的误导，屏蔽了它们；当人们达到“至虚”并能“守冲”之后，其天性中最根本的需

要就会自然而然地呈现出来，此即所谓“各复归其根”。

[4]静：不争不乱。命：高亨注，“天所赋予的本性，即自然所赋予的天命”。复命，也即是认识并坚持核心价值，就可以不再折腾，回归到自然所赋予的本性。以上几句的意思即是说，只有在减少物欲、保持内心宁静的情况下，人们才能闻道，感知到自己的核心价值和正常天性。自本句以下的文字均未见于楚简，廖名春认为是后来增入的解说。

[5]复命曰常：回复到自然所赋予的本性则得到性命之常；知常曰明：认识到生命的正常需要，建立起科学合理的价值体系，就可明智行动。

[6]不知常，妄作，凶：根据帛书甲乙本，本句应为“不知常，妄；妄作，凶。”不知常道即为虚妄；依据这种认识来行动就会任意妄为，后果凶险。

[7]容乃公：王弼注，“无所不包通则乃至于荡然公平也”。

[8]公乃王：公平才能兼顾全体民众的利益，被民众推为领导。王乃天：坚守大道的人当权才能实现人的健全天性。

[9]天乃道：实现人的健全天性才能合于道。

[译文]

摒弃欲望，始终如一；保持虚静，达到极点。民众们各种各样的欲望成长起来，超过正常限度便会误入歧途，领导者要守持住虚空以引导民众回归核心价值。社会价值体系运动不已，人们最终还是要认识到自己的核心价值。认识到核心价值后便可安静下来，回归到自然所赋予的本性。回归到自然所赋予的本性，则可以认识常道。认识了常道，就可以明智合理地行动。不知常道就会任意妄为，后果凶险；知道性命之常就能够包容；能够包容就能做到公正公平；能够公正公平就可以兼顾全体民众的利益，被民众推为领导；这样的人当权才能实现人的健全天性；实现人的健全天性也就符合于“道”，符合“道”才能恒久，终身没有危险。

[解说]

本章可以看作是“常无欲以观其妙”的展开。首先要“致虚，恒也；守冲，笃也”，保持极度的无欲而又安静的状态，在这种情况下观察“万物并作”、循环往复的过程。“天道云云”，大概是说人们的需要、欲望很多很复杂，得寸进尺，得陇望蜀，永远也不会满足。就像那些贪官一样，不到办案人员来找他的时候就绝对不会罢手。对于社会整体来说也是同样，被锁定在歧途上的社会不会主动地改弦易辙，必须是遇到重大的灾难，在社会生活难以为继的情况下，人们才能认识到生命的真正重要的需要、真正核心的价值，回归到正确的发展轨道上来。得到了这种认识，我们也就可以说，他闻道了。此后就可以超脱于各种非理性欲望的控制，保持宁静祥和的心态，这就是“复命”了。所谓“复命”就是回归到自然所赋予的本性。

这个从“归根”、“复命”到“知常”的发展过程，便是每个人都应当经历的成长过程。作为一个有血有肉有需要的人，他的全部需要放在一起，被他自己意识到，就形成了价值体系。伴随着人的生理成长过程，其价值体系也有一个成长的过程；与个体价值体系的成长过程相对应，还有一个社会价值体系的成长过程，这便是整个历史。理解了这一点，也就找到了哲学的根，这是所有哲学理论的实质和参照物，各种哲学都必须在这里找到位置，才能找到存在的依据。所以我们说，《道德经》是哲学中的哲学。

社会价值体系的演变过程建立在个体价值体系的成长过程之上，我们要理解社会价值体系，就要从个体价值体系的成长过程入手。个体价值体系的高度决定了人们认识外部世界的深度，也决定了他理解“大道”的深度，这便是老子所说的“道可道，非常道”。执着于低水平的价值体系，把它作为绝对真理，而没有看到还有更高水平的价值体系，这便是佛经所说的“著相”。这样就会束缚他的进一步成长，把人们锁定在现有的价值水平上。一个人如果把财富的私人占有作为核心价值，那他当官掌权以后，肯定是一个贪官，其价值水平决定了他只能采取这种行为方式，如果没有一个价值体系的更新转换，不管如何加大惩戒力度，都无济于事。这就是当前我们反腐败面临困境的根本原因。破除这种“著相”，认识到真正重要的核心价值，人们便“知常”了，用佛经的说法便是“开悟”了；达到这个境界，人们便可走出原有的因果循环，不再腐败了。

由于人类的价值体系有一个进化过程，所以我们都走在进化的路上，都不过是进化链条中的一个环节。我们是谁，从哪里来，往哪里去，这是一个宏大的问题，通常人们并不关心这个问题中所包含的深刻意义，除非在关键时刻。记得柳湘莲在尤三姐自尽以后，失魂落魄，信步游荡，遇到一瘸腿道人，便随口问："此系何方？仙师何号？"那道士笑答："连我也不知道此系何方，我系何人，不过暂来歇脚而已。"湘莲听了，冷然如寒冰侵骨，顿时恍然大悟，便随着那道士飘然而去；一旦觉悟，他在《红楼梦》中的故事也就结束了。

与普通人不同，哲学家们关心这个"从哪里来，往哪里去"的问题，但在这个宏大的问题面前，他们只能在黑暗中摸索，就如盲人摸象的故事所表现的那样，有人摸到了一只耳朵，便说大象是一个扇子；有人摸到了大象的腿，便说大象是一根柱子；有人摸到了大象的尾巴，便说大象是一根绳子。回头看来，哲学史所列出来的不过是一大堆与常识相悖的错误，但是，请不要笑话那些宗教家们、哲学家们的感觉器官太落后，他们毕竟摸着了大象的一个部分，他们的那些错误是人类精神进化必须经过的环节。以往的哲学家的缺点不在于他们所摸到的东西，而在于他们所没有摸到的东西，还在于他们把摸到的东西绝对化，以为那就是大象的全部，并以此来指导实践。人们要想避免这种错误，就要对自己所达到的认识采取一种怀疑的态度，保持一种开放的心态。这样才可以不断进步，从文化环境所强加给我们的价值体系中解放出来，意识到生命本来的需要，找到人生最根本的目标。我们都走在路上，这是一条精神进化之路，其目标就是"归根"、"复命"。

这个进化过程并不到此为止，接下来还有"复命曰常，知常曰明"。"常"即"常道"，回归自己的天性，也就是认识到"常道"，于是便可明智合理地行动。但如果人们"不知常"，便会锁定在原有的人生轨道上"妄作"，或者说是"折腾"，诸如贪污腐败、发动侵略战争，这些都必然要带来凶险的后果。

人们一旦达到"知常"的高度，便可开辟人生的一个新方向。"知常容"，王弼解释说是"无所不包，通也"。这大概就是说，闻道知常以后，人们便可以对其他未闻道不知常的人们的各种低水平价值予以包容，明智地处理不同价值体系之间的冲突，帮助人们尽快地成长，实现人的健全天性，这就是"辅万物之自然"。为什么闻道知常的人要包容别人呢？有这样两个原因：

首先，人类的精神成长过程是每一个体都必须经历的过程，别人不能代替，如果某些人眼下还达不到，那就不能勉强。我们不能要求每一个人都能像举重冠军一样举起上百公斤的杠铃，同样也不能要求每一个人都能理解"常道"。先闻道的人就算是明知自己是正确的，也不可以把自己的观点强加于人，

“人而不仁，嫉之已甚，乱也”，所以就只能循循善诱，启发引导，耐心等待他们自己成长起来。

其次，人类的精神成长过程是一个集体过程，任何人都不能孤独地完成这个过程。只有在人类整体的脱凡入圣的过程中，他自己才能脱凡入圣；只有在人类得到解放的过程中，他自己才能真正地得到解放；所以这个过程必然是一个政治过程。只有在社会整体保持较高价值水平的情况下，个体才能保持较高的价值水平。对那些“知常”的人来说，他们永远都有一种渴望、冲动，那就是要把这种对生命的新体悟传达给所有的人类同胞，让所有的人的生命都能在这个新的发展轨道上运行。因而他们就能够“知常容，容乃公，公乃王，王乃天，天乃道，道乃久，没身不殆”。

从这一句中可以看到，在“知常”到“没身不殆”中间，存在一系列中介环节，其中最重要的环节是“公乃王”，这也就是闻道者掌权。从老子的设想来看，闻道者掌权应当是一个很自然的过程，但从我们所生活的这个私有制社会的情况来看，“公乃王”很难实现，达到“知常”水平的人很少，具有这种水平而又恰好掌权的人更罕见。从整个私有制的历史来看，越是没有闻道的人就越是热衷于争夺权力，其手段也越是专业。为了保证闻道者掌权，所以就需要建立社会主义制度，由共产党执政。但即使有了社会主义制度，也还不能确保闻道者掌权，仍有大量艰苦工作要做，其中首要的一条就是保持党组织的纯洁，把党组织建成培养闻道者的摇篮。没闻道的人掌权则难以包容他人，一般说来，在价值体系上处于高位的人可以包容处于低位的人，而处于低位的人则难以包容处于高位的人，这是一个规律。比如说毛主席可以包容敌对势力，对那些战犯也竭力改造，使他们获得新生；在人民内部则发展一种“团结—批评—团结”的公式来正确处理人民内部矛盾；而处于低位的人则包容不了处于价值高位的人，采用“宁可错杀三千、不可放过一个”的方式来清除对手。他们不仅对他人的高层次需要不理解，与之产生价值冲突，对他人的生存需要也不包容，与之发生尖锐的利益冲突，这种人掌权必然要制造出层出不穷的矛盾，把社会推向毁灭。

第十七章

[原文]

太上[1]下知有之；其次亲而誉之[2]；其次畏之[3]；其次侮之[4]。信不足焉，有不信焉[5]。悠兮其贵言[6]。功成事遂，百姓皆谓“我自然”[7]。

[注释]

[1]太上：即在价值体系上发展得最充分、处于最高位的“侯王”。

[2]其次：即在价值体系处于次一级地位的“侯王”。亲而誉之：王弼注，“不能以无为居事，不言为教，立善行施，使下得亲而誉之也”。

[3]其次：即更次一级的“侯王”。畏之：王弼注，“不复能以恩仁令物，而赖威权也”。

[4]其次：即最下等的“侯王”。侮之：王弼注，“不能法以正齐民，而以智治国，下知避之，其令不从，故曰侮之也”。

[5]信不足焉，有不信焉：郭店楚简为“信不足，安有不信”，廖名春认为，“安”为顺承连词。本句的意思是说：是为上者的信用不够，才出现为下者对为上者的不信任。

[6]悠兮其贵言：郭店楚简为“猷乎，其贵言也”，猷为谋，即多思。贵言即不轻易发号施令。

[7]功成事遂，百姓皆谓“我自然”：普通人看不到价值体系的控制的重要作用，所以就认为事情都是自己做到的。

[译文]

在价值体系上处于最高水平的管理者，人民仅仅知道他的存在；次一等的管理者，人民亲近而又称赞他；再次一等的管理者，人民畏惧他；最低等的管理者，人民辱骂他。因为管理者诚信不足，才有了民众对他的不信任。

最好的管理者深谋远虑，无为而治，很少发号施令；民众按照他所倡导的大道来生活，各项事务都能正常运转，老百姓说“这是我们自己做到的”。

[解说]

价值体系本来就在社会生活中发挥着“序参量”的作用，如果它是适合时代需要的，社会生活便可以自然而然地运转起来，这是一个“自组织”过程。如果它不适合时代需要，也会控制社会生活并对其进行“自组织”，把社会生活引入一个病态、痉挛、癫痫式的运行过程，如周而复始的治乱循环、反复发作的经济危机。如果不能把社会价值体系建设好，那就管不好社会生活。

对社会价值体系的调控是最高水平的调控，这项工作做好了，管理者也就可以实行无为而治，不用发出很多政令，一切都将走向正轨。在这样的社会气候中，闻道者便可自发地大批地经常地每日每时地成长起来，干部的选拔培养工作就很好做；在这样的社会气候中，那种持有病态价值体系的人就会被自然而然地淘汰出局；在这样的社会气候中，以人为本、科学发展观就不再需要明确地提出来了，因为人们根本就不会做出有违它们的事情；在这样的气候中，便可形成“既有民主又有集中，既有纪律又有自由，既有统一意志又有个人心情舒畅，那样一种生动活泼的政治局面”。

不管领导者是否自觉，他都在坚守着自己的价值体系，执政地位会把他的价值体系的影响加权放大，从而影响或左右社会价值体系。所以，要建设科学合理的价值体系，就要把那些具有先进价值体系的人选拔出来，放在执政地位上，这是实现社会科学管理的关键。人类历史几千年来，一直没有解决这个问题，通行的价值体系是“千里来做官，为的吃和穿”，人们为了得到一份稳定的工作和体面的生活而争着往官员队伍里挤。在这种气候中，不管采用哪种选拔规则，都不可能把钻营者拒之门外。一个新的干部选拔规则刚产生的时候，人们还按照规则来竞争，但演变到后来，便跑闹买骗，无所不用其极，于是乎社会风气与干部风气互为因果，形成恶性循环，再想纠正就难上加难。古今中外，概莫能外。

第十八章

[原文]

大道废，有仁义[1]。慧智出，有大伪。六亲不和，有孝慈。国家昏乱，有忠臣。

[注释]

[1]大道废，有仁义：郭店楚简为“故大道废，安有仁义”，廖名春先生认为，“故”体现了这一章与上一章原为一体；“安”表示承接关系，不可作“哪里”解。

[译文]

大道被废弃了，才有人出来提倡仁义德行；聪明智巧的现象出现了，伪诈行为才盛行起来并不断升级；家庭出现了纠纷，才有人呼吁子孝父慈；国家陷于混乱，才能显出忠臣的作用。

[解说]

所谓“大道废，有仁义”，其中所暗含的前提是，在历史的入口处，原本有一个原始的淳朴状态，人们虽然没有意识到大道的存在，却自然而然地践行着它。后来这种状态被打破，人们开始追求狭隘片面的目标，使得家庭失和、社会秩序混乱。在这种情况下，为了维护社会整体利益，就会有人站出来倡导仁义、孝慈。但这种倡导并不能改变社会价值体系堕落的趋势，于是便出现了一个尖锐的对立：一边是社会价值体系的堕落越来越严重，一边是人们对“仁义”的呼声越来越高涨。

在老子看来，原始的淳朴是美好的，后来的发展破坏了原始的淳朴，他不欢迎这种发展，希望保持原始的淳朴。但在我们现在看来，以原始的淳朴为起点，人类必须经历这个原始淳朴的解体、混乱动荡的过程，必须经历理想与现实尖锐对立的过程，然后才有可能在更高的物质文化水平上重建大道，这就是建设社会主义核心价值体系。这是一个否定之否定的历史发展过程，通过对原始的淳朴大道的分解过程，人们才能认清理想社会的各种规定，从而进一步在头脑中把理想社会建立起来。这个认识理想社会的各种规定的过程是人类建设和谐社会所必须经过的中介环节，是一个绕不开的历史过程。创造新制度所需要的高度发达的物质基础，这是私有制的历史使命。

在社会价值体系堕落的历史过程中，存在着诸多两极对立，如无产阶级与资产阶级、领导者与人民、理想与现实。对立的双方有机地联系着，谁也离不开谁，于是便维持着这种不是冤家不聚头的关系，成天吵吵闹闹。要想构建和谐社会，就要解决这种两极对立的问题。怎么解决呢？处于片面性中的对立双方都企图把对方消灭掉。有很多人相信，资产阶级离开无产阶级也可以单独存在，人民离开了领导者也可以单独存在。无产阶级原来也是这么想的，《国际歌》上就这么唱："最可恨那些毒蛇猛兽，吃尽了我们的血肉，一旦把它们消灭干净，鲜红的太阳照遍全球。"在无产阶级革命过程中，也确实消灭了许多反动派。但在社会深层价值体系没有改变的情况下，仅靠把对手消灭掉的办法并不能解决根本问题，社会分裂为无产阶级与资产阶级两极对立的状态仍然要继续下去，消灭了原有的资产阶级，还会产生出另一部分人来履行资产阶级的职责，它们甚至会产生于共产党内。

因而在社会深层价值体系没有改变的情况下，采用把对方消灭的方法不能解决两极对立问题，这就像不能把北极去掉而仅仅留下南极一样。这种两极对立、株守一隅的思维方式是一种不成熟的片面性的思维方式，它使人们看不清自己的利益，不能合理地行动，从而给自己制造出诸多灾难。正确的做法是"不尚贤，使民不争；不贵难得之货，使民不为盗；不见可欲，使民心不乱"，"居无为之事，行不言之教"，用现在的话来说，就是进行价值体系的建设，引导人们闻道，从小我中走出来，摆脱片面性的思维方式，推动社会价值体系的进化，使大道上升为支配社会运行过程的价值体系，这样，才可以把社会从两极尖锐对立状态中解放出来。

第十九章

[原文]

绝圣弃智，民利百倍[1]。绝仁弃义，民复孝慈[2]。绝巧弃利，盗贼无有[3]。此三者以为文不足[4]，故令有所属[5]。见素抱朴[6]，少私寡欲。

[注释]

[1]绝圣弃智，民利百倍：在郭店楚简中，本句为“绝智弃辩，民利百倍”，廖名春解为“消除智谋，抛弃辩慧，人民会得到百倍的好处”，应予采纳。

[2]绝仁弃义，民复孝慈：郭店楚简为“绝伪弃虑，民复季子”，廖名春解为“不用心计，不勾心斗角，百姓就会返朴归真”，应当采纳。“季子”即稚子。

[3]绝巧弃利，盗贼无有：消除机巧，抛弃私利，盗贼就会消失。在老子的时代，人们会发明些什么样的计谋，我们现在搞不清楚，比照现代的情况，可以举一些例子，诸如赌博、股市、期货等，就是这样一些计谋，人们只需盯着大屏幕，适时地买进或卖出，就可以发财；还有新出现的什么金融衍生产品，相当数量的人还没有搞明白那是什么，却有一些人已经通过这种途径发了财。但这些都是一场零和博弈，合约交易的双方盈亏完全负相关，有人发财就有人亏本甚至跳楼，因而具有不确定性和高风险性。不仅对交易双方具有高风险性，而且还给整个经济运行过程带来了风险，造成经济危机。民众生活过不下去，自然就会铤而走险，盗贼就会蜂起。所以明智的领导人就应当弃绝这些东西，不把这种机制引入到社会生活中来，自然也就不会有人因投机失败而铤而走险、违法犯罪。

[4]文，指文治法度。

[5]故令有所属：属，魏源解释为“与庄子属其性乎仁义之属同，犹云附著也”。我看“属”应当是“归属”，因为“绝圣弃智”等三项只是教育侯王

弃绝一些东西，但仅有这些还不够，还必须找到这三项之上的更高的目标或规定，通过坚守这更高层次的目标，才能把社会生活导入正轨。

[6]见素抱朴：高亨注，“见，推重。抱，持守。丝不染色为素，木不加工为朴，比喻人的自然德性。”

[译文]

消除智谋，抛弃辩慧，人民会得到百倍的好处。不用心计，不勾心斗角，百姓就会返朴归真。消除机巧，抛弃私利，盗贼就会消失。如果仅仅使用这三项主张来治理社会，那是远远不够的，还要提出更高的目标，让它们有所归属，那就是推重纯素，保持质朴，减少私心，减少嗜欲。

[解说]

本章可以与第三章的“不尚贤，使民不争”、第五十七章的“法令滋彰，盗贼多有”互相参照着解读。老子深刻地抓住了私有制社会的自相矛盾，表面上非常重要的目标，在实际追求它们的过程中，反而带来了危害，天下皆知美之为美，斯恶已，这也就是马克思后来发现的异化现象。

老子的思想对于批判私有制的那一套价值体系、促使人们开悟来说，是正确的。但我们也必须看到，老子在解决问题的思路上颠倒了因果关系。上一章说“大道废，有仁义”，把仁义的产生归因于“大道废”，这是正确的。为了解决这个问题，在这一章主张“绝仁弃义”，企图以此来解决“大道废”的问题，把一个复杂漫长的历史进步过程简化为一个在思想领域里的任务，所以就不具有可操作性。历史的发展必然经历这样一个过程，从原始的淳朴状态，经历私有制社会的诸多两极对立，最终才能在新的发展阶段克服对立与异化现象，达到新的和谐。

老子之所以出现这个问题，是因为他站在私有制的入口，无法预见到在私有制的尽头存在着那样一个社会发展阶段，可以在更高的文明水平上重建人类幼儿阶段的淳朴，他所能预见的是私有制的各种弊端，他不愿看到这些东西，所以就和卢梭一样，主张回归原始的淳朴状态。

第二十章

[原文]

绝学无忧[1]。唯之与阿，相去几何[2]？善之与恶，相去若何？人之所畏，不可不畏[3]。荒兮其未央哉[4]！众人熙熙，如享太牢[5]，如春登台。我独泊兮，其未兆[6]；如婴儿之未孩；儽儽[7]兮若无所归。众人皆有余，而我独若遗。我愚人之心也哉！沌沌[8]兮，俗人昭昭，我独昏昏。俗人察察，我独闷闷。澹兮其若海，飂[9]兮若无止。众人皆有以，而我独顽似鄙[10]。我独异于人，而贵食母[11]。

[注释]

[1] 绝学无忧："绝学"并非是不要一切学问，而是弃绝由丛林法则所主导的各种"学问"，在价值体系上来一个转换，在此基础上建立起一套新的话语体系，走上正确的人生与社会发展道路，自然也就"无忧"了。

[2] 唯：诺也，服从听命的应答声；阿：同"呵"，呵斥反对的回应声。在由丛林法则主导的话语体系的控制下，不管是人们赞成还是反对它，社会生活依然在既定轨道上运行，这种赞成与反对的差别又有多大呢？下一句"善之与恶，相去若何？"也是同样的意思。①

[3] 人之所畏，不可不畏：在楚简中为"人之所畏，亦不可以不畏人"，廖名春先生解释为"百姓所害怕的在上者，也不能不害怕百姓"，似与上下文脱节。高亨解释为："人们所怕的罪恶，我也不能不怕（以上是说我与人相同之处）。"这样就可以引出以下所说的圣人与他人的不同之处，应予采纳。

[4] 荒兮其未央哉：王弼注为"叹与俗相返之远也"。高亨解释为"奔走

---

① 《庄子•骈拇》中的一段话，也可作为理解本句的参考：伯夷死名于首阳之下，盗跖死利于东陵之上。二人者，所死不同，其于残生伤性均也。奚以伯夷之是而盗跖之非乎？天下尽殉也，彼其所殉仁义也，则俗谓之君子；其所殉货财也，则俗谓之小人。其殉一也，则有君子焉，有小人焉。若其残生损性，则盗跖亦伯夷已，又恶取君子小人于其间哉！

啊，没有终了”。王弼的解释过于突然，高亨的解释是在把“荒”字转注为一个电脑打不出的字（把“流”的三点水换为“马”，意为“马奔也”）的基础上作出的。两说均不令人满意。根据《辞海》的解释，“荒”有荒芜、荒凉、荒废、迷乱等义，“未央”即未尽、未已，如梁鸿《五噫歌》中有“陟彼北芒兮，噫！顾览帝京兮，噫！宫室崔嵬兮，噫！人之劬劳兮，噫！辽辽未央兮，噫!”叹息京城里宫室崔嵬，人民的劳苦没有终了的时候，可以参考。综合起来看，老子的这句话是在感叹社会价值体系领域里的迷乱荒芜，且又没有穷尽。

[5]熙熙：人来人往、喧闹纷杂的样子；太牢：指祭祀用的牛羊猪等食品，这里意为丰盛的宴席。

[6]泊：停留；未兆：意为无动于衷，没有反应。

[7]儽儽（音 lěi）：颓丧貌。

[8]沌沌（音 tūn）：浑沌无知貌。此句应放在“如婴儿之未孩”之前。

[9]澹：波浪起伏或流水迂回貌。飂（音 liù）：高风。

[10]众人皆有以，而我独顽似鄙：关于“以”字，王弼注，“以，用也，皆欲有所施用也”，应当是指人们所坚持的目标或原则，与《论语》中的“视其所以，观其所由，察其所安”中的“以”字同义。这句话是指众人都自以为是地坚守着某个原则，如王弼《老子指略》所说：“法者尚乎齐同，而刑以检之。名者尚乎定真，而言以正之。儒者尚乎全爱，而誉以进之。墨者尚乎俭啬，而矫以立之。杂者尚乎众美，而总以行之。夫刑以检物，巧伪必生；名以定物，理恕必失；誉以进物，争尚必起；矫以立物，乖违必作；杂以行物，秽乱必兴。斯皆用其子而弃其母。物失所载，未足守也。”在这些自以为是的众人中间，坚守大道的人就很孤独。关于“我独顽似鄙”的“似”字，高亨注曰，“龙兴观碑、帛书甲乙本均作‘以’。按似当读为以，以犹而也”，但我觉得，为了与前面的“以”相区别，不应当把“似”改为“以”；“顽似鄙”，即是不能跟随潮流，顽固得好像愚昧无知的人。

[11]母：高亨注，“母，指道。”王弼注：“食母，生之本也。人者皆弃生民之本，贵末饰之华，故曰我独欲异于人。”我以为，母即是大道，这是对的；但从价值体系的研究出发，综合《道德经》中七个“母”字的意思，可以把“母”理解为与个人价值体系相对的社会价值体系的超循环，它产生于个人

价值体系，是个人价值体系的合力，但又在个人价值体系之上保持着一种独立的存在。不同发展层次的价值体系都会形成超循环，控制个体的发展水平，进而控制一个社会的运行状态。只有当这种超循环维持在一个较高的水平上时，才可保持社会的稳定和谐，同时也使个性得到自由全面的发展。只有这种高水平的价值体系超循环，才是老子所说的“母”。正是由于它的存在，才能产生出一套新的话语体系。关于“食母”，可以把“食”解为“饲”，即“推食食人”中的后一个“食”，于是我们便可把“食母”解释为“培育大道的超循环”。贵者，重视也；贵食母，即是重视、关注大道的超循环，自觉地运用执政权力来培育这个超循环形成过程；这样便可把社会生活引入正轨，长期稳定地运行下去，此即第五十九章所说的“有国之母，可以长久”，这样才能充分体现老子的与众不同。

[译文]

弃绝由丛林法则所主导的话语体系，就会从此没有忧患。对于这一套话语体系，有些人赞成，有些人反对，但由于他们都不能改变这种话语体系主导社会生活过程的现状，这种赞成与反对的差别又有多大呢？有的人推崇，有的人厌恶，同样不能改变它实际地控制着社会生活过程，这种推崇与厌恶又有什么区别呢？别人所害怕的东西，我也不能不害怕。荒诞啊，看不到尽头！众人熙熙攘攘地奔向自己的目标，就好像急于赶赴盛宴，或是像参加春游，唯独我恬然淡泊，无动于衷。混混沌沌啊，如同还不会笑的婴儿。我劳累疲倦，好像无家可归。众人都才能有余、胸有成竹，而我却总觉得没把握，总担心还有更重要的情况被遗漏了。难道我的心真是一颗愚人之心吗？众人都清醒精明，唯独我糊里糊涂。众人都严格苛察，唯独我淳厚质朴。我的生活动荡啊，就像大海里的波涛；漂泊啊，就像大风中的一片树叶。众人都有其目标和原则，唯独我不能跟随潮流，顽固得就像愚昧无知。我与众人不同，就在于重视培育由大道所主导的“超循环”。

[解说]

第一，必须把本章放在大道的运行过程中来理解

比如说第一句：“绝学无忧”，所谓“绝学”，并非是不要任何知识的学习，而是放弃对私有制价值体系的坚持；也就是我们现在所说的在价值体系上来一个转换，抛弃旧的以财富的私人占有为核心价值的价值体系，与之同时也就抛弃了与之相配套的那一套话语体系。这一套话语体系就是人类各种灾难、不幸的根源，抛弃了它，人们自然也就没有忧虑了。

再如“唯之与阿，相去几何？”如果仅就字面来解释，也很难解释得通，赞成与呵斥是截然对立的两种态度，怎么会相去几何呢？我认为，这是相对于老子所倡导的新的价值体系来说的，他的目标不是维持现有价值体系，而是要在社会生活中建立新的价值体系，把社会生活引到更高的水平上去。如果听凭旧的价值体系继续控制着社会生活过程，无论是同意或是反对这种价值体系又有什么区别呢？社会生活依然日复一日地在旧的轨道上运行，向下滑去。“美与恶，相去何若？”在这种情况下，赞美或者是厌恶这种价值体系，效果也差不多。以我们现在对于改革开放政策的态度为例，由于收入分配差距不断拉大、生态环境不断恶化的现状，有人认为不能再改革了，有人则要继续改革，很有一番争论。但由于两种意见都没有深入认识价值体系问题，都不能在价值体系层次上提出问题和找到解决办法，旧的价值体系依然在主导着社会生活过程，并且不断自我强化，推动着各种社会问题的蔓延发展，在这种情况下，坚持或者是反对改革的两种态度又有什么实质区别呢？

第二，闻道者所具有的诸多特征

那位力图摆脱现有价值体系的控制的闻道者与其他人有着巨大的区别，内在的价值体系的不同，必然要表现在各个方面。一位真正的闻道者，在长期坚守大道而达到一定境界的时候，必然在许多方面表现出与其他人迥然不同的特征。我们可以在毛主席身上观察到这些特征。

比如说，其他人所热衷的事情，他却热心不起来。他对自己的物质需要总是看得很淡，吃得很简单，穿的也无所谓，对身外的名誉也看得很淡。革命胜利了，新中国建立起来了，按以往改朝换代的惯例要大封功臣，众人都期待着自己所应得的名位，此即所谓“众人熙熙，如享太牢，如春登台”，级别定低了还要哭鼻子。而毛主席则对此不感兴趣，他告诫人们，建立新中国也还只是万里长征走完了第一步，以后的路更长更难走。大家想给他一个大元帅的封号，按其韬略来说也是当之无愧的；穿上大元帅的衣服，那是多少人做梦都不敢指望的事情，却让他一口拒绝了。

又比如，他的一生肩负着国家民族的命运，一直在风口浪尖上，“儽儽兮若无所归”，很劳累，也很疲倦，总有做不完的事情，好像日暮途穷的游子急于寻找投宿之处，到最后也没找到可以歇脚之地，带着无穷的担忧、未了的心愿而离开世界。

再比如，在国家大事的决策过程中，他总是细致了再细致，反复地调查研究，总怕遗漏了什么东西。这和其他人不一样，他们都是信心十足的样子，拿着本本上的东西指手画脚，好像只要不按他们说的办，地球就不转一样；在江西革命根据地，他们把毛主席排挤到一边，按照他们的那一套来指挥反围剿，结果是把毛主席所辛辛苦苦开创的根据地丢得一干二净，被迫长征，后来还是要靠毛主席出来收拾局面。再后来又有张国焘、王明先后出来和他争权；再后来，甚至连跟着他出生入死几十年的林彪也要和他争权。那些没有闻道的人都觉得自己本事大，“众人皆有余”，“众人皆有以”，他们都坚守着某个原则，蔽于一曲而闇于大理，拿着自己的那个一孔之见，理直气壮地要掌权以改造社会。当然，他们也并不就是坏人，只是由于没闻道且又缺少自知之明，所以便给社会集体造成了巨大损失。过去的陈独秀、王明是这样的人，现在的那些要民主的人们，也同样如此；成事不足，败事有余。毛主席所担心的事情，他们看不到，毛主席想要做的事情，他们认为没有必要。必须等到问题出来了，他们才能看到。而一旦到了这个时候，再想治就晚了。

综上所述，老子自己以切身的体会来介绍闻道者与众人的区别，描述得还是很准确的。其之所以有这种区别，就在于闻道者与众人对社会公共事务有不同的态度。人们在个人事务与社会公共事务的每一个层次上都要反复探索试验以解决所遇到的难题，随着经验的增长，那些无助于解决问题的习惯被淘汰了，有用的习惯则逐步形成起来。在解决许多同属于一定类型的问题之后，他就发展了一些适合于这一类型情境要求的反应模式，形成定势。不管是在个人事务中还是在社会集体事务中，其道理都是一样的。不管是原始人把石头磨成武器，还是现代人要构建和谐社会，都必须经历这个探索试验过程，都有一个从幼稚到成熟的发展过程。幼儿对大人行为的模仿，与学者的引经据典，除复杂性程度有所不同以外，并无本质的区别。因而，从认识到实践的过程，由试误到成功的过程，不管是在个人事务层次上还是在社会政治事务中，都必须经历这样的程序。尽管程序是一样的，但是必须强调，两者之间存在着一个巨大的区别：在个人事务中，人们的错误只关涉个人的利益，而在社会事务中，人们的错误关涉到集体的兴衰存亡，责任极其重大。因而就要以极小的代价、尽快的速度来完成这个试误过程，所以就必须极其谨慎小心，战战兢兢，如履薄冰。能否具有这种责任意识，这就是闻道者与众人的不同。从这个角度出发，我们便可理解老子在本章所作的自我描述。

第三，关于“荒兮，其未央哉”，它感叹的是什么呢？

设身处地地替老子想一想，他带着新的价值体系来到世上，看到的却是由丛林法则的控制而导致的兵荒马乱的局面，身为万物之灵的人类却被非理性的欲望控制着，不得解脱；世界之大，竟找不到自己的容身之地，于是便仰天长叹：“荒诞啊，看不到尽头！”

整个历史也不过是一个人类精神不断觉醒的过程。就如我们要富起来就必须有一个“先富带后富”的过程一样，这个觉醒过程也要有一个先觉醒的带动后觉醒的过程。那些先富起来的人并不一定希望其他人和自己一样富裕，而先觉醒的人却是真心地希望大家都和自己一样觉醒。但这比让人富起来好像更难。于是那些先觉者往往处于极端孤立的地位，这种孤立必然要在他们的心理上产生出一种“孤寂感”。包括那些做出重大发现的自然科学家，他们也有这种感觉，完全没办法和别人交流。他们看到人类的盲目和不幸，完全像一群蚂蚁一样，在宇宙的一隅瞎撞。可他们自己却也是这群蚂蚁中的一只，与其他蚂蚁不同的是，他们具有极其敏感的心灵，不知道是谁把自己丢在这里，也不知道来这里干些什么，更不知道死后将化为什么？就像是一个熟睡中的人被抬到一个无人岛上，醒来时不知自己身在何方，于是便感到荒诞，这种荒诞感、孤寂感陪伴着他们的一生。这正是老子所说的“儽儽兮若无所归”。尽管身处的时代与地域不同，人类的那些伟大先知们的精神是相通的。

为了摆脱这种荒诞感、孤寂感，人们便要努力发现自己的位置，寻找自己的出路。宗教就是最早的答案，所有不能解释的问题，人们都干脆地委之于上帝，让他来照管自己，从上帝那里找到此生的目标与意义。宗教的传播也经历了一个漫长的过程，但它是一朵不结果实的花，它所提供的是一种虚幻的答案，随着人类精神的进步，它也就日益丧失说服力，于是后来就有一位尼采发现“上帝死了”，虚无、荒诞又重新包围了人们，那些敏感的人们如萨特们便又重新发现自己无所适从，随波逐流，成为茫茫大地上的一个流浪者，成了一个无家可归的人。

先知们发现了同一个问题，但他们所提出的救世方案却各不相同。这些方案可以分为两大类，一类是非理性主义的，其传统源远流长，以早期的宗教与后来的存在主义为代表，他给人们提供虚幻的答案，麻醉人民的神经，最终还是找不到答案，如一本介绍存在主义的书的书名就叫做“一个绝望者的期望”，面对着“荒兮，其未央哉”的现实，人们不能不感到绝望，但作为人而又不能不怀有期望，最终也仅仅是一个期望而已。另一类是理性主义的传统，努力找到现实的人类解放的具体道路，这个传统同样源远流长，西方有从柏拉图、亚里士多德到马克思的传统，中国则有从老子、孔子到现代的以毛泽东、邓小平等为代表的当代共产党人，这个传统对那种超自然的神秘主义敬而远之，他们具有高超的社会洞察力，如同富有同情心的医生看视一个发烧的病人，仔细地思索着病症之间的联系以寻求更深的病因，然后开出一个药方。尽管他们开出的方子不同，但这个传统前赴后继，把目标牢牢地指向一个方向，那就是科学合理地组织社会生活，建立起一种把人们有机地组织起来的社会组织，创造人类解放的物质的政治的文化的条件，实现人性的自由全面发展，这就是人类进化所必须达到的目标。

第四，根据“道即价值体系论”，我们可以把“食母”解释为培育由“社会主义核心价值体系”所主导的“超循环”

在老子的理论体系中，与“母”相对的是“子”，第五十二章有“既得其母，以知其子；既知其子，复守其母，没身不殆。”老子用“母”与“子”所表示的是什么呢？我以为这是一个比喻，描述的是“社会价值体系”与“个体价值体系”的关系。社会价值体系产生于各个人类个体的价值体系，在各个个体之上获得了独立的生命——一个由所有人的生命历程共同组成的生命体，反过来决定着个体的价值体系，成为个体价值体系的母体。它是每个人一生下来就要面对的现实，模塑着每一个人的价值体系，反过来，人们对这种价值体系的接受与实践又进一步地巩固强化其统治地位。于是在个人与社会之间便存在着一个互相决定的“超循环”[①]，维护着这种价值体系的统治地位，从而把这种社会制度维持下去。人们一代接一代繁衍生息，延续着这个“超循环”的统治。

对于这里的因果关系，马克思进行了深入细致的分析：“我们本身的产物聚合为一种统治我们、不受我们控制、使我们的愿望不能实现并使我们的打算落空的物质力量，这是迄今为止历史发展的主要因素之一。受分工制约的不同个人的共同活动产生了一种社会力量，即扩大了的生产力。由于共同活动本身不是自愿地而是自然地形成的，所以这种社会力量在这些个人看来就不是他们自身的联合力量，而是某种异己的、在他们之外的强制力量。关于这种力量的起源和发展趋向，他们一点也不了解；因而他们不再能驾驭这种力量，相反地，这种力量现在却经历着一系列独特的、不仅不依赖于人们的意志和行为反而支配着人们的意志和行为的发展阶段。”[②]这样一来，人类社会活动的产物就反过来控制着人类。人们信心十足地追求着自己的自由和幸福，却不知道自己被盲目的社会力量控制着。小鸡只是一个鸡蛋制造另一个鸡蛋的工具；有机体只是DNA制造更多的DNA的工具；同样道理，在社会运行过程中，人只是社会价值体系自我复制和传播的工具。

我们现在对这个超越于个人价值体系之上的东西有一个名称，社会价值体系，而在老子的体系中，这个东西被称为“母”。当然，进一步来分析，社会价值体系也有两种价值取向，一种是“人之道”，它损不足以奉有余，一种是“天之道”，它损有余以奉不足。这两种价值取向都有可能控制社会价值体系与个人价值体系的超循环。当“人之道”的超循环控制着社会生活的时候，个体的价值体系便被引入歧途，不能合理行动，社会生活过程就出现颠倒混乱，难以为继。当“天之道”的超循环控制着社会生活过程的时候，个体的价值体系才能走上正轨，社会生活才能走向和谐。因而高明的政治家就要自

[①]拉兹洛：进化——广义综合理论[M]．北京：社会科学文献出版社，1988：第41页：“超循环是维持两个或两个以上动态系统的循环圈，这些系统通过共济功能分享一个环境，颇像生物学科当中的共生现象，但比共生现象的整合程度要高。举例来说，在生命现象的基础层次上，核酸分子不但携带着复制一种酶的必要信息，而且也携带着复制它们自身的必要信息。这种酶又催化产生另外一种核酸分子，而后者接着又复制自己，还外加另外一种酶。这个循环可以包括许多个基本环节，最后闭合在它自己身上，形成一个交叉催化的超循环。”

[②]马克思恩格斯选集：第1卷[M]．北京：人民出版社，1995：85.

觉地培育“天之道”，使之形成超循环，从而引导每一个体的健康全面的成长过程。只有这个“天之道”的超循环才是人类所希望的“母”，而那个“人之道”的超循环则不是。

认识到了“天之道”的超循环对于人的重要作用，对于执政者来说，就要自觉地运用执政权力来培育“天之道”，使之形成超循环的工作。这就是老子所说的“食母”，“食”在这里不是通常所说的食物或吃东西的意思，而是饲养，是“推食食之”中的第二个“食”的意思，“食母”即是“培育以天之道为序参量的超循环”，也就是现在我们所说的建设社会主义核心价值体系。贵者，重视也；贵食母，即是重视大道的超循环，自觉地运用执政权力来培育这个超循环；这样我们便可更好地解释“有国之母，可以长久；是谓深根固柢，长生久视之道”，当这个超循环稳定地运行起来了，社会就会自然而然地趋向于稳定。做好了这件事情，便可以听任这个“天之道”的超循环过程主导社会生活过程，这就是“无为而治”了。

保护自己的基因，把它传给下一代，从而使种族延续下去，这其实是动植物所共有的本能；对于人类来说，由于有了意识，那就要有意识地做好这件事，不仅要保护种族的基因，而且要保护精神上的基因。人类现在的进化更主要的是体现在精神上的进化上，这是社会集体共同完成的过程，它不仅是同时代人们共同努力的结果，也是先前无数世代人们共同努力的结果。认识到这一点，所有的人都应当闻道勤行，自觉地促进这个以“天之道”为序参量的超循环的形成。

我们还必须看到，即使人们没有意识到这项任务，也仍然进行着价值体系的建设，不管他所坚持的是先进的价值体系，还是落后的价值体系，都在社会价值体系的延续中发挥着作用。人们都想用自己的价值体系来改造社会，包括那些主张“自私很伟大”、“为了大家牺牲自己是愚蠢行为”的人，也想用这种价值体系来改造社会。还有那个在地震中扔下学生不管只顾自己逃生的人，也热衷于宣传和坚持自己的理论。这些人的谬误就在于背离了大道，背离了个体对种族延续所必须承担的那项责任。

第二十一章

[原文]

孔德之容，惟道是从[1]。道之为物，惟恍惟惚[2]。惚兮恍兮，其中有象；恍兮惚兮，其中有物。窈兮冥兮[3]，其中有精[4]；其精甚真，其中有信[5]。自古及今，其名不去[6]，以阅众甫[7]。吾何以知众甫之状[8]哉？以此[9]。

[注释]

[1]孔德之容，惟道是从：魏源先生《老子本义》说："孔，大也。从，自也。言盛德之容，皆自道中出也。"

[2]恍、惚：模模糊糊，不易捉摸，隐隐约约，不可辨认。

[3]窈（音yáo）：幽远；冥：幽暗貌。

[4]精：精华或者精髓的意思，很类似于现在所说的遗传密码。

[5]信：高亨注，"道的运行有规律，应时而验，就是信"。

[6]自古及今，其名不去：高亨根据傅奕本、帛书甲乙本将"自古及今"改为"自今及古"，认为"道的名，是用今天的名，称古时的道，是自今及古，不是自古及今。而且古、去、甫押韵。"同意这个说法。在注释第一章时，我们已经把"名"解释为人类认识价值体系并为之命名的活动，而这个认识过程的深度与人们对大道的实践过程密不可分，反过来说，人类对大道的践行又取决于其对大道的认识深度。所以，"自今及古，其名不去"就可以这样来理解：从现在上溯到古代，人类对大道的实践水平从来都是和对它的认识水平密不可分的。

[7]阅：经历，如"阅世"。甫：王弼注，"物之始也，以无名说万物始也"。魏源先生注，"甫者，称谓之直词。众甫，犹言众有。广雅云，甫，众也。"综合起来，我将"众甫"臆解为"人与社会的进化演变过程中的不同阶段"。

[8]状：高亨本根据傅奕本、帛书甲乙本将其改为"然"。

[9]此：所指的应当是“自今及古，其名不去”。

[译文]

大德之人的言行举止，只遵循道的要求。道作为一种客观存在，恍恍惚惚，若有若无。在这恍惚之中，可以看到其形象；在这恍惚之中，也可感知其存在。在其渺茫幽暗的深处，有一个精髓存在着。这个精髓非常真切，应时而验，堪称信实。从现在上溯到古代，人类对大道的实践水平从来都是和对它的认识水平密不可分的。由于对大道的认识的日益深入，所以人类社会便经历了一系列的演变阶段。我是怎么认识这些演变阶段的呢？就是因为人们对大道的认识有一个发展过程。

[解说]

本章的前面都很好解释，而且也完全符合我们现在对价值体系的认识。特别是“其中有精”，很贴切地描述了价值体系作为社会运行过程中的遗传密码的特征。只是“自古及今，其名不去，以阅众甫”不好讲通，“阅”与“甫”都仅仅出现在本章，无从佐证，猜来猜去，我从字典中所列出的关于“阅”的各种含义中选用“经历”的意思，将“众甫”定义为一系列的演变环节。这样，便可将这一句解释为“从现在上溯到古代，人类对大道的实践水平从来都是和对它的认识水平密不可分的。由于对大道的认识的日益深入，所以人类社会便经历了一系列的演变阶段”，所强调的是价值体系的发展进化过程对历史进程的重要作用。

现将魏源先生的注释录下以备参考：“孔，大也。从，自也。言盛德之容，皆自道中出也。恍惚，似有似无；窈冥则全不可见。此皆言道之无也。有物有象者德之容，犹其粗者。德则有物有象之本，尤其精也。庄子云，以德为本，以本为精，是言德出乎道也。信，验也。甫者，称谓之直词，众甫犹言众有。广雅云，甫，众也。”

第二十二章

[原文]

曲则全[1]，枉[2]则直，洼则盈，敝则新，少则得，多则惑。是以圣人抱一为天下式[3]。不自见，故明[4]；不自是，故彰[5]；不自伐，故有功[6]；不自矜，故长[7]。夫唯不争，故天下莫能与之争。古之所谓“曲则全”者，岂虚言哉。诚全而归之[8]。

[注释]

[1]曲：除“弯曲”的含义以外，还有“局部”的含义，如《荀子·解蔽》：“凡人之患，蔽于一曲而闇于大理。”由于在这里是作为与“全”相对应的反义词，故应解释为“局部”。

[2]枉：弯曲。

[3]是以圣人抱一为天下式：这里所说的“一”，与第四十二章的“道生一”、第三十九章的“得一者”中的“一”是同一个含义，所指的是被完整地理解的大道；式，模范；抱一为天下式，即是坚守大道，安于前面所说的“曲”、“枉”、“洼”、“敝”、“少”的状态，就可以为天下做出表率。

[4]不自见，故明：高亨注：“此句是说不自我表现，故能高明。”我认为应当是说：闻道者不自我表现，反而可以表现出来。“明”是显露出来、被人发现的意思。

[5]是：肯定。彰：表彰。

[6]伐：自我夸耀，“不自伐，故有功”即是《尚书·大禹谟》中所说的“汝惟不伐，天下莫与汝争功”。

[7]矜：自以为贤能；长，被推举为首长；“不自矜，故长”即是《尚书·大禹谟》中所说的“汝惟不矜，天下莫与汝争能”。如把“长”解释为“成长”，也可以讲通。

[8]诚全而归之：确实能够把圆满的结果归之于他。

[译文]

安于局部的，反而得以保全；安于弯曲的，反而得以伸直；安于低洼的，反而逐渐充盈；安于破旧的，反而会推陈出新；安于少取的，反而会得到很多；急于贪多的，反而会迷惑。所以“圣人”坚守大道，安于前面所说的“曲”、“枉”、“洼”、“敝”、“少”的状态，就可以为天下做出表率。闻道者不自我表现，反而显露出来；不自以为是，反而受到社会表彰；不自我夸耀，反而被推为有功；不自高自大，反而被推举为首长。正因为他不与人争名争利，所以遍天下没有谁能与他竞争。古人所说的“安于局部的反而得以保全”的话，难道是空话吗？圆满的结果确实会归属于他。

[解说]

为什么安于局部的，反而得以保全？这是因为社会生活中存在着那么一个法则。第七十七章说：“天之道，其犹张弓欤？高者抑之，下者举之，有余者损之，不足者补之。天之道，损有余而补不足。”认识到这个天之道的圣人，就要遵循这个法则，把自己的需要限制在正常的范围内，不在非理性欲望的推动下去争去抢。

闻道的圣人之所以能够安于“曲、枉、洼、敝、少”，那是因为他们摆脱了社会环境所强加在人们身上的价值体系的束缚，不再把物质财富的占有作为核心价值，而是开辟了生命成长的一个新的方向，新的维度，以生命的自我实现作为核心价值。“曲、枉、洼、敝、少”是这种价值体系的不同表现形式，其本质就在于他具有了新的价值体系。所谓“抱一”就是坚守这种价值体系，由于这么做的人很少，所以便自然而然地突出了出来，成为天下人的表率。

坚守这种价值体系的人与其他人不一样。别人干工作是为了得到好待遇，以待遇为中心；而他干工作就是为了把工作做好，以工作为中心。以待遇为中心的人，干了一点事就觉得了不起，有了向社会伸手要名要利的资本；以工作为中心的人，则追求着把工作做到更好，完美无缺，总觉得自己的工作还有不足，还要进一步努力。由于后者不愿意自我表现，把心思都放在工作上，日积月累下来，其成绩就很突出；这便是“不自见，故明”。由于他并不觉得自己的成就很大，总觉得还有很多不足，还有很大发展空间，如此不懈追求的结果，其工作成绩就自然而然地彰显了出来；这便是“不自是，故彰”。由于他不爱自吹，所以大家对他的成就不嫉妒，不反感，乐于承认他的功劳；这便是“不自伐，故有功”。由于他不自以为贤能，其贤能反而被大家认可；“处上而民不重，处前而民不害。是以天下乐推而不厌”（第六十六章），所以便“不自矜，故长”。总而言之一句话，“谦受益，满招损”，这对未闻道的人是需要刻意修养才能达到的境界，而对于闻道的人来说，是他的本性之所在，闻道以后，便可自然而然地做到。恰如魏源先生所说：“抱一则无我，无我则不争。夫唯不争，故天下乐推而曲全之耳。曲则全，盖古有是语，而老子述之，故又申之曰此岂虚语哉。夫固诚然之理之效也，盖正言若反，天下莫不知而莫能行，孰是执信不惑者乎？其丁宁之意至矣。”

为什么安于“曲、枉、洼、敝、少”的人们反而得到了“全、直、盈、新、得”呢？我看这是因为，他们所坚持的是社会集体的利益，与其他人追求个体眼前利益的行为不同，这种行为代表了集体的利益。就算是那反对着这些人的人们，最终也会发现，追求着个人直接物质利益的行为并不能带来社会的稳定和谐，也带不来个人的真正利益。所以，闻道者的行为最终会感动人民大众，人民大众最终会认识到，只有跟着闻道者，才能实现自己的利益，于是便自觉地在闻道者周围凝聚起来。此即所谓“全而归之”。

但我们还需要强调的是，对老子的上述教导的实践是一个社会集体过程，而不是单独的个体所能完成的过程，因而就算是某个人特别优秀，要想独自实现这个过程，也是很困难的。老子尽管看到了这个过程，却实现不了这个过程；在两千五百年之后，在由共产党人领导的社会主义革命和建设实践中，在新的物质基础上，人类才具备了实践老子上述教导的环境条件。我们便可积极投身到这个历史飞跃过程中去，自觉地践行老子的教导，成为新社会的合格成员。

第二十三章

[原文]

希言自然[1]。故飘风[2]不终朝，骤雨[3]不终日。孰为此者？天地。天地尚不能久，而况于人乎？故从事于道者，道者同于道[4]；德者同于德；失者同于失[5]。同于道者，道亦乐得之[6]；同于德者，德亦乐得之；同于失者，失亦乐得之[7]。信不足焉，有不信焉[8]。

[注释]

[1]希言自然：高亨将这一句放在上一章末尾，并注曰“希，当作常，形似而误”。但在实际上，老子书中还有五个“希”，如“听之不闻名曰希”、“大音希声”、“天下希及之”、“知我者希”、“希有不伤其手矣”，其含义都是“少”，这个“希”也应当是同样的意思。王弼注：“听之不闻名曰希。下章言道之出言淡兮其无味也，视之不足见，听之不足闻，然则无味不足听之言，乃是自然之至言也。”结合上下文，“希言自然”所讲的应当是闻道的执政者的执政艺术，他要领导民众共赴大道，不能仅仅靠发布命令来教育和督导民众，而是很少发布行政命令，主要是采用身体力行、率先垂范的“不言之教”，潜移默化地引导民众，这是合乎自然的管理之道。

[2]飘风：狂风。

[3]骤雨：帛书甲乙本均为“暴雨”，当据改。

[4]从事于道者，道者同于道：本句在帛书甲乙本中均为“故从事而道者同于道”，在王弼本、河上公本中为“故从事于道者，道者同于道”，魏源本、高亨本均为“故从事于道者同于道”。经比较，王弼本、河上公本比其他诸本多了一个“道者”，故可以排除。帛书甲乙本与魏源本、高亨本的区别在于前者的“从事而道者”变成了“从事于道者”，两者之间，我认为还是应当采用帛书甲乙本的句子。把上下文联系起来看，这里所讲的是言传与身教的关系；前面的“希言自然”讲的是少发命令，但并非是完全不发命令，“从事”接上

文，指的是还要发一些命令，与此同时还必须“道”，与“道可道”的第二个“道”的含义一样，指的是实践，即是要用自己的身教来倡导，本句的意思是：宣传倡导大道而又自己率先实践的领导者，其所领导的民众也合于道。在“同于道”之前省略了“其所领导的民众”。

[5]德者同于德；失者同于失：本句在帛书乙本、王弼本、河上公本、魏源本、高亨本中一样。承接上一句的“故从事而道者同于道”，其完整的句子应当是：（从事而）德者同于德；（从事而）失者同于失。与上一句“从事而道者（其所领导的民众）同于道”的逻辑相同，其意思是：宣传倡导并身体力行着德行的领导者，其所领导的民众也符合德的要求；宣传倡导并身体力行着失道失德的领导者，其所领导的民众也失道失德。“失者”，即失道失德的人，他们也会在台上宣讲一些大道理，但在实践上却失道失德，这样来引导民众，便进一步扭曲人性，使社会陷入颠倒混乱之中，此即“失者同于失”。

[6]同于道者，道亦乐得之：在帛书甲本中没有本句，故应删除。

[7]同于德者，德亦乐得之；同于失者，失亦乐得之：本句在帛书甲本中有残缺，在乙本中为“同于口[①]者，道亦德之；同于失者，道亦失之”，应当采纳。此句中的两个“道”的含义指的是社会规律或者命运之神，本句的意思是：当领导者和民众都坚持着道德时，命运之神也会照顾他们；当领导者和民众都摒弃了道德时，命运之神也会抛弃他们。

[8]信不足焉，有不信焉：帛书甲乙本在此处均没有这一句，且这一句已见于第十七章，故应从这里删去。

[译文]

少发命令、率先垂范是合乎自然的执政艺术。狂风刮不了一个早晨，暴雨下不了一整天。谁能刮狂风下暴雨呢？是天地。天地的狂风暴雨尚且不能长久，更何况是人呢？所以，靠发命令来推行大道是难以持久的，执政者应当用自己的实际行动来引导民众。宣传倡导并率先实践大道的领导者，其领导的民众也合于道。宣传倡导并身体力行着德行的领导者，其领导的民众也符合德的要求；口头上宣传倡导着道德、在实践上却失道失德的领导人，他

[①]口字残缺，但可以断定是“德”字。

领导的民众也就会失道失德。当领导者和民众都坚持着道德时，命运之神也会照顾他们；当领导者和民众都摒弃了道德时，命运之神也会抛弃他们。

[解说]

关于本章的诸家解释，甚为纷乱。本人的解释与以前诸说有区别，其目标是尽量与现实生活经验相吻合。另有两点说明。

一、领导者的责任就是正确引导民意，引导历史潮流

我们可以很容易地观察到社会生活中的两个最简单的事实，一是人民喜欢自己思考问题，不愿让别人来替自己思考。这是人的本性，不管是领导者还是民众，作为人，他们有着共同的天性。二是作为进化过程中的人，他们又都是未完成的，都有着片面性，都有不足之处，假如双方能够达到完美状态，人类社会政治过程和政治学理论便可大大地简化。由于上述产生于人类价值体系进化过程的现实问题，人类社会的政治学理论和实践，便变得很复杂。人们都要坚持用自己的价值体系来改造社会，而他们的价值体系又都是不完善的，于是不同价值体系的人们之间便出现了价值冲突，与私有制社会制度所造成的利益冲突交织在一起，矛盾便纠结在一起，越来越扯不清。在历史进步过程中，并不是老的矛盾被解决了，而是把老矛盾扔在一边，发明一些新矛盾来取代老矛盾，正像有一副很有名的对联中所说的那样："天下事，了犹未了，何妨以不了了之"，于是历史就这样听天由命地向前滑行着。

我们要构建和谐社会，就必须结束这种听天由命的状态。我们要在社会政治领域掌握主动权，就必须从自我改造入手，这是大前提。《国际歌》中唱道，"从来就没有什么救世主，也不靠神仙皇帝，要创造人类的幸福，全靠我们自己"，但我们也要看到，自己并非完全可靠，为什么我们在反腐败工作付出巨大努力而腐败现象却仍然猖獗，为什么我们高度关注民生而民生问题却越来越多，问题的根源还是存在于我们自己身上。作为执政党，共产党人必须认识到自身的不足，认识到所有的人都要改造，进而真正地把社会主义核心价值体系修之于身，率先达到完美状态，这样才能够取得执政掌权、进一步引导社会价值体系的资格和能力。

总结历史教训，共产党人必须明确的是，对民意要主动地科学地进行引导，这是领导者的历史责任。民意掌握着最后的决定权，但它并不就是天然合理的。在苏联东欧剧变的过程中，那围着叶利钦的坦克欢呼的人们也是人民，他们所表现的也是民意，也需要得到尊重。就算有些人不想尊重这种民意，那也奈何它不得，民意是最终的决定因素。

要想避免形成这样的民意，我们就要思考一下，这种民意是如何形成的呢？追溯这种民意的形成过程，那也还是因为党的领导人没有抓好教育。即使是没有注意教育引导工作的领导人，仍然在实际上用行动倡导着他所钟爱的价值体系。那种失道失德的倾向在社会生活中也是一个客观存在，领导者如果倡导的是这种倾向，"道者"与"德者"便受到压制，趋向于萎缩，"失道失德者"便蓬蓬勃勃地成长起来。所以当赫鲁晓夫执掌了领导权以后，毛主席就预见了苏联崩溃的结局。在这种民意形成潮流的情况下，可以随便选任何一个"失道失德者"来当领导者，后来的戈尔巴乔夫不过是赶上了这个潮流的最后阶段，结果就被钉在了历史的耻辱柱上。人民群众永远是希望自己幸福的，但由于他们经常地弄不清怎样才能得到幸福，所以就经常地作出错误选择，而这种错误选择的结果最终还是要由他们自己来承担，因而他们最终还是会明白过来，包括那些极力推动苏联崩溃的精英们，看到由此带来的巨大恶果后，也是极度后悔的。

二、对民意不仅要注意引导，还必须注意引导教育的艺术

未闻道的人们所坚持的狭隘价值体系必然导致错误的实践，这种实践反过来又会进一步强化狭隘价值体系，从而在个体身上形成一个自我强化的循环；无数个体的这种循环过程汇合在一起，形成一种"社会气候"，反过来又限定了个体的价值体系，并进一步强化这个"社会气候"的支配地位，从而形成一个更为稳定的"超循环"过程，把人类引入歧途而无法解脱。

由于价值体系的超循环是大家共享的东西，不是单个人独自完成的东西。所以闻道者要想获得解放，就必须提升自己，推动价值体系超循环的进步，从"人之道"的超循环上升到"天之道"的超循环，这是一种新的管理艺术：通过倡导一种新的价值体系来使社会运行过程走上和谐轨道。从本章与上下两章的内容来看，这种管理艺术由以下几个方面组成：

（1）抱一为天下式；即是用自己对大道的身体力行来为民众确立行为法

则，简要地说就是要以身作则。

（2）不自见、不自是、不自伐、不自矜；即是不要自我显示、自我表白，不骄傲，不吹牛，概括起来就是要谦虚谨慎。

（3）夫唯不争，故天下莫能与之争；也即不急于与他人争是非，争执的结果反而是把民众往对立面上赶。

（4）还有下一章的“企者不立，跨者不行”；也就是“不要急于求成”，只要方向对头，逐步往前推进，日积月累，进步就日益显示出来。

此外，还要为人民群众的精神进步创造有利的经济、政治、文化条件，切实解决诸多民生问题。有了这些条件，再加上启发式的循循善诱的方式，就可以唤醒那潜藏于人们内心深处的追求人性完美的动力，人民群众就可以行动起来，自己教育自己，自己解放自己。这样的一种管理艺术就是“希言”，也就是“无为”，它是合于自然的管理艺术。

只有价值体系的进步，才能使人们从动物式的生存状态中解放出来，把人们从贪腐、愚蠢的纠缠中拯救出来；只有价值体系的进步，才能使我们对个人利益有正确的认识，才能明智合理地行动，实现自己的利益。只有价值体系的进步，才能采取正确合理的集体行动。反过来说，要采取合理的集体行动，就要集体地闻道，而闻道总是从个体开始，逐步扩散到集体中去。要保证这个扩散过程正常地开展，就应当让闻道者掌权。正因为中国共产党人艰苦奋斗几十年如一日，所以才能得到人民的拥戴。如毛主席所说的那样，“我们也会感动上帝的，这个上帝不是别人，正是全中国的人民大众”。

第二十四章

[原文]

企[1]者不立；跨者不行；自见者不明；自是者不彰；自伐者无功；自矜者不长。其在道也，曰余食赘行[2]。物或恶之，故有道者不处。

[注释]

[1]企：踮起脚跟。王弼注，“物尚进则失安，故曰企者不立。”

[2]余食赘行：多余的食物和多余的衣服，也即是正常需要之外的食物和衣服。饭只要吃饱就行，穿衣服是为了保暖，穿得太多也没有必要。老子以吃饭穿衣来做比喻，为政者把事情办好就行了，不要自见自是自伐自矜，这些都是多余的。高亨注：“‘行’当作‘衣’。”

[译文]

踮起脚跟不能长时间站立，迈起大步不能长久前行。自我表现的人，反而显露不出来；自以为是的人，反而得不到社会肯定；自我夸耀的人，反而没有功劳；自高自大的人，不能继续进步。按照道的标准来看，这些行为像剩余的饭、多余的衣服，是招致别人厌恶的东西，所以有道的人决不这样做。

[解说]

本章是对第二十二章的观点从反面进行解释。帛书甲乙本均把本章放在第二十二章之前，应当是正确的排序。

闻道者积极参与社会运行过程，为之做出任何贡献都是应该的、正常的，但如果附加一些自我表现、自我夸耀，那就是画蛇添足。但人们总要添加一些多余的东西，显示出自己是个重要人物，借以获得个人的名利。有人这么做也确实达到了目的，于是便误导世风，后来便每况愈下，看谁更能吹，而且还美其名曰“自我营销”。这其实正是没有闻道的表现。

第二十五章

[原文]

有物混成，先天地生[1]。寂兮寥兮[2]，独立不改[3]，周行而不殆[4]，可以为天下母。吾不知其名，字之曰道[5]，强为之名曰大[6]。大曰逝，逝曰远，远曰反[7]。故道大，天大，地大，王亦大[8]。域中有四大，而王居其一焉[9]。人法地，地法天，天法道，道法自然[10]。

[注释]

[1]有物混成，先天地生："物"即大道，王弼注，"混然不可得而知，而万物由之以成，故曰混成也。不知其谁之子，故先天地生"。

[2]寂兮寥兮：王弼注"寂寥，无形体也"。

[3]独立不改：王弼注，"无物之匹，故曰独立也；返化终始，不失其常，故曰不改也"。

[4]周行而不殆：帛书甲乙本和郭店楚简中，均没有这一句，故应删去。

[5]字之曰道：给它起个名字叫做道。

[6]强为之名曰大：我勉强地描述它，可以称之为大。

[7]大曰逝，逝曰远，远曰反：钱钟书对本句的解释可资参考，他认为，这句话可作"反者道之动"一语的注解，揭示了否定之否定的辩证逻辑："试以通行术语诠之。'大'为正；'逝'者，离去也，违大而自异，即'反'；'远'乃去之甚、反之极；而'反(返)'者，远而复，即反之反(de-nega-tion)，'至顺'即'合'于正。故'反(返)'，于反为违反，于正为回返；黑格尔之所谓'否定之否定'，理无二致也。'反者道之动'之'反'字兼'反'意与'返'亦即反之反意，一语中包赅反正之动为反与夫反反之动而合于正为返。"①

[8]道大，天大，地大，王亦大：楚简本的顺序是"天大，地大，道大，

---

①许苏民．汉语不如德语富于思辨性吗[N]．光明日报．2009—2—23．

王亦大"，这个顺序体现了由远及近的顺序，对大道的坚持来说，"王"是最重要的，他是执政掌权的人，负责从天地自然现象中发现道，再把大道灌输到社会生活过程中去，没有他的坚持，大道就不能在社会生活中扎下根来，所以"王"是很重要的。

[9]而王居其一焉：高亨本将其改为"而人居其一焉"，根据上面的理由，不应采纳。

[10]人法地，地法天，天法道，道法自然：此句在楚简本与王弼本中完全一致。王弼注曰，"法，谓法则也。人不违地，乃得全安，法地也。地不违天，乃得全载，法天也。天不违道，乃得全覆，法道也。道不违自然，乃得其性，法自然也。法自然者，在方而法方，在圆而法圆，于自然无所违也。自然者，无称之言，穷极之辞也"。所谓"自然"，并非通常所说的"自然界"，而是指人性的"自然"，也即是人类天性的正常实现，人类潜力的健康发展；凡死于疾病、战乱、饥荒者，均不得其"自然"；在扭曲的社会价值体系控制下，人也无法得其"自然"。为使人得其"自然"，就要建设社会主义核心价值体系以及与之相配套的政治经济制度，此即"大制不割"、"道法自然"。

[译文]

有一个浑然一体的东西，先于天地而生，它寂寞无声，空虚无形，独立存在，永不改变，可以把它看做天地万物的根源。我不知道它的名字，将其称为道，如果勉强地描述它，就可看到它大得无所不在，周流不息地运行着，距离其初始状态越来越远，这种趋势演变到极端之后又返回到起点。所以说天大、地大、道大、王也大。宇宙间有四大，而王居于其中之一。人要效法地，地要效法天，天要效法道，道要效法自然。

[解说]

老子很形象地描述着大道，把天地万物都囊括于其中。但对于现代人来说，我们可以把研究范围限定在人的价值体系问题上，这样或许更为实用。

我们每个人都有自己的价值体系，一个由生存、发展到自我实现等各种需要构成的一个体系，如果人们在已经生活得足够长的时间后再回过头来看一看自己走过的人生之路，便会发现这条路并非是笔直的，而是一个曲折探索的过程。人的生理需要必须得到满足，但如果过分沉溺其中，却又会使我们的生命误入歧途；社会环境对我们的要求也必须遵守，但一味服从却也会压抑个性，使之得不到充分自由的发展。这两种倾向构成了我们生命过程中的基本矛盾，在其中的任何一个方向上过分发展，都会给我们带来不幸，于是人们便要总结教训，向相反的一极回归；在新的方向上如果走得太过，则又会出现新的不幸，迫使我们向前一个方向回归。于是人们的生命过程就像钟摆一样在这两个极端之间来回摆动。

回首我们所走过的曲折的人生历程，便会发现，从起点开始，到我们所期望达到的那个完美的终点之间还有一条“常道”，这是一条理想的人生道路。但人们通常是在还没看见路在何处的情况下就冒冒失失地上路了，于是便东倒一下，西歪一下，吃了很多苦头。如何在这两种力量之间保持平衡，不偏不倚、恰到好处地引导我们的生命健康全面地发展，就是一门很重要的艺术。对这门艺术，有的人生而知之，但那样的人很少，连孔夫子也只认为自己是学而知之；还有的人是困而学之，更多的人是困而不学，由于这样的人数量太大，左右了历史过程，所以就使社会运行过程难以稳定运行；在前朝覆灭的废墟上重建起来的新政权，也同样因为同样的原因而一次又一次地重蹈前人败亡的覆辙，于是人们便有理由断言，人们从历史中得到的最大教训便是人们从历史中得不到什么教训。

所以说，社会管理者有一项非常重要的任务，就是为人们的发展创造一个好环境，引导人们健康全面发展，减少人们试误的时间，尽快找到“常道”，让困而不学者也能循道而行，为此就必须让“常道”在社会生活中占据支配地位。现在人们经常提到“终极关怀”这个词，什么是“终极关怀”呢？那就是引导人们健康全面发展，对于人的生命过程来说，还有没有比这个更重要的目标呢？没有了，所以它就是终极目标，对这个终极目标的关怀就是“终极关怀”。“解衣衣人、推食食人”是对人的关怀，治病救人、扶危济困也是对人的关怀，但这都不能算是终极关怀。只有在解决了人们生活最紧迫的问题后，终极目标才能进入我们的视野。对第一代中央领导集体来说，建立社会主义制度和捍卫国家的主权是最紧迫的问题；对第二代中央领导集体来说，“发展是硬道理”。只有在经济发展到一定水平，并且在这种发展所带来的问题也积累到一定程度的时候，新的目标才能呈现出来，才能逐步提出“三个代表”重要思想，提出以人为本、科学发展和构建和谐社会，直到提出建设社会主义核心价值体系的目标。这也就是说，建立社会主义制度和发展经济都是对人的关怀，但还不是终极关怀，安全与富裕是人民的基本需要，这些需要得到满足后，新的矛盾便开始暴露出来，高层级的需要才能进入人们的意识，建设社会主义核心价值体系的目标才能被提上社会政治的日程表。

由此可见，建设社会主义核心价值体系的提出是一个重大的里程碑式的历史事件。以前的人们对其进行了漫长的探索，虽然也知道它的存在，却“视之不见”、“听之不闻”、“搏之不得”。老子率先发现了它，“不知其名，字之曰道”；孔夫子毕生追求大道，对大道也没有做出明确的描述，他说“吾道一以贯之”，他的学生帮他概括为“夫子之道，忠恕而已矣。”后来还有大量的人们对大道孜孜以求，韩愈认为“博爱之谓仁，行而宜之之谓义，由是而之焉之谓道”；朱熹把它理解为“天理”，王阳明龙场悟道，把它理解为“良知”，虽然很接近于我们现在关于价值体系的认识，仍然没有抓住本质。在这种认识水平上，大道就无法普及开来。

在提出建设社会主义核心价值体系的新目标之后，我们就需要进一步考虑如何运用执政权力为人们闻道勤行创造环境了。在外部环境与内在本能的矛盾冲突及平衡过程中，如果环境所提供的是错误的扭曲的信息，那么无论人们如何执着于大道，都难以得到健康正常的人生。比如在资本主义制度下，人们便不可避免地要成为一个“单向度的人”；再如在现在的高考制度的重压之下，孩子们也难以快乐成长。这种种价值体系产生于人们的社会生活过程，并在这个过程中获得了独立的生命，以强制的力量迫使每一个人服从于它，这便是马克思所说的“异化”。如果没有社会整体价值体系的提升，个体价值体系的提升就很艰难。虽然某些优秀个体的价值体系的提升对集体价值体系的提升具有程度不同的示范效应，但如果没有国家权力的支持保护，很难传播和复制，更难以抗拒社会价值体系的强大压力。只有价值体系的集体升级才能保证个性的健康全面发展，这只有在社会主义制度之下才有可能。

因而，真正的终极关怀是由社会主义来提供的。在私有制社会中，在存在着异化的社会环境中，人们找不到生命的意义。无论是宗教还是存在主义，所能提供的终极关怀都是似是而非的。真正的终极关怀则是消灭异化，所以我们现在仍然要回头去解答马克思当年所提出的那个问题，消灭异化现象。

如果人们在精神上达不到这个高度，超越不了异化现象，他们所提供的关怀也超越不了异化现象，也就不是什么终极的关怀。很多宗教和救世理论以闻道而自我期许，它们分别处在闻道的不同发展水平上，但由于没能最终达到改造私有制和消灭异化的高度，所以便不是彻底的闻道，不能提供真正的终极关怀。真正的终极关怀只能由马克思主义来提供，只能由社会主义来提供，社会主义不过是历史发展必然性的自然展开过程罢了，而人类历史的展开则又不过是大自然进化过程的一个必然环节罢了。

认识了社会价值体系的这个进化过程，我们个体生命的意义也就不证自明了，那就是遵循进化的法则，推进大自然和人类社会的进化目标的实现。这是任何一个有理性的人都不能规避的要求，而不是人们在谈论道德时通常所说的"应该"，它建立在人类本性的最深处的需要之上。只有投身到大自然的进化过程中去，人们才能找到那仅有一次的生命的终极意义。在这个终极问题上，人们所面临的不是自由与否的问题，而是能否认识与践行的问题，老子所说的"人法地，地法天，天法道，道法自然"，这不是人们愿意不愿意"法"的问题，而是有没有能力去"法"的问题。一旦人们认识到这个至高无上的价值，便没有别的选择，只有投身于其中。从表面上看来，他没有"自由"；与之相对的，那些没有认识到这个至高无上价值的人，反倒显得很"自由"。但由于这种所谓的"自由"建立在资本主义价值体系的基础之上，总是与他人的自由与社会整体利益相冲突，所以就总是异化为灾难、不幸，因而就不是什么自由。真正的自由就是遵道而行，也就是摆脱以资本主义价值体系为背景的虚幻"自由"，此即老子所说的"正言若反"。包括"民主"、"人权"，也必须在闻道者自觉构建和谐社会的奋斗中，才能逐步实现。

然而，遗憾的是，人们都只能在生活实践中，在不断的试误中，逐步找到大道。对于社会发展过程来说，也要通过试误而找到正确道路。中国革命的实践表明，正确的革命道路也是在不断地犯错误的过程中摸索出来的。必须经过陈独秀、王明路线的试误过程，付出巨大的代价，共产党人才能认识到毛泽东思想的正确。在社会主义阶段也是这样，毛主席的实践也是后来找到中国特色社会主义道路的必要的铺垫，邓小平的实践也同样是必要的铺垫。我们必须付出巨大的代价，才能提出建设社会主义核心价值体系等目标。伟人可以领导社会快速地走过这些发展环节，却不能领导社会跳过这些发展环节，这是一个无法省略的过程。

从历史的长时段来看，人类必须经历私有制社会，其根本原因在于，它是人性成长所必须经历的过程。对于私有制社会中的种种毛病，老子很早就看出来了，但为了使人性充分发展起来，就无法绕开这个历史阶段，“一个社会即使探索到了本身运动的自然规律，它还是既不能跳过也不能用法令取消自然的发展阶段。但是它能缩短和减轻分娩的痛苦”[①]。私有制就是这样一个不能用法令取消的自然发展阶段，“通过私有财产及其富有和贫困——或物质的和精神的富有和贫困——的运动，正在生成的社会发现这种形成所需的全部材料”，这一系列的历史过程就像魔术师的箱子一样，他把原始人装进去，盖上布幔，口中念念有词，然后猛地揭开布幔，打开箱子，从里面走出来的是一个“具有丰富的、全面而深刻的感觉的人”[②]。要想实现这个过程，就必须寄希望于现代的“侯王”——坚守着社会主义核心价值体系同时又执政掌权的共产党，所以老子说“域中有四大，而王居其一焉”。

现在我们可以对“道即价值体系论”作一个解释了。有那么一个“物”存在着，无声无形，体独立而用周流，老子不知其名，字之曰道，而我们现在则字之曰价值体系。这两个词所指的是同一个物，所以我们便可以说：道即价值体系。与之相对应的，老子所说“常道”即是我们现在所说的社会主义核心价值体系，它是人的天性，也是人的“自然”。所谓“道法自然”，也就是要求执政者以人的自由全面发展作为施政目标。这是历史的必然性，包括我们对这一问题的自觉意识，也不过是实现这一必然性的一个环节罢了。

[①]马克思．资本论：第一卷[M]．北京：人民出版社，2004：10.
[②]马克思恩格斯全集：第3卷[M]．北京：人民出版社，2002：306.

第二十六章

[原文]

重为轻根[1]，静为躁君[2]。是以圣人终日行不离辎重[3]。虽有荣观，燕处超然[4]。奈何万乘之主，而以身轻天下[5]？轻则失本[6]，躁则失君。

[注释]

[1]重为轻根：重是轻的基础。根，基础，根基。它们所指的是人的价值体系的两个组成部分，重所指的是常道、最根本的价值，轻则指的是其他层次的价值。这一句的意思是：常道是其他层次价值的根本。

[2]静为躁君：安静是躁动的主宰。君，主宰。对于常道的坚守来说，人们就应当安静，只有静下心来，才能不受外界的干扰，制心一处，宁静致远，克服冒失、轻信等缺陷，认识并坚持常道。

[3]辎重：有篷壁的车，是古代的轿车。运兵器粮食的车也有篷壁，也称辎重。用在这里是一种比喻，意指常道，圣人不管做什么都不离常道。

[4]虽有荣观，燕处超然：王弼注，“不以经心也”。荣观，游玩的地方；燕处超然，并不沉溺在里面。

[5]奈何万乘之主，而以身轻天下：万乘之主即拥有一万辆兵车的大国君主，在他身上承担国家安危的重任，其价值体系的优劣对于社会稳定来说，极为重要。大国君主必须关注那些关系社会安危的核心价值，不能像普通人那样关注口腹之欲。但有许多人不知道这种区别，以为不管是具有哪一种价值体系的人都可以成为大国君王。民众不知道这一点尚且可以理解，但作为大国君王，他自己如果也不知道这一重大责任，那就忽视国家的根本利益，那就危险了。“身”在这里是指饮食男女等生活需要，“以身轻天下”与第十三章的“爱以身为天下”相对立，可以意译为：“为了个人的基本需要而轻率躁动，凌驾于国家根本利益之上。”

[6]轻则失本：高亨注，“《永乐大典》本作‘根’。据上文，作根是。”“躁则失君”的“躁”指的是轻率躁动等性格缺陷，“君”可以理解为执政权力。《韩非子·喻老》中，本句为“轻则失臣，躁则失君”。

[译文]

在人的价值体系中，常道是其他价值的根本；对于常道的坚守来说，安静是躁动的主宰。对于明智的君王来说，就像其出行时终日不离开装载行李的车辆一样，必须始终坚守常道，虽然有美食胜景吸引着他，他也必须超然处之。负有治理天下重任的大国君王，怎么可以轻率躁动、把个人的基本需要凌驾于国家根本利益之上呢？追求这些肤浅的目标就会失去根本；轻率躁动就会偏离常道，进而丧失执政权力。

[解说]

上一章描述了大道的存在，这一章所要讲的就是对大道的坚守。大道就是大国的根本，其特征就是“重”和“静”。这也符合现代的协同学理论，这个理论中有一个“支配原则”，“支配原则认为任意系统的状态可由多个变量描述时，其中必然存在少数几个随时间变化慢的变量，它们被称为慢变量也即序参量，而其余变量随时间变化快，称为快变量。慢变量的变化决定了系统的相变；而快变量如何变化却与相变无关，快变量本身的变化要受到少数慢变量的支配。”[①]对于社会运行过程来说，也有一个慢变量，它就是老子所说的大道，大国君主必须坚守它，才可以保持国家的稳定，这就像现在所说的要坚持社会主义核心价值体系一样。

核心价值的坚持，对于大国领导人来说至关重要，特别是对于开创历史发展新境界的共产党人来说，尤其重要。对于不同历史阶段的社会制度来说，有着不同层次的价值体系，它们分别以人的不同层级的需要作为核心价值。如果是资本主义国家的领导人，所要坚持的就是资本主义价值体系，这个价值体系以财富的私人占有为核心价值。由于这种价值体系是人们生来就具有的，所以他们的这个任务就很容易完成，只要注意防止那种更高层次的价值

[①]姜璐，王德胜，等．系统科学新论[M]．北京：华夏出版社，1990：110．

体系发展起来就行了。而对于社会主义国家的领导人来说，就不能继续沿用私有制的那一套价值体系，而是必须坚持社会主义核心价值体系，于是就要创造政治经济条件，把人们从生存的自然必然性的控制下解放出来；在此基础上，再进行引导教育，鼓励人民群众把高层次的需要发展起来。

社会主义核心价值体系的坚持，对社会主义国家的领导人来说至关重要。这个价值体系是社会主义政权的根本，虽然还有其他很多价值需要他关注，比如说改革开放、发展经济、民主法治建设等，都非常重要，但在这些价值下面，还隐藏着一个最核心的价值，这就是人的自由全面发展，只有坚持这个核心价值并让它在社会生活中深深地扎下根，其他价值才能在它的引导下组成一个和谐的价值体系，保证社会生活的和谐运转。因而这个核心价值是其他价值的根，是其他价值的主宰。忽视了这个核心价值，去追求那些浅层次价值，便会失掉根本，腐败现象等各种问题就会从各种意想不到的地方冒出来。如果国家领导人不注意价值体系的建设，只是被具体问题纠缠着到处奔忙，就会远离根本，背离正确路线，越错越远，穷于应付，焦头烂额，这便是“轻则失根、躁则失君”了。

只有那些价值体系得到了充分发展、与大道亲如一家的人才能坚守大道。因而对于社会主义制度来说，要想保持社会的稳定进步，就必须保证闻道者掌权。价值体系的觉悟至关重要，只有觉悟了，人才能认识历史规律，成为自己的主人。个体的觉悟必须在社会集体觉悟的进程中才能得以实现，社会集体的觉悟则更加不容易。对人性的认识必须在改造人性的过程中不断深化。要通过一系列的程序，首先要把闻道者组织起来，建立政党，夺取政权，然后才能从事价值体系的建设。只有在人民群众普遍觉悟的基础上，才能有社会价值体系的进化。共产主义就是把发生在个人身上的闻道过程放大到社会集体中，是社会集体的闻道过程。

人类对大道的认识过程与历史进步过程同步，这就是历史与逻辑的统一。

第二十七章

[原文]

善行无辙迹，善言无瑕谪[1]，善数不用筹策[2]，善闭无关楗[3]而不可开，善结无绳约[4]而不可解。是以圣人常善救人，故无弃人；常善救物，故无弃物。是谓袭明[5]。故善人者[6]不善人之师，不善人者善人之资[7]。不贵其师，不爱其资，虽智大迷，是谓要妙[8]。

[注释]

[1]瑕：玉上的赤色斑点，玉的疵病。谪：谴责，责备。

[2]筹策：古人用来计算用的竹片。

[3]关楗：门栓。

[4]约：也是绳子。

[5]袭：衣上加衣，引申为重叠。袭明，高亨解释说："圣人善救人、救物是一明，人与物都有用了，又是一明，是为重明。"我以为，"袭明"可以理解为圣人的倡导大道与民众的拥戴大道互相促进，形成了良性循环。

[6]善人者：善于做人的人。

[7]资：取资、凭借。

[8]虽智大迷：王弼注，"虽有其智，自任其智，不因物于其道，必失。故曰虽智大迷"。要妙：重要而玄妙。

[译文]

善于行路的人不会留下辙迹，善于言谈的人没有瑕疵，善于计数的人不用筹策，善于关闭的人不用门栓而使别人打不开，善于捆绑的人不用绳索而使别人解不开。因此，圣人经常地善于救人，使人尽其才，所以就没有被遗弃的人；经常地善于利用物，使物尽其用，所以就没有被废弃的物品。圣人的倡导大道与民众的拥戴大道互相促进，形成了良性循环，这就是双重的聪明智慧。所以善于做人者，是不善于做人者的老师；那些不善于做人者则是善于做人者的依托或凭借。如果不善于做人者不尊重自己的老师，或者是善于做人者不爱惜他的依托或凭借，尽管彼此都自以为很聪明，其实是大糊涂。这就是重要而又精妙的道理。

[解说]

一、关于“善人者不善人之师，不善人者善人之资”

我先从“善人者不善人之师，不善人者善人之资”谈起，这一句的理解是这一章的关键，诸注家中有王弼与高亨可做代表，高亨先生的解释是：“善人是不善人的老师，不善人是善人的学生。”“资”被解释为“教育的对象，等于学生”。王弼的解释是：“资，取也。善人以善齐不善，以善弃不善也，不善人，善人之所取也。”这两个解释都很牵强，缺少说服力。

解读古籍还是尽量用普通人能够听懂的解释为好，根据《辞海》的解释，“资”有这么几个意思：[1]财物，费用；[2]资料；[3]资质，资格；[4]供给；[5]取资，凭借。在老子这一句话里，我看采用第五条“取资、凭借”来解释就很足够。查了其他几本字典，找了几个例句：

“资之深，则取之左右逢其源。”（《孟子・离娄下》）

“夫七尺之桡而制船之左右者，以水为资。”（《淮南子・主术训》）

“归周者八百焉，资以胜殷。”（柳宗元《封建论》）

“民困而主不恤，下怨而上不知，俗已乱而政不修。此三者，陈涉之所以为资也。”（《资治通鉴・汉纪十》）

“资”在这四个例句中与在老子这一句中的意思是一样的，包括《资治通鉴》这个书名中的“资”，也是同样意思。善人者是不善人者的老师，不善人者反过来是善人者的凭借或者说依托。老子在这里所说的实际上是领导者与群众的关系，悟道者与未悟者的关系。领导者如果没有被领导者作为依托，还是什么领导者呢？悟道者如果没有未悟者作为学生，还能去给谁当老师呢？这就要说到人类的进化发展过程，无论是科学技术还是伦理价值观念，都有一个由浅入深的进化过程，它总是要先由少数人发现它开始，逐步向社会公众蔓延，先悟道的人就是后悟道的人的老师，后悟道的人则是先悟道的人的凭借。哲学上研究究竟是谁创造了历史的问题，是英雄还是人民群众？有人说是英雄，有人说是人民群众。但由于问题的提法本身就不对，所以就不可能有准确的答案。实际上支配着历史的是价值体系的进化过程，英雄与人民的区别是由于新价值体系被接受的先后不同所造成的，其实他们都不过是价值体系进化过程的“刍狗”罢了。当然了，开悟的人们不甘于这个被控制的命运，他们力图自己来掌握命运，自觉地创造历史。在此过程中，英雄离不开人民群众，这是他创造历史的凭借和依托，离开了人民群众，他不可能单独获得解放。像老子一样，很了不起，但只有一个关尹子崇拜他，愿意为他作“资”，所以他就干不出什么政绩来。

“资”的意思确定了以后，反过来又可以对“善人”与“不善人”重新解释一下。王弼、高亨等人都把“善”字理解为“善恶”的善，把“善人”与“不善人”理解为“好人”和“坏人”。愚以为这是很不准确的，怎么可以把创造历史的人民群众都视为与好人相对的坏人呢？这显然是不行的，他们中的绝大多数是好人，或者说是“无善无不善”，在好人的组织和领导下，他们便会形成改造社会、开创历史发展新境界的巨大力量；在坏人的领导下，他们天性中的向善的倾向便会被扼杀，他们便会浑浑噩噩，或者会形成一种破坏性的力量、自我毁灭的力量。如果把“善”字理解为“擅长”、“善于”，把“人”理解为人的立身处事的本领，则就可以避免上述问题。“善人”不是指与“恶人”相对的“好人”，而是善于做人的意思，与前面的“善行”“善言”“善数”“善闭”“善结”“善救人”“善救物”的结构完全一致，含义也完全一致。此外，在老子的其他章节中还有“善建者”、“善抱者”、“善战者”，与“善人者”结构完全一致，也可以作为佐证。这样来理解“善人者”，就是善于做人的人，他们很聪明，仁慈博爱，有管理能力，最先接触到新的价值体系；“不善人者”就是那些相对而言后进的人们，缺少毅力勇气，心胸有点狭小，不知道什么是应该追求的，追求那些对自己有害的目标，总之是做人做得不是太好，甚至是违法乱纪。对这样的人，亦不可放弃，还是要想办法教育挽救，以使所有的人都能闻道。

这样，对“资”字和“善”字进行了重新解释后，这一句的意思就容易解释了：“善于做人的人，是不善于做人的人的老师；那些不善于做人的人则是善于做人的人的依托或凭借。”

二、关于“不贵其师，不爱其资，虽智大迷，是谓要妙”

这一句所要解决的是如何正确处理“善人者”与“不善人者”的关系。善人者，即善于做人的人，他们对人应当达到的目标有正确的了解，用现代人的话来说，他们追求着马斯洛所说的人的自我实现、马克思所说的人的自由全面发展等目标。目标正确了，人就可以少走弯路，就能使生命得到充分的发展。但这种目标不是仅有个人的努力就可以达到的，还必须在全社会的共同参与下才能达到。为了人的自由全面发展，还必须有一系列条件，诸如良好的社会制度、安定和谐的社会环境等，用老子的说法，那就是让人们甘食美服、安居乐俗，家庭里不吵架，国家之间也不打仗，虽有甲兵，无所陈之。在此基础上，人们才可能自由全面地发展自己的才能，享受生活。

这种理想社会状态不能由少数“善人”独自进入，高层次的人生需要与低层次的人生需要不同，后者是排他性的，皇帝的位置就只有一个。物质财富也是这样，一个人的占有，就意味着对另一个人的剥夺；一个国家的挥霍，就意味着其他国家的饥饿与灾难。而那种高层次的人生需要则需要共享，单个人不可能得到充分发展，因此一个人要想充分发展，就必须召唤其他人与之共同发展，他个人的发展中就包含了让所有的人都得到发展的要求，这就需要全体社会成员共同配合。在改造世界、让世界变得更美好的过程中，“善人者”是先行者，是火车头，而“不善人者”则是后发者，是主体。两者要清楚各自的优势和局限，互相支持、有机地结合起来，万不能彼此看不惯，彼此厌恶，相互脱离。如果“不善人者”不贵其师，“善人者”不爱其资，领导和群众之间便离心离德，这样一来就什么事情都做不成了。

更糟糕的是另外一种情况，领导者自己就停留在基本需要的发展层次上，让非理性的需要控制了生命过程，在社会上把低层次价值体系倡导起来，于是便会出现各种矛盾冲突，社会便不太平了。过去的人们对当皇帝特别向往，比如说袁世凯，本来就已经当上大总统了，为什么非要当皇帝呢？如果要从个人的直接的物质需要来看，就很难解释。但如果要从当时的社会价值体系入手，就很容易解释了：帝制虽然已经被推翻，可当时的社会价值体系中仍然还有那么一股很顽强的非理性的惯性，认为当皇帝是最高的人生目标。由于这种非理性因素的存在，便一再地导演出恢复帝制的闹剧。

当今世界的各级领导者们都应当反思一下自己的价值体系是否很合理，比如说这么一种现象，官出数字，数字出官，为什么有这种现象呢？做官是一个很重要的价值取向，甚至是人生的根本目标，许多官员照样还是停留在基本需要的发展层次上，当了官便可以更充分地满足基本需要，而不是为人民服务；而判断官员的政绩是看 GDP，这个价值体系也是片面的，不能引导社会全面进步。于是乎这两个有缺陷的目标互相强化，便形成了恶性循环，把社会和人生引导到牛角尖里去了；这还很容易使领导与群众之间也形成一种恶性循环，当领导的不管民众的疾苦，民众也对领导嗤之以鼻；当领导的以权谋私，民众则主张民主，把权力拿到自己手里然后也来谋私；大家各找各的便宜，各想各的办法，赶紧捞一把；包括美国的安然等大公司也要做假账，聪明得不得了，但毕竟都是小聪明，在核心价值上是糊涂的。没有一个价值体系的进化过程，社会生活就只能在低水平上运行，灾难便一个跟着一个，让人们应接不暇。这便是老子所说的：“不贵其师，不爱其资，虽智大迷，是谓要妙。”“要妙”即是最重要最精妙的道理。

而今的全球化实际上是资本主义价值体系的全球化，它没有带来公正和幸福，甚至危及基本生活保障。腐败现象像韭菜，割了一茬又一茬，越割越多。对于许多发展中国家来说，四个现代化不是公正化、小康化、富裕化、理想化，而是贫富分化、官员腐化、社会黑化、生态恶化。发达国家也自身难保：垃圾可以运出国门，森林可以砍外国的，腐败分子逃到外国后会变得安分守己，可是大气污染和温室效应却不分国界；“9.11”事件之后的一系列发展还说明，工商金融巨头操纵的发达国家政府对于全球秩序的控制力已经越来越弱，世界秩序越来越脆弱。导致这个局面的原因就在于世界被丛林法则控制着，被一伙“不知常而妄作”的家伙控制着，也有人知道这样“妄作”下去将会给人类带来地球生态系统彻底崩溃的结果，比如罗马俱乐部的先生们很早就提醒人们注意这个危险，但是他们没有掌权，想把社会引入科学发展轨道却无能为力，他们所阐发的新的价值体系游离于生活之外，不被大众接受，人们不贵其师，愚而自用，贱而自专，为了各自的狭隘私利而斗智斗勇，却看不到更深层的危险，这就叫做“虽智大迷”。

三、关于“圣人常善救人，故无弃人；常善救物，故无弃物。是谓袭明”

这一章的后两句弄明白了之后，再来看前两句。“善行无辙迹，善言无瑕谪，善数不用筹策，善闭无关楗而不可开，善结无绳约而不可解。”此句的意思甚为明白，无须多费口舌。“是以圣人常善救人，故无弃人；常善救物，故无弃物。是谓袭明。”此句的意思也很明白，也无须什么新解，但我要强调一下，就在这一简易的句子中，我们可以找到把社会引向稳定的钥匙。

人们可以是互不相识，互不相干，甚至像布什和拉登一样互相敌视，必欲将对方置之死地而后快，但是人与人之间仍然有着密切的关联。元典时代人类整体意识的觉醒，也无非就是有那么几位特敏感的人感觉到了这种人与人之间的关联。耶稣把人类的所有罪过的责任都担在自己的肩上，佛陀怀着广大无边的慈悲，我们中国的老子、孔子，还有墨子，也都是怀着天下一家的情怀，用悲悯的目光注视着世人由于无知而给自己带来的苦难。随着历史的发展，这种天下一家的情怀，越来越强烈、越来越真切并且让越来越多的人感受到，马克思所说的“只有解放全人类，才能最后解放无产阶级自己”所表达的也是同一个意思。那些真正的共产党人，如雷锋、焦裕禄、孔繁森，都是具有这种情怀的人，所以就能超出私有制的狭隘眼界，对所有的人都一视同仁地伸出援手。不仅在他们的基本物质需要方面提供帮助，而且还要帮助他们闻道，接受科学合理的价值体系，获得更充分的发展，这便是孔夫子所说的“己欲立而立人，己欲达而达人”，既把人从迷途中解救了出来，同时也促进了社会的和谐，两个目标都兼顾了；先行者对大道的倡导和民众对大道的拥戴之间形成了良性循环，这就是老子所说的“是谓袭明”。比如中国革命的伟人毛主席，把泥腿子们组织起来，实现了社会的伟大变革，建立了一个新制度。在革命过程中，他一向坚持群众路线，相信群众，依靠群众，从而使每一位参加者的生命也随之而获得了很伟大的意义，有的人从奴隶做到将军，如果不是遇到毛主席领导的革命，他只能在地主老财的压迫下辗转沟壑。即使对那些战犯，毛主席也想办法改造他们，这便是老子所说的“圣人常善救人，故无弃人；常善救物，故无弃物。”

但具有这种情怀的伟人在社会中毕竟是少数，绝大多数人怀着一种根深蒂固的思想方式，那就是把人群分为好人和坏人，然后好人想办法把坏人监督住，或者是采用严厉的方式把他们解决了，这世界便太平了。眼下有很多人对腐败现象非常痛恨，希望对腐败分子大开杀戒；布什对恐怖分子的态度也是这样的。事实证明，单靠这一手是不行的，这种片面性的思想方式解决不了腐败和恐怖分子，某些高叫要反腐败的人与腐败现象本身还处在同样的价值水平上，布什本人和恐怖分子处在同样的价值水平上，对立的两极相辅相成，正像南极不能把北极一脚踹开而单独存在一样。

要解决这些问题，就还需要教育引导，超越或者说是扬弃上述的两极对立；这就需要用老子的思维方式，让“善人者”管理和教导“不善人者”，让二者之间出现一种良性的互动，互相促进；并为人性的进化创造适宜的社会制度，让社会制度的进化与人性的进化也出现良性的互动；并进而在社会中形成一个趋向于进化的大气候，在社会价值体系与个人的价值体系之间也出现一种良性的互动。有了这样三个良性互动，社会的运行过程便可进入良性循环了。老子相信人都是可以改进的，所以他就说“圣人常善救人，故无弃人，常善救物，故无弃物”。我们也应当有这个信心，并想办法引导人性的进化。只有把人性提升到一个新水平上，才能扬弃两极对立的矛盾，解决腐败和恐怖问题，把世界引上和谐民主的发展阶段。

四、社会价值体系的进化是一个艰难的过程

拿破仑称中国为正在睡觉的狮子，告诫人们不要惊醒它。当时的中国人肯定不爱听这种说法，明明大家都是在清醒地理智地活动着的，怎么会是在昏睡之中呢？只有后来的人们，同时还必须是在社会价值体系发生变化之后，才能看清，当时的占支配地位的社会价值体系是不成熟的，是低层次的甚至是荒诞的，人们沉迷在天朝大国的美梦之中，根本不知道世界正在巨变之中。所以，拿破仑的说法并不难以理解，只要人们有足够的历史知识，就可以看见还有很多人是在睡梦之中度过了一生。且不说西方的十字军东征之类的历史事件，就拿现代人来说，又有多少是完全清醒的呢？总结这些历史事实，我们就必须承认，社会价值体系是一个客观存在，它正是黑格尔所说的那个“时代精神”，在历史的时空中跌跌撞撞，蹒跚而行，就像一个醉汉，它必须通过无数人类个体的奋斗与悲欢来表现自己。因而当我们以同情的眼光来看前人的昏睡时，又怎么能保证自己不被后人用同样的眼光注视呢？

价值体系的进化是一个自然历史过程，新的更成熟的价值体系首先要萌

芽于少数杰出的敏感的人身上，然后再逐渐扩散开来。无论是在新知识上的开拓还是伦理精神上的新发现或是政治制度上的创新，都是少数人的事情。真正的知识分子，也就是葛兰西所说的那种有机的知识分子，他们在人类进化过程中走在前面，代表着人类的新方向；于是便必然地遇到历史惰性的阻力。大道不能自动地实现自己，必须借助于这些先进知识分子的奋斗，才能艰难地开辟道路。与先进分子形成鲜明对比，那些落后的人们则总是站在反对面上，讥笑、反对先驱者，让他们穷困潦倒，甚至把他们绑在火刑柱上。老子说："下士闻道，大笑之，不笑不足以为道。"孔子也说："中人以下，不可以语上"，这都是他们在碰了许多钉子后得出的经验之谈。很多人并不知道自己所讥笑和竭力迫害的人恰好是代表着自己的利益，这也是没办法的事情，历史就是这样的，如果新的更完备的价值体系一出来，大家便一致拥护，历史书也就太简单，也就没什么看头了。

新出现的更完善的价值体系在历史上的开拓至少要遇到两个问题，一是能否被人们接受，一是具有新价值体系的人能否掌握权力。这些人在与为了私利而奔逐的人争夺权力的斗争中，无疑要处于劣势，如果他们运气不坏而能掌权，便会极大地促进社会的发展，所以历史的进步常常也要靠碰运气，但历史的好运气并不多。许多人不知道什么是正道，社会也不给他走正道的机会，他便一个接着一个地犯错误；一个把毕生精力都消耗在错误中的人是非常可悲的。社会集体也是如此，由于不知道什么是科学合理的社会政治价值体系，一些社会集体也是一次又一次地重复过去的错误，在错误的路上越走越远，无法接受历史教训，无法回归正道。就像西方的某位作者所说，历史是什么呢？历史就是一件可诅咒的事情紧接着另一件可诅咒的事情。从中国近代史上的情况来看，情况便是如此；再从世界上的情况来看，也是同样如此，一件可诅咒的事情接着另一件可诅咒的事情。在上一个世纪，打了第一次世界大战，跟着还要再来一次。新世纪刚开始的时候就来了个"9.11"，随之而来的便是布什的反恐；还有巴以之间的互相报复、人体炸弹，以及艾滋病、疯牛病，还有生态恶化，如此等等，灾难无处不在，谁知道下一件可诅咒的事会从哪里冒出来呢？

在一个扭曲的社会环境中，每个人都将是悲剧。像布鲁诺那样伟大的殉道者的命运是悲剧，那围着烧死布鲁诺的火堆欢呼的人们的命运同样也是悲剧，而且是更可悲的悲剧。在一个不成熟的历史阶段，没有人能逃出悲剧命运。在一个你死我活的恶性竞争关系占支配地位的社会中，人们都不会有健全的人生。所以人们就不禁要问，在这样普遍的悲剧之中，人生还有什么意义？所以经历了第二次世界大战的存在主义者看不到世界的前景，面对这一幕又一幕的悲剧，便产生了荒诞、呕吐的感觉。

只有在人类不断进化的过程中，前面出现的种种悲剧性的人生命运才呈现出崇高的意义。当然，这种意义并未被当事人自己意识到，它只是在一位旁观者的眼里才显现出来。老子看到了这一点，他眼看着那世间最珍贵的事物——人的生命——在错误与邪恶的支配下，在悲剧性的命运里一个个地走向终结，他无力改变这种状况，但他知道这是历史进步过程所必须经历的阶段，必须经过血与火的洗礼，人类才能达到成熟的发展阶段。所以，他便说："天地不仁，以万物为刍狗。圣人不仁，以百姓为刍狗。"老子所说的"道"在这个意义上就是人类的进化之路，也就是历史，人类的进步必须在无数个体的悲剧性命运中为自己开辟发展道路。历史进化过程是一个自然历史过程，正如马克思所说的那样，人类始终只能提出自己能够解决的任务，像老子这样早熟的人，他可以率先感悟到"道"的存在，却无法人为地缩短历史进程，人性的进化还是要一步一步地按程序进行。历史老人的步履太蹒跚了，老子在他的有限的生命过程中是看不到他所预期的结果了，所以他便独自走开了。在人的现实与理想状态之间存在着巨大的差距，在这种情况下，即使把"道"说出来，也不能缩短历史的进程，反而会引起人们的误解。直到要出关了，才给关尹子透露了五千言。

从老子出关到现在已是两千五百多年了，历史走过了一条漫长幽深的隧道，伴随着血与火的洗礼，我们这一代人来到了这样一个关节点，共产党的领导给中华民族展现了实现伟大复兴的光明前景。回顾中国近代以来走过的曲折道路，我们便可发现，当今中国之所以能完成民族独立和人民解放，实现由新民主主义到社会主义的过渡，实现中国历史上最伟大最深刻的社会变革，主要是因为出现了具有最先进的价值体系的中国共产党，深深地扎根于中华民族之中，团结带领全国各族人民艰苦奋斗，在先锋队和人民群众之间建立起了一种有机联系，也就是人们通常所说的"血肉联系"。只要能把这种联系保持下去，我们便可以期望，中国人民必将有一个美好的未来。

第二十八章

[原文]

知其雄，守其雌[1]，为天下谿[2]。为天下谿，常德不离，复归于婴儿。知其白，守其黑[3]，为天下式[4]。为天下式，常德不忒[5]，复归于无极[6]。知其荣，守其辱[7]，为天下谷。为天下谷，常德乃足，复归于朴[8]。朴散则为器，圣人用之，则为官长[9]，故大制不割[10]。

[注释]

[1]知其雄，守其雌：王弼注，“雄，先之属；雌，后之属也。知为天下之先也，必后也；是以圣人后其身而身先也”。

[2]谿：高亨注，“同溪，水沟，处于卑下地位”。王弼注，“谿，不求物而物自归之”。

[3]知其白，守其黑：李嘉谟解释为，“白者欲其有知，黑者欲其无知”；高亨解释为，“知道他自己是洁白的，却自甘居于污黑的地位”。相比较而言，李嘉谟的说法更好；高亨的说法与下面的“知其荣，守其辱”相近，故不取。我以为，“白”即是被人们认识，“黑”即是不被人们认识，圣人为什么要“知其白，守其黑”呢？这是因为“吾言甚易知，甚易行。天下莫能知，莫能行。”虽然大道至简，但由于人们自身的精神成长达不到一定的高度，就难以认识大道，在这种情况下，圣人就不能强求别人的理解，只能以自己的实践来向其他人做出榜样，此即“为天下式”，也就是“不言之教”的意思。

[4]式：王弼注，模则也。

[5]忒：（音 tè）差误。

[6]无极：王弼注，不可穷也。

[7]知其荣，守其辱：荣为荣耀，辱为屈辱。本句意为，知道自己坚守大道是很荣耀的事业，却又甘于卑下的地位。

[8]谷：低洼之处，水流自然汇聚之处，以此喻圣人坚守常德，自然天下

归心。朴：高亨注，“《说文》：‘朴，木素也。’即未加工的树木，比喻人原有的德性”。根据这个说法，朴所指的应当是人生的根本目标，它也无非是作为一个群体的人类的生存延续；这是任何物种都要本能地坚持的目标，人类从动物界脱颖而出，有了理智，有了生产力的高度发展，成了地球的主人之后，却反而迷失了自己的根本目标，其欲望极其复杂，其思维也极其复杂，以至于把他们自己也弄糊涂了，结果就把那些不重要的目标当成了根本目标，结果是危害了自己的生存乃至整个地球生态环境的延续。人造的东西越精致，带来的风险也就越大；如果人类不闻道，就依然要在这种越来越复杂、越来越危险的方向上发展下去，最终结果必然会超出人类的掌控，带来无法预测的危害。只有闻道了，才能复归于朴，即回归到那任何物种都要本能地坚持的目标，纠正这种发展趋势。

[9]朴散则为器，圣人用之，则为官长：散，通常被解释为“坏”、“丧失”，如高亨注“散，坏也”。我以为，“朴”是圣人经过艰苦努力才倡导起来的新的价值体系，怎么可以轻易地让其坏掉呢？就像我们现在的管理学中所说的“目标分解”一样，可以把“散”理解为“分解”，由于那新达到的“朴”还是一个很原则的目标，如“人的自由全面发展”、“构建和谐社会”，要落实这些总目标，就要把它分解为各个方面，如物质文明建设、政治文明建设、精神文明建设等，然后还要进一步分解为各项更具体的目标，如“翻两番”。为了保证这些目标的实现，所以就要设官分职，分别由各方面专业人才来管理，这些人才就是“器”，圣人任用他们来管理社会事务，则为官长。

[10]大制不割：制即政治制度，大制即最好的政治制度；割即伤害。最好的政治制度不以低水平目标为核心价值，更不以统治者自身的狭隘目标为目标，它以人的自由全面发展为核心价值。由于各级官吏的治理工作都围绕着“朴”的总目标来开展，所以就不会伤害人的健全天性，故无割也。

[译文]

圣人知道自己所坚守的大道居于领先地位，却并不一味进取，而是持守柔弱不争，安于卑下的位置；安于卑下的位置，便可不离常德，复归如婴儿一样的纯真状态。圣人知道大道需要民众的理解与接受，但这需要有一个很艰难的认识过程，所以他并不表白自己，而是以实际行动来为民众做出榜样；

以身教来引领民众，便可无偏差地坚守大道，进而达到极高的境界。圣人知道大道的尊贵，却安于卑贱的地位而不炫耀，这样便可使天下归心；得到了民众的拥戴，便可形成坚守大道的社会气候，坚持这个方向稳定发展下去，就可回归根本目标。在坚守大道的过程中，还要根据社会运行的具体要求，把大道分解为许多具体的目标，于是就需要有许多专家来进行管理。圣人给他们分配工作，让他们按照大道的要求来管理社会生活，于是就可以建立一个不伤害人的自然本性、保证人的自由全面发展的完善的社会制度。

[解说]

本章的前面有三个排比句，其结构是“知其……，守其……，为天下……。为天下……，常德……，复归于……。”最后一个排比句的结尾是“复归于朴”，然后再接着说“朴散则为器，圣人用之，则为官长，故大制不割”。结构很严谨。它所要说的是什么意思呢？从上下文的联系来看，上一章讲了“圣人常善救人”、“常善救物”，这一章就应当讲如何“救人”和“救物”了，于是就要讲如何把大道灌输到社会生活过程中去的问题了，老子讲了三层意思：

第一层意思，“知其雄，守其雌，为天下谿。为天下谿，常德不离，复归于婴儿”。这里的“其”指的是大道；“雄”与“雌”指的是大道的两个特征，王弼解释为“雄，先之属；雌，后之属也”。魏源先生解释中引述“李氏嘉谟曰，雄动而倡，雌静而处”，也是同一个意思。“谿”，王弼注为“不求物而物自归之”。“婴儿”，王弼注为“不用智而合自然之智”。综合起来考虑，这一句的意思可以这样来解释：圣人知道这个大道是很先进的，需要倡导，但他并不主动地倡导，一倡导，反而把别人吓跑了，为什么呢？一般人都不喜欢听别人絮絮叨叨地讲大道理。所以，圣人“守其雌”，自己坚守着大道，通过自己的实践来向其他人展示这个大道的科学合理性。这样，就可以保持大道对其他人的吸引力，“不求物而物自归之”。由于大家都向而往之，这就反过来为圣人进一步坚守大道营造了一个有利的环境，他便可以不受干扰，一步也不离开常德，这个过程达到一定的境界，就可以与大道合而为一，“不用智而合自然之智”，就像婴儿一样。

第二层意思，“知其白，守其黑，为天下式。为天下式，常德不忒，复归于无极”。“白”与“黑”是什么意思呢？李嘉谟先生解得好，“白者欲其有知，黑者欲其无知”，这就承续了上一句不主动倡导的意思。圣人对大道内部的各项法则要求都很清楚，但他不去讲，不是因为他不想告诉别人，还是上面所说的原因，由于听众的价值体系达不到相应的水平，讲了也没用。价值体系的低水平限制了他们的理解力，他们对大道视而不见、听而不闻。所以，先闻道的人们只能通过自身的实践来为天下人做出榜样。一个知道自己是天下人的榜样的人，就可以自觉地严格地要求自己，从而做到“常德不忒”，用现在的话来说，就是自我珍惜，不管有什么干扰，都不会放弃大道，这样发展下去，于是便可“复归于无极”，王弼说是“不可穷也”，达到很高的境界。

第三层意思，“知其荣，守其辱，为天下谷。为天下谷，常德乃足，复归于朴”。“荣”与“辱”是什么意思呢？按上两层意思的同样的逻辑，圣人知道坚守大道是一项高贵而又光荣的事业，但不自我表现，这也还是前面所说的“不自见，故明；不自是，故彰；不自伐，故有功；不自矜，故长”。安于默默的坚守，这便是“守其辱”，这便可以“为天下谷”，众望所归。为什么呢？只因馨香重，求者满山隅。正如毛主席在《愚公移山》里所说的那样，“我们一定要坚持下去，一定要不断地工作，我们也会感动上帝的。这个上帝不是别人，就是全中国的人民大众”。人民大众是共产党用全心全意为人民服务的实际行动吸引过来的。在这种情况下，就可以“常德乃足”，把整个社会凝聚为一个有机的整体，进入良性循环，这样坚持下去，便可使社会整体性地与大道融为一体，这就是老子所谓的“复归于朴”了。

以上三句，总括起来说，就是通过自身的实践来坚守大道，最终要达到与大道融为一体的境界。在没有达到这个境界之前，人们就像盲人摸象的寓言所描述的那样，各自围着大道摸到其中的一部分，没有摸到大道的整体，所以便各执一偏之见而众说纷纭；于是便写出了大量的著作，提出了众多的理论、主义。待到人们终于摸到大道的整体之后，由于片面性而制造的众说纷纭的迷雾便被澄清了，整个世界便以整体的形象清晰地呈现在人们的眼前，于是人们便复归于婴儿，复归于无极，复归于朴。比如说，在知道了世界的本来面目之后，我们还需要就世界的本原是物质还是精神而费神吗？在知道了人生的核心目标之后，我们还需要就应当坚持社会主义还是资本主义而费神吗？而在没有达到这个境界之前，大量的人为之皓首穷经，为了自己所掌握的片面性的真理而互相攻讦，恶语相向，甚至陷入你死我活的争斗。最后的真理必然是简单的，此即所谓达必简。

达到这个境界之后，老子接着说："朴散则为器，圣人用之，则为官长，故大制不割。"这一句如何解释呢？我觉得魏源先生所引的说法很好："李氏嘉谟曰，……朴散为器，圣人以道制器，犹不失于道。故用之为官长焉。"这就是说，大道还是一个总体的要求，如同我们现在所倡导的构建和谐社会，这就是一个总体的要求，它在社会生活的各个方面又表现为各种具体的要求，对教育、民生、医疗、环保等各方面都有一些具体的要求。这个把构建和谐社会的总目标分解为各行各业的具体目标的过程，便是"朴散"的过程，于是就需要有许多掌握大道同时又对各个具体方面的工作很专业的人来进行管理，这便是老子所说的"器"，"圣人用之"也就是圣人给他们分配工作，让他们"为官长"，去管理社会生活过程。所谓"大制"，即是当人们达到复归于朴的境界之后所形成的制度，用我们的话来说，就是以社会主义核心价值体系为序参量的制度，它可以使人性得到自由全面的发展，"不割"就是不伤害人的正常天性。其之所以能做到"大制不割"，其中的关键在于有一个大道作为源头，开辟了一个新的方向，使社会在新的轨道上运行，保障人的正常需要的实现。

这与以私有财产的占有为核心价值的制度不同，人们用这种片面的价值体系来组织社会生活，把社会运行和人的成长约束在一个狭隘的框框之中，限制了人的健全天性，此即是"小制必割"，也就是马克思所说的异化现象。以美国为例，这是一个资源丰富的国家，它以世界 5%的人口消耗世界 23%的能源，15%的肉类，28%的纸张。美国婴儿的平均用纸量是中国婴儿平均用纸量的 30 倍。然而，由于美国的暴力文化和美国人自私自利的个人主义、享乐主义的价值体系，富裕的物质享受并没有给美国人带来安宁和谐。据美国联邦调查局 2008 年公布的报告，2007 年全美共发生暴力犯罪案件 140 多万起，达每千人 20.7 起。谋杀案 17000 起，平均每 31 分钟发生一起谋杀案。据《华盛顿邮报》2008 年 7 月 11 日报道，美国有在押犯 230 万，为世界第一，是全球平均水平的 6 倍。美国司法部 2008 年 12 月 11 日公布的报告显示，到 2007 年底，美国共有 730 多万成年人被关押在监狱、看守所或处于缓刑或假释过程中，占美国成年人的 3.2%。另据美国《预防医学杂志》2008 年 10 月 21 日公布的一项调查结果显示，美国中年白人成自杀高危人群，2005 年就有

32632 人自杀。自杀的老年人也不少，平均每年 6300 多起，即平均每天有 18 个老年人自杀身亡。美国的抑郁症患者数量也位居世界第一。世界卫生组织 2007 年 3 月的一项调查显示：美国是世界上抑郁症患病率最高的国家，9.6%的美国公民有双重人格的症状或患有不同程度的抑郁症。而在尼日利亚仅有 0.8%的人有相同症状。2008 年末以来，随着金融危机的严重化，美国的暴力犯罪和心理疾病发生率在上升。仅 2009 年 3 月美国就发生 8 起严重枪杀案，致使 57 人死亡。4 月初又发生数起枪杀案。美国心理学家协会的一项调查显示，80%的美国人心理压力大。美国睡眠基金会的一项调查还显示，27%的美国人患失眠症。此即所谓“小制必割”的典型例证。

当然，我们中国也还没有摆脱私有制价值体系的纠缠，社会也不和谐，所以就要建设社会主义核心价值体系，构建和谐社会。所谓和谐社会，也即是老子所说的“大制”。要建成这种“大制”，一是要坚持社会主义核心价值体系，使之在社会生活中形成气候；二是要有能够坚持这种价值体系的干部；这两者相辅相成，缺一不可。但不管在什么情况下，都还是要先有闻道者掌权，然后才能引导社会价值体系，逐步把社会事务导入科学管理的正轨。只有在闻道者掌权的情况下，才能找到科学发展轨道。如果不是闻道者掌权，尽管人们也在探索，但由于他的方向不对，南辕而北辙，其结果只能是离大道越来越远，社会生活中的矛盾只能是日甚一日，看不到一丝希望。西方的民主说教之所以是一剂毒药，其原因就在于它没有解决价值体系问题，不能保证社会生活走上正轨。

综上所述，我们认为，老子开辟了政治学理论的新方向。只有沿着这个方向，才能把大道落实到社会生活过程中去，形成“大制”。有了这个“大制”，就可以完成上一章所提出的“常善救人”、“常善救物”的任务。

为区别于其他的政治学体系，我们可以将以老子为起点的这种政治学体系称为科学政治学或和谐政治学。虽然它年代久远，其中有很多含混不清之处，但其基本原理是科学的，是放之四海而皆准的，是超越了时间的限制的。要构建和谐社会，建设和谐世界，我们就还是要从这些基本原理出发，把这些原理明确下来，成为普通人都能理解和接受的东西，普及开来。

喜欢民主的朋友可能对老子所说的“圣人用之”有意见，认为他“专制独裁”，不搞一人一票的选举。但有什么办法呢，是“大制”还是“小制”，并不取决于是不是搞了一人一票的选举，而是取决于人们所坚持的是哪一种价值体系，价值体系的高度决定社会的和谐程度。如果是在“大制”的前提下，大家都知道自己的真实利益是什么，按照“一人一票”的方式来选举，就可以选出合适的人选。在这种情况下，“一人一票”是可以的；在这种情况下，人们并不把当领导作为人生的唯一目标，那只不过是三百六十行中的一行，没有人会为了当个什么官而去激动地在大街上又喊又叫地投票，就像人们不会为了选择一名园艺师而去组织一场竞选一样。所以在这种情况下，“一人一票”作为一种笨拙的方法也没什么用处。在西方的这种以“小制”为前提、“人之迷其日固久”的情况下，“一人一票”也同样无用，不管是民主手段、监督方式搞得多么花哨，都不能选出合适的人选。要扭转这种状况，就必须从头做起，首先要有圣人坚守大道，引领社会风气复归于朴，这是民主政治之得以真正实现的路径。如果没有这个基础和前提，就不可能建立一个不伤害人的健全天性的“大制”；企图在这种情况下选出一个人来管好社会生活，无异于缘木求鱼。这便是其他政治学体系与老子所构建的和谐政治学体系的根本区别。

在数学上有一个哥德巴赫猜想，被称为数学王冠上的宝石。在政治学的王冠上有没有一颗宝石呢？当然也应当有，这就是对社会政治的自组织过程的自觉调控。从老子所提出的“道”，到我们刚刚提出的“建设社会主义核心价值体系”，我们中华民族经历了漫长的探索过程，政治学王冠上的这颗宝石要在中国共产党的领导下，由中华民族的全体成员共同努力来摘取。人类文明正处在一个进化的突变分叉点上，继续沿着丛林法则所锁定的路径走下去，其结果必然是冷漠、内耗、战乱与毁灭；要避免自我毁灭的悲剧，人类就必须在价值体系上来一个转换，沿着社会主义核心价值体系所引导的方向走下去，才能从生存的自然必然性的束缚下解放出来，实现每一个人的自由全面发展，推动人类文明迈向天高海阔的新境界。在中国共产党的领导下，我们这个民族要率先进行价值体系的转换，这是我们对人类文明所应做的贡献。

第二十九章

[原文]

将欲取天下而为之，吾见其不得已[1]。天下神器[2]，不可为也，不可执也[3]。为者败之，执者失之。故物或行或随[4]；或歔或吹[5]；或强或羸[6]；或挫或隳[7]。是以圣人去甚，去奢，去泰[8]。

[注释]

[1]将欲取天下而为之，吾见其不得已："取天下"的意思是把大道修之于下下，"将欲取天下而为之"即是一厢情愿地按照自己的价值体系来改造社会。"不得已"意为得不到。已，语气词。

[2]神器：神圣的器物，比喻社会价值体系的调控是很复杂微妙的事情。

[3]王弼本中没有"不可执也"，此处据高亨本增补。执：掌握、保持。

[4]或行或随：在对大道的坚持上，有的人走在前面，有的人跟在后面。

[5]或歔或吹：出气急曰吹，缓曰歔。高亨将本句译为："有的气势炎热，有的处境寒凉。"这同样是指人们对大道的态度：有的人热情，有的人冷漠。

[6]或强或羸：这也是指在对大道的坚持上：有的人坚强，有的人软弱。

[7]或挫或隳：高亨解释说，"挫，河上公本作'载'……载犹乘也，指乘车。隳，即堕也，坠也，坠落车下。"根据高亨的解释，进一步延伸一下，可以把"或载或隳"理解为，有的人坐在车上，速度就快，有的人在车下走，速度相对就慢。这也是比喻人们在对大道的学习上，有人学得快，有人学得慢。隳（huī），毁坏。

[8]去甚，去奢，去泰：对社会价值体系的成长过程调控是一项艺术，要注意避免三种错误，"甚"是过激的措施，"奢"是过高的标准，"泰"是听之任之的态度。王弼注，"圣人达自然之至，畅万物之情，故因而不为顺而不施，除其所以迷，去其所以惑，故心不乱而物性自得之也"。

[译文]

谁如果强制性地按照自己的价值体系来改造社会价值体系，我断定他不可能达到目的。天下是神圣的器物，只能因势利导，不能把自己的意志强加于它，更不能固执坚持其他狭隘目标。勉强地把自己的意志强加于它，就一定会把它搞坏，固执坚持某种狭隘目标，就一定会失去人民的拥护。在闻道履道的路上，有的人走在前面，有的人跟在后面；有的人热情，有的人冷漠；有的人坚强，有的人软弱；有的人学得快，有的人学得慢。对所有的人，圣人都要耐心引导，但要避免采用过激的措施、过高的标准和听之任之的态度。

[解说]

本章与上一章在逻辑上很连贯。上一章所讲的是要建立一个"大制"所必须经过的程序，本章就从反面来讲，不按这个程序做是不行的。然后讲如何对民众的价值体系进行正确引导。

天下之所以是神器，是因为价值体系的进化过程是一个有机体的成长过程，必须"顺木之天以致其性"，所以就"不可为也，不可执也"，就像种庄稼一样，首先要考察一下气候以及水肥土种等条件。尽管大道本来就潜藏在每个人的心中，但能否把这种潜能实现出来，领导者就需要考察社会制度、生产力发展水平等条件。

对于现代人来说，科学进步了，生产力发展了，却有那么一些人反而距离大道更远了。这是为什么呢？这是因为，到目前为止，历史进步的过程就是背离大道的价值体系不断强化的过程，人们处于资本主义价值体系的控制下，被锁定了人生轨道，如果没有一个巨大的变故中止这个过程，他们就不会明白过来。比如说美国的军火集团，他们的价值体系决定了他们就是地球上的各种麻烦的制造者。他们在谬误的方向上走得太远，而且被锁定在这个轨道上，只能是越来越远，他们是决心要带着花岗岩脑袋去见上帝的，如果有人想要劝导他们闻道，那就是一件很可笑的事情。

如果单就闻道这个目标来说，应当说是在任何时代都有可能，但如果把它进一步限定为建设社会主义核心价值体系，那就只有在社会主义制度下，在生产力充分发展的条件下才有可能。历史只提出自己能够解决的问题，现在我们有了社会主义制度，有了高度发展的生产力，我们这一代人终于有了建设社会主义核心价值体系的历史条件。在这种情况下，中国共产党人提出建设社会主义核心价值体系的目标，就是适时的、必须的。即使是在这种情况下，仍然要做深入细致的组织领导工作，不能满足于一般的倡导。如果组织领导工作没有跟上，就会犯“泰”的错误；如果怀有过高的期望，采取过激的措施，则又会犯“甚”和“奢”的错误。民众是不会犯错误的，他们只是按照自己的速度走在历史之路上；会犯错误的只能是执政者，历史只能要求执政者根据民众的价值体系水平制订适当的引导教育方法，而不能要求民众适应执政者的发展水平。

当我们谈到社会主义核心价值体系时，总有那么一些“现实主义者”认为这是空想。但我们看到，理想与现实密不可分，正如织布机上的经线与纬线一样。对于人类来说，理想或者说价值体系是历史的一个不可或缺的因素。一个不带任何理想的人是一种现实中不存在的抽象存在物，那些声称不要理想的人其实也坚持着一种价值体系。由于他们并未对其深入思考，所以他们所坚持的往往就是那种最低级的价值体系。因而某些人所说的理想与现实的冲突，实际上是两种价值体系的冲突，不是坚持社会主义价值体系，就是坚持那种根源于原始动物本能的资本主义价值体系。

许多人看不到这一点，他们处于独断论的迷误之中，受传统习俗和时代潮流的控制而不自知，认为自己超然独立，完全正确，凡是与自己的价值体系不同的人们都是被洗脑了，被后来的环境污染了；而事实是所有的人都生活在污染的环境之中，在人们能够保持清醒之前就被污染了。因而，所有的人们都必须自我教育，完成一个价值体系的转换，才能把自己从污染中提升起来。就像那出淤泥而不染的莲花一样，必须有一个成长的过程，人们才能成为正常人。

任何一个人，只要他认识到大自然的进化过程，也就自然而然地发现了自己的责任，知识就是责任。有知者必然有行。有知无行，必非真知。作为历史进化过程的一个环节，每一个人都要认真履行这一环节的使命，才能俯仰无愧，对得起这仅有一次的生命。达到这种境界，也就是中国古人所说的“天人合一”的境界了。所谓“天人合一”，就是努力地认识和实践“天之道”，不断地提升和完善自己的价值体系，最终使其与“天之道”合而为一。

第三十章

[原文]

以道佐[1]人主者，不以兵强天下[2]。其事好还。师之所处，荆棘生焉。大军之后，必有凶年[3]。善有果而已，不敢以取强[4]。果而勿矜，果而勿伐，果而勿骄。果而不得已，果而勿强[5]。物壮则老，是谓不道[6]，不道早已[7]。

[注释]

[1]佐：辅佐。

[2]不以兵强天下：郭店楚简为“不欲以兵强于天下”，语意更为完整清晰，其意为“不打算以武力在天下逞强。”

[3]其事好还。师之所处，荆棘生焉。大军之后，必有凶年：根据廖名春先生考证，这些文字系后人插入语句。

[4]善有果而已，不敢以取强：郭店楚简为“善者果而已，不以取强”，善者，应当是指第六十八章所说的“善为士者”、“善战者”、“善胜敌者”，这样的人用兵打仗，只要能实现预期目的就行了，不靠用兵来逞强。王弼注本句说，“果犹济也。言善用师者趣以济难而已矣，不以兵力取强于天下也”。

[5]果而勿矜，果而勿伐，果而勿骄。果而不得已，果而勿强：本句在郭店楚简中为“果而弗伐，果而弗骄。果而弗矜，果而不强，其事好长”，其意思是“实现目的而不要夸耀，实现目的而不要骄傲，实现目的而不要矜持，这就叫作实现目的而不逞强，他的事业就会美好而长久。”

[6]物壮则老，是谓不道：根据郭店楚简本，这两句应放在第五十五章的“心使气曰强”之后。

[7]不道早已：高亨注，“已，《素问》卷一王冰注引作‘亡’，按亡与强韵，当据改。”另外，在楚简本中无此四字。

[译文]

用道来辅佐人君治理国家的人，不打算以武力逞强于天下。善于用兵的人，只要能实现预期的目的就行了，不靠用兵来逞强。实现目的而不要夸耀，实现目的而不要骄傲，实现目的而不要矜持，这就叫作实现目的而不逞强，他的事业就会美好而长久。

[解说]

有道者要坚守大道、建设大制，必须有武力强制的措施。但这不过是手段，其目的还是为了使大道在社会生活中占据支配地位。不到万不得已的情况下，就不要用兵。用兵取胜的目标也还是要教育被战胜者，取胜以后，就要及时转到这个目标上来，用大道来教育失败者，以尽快恢复社会生活的正常秩序。三国时有诸葛亮七擒孟获，近来有共产党挽救教育日本和国民党战犯，都堪称“果而勿强”的典范。

当今世界，价值冲突与利益冲突相互交织，霸权主义和强权政治依然存在，局部冲突和热点问题此起彼伏，全球经济失衡加剧，南北差距拉大，传统安全威胁和非传统安全威胁相互交织，形势异常严峻。导致这种严峻局面的根源就在于资本主义价值体系狭隘片面，连美国人自己也发现，“美国的最大威胁是自己”，“通过全球的办法来解决全球性问题也受到了美国行为的威胁，因为美国的行为过于依赖硬实力、竞争、狭隘的联盟、自身利益的驱使作用和过分自信。向新的全球秩序过渡需要基于一套新的价值观；互尊互惠、共同利益和相互妥协、合作和协调。”[①]在这种形势下，当今国家领导人坚持两手抓，一手抓加强军备，提高军队应对多种安全威胁、完成多样化军事任务的能力，坚决维护国家主权、安全、领土完整；另一手是呼吁各国人民携手努力，推动建设持久和平、共同繁荣的和谐世界。这种做法体现了老子的智慧，在全世界人民面前树立起了崇高的形象，维护了中华民族的利益，也寄托着全世界人民的希望。我们应当坚信，这样坚持下去，最终胜利必将属于我们这个具有天下一家的伟大情怀和古老悠久智慧的民族。

[①]科林·布拉德福德．美学者认为，美国的最大威胁是自己[N]．参考消息．2008－7－19．

第三十一章

[原文]

夫佳兵者，不祥之器，物或恶之[1]，故有道者不处。君子居则贵左，用兵则贵右[2]。兵者不祥之器，非君子之器，不得已而用之，恬淡为上，胜而不美[3]。而美之者，是乐杀人。夫乐杀人者，则不可以得志于天下矣。吉事尚左[4]，凶事尚右。偏将军居左，上将军居右，言以丧礼处之。杀人之众，以哀悲泣[5]之，战胜以丧礼处之。

[注释]

[1] 物或恶之：人们大都厌恶它。

[2] 君子居则贵左，用兵则贵右：君子平时以左为贵，用兵时则以右为贵。

[3] 恬淡为上，胜而不美：本句在郭店楚简中为“铦袭为上，弗美也”，意为“以掩藏兵锋为上，不能好战”，尽可能地将战争的规模和烈度，将战争造成的损失缩小到极限。铦（xiān），锋利；袭有遮蔽、掩藏意。

[4] 尚左：以左为上。

[5] 泣：楚简中为莅，临也。

[译文]

精良的武器是不祥的东西，人们大都厌恶它，所以有“道”的人不使用它。君子平时安居把左边看作上位，用兵作战时则把右边看作上位。用兵打仗是不祥的东西，不是君子所用的东西，万不得已而使用它，也要以掩藏兵锋为上。胜利了也不要感到得意，如果自鸣得意，那就是喜欢杀人。凡是喜欢杀人的人，就不可能得志于天下。吉庆的事情以左边为上，凶丧的事情以右方为上。在战争时期，偏将军居于左边，上将军居于右边，这就是说要以丧礼仪式来处理用兵打仗的事情。战争中杀人众多，要用哀痛的心情对待。打了胜仗，要举行丧礼追悼战死的人。

［解说］

人类之所以要打仗，根源于两个原因，一是利益冲突，一是价值冲突。这两者常常是纠结在一起的，比如美国人和伊拉克人的冲突，既有价值冲突，也有利益冲突。在同样具有资本主义价值体系的人们之间，也同样存在着冲突，这就是利益冲突，如第一次世界大战就是资本主义列强之间的战争。

坚持大道的人们，与其他人的价值体系不一样，于是便会出现价值冲突。在价值冲突中，如果是具有新的价值体系的圣人掌握了执政权力，就可以通过其对这种价值体系的坚守来传播这种价值体系，把民众都凝聚吸引到自己周围，就可以“常善救人，故无弃人；常善救物，故无弃物”，从而形成一个和谐稳定的政治体系，此即“大制”。

但是圣人掌权的情况在中国和世界的历史上，都是罕见的。经常是由那些价值体系很低劣的人执掌着权力。这些掌权者无法容忍新的价值体系持有者，比如说国民党反动派，其对共产党的口号就是“宁可错杀三千，不可放过一个”、“茅草要过火，石头要过刀”。然而，“夫乐杀人者，则不可以得志于天下矣”，这是老子所发现的一个社会规律，可以说是屡试不爽。蒋介石没有得志于天下，日本鬼子和希特勒也没有得志于天下。当今世界，仍然有人靠发动战争来刺激经济，还有人把 80%的地球人视为“垃圾人口”，必欲除之而后快，甚至有人认为“杀人挺好玩”[①]，这种人虽然张狂于一时，但其失败的命运也是不可避免的。

面对凶残的对手，闻道者必须有武装斗争的一手。具有先进价值体系的人们，必须在战场上制服那些坚持着低水平价值体系的旧统治者，把执政权力夺过来，并且还要通过坚持党的领导，把执政权力始终掌握在闻道者手中，然后才能进行价值体系的建设和构建和谐社会。

我们在国际冲突中面对的都是未闻道的国家，所以就必须有强大军力。没有硬实力，我们的软实力也就推广不开。以道佐人主者不愿意打仗，被逼无奈之下，也必须战而胜之，这样才能给新的价值体系开辟一块生存空间。

[①]曾说“杀人挺好玩”惹争议，马蒂斯被提名为中央司令部司令[N]．参考消息．2010－7－10(3)．

第三十二章

[原文]

道常无名[1]，朴虽小，天下莫能臣也[2]。侯王若能守之，万物将自宾[3]。天地相合，以降甘露，民莫之令而自均[4]。始制有名[5]，名亦既有，夫亦将知止，知止可以不殆[6]。譬道之在天下，犹川谷之於江海[7]。

[注释]

[1]道常无名：“无名”即是“没有被人认识”；本句的意思是，道经常地处于人们的意识之外。

[2]朴虽小，天下莫能臣也：“天下莫能臣也”在郭店楚简中为“天地弗敢臣”，廖名春先生认为“敢、能二字通用，是因为二字义有相通。”“朴虽小，天地莫敢臣”的意思是，道虽然微妙无形体，但天地也不能役使它。

[3]宾：服从，归顺。

[4]民莫之令而自均：没有人下令而自然均匀地润泽于人。

[5]始制有名：廖名春先生解释为“开始给它创造名称”。道就是价值体系，它要在人们的实践过程中一步步地展开，原本“无名”，也就是说，人们起初没有意识到它的存在，随着成长的过程而逐步被人们意识到，成为自觉追求的目标，逐步成为“有名”；还有一些目标，如发财致富、个人成就等，它们也要逐步地上升到意识层面，成为自觉追求的目标；正是由于这个成长过程，人们的价值体系逐步丰富全面起来。

[6]名亦既有，夫亦将知止，知止可以不殆：有了这些目标，在追求它们时还要注意适可而止。知道把自己对各种目标的追求控制在适度的范围内，就不会遇到危险。比如说对 GDP 这个目标的追求可以促进生产力发展，但也还要把这种追求约束在适度的范围内，用科学发展观来规范经济建设。但如果不能知止，就会越过科学发展的边界而带来危害。

[7]譬道之在天下，犹川谷之於江海："於"在其他诸本中均为"与"，当作"亲附"解，如《国语·齐语》："桓公知天下诸侯多与己也。"大道之在天下，之所以"犹川谷之与江海"，就在于大道是全面地保障人生和谐幸福的价值体系，在践行低水平的片面的价值体系中碰壁之后，人们自然就会趋向于大道，就像小河必然要流向大海一样。

[译文]

道经常地处于人们的意识之外，它虽然微小无形，天地都不能役使它。侯王如果能够坚守大道，民众自然就会前来归附。暖湿气流与冷空气相汇就会降下雨露，人们不必指令，就会自然均匀。价值体系在人们的社会实践过程中逐步进化，原本处在无意识之中的需要上升到意识层面，于是便有了名字，成为人们自觉追求的目标；有了这些目标，在追求它们时还要注意适可而止。知道适可而止，就不会遇到危险。大道对于天下人来说，就像河流溪水必然要流向江海一样，不管他们经历多少曲折，最终都要回归到大道上来。

[解说]

本章分为两部分，分别以"道常无名"和"始制有名"开头。"道"就是价值体系，从"无名"到"有名"，这实际上是人类对价值体系的认识发展过程，从无意识进展到有意识；这不是一个孤立的思想认识进步过程，与之相伴随还有一个改造自然与社会的宏大历史过程。西方人一开始是把思想意识的进步局限在哲学领域，到了马克思才发现，这是一个人类实践的历史过程，在它下面还存在着一个经济基础和上层建筑的发展过程。而在老子这里，他很早就把"无名"和"有名"与天地万物的发展有机地联系在一起了，由此足见中华民族的早慧。

解释本章的要点在于"知止"二字。这两个字在王弼本中为"知止"，在河上公本中作"知之"。高亨先生赞成河上公本，廖名春先生也将其释为"知之"。但从道即价值体系论的立场来看，还是"知止"为好。其理由如下：

这里涉及"常道"与"可道之道"的关系，"常道"在用之于社会生活过程中，必须具体化，形成被人们意识到的目标，此即是"始制有名"。比如说，科学发展观就相当于常道，在具体实施过程中，并不是一开始就被人们认识，而是由浅入深地逐步地提出一系列具体指标，比如总产值、财政收入、人均国民收入等。用它们作为评价干部政绩的标准，就会引导地方各级政府只注意这些指标，而忽视另外一些指标，发展过程便会失去平衡，环境污染了，两极分化也不断扩大起来，所以就必须“知止”。再比如说市场经济，这个东西是发展经济所离不开的，但也不能无限制地放任其发展，找到它的适用范围并把它控制在社会和谐的范围内，这才能算是“知止”。当人们终于找到这各项指标、各种政策、举措的“止”的范围之后，也就知道了社会发展的“常道”，社会发展也就自然而然地趋向于和谐了。

对于个人来说也是同样，人生而必然具有各种需要，也就具有各种欲望。完全的“无欲”是不可能的，假如有小朋友不想吃不想喝，其家长肯定会急着把他往医院里送。因而人都有欲望，却又都要知“止”，把欲望控制在适度的范围内，也就是把它控制在个性健康发展和有利于社会和谐的范围内。

比如说，吃东西是人生的正常需要，但如果把它作为核心价值，那就不利于个性的健康发展。手边有一份 2008 年 3 月 17 日的《参考消息》，上面正好有一个特别夸张的例子，据[埃菲社伦敦 3 月 15 电]，“上周五，为安葬英国一名 29 岁、体重高达 330 公斤的死者，当地不得不求助于吊车。”据报道说“由于他的体积是常人的两倍，由于体形过于宽厚而无法进行火化。6 名掘墓人在推土机的帮助下，花了 5 天时间才挖好他的墓地”。食色性也，但必须“知止”，英国的这位先生太不“知止”，给社会造成了太多的麻烦，他自己肯定也不幸福。

要“知止”，就必须知道“常道”，按“常道”的要求来行动，而不是在一些低层次的价值体系的控制下无限度地向前奔跑。“常道”是可以无限追求的价值，对它的追求无须“知止”，只有这样的价值才可以承担核心价值的重任。在它的统率下，人们才能建立起一个完善的价值体系，其他各种价值都必须围绕着它、服务于它，才能保持在正常的范围内。其他各种价值则不能无限制地追求，“知止”方可“不殆”，因而它们承担不了核心价值的重任。对于执政者来说，更要率先认识到这一点，超越低水平价值体系的控制，建立起一个以“常道”为核心的价值体系。做到这一点，我们就可以：

一是占领道义上的制高点，树立良好的国际形象。如果我们坚持那种所有的人都拥护的目标，便具有了引导世界潮流的“软实力”，便可“为天下谷”，使天下归心。我们现在已经有了这样的目标，这就是“以人为本”、“科学发展观”和“构建和谐社会”，所以我们应当旗帜鲜明地坚持这些价值，理直气壮地占领道义上的制高点。相比之下，资本主义经济模式导致两极分化、自然生态恶化等各种灾难，使任何有良知的人都无法继续忍受下去。有道是“人往高，水往低”，坚持高级价值是人的天性，这就像往低处流是水的自然规律一样。只有这样，才能占领道义制高点，使世界各国人民对我们引颈相望。

二是引导社会风气，找到根治各种社会问题的钥匙，万物将自宾。人民群众如果没有正确的人生追求，就无所谓是非曲直，正义与邪恶的界限就分不清，于是便成了一盘散沙，为了生存而铤而走险，自然就会引发各种社会问题。要想根治这些问题，还是要从领导者自身对大道的坚守做起。领导者坚守大道，就是代表人民的根本利益。社会集体的事情应当由谁说了算，地球上的事情应当由谁说了算，谁的价值体系最先进，就应当由谁说了算。如果价值体系很落后，不管其人数多么众多，都不能作为决策依据，这是以老子为先驱的这种和谐政治学体系的起点、基石。

对于个人来说，闻道与否，至关重要。对于社会来说，掌权者闻道与否至关重要。西方的那一套政党制度，由于忽略了价值体系的建设，所以就不能保证闻道者掌权，是一个沐猴而冠的制度，它无法把社会引向和谐稳定。社会主义制度之所以优越，就在于它是一个可以保证闻道者掌权的制度。有些人之所以向往西方那一套政治体制，也无非是因为没有闻道，不知道评价政治制度优劣的根本标准，把那些不重要的标准诸如“民主”作为核心价值，结果就把西方的那一套制度看作天经地义。以狭隘的价值体系为核心标准，必然导致错误的结论；坚持低层次的价值而不“知止”，则必然导致灾难。

我们中国人坚持大一统的政治体制，经历了漫长的岁月，既充分地展现了这种体制的优越性，也充分地展现了这种体制的弊端。与之相对应的，西方的那种政治体制，也已经把其优越性和弊端展现了出来。当今人类需要有人把东西方政治体制的优点综合起来，实现人类社会事务的科学管理。谁有能力完成这个综合呢？这就要寄希望于当代“侯王”——中国共产党人，既掌握了执政权力，同时又占据了人类精神进步的制高点，因而就能以开放的心态，综合两种体制的长处，培育出一套科学合理的政治体制。

第三十三章

[原文]

知人者智，自知者明[1]。胜人者有力，自胜者强[2]。知足者富。强行者有志[3]。不失其所者久[4]。死而不亡者寿[5]。

[注释]

[1]知人者智，自知者明：王弼注，“知人者，智而已矣，未若自知者，超智之上也。”

[2]胜人者有力，自胜者强：王弼注，“胜人者有力而已矣，未若自胜者。”

[3]强行者有志：王弼注，“勤能行之，其志必获，故曰强行者有志矣”。

[4]不失其所者久：所，即住宅，比喻人们所坚守的大道。如孟子所说的“仁，人之安宅也；义，人之正路也”。王弼注本句曰：“以明自察，量力而行，不失其所，必获长久矣。”

[5]死而不亡者寿：王弼注，“虽死而以为生之道不亡，乃得全其寿，身没而道犹存，况身存而道不卒乎”。在帛书甲乙本中，“亡”均为“忘”。虽然“亡”、“忘”不同，但意思却是一样的：坚守大道的人虽然死去了，他对社会价值体系的进步所做的贡献却保存下来了，并没有消亡，被民众念念不忘，所以是真正的长寿。

[译文]

能够看清别人价值体系的优劣的人有智慧，能够认清自己价值体系的优劣的人是真聪明。能够帮助别人克服谬误、回归大道的人有力量，能够战胜自己的非理性欲望的人真强大。知道满足的人是富有的。能够努力不懈地坚守大道的人才算有志气。持之以恒地坚守大道的人才能保持长久。身虽死而其坚守大道的影响力仍然能继续保持的人才算是真正的长寿。

[解说]

“自知者明”之所以很难做到，这是因为，很少有人能够对自己的价值体系进行反思。所以便处于“独断论”的迷误之中，用自己的价值体系为尺度来量度别人，认为自己的价值体系就是标准的尺度，既不“知人”，也不“自知”。人要想“知人”和“自知”，就要克服价值体系的独断论，对自己的价值体系来一个反思。

“自胜者强”，即是战胜自身的非理性欲望，把自己的行为规范在科学合理的范围之内，此即上一章所说的“知止可以不殆”。

“知足者富”，与之相对应的是“不知足者穷”。有的人已经有了很多钱，却仍然在贪欲的操纵下，拼命捞钱，这就是“心穷”，这种人是真穷。

需要解释一下“不失其所者久”，它所说的是人的实践与价值体系的关系。关于这种关系，人们作过多种比喻，“道”就是一种比喻，老子把它比喻为人们所走的路，有大道，有小径，唐太宗后来进一步发挥说：“邪径近而易践，大道远而难遵。”还有人把自己的头脑比喻成一座房子，要自己把它打扫干净了，让高尚的灵魂搬进来居住；另外则有人反过来把某种价值体系比喻成房子，要求大家都住进去，如孟子所说的“仁，人之安宅也”。老子所说的“不失其所”，也是把大道比喻为一所房子，要求人们搬进去后就不要再搬走了，长期地居住下去。用现在的话来说，“不失其所”就是要坚持实践社会主义核心价值体系。我们应当对自己所选定的价值体系的先进性保持自信，不能见异思迁，这样才能始终保持价值体系的高度。对个人来说，只有这样才能长久地保持人格的高度，不至于晚节不保；对国家来说，也只有这样，才不至于在社会主义道路上半途而废。

后面第五十九章也说到“早服谓之重积德；重积德则无不克；无不克则莫知其极；莫知其极，可以有国；有国之母，可以长久；是谓深根固柢，长生久视之道”，也是对“不失其所者久”的进一步重申。

关于“死而不亡者寿”。在我们看来，整个历史也无非是人类价值体系进化的历史，从动物式的价值体系进化到人的价值体系的历史，这是人类从动物界分化出来、把自己提升为真正的人所必须完成的一步。社会价值体系的成长是人类集体进步的过程，单个人的价值体系的进步只是历史大潮中的一朵浪花，它是不稳定的难以持久的，只有那积淀到社会集体意识甚至是渗透到风俗文化中去的价值，才是国家民族的稳固持久的精神财富，才可以把这个集体中的所有成员都提升到新的生存状态。关于人生价值问题，人们各自有着不同的标准，但从整个历史就是价值体系的进化过程来看，评价人生价值的最后的终极的标准就是人们在这个进化过程中所发挥的作用。有的人积极地推进了这个过程，他们所发现的新思想、所创造出来的业绩长久地保存在人类集体的精神财富之中，福荫后代，所以便可“死而不亡者寿”，这也就是人的生命所能够达到的最高价值了。

不管是动物还是植物，任何物种都本能地保护自己的基因。人类也具有这种本能，除了要保护自己这个物种的基因以外，还要推进价值体系的进化。中国传统文化把“立德、立功、立言”称为“三不朽”，其之所以如此，就在于这些都影响了社会价值体系，长久地保存在社会价值体系之中。我们有老子、孔子等一大批思想家，他们著书立说的目标就是为了藏之名山、传之后世，为塑造中华民族的精神做出了自己的贡献；还有岳飞、文天祥等许多民族英雄，他们浴血奋战，慷慨悲歌，不仅是为了抵御外敌的入侵、保卫我们种族的基因延续下去，同样也为塑造中华民族的精神做出了自己的贡献；他们都永远地活在我们这个民族的记忆之中，因而便是“死而不亡者寿”。

在建立新中国的过程中，有无数革命先烈抛头颅、洒热血，推翻了三座大山，从而使后来的人们生活在社会主义制度之下，改变了、提升了我们的生存状态，他们的努力在我们的生命过程中发挥着作用，这也是“死而不亡者寿”；在新中国建立以后还有焦裕禄、孔繁森、谷文昌等一大批优秀领导干部，他们并不知道现在所说的以人为本、科学发展观与和谐社会，也没有有意识地要建设社会主义核心价值体系，但由于具有了崇高的人格，便可自然而然地做到以人为本，推动科学发展和促进社会和谐；不仅在物质文明建设上发挥极大推动作用，对于社会价值体系的建设来说，他们的榜样至今仍然发挥着积极的推动作用，这也是“死而不亡者寿”；他们也实现了生命的最大价值。

第三十四章

[原文]

大道氾兮，其可左右[1]。万物恃之而生而不辞[2]，功成不名有[3]，衣养[4]万物而不为主。常无欲，可名于小[5]；万物归焉而不为主，可名为大[6]。以其终不自为大，故能成其大。

[注释]

[1]大道氾兮，其可左右：王弼注，“言道泛滥，无所不适，可左右上下周旋而用，则无所不至也”。其：高亨注，“犹岂也”。“左右”，也可解为“支配、影响”。

[2]恃：依靠、凭借；辞：高亨注，“此当读为司，管理也”。

[3]不名有：高亨注，“不称为己有。名，称也”。

[4]衣养：高亨注，“衣养即包育”。

[5]常无欲，可名于小：王弼注，“万物皆由道而生，既生而不知其所由，故天下常无欲之时，万物各得其所，若道无施于物，故名于小矣”。

[6]万物归焉而不为主，可名为大：王弼注，“万物皆归之以生，而力使不知其所由，此不为小，故复可名于大”。

[译文]

大道无所不在，岂可以由人们随意支配。万物依赖它生长，而它不去管理，功成事就却不自以为有功。它包育万物，而不自以为主宰；它没有私欲，可以称之为“小”，万物归附而不自以为主宰，可以称之为“大”。正因为它始终不自以为伟大，所以才能成就它的伟大。

[解说]

在这个生机盎然的地球上，大道无处不在；其所掌控的“自组织”过程也无所不至。这便是本章所说的“大道汜兮，其可左右”，也就是第七十三章所说的“天网恢恢，疏而不失”。面对这样一个宏大而无形的天网，人类个体的有限智力怎么能控制和影响它呢？就算是我们闻道了，也仍然处于大道的控制之下，是大道运行的有机组成部分。大道“玄之又玄”，人们对它的认识与实践深入一步，它也深入一步；它总是走在人类意识的前面，处于更深的一个层次，控制着社会生活过程，包括人们的胡作非为，也仍然处于它的控制之下。此即“天网恢恢”，它像一位好家长，孩子们如果自觉听话，它就鼓励他们，给他们一个和谐安宁的生活；谁不遵守它的法则，它就会惩罚谁，让他们自己把石头搬起来砸自己的脚。

大道“终不自为大”，这与普通人不同。不管处于何种发展水平，人们的心灵深处都有一个核心价值，那是他的终极目标，与他的生命一样重要；他要坚持这个价值，捍卫这个价值，用它来改造自己和社会，愿意为之付出一切。这是人性中最隐秘的最顽固的本能，就算是那种对所有高尚价值都不屑一顾的人，就算是那些最谦卑的人，也具有这种本能，把自己所拥抱的那个核心价值奉为至高无上，一旦有人触动那个价值，也会激动万分地为之辩护。理解了这一点，我们便可理解马克思所说的这句话：“政治经济学所研究的材料的特殊性质，把人们心中最激烈、最卑鄙、最恶劣的感情，把代表私人利益的复仇女神召唤到战场上来反对自由的科学研究。”[①]理解了这一点，我们便可理解，对于一个以个人物质利益为核心价值的人来说，如果掌了权就一定是贪官，就像小猫必然要偷鱼一样。

认识到大道“终不自为大”和存在于自身灵魂深处的这种自大本性，为了避免误入歧途的命运，我们就要对大道怀有永远的敬畏，对自身的弱点保持高度警惕。即使是我们想要建设一个以大道为“序参量”的理想社会，也不要企图把一切都置于自己的掌控之下，我们所能做的也不过是管好我们自己，循道而行。大道茫茫，沛然塞乎天地之间，尚且“终不自为大”；我们那点力量在它面前又何足道哉？

[①]马克思．资本论：第一卷[M]．北京：人民出版社，2004：10．

第三十五章

[原文]

执大象[1]，天下往[2]。往而不害[3]，安平太。乐与饵[4]，过客止。道之出口，淡乎其无味，视之不足见，听之不足闻，用之不足既[5]。

[注释]

[1]执：掌握、坚持。象即是客观存在物在人们头脑中的形象；如“是谓无状之状，无物之象，是谓惚恍”（第十四章）；“惚兮恍兮，其中有象”（第二十一章）；“大象无形”（第四十一章）；大象即是大道在人们头脑中的形象，即终极的价值体系；执大象即是坚持这种价值体系。

[2]往：归附。侯王坚持大道，天下万民就会前来依附。

[3]害：与“大制不割”的“割”同义。

[4]饵：糕饼，亦泛指食物。

[5]既：尽也。

[译文]

始终一贯地坚守大道，普天下的民众便会前来归附。为民众建立起完善的政治制度，保证其天性充分发展、不受伤害，便可共享安宁、和平与康泰。听到美好的音乐和闻到美食的香味，路过者就会为之停步。大道如果用言语来表述，平淡得没有滋味，想看却难以看见，想听也难以听清，使用起来则不可能穷尽。

[解说]

对于社会运行过程的整体形象的把握，我们确实就是盲人摸象的故事中的那些盲人，大家都在黑暗中摸索，都处于片面性之中。我们要想克服片面性以达到全面的认识，对认识大象来说，就要找到大象的遗传密码，对于认识社会来说，则必须认识到价值体系的存在。如果人们还想构建和谐社会，那就必须找到那种能够保证社会和谐的价值体系，把它修之于天下。

这个任务极其宏大，圣人不能独自完成，他就必须把大道在社会集体中建立起来，修之于这个集体，从“家”、“乡”直到“全天下”，形成一个完善的社会组织来保证人的天性的正常实现，不受伤害。这个以人的自由全面发展为目标的政治组织，便是老子所谓的“大制”。所谓“大制不割”，也就是建立一个理想的政治制度来保证每个人的自由全面发展。研究这个“大制”的形成过程，便可建立起一门新的政治学——和谐政治学。

“大制”之所以是“大制”，就在于它是以“大道”为序参量而组织起来的。这是一个自组织过程，其起点是领导者的价值体系。领导者的价值体系的高低因而就是“大制”能否形成的决定性因素，这不是他口头上所标榜的那种价值体系，而是他所实际达到的价值体系。比如赫鲁晓夫在口头上还是要坚持社会主义道路的，但由于他的价值体系并没有超出资本主义的狭隘眼界，所以他就把苏联领上了回归资本主义的道路。由此可见，一个社会的领导，不管他口头上说的是什么，其实际的价值体系都在无形之中发挥着“序参量”的作用，引导着社会运行过程。这是不以他们自己的意志为转移的客观规律，如果其价值体系是低层次的，以此为序参量而形成的制度就不可能是“大制”，而只能是“小制”，就必然会阻碍民众向更高水平的发展，束缚民众的发展，这就“割”掉了民众向更高水平发展的可能性。苏联解体后，生产力水平急剧下降，两极分化严重，黑社会横行，人均寿命下降，这就是对民众的健全天性的残害。

由于坚守大道的人太少，所以，人性的健全发展在当今世界上还是一个奢侈品。西方国家以财富的私人占有为核心价值，这样的社会文化环境进一步把人培养成守财奴、消费机器、色情狂，他们还发动战争，破坏敌国的经济，杀戮无辜平民，这就更加残害人性了。

除了在国家层面上的自组织过程中必须坚持大道以外，在社会组织的每一个层次上都存在着能否坚守大道的问题，这实际上是每一个人都要面临的大问题。比如一个小孩出生后，其家长如果不能坚守大道，那就会在无意识之中残害了其健全天性；在学校遇到的老师是否坚守了大道，也很难说；再加上周围的同学、亲戚朋友等，还有那紧盯着其钱包的那些不良商人，又有谁能用大道来影响他呢？经过这样日积月累、水滴石穿的塑造，这个孩子还不等到长大就被“割”得面目全非了。在这种情况下，出现黑砖窑之类残害人性的现象，也就不奇怪了。

因而，对“大制”的追求是社会集体的共同追求，只有在每个人都追求这个目标的情况下，才能形成完美的政治制度。然而，要想让每一个人都知道社会进化的大目标是不现实的，所以就需要把这个大目标细化为对完美人性的追求，通过每一个人对自身完美的追求来推动“大制”的自组织过程。究竟是先有完美的制度还是先有完美的人性，这正是那个先有鸡还是先有蛋的问题的再现。在每一个体追求自我完善的过程中，这个先有鸡还是先有蛋的问题便可以自然而然地得到解决。马克思曾说过，“环境的改变和人的活动或自我改变的一致，只能被看作是并合理地理解为革命的实践”[①]。现在看来，环境的改变和人的活动或自我改变的一致，只能产生于人们追求自身完美的实践。不管是多么糟糕的制度，都不可能把人性中的健全天性扼杀干净，所以就总还是会有人出来倡导大道，改造社会，推进人性的进化。就是在美国那样的文化环境中，也还有共产党，也还有人坚持社会主义理想。所以，不管局面多么混乱、形势多么糟糕，人类依然可以拨乱反正，敝而新成，所以我们永远有理由对人类的未来怀有美好的期待。

“乐与饵，过客止”，这是说美好的音乐与食物对人们具有很强的吸引力，这与大道的平淡无味截然不同。所以，人们要坚守大道，就必须有清醒的自觉，甘于淡泊，有意识地抵制诱惑。“乐与饵”在这里泛指人所天然具有的那些基本需要以及外部的各种诱惑。在误入歧途的人们中，很多人并非不明事理，只是在关键时刻不能自我把持，随波逐流，被外部的诱惑所裹胁。为避免这种悲剧，人们就应当甘于淡泊，味无味之味。

[①]马克思恩格斯选集：第1卷[M]．北京：人民出版社，1995：55.

第三十六章

[原文]

将欲歙[1]之，必固张之；将欲弱之，必固强之；将欲废之，必固兴之[2]；将欲夺之，必固与之。是谓微明[3]。柔弱胜刚强。鱼不可脱于渊，国之利器不可以示人[4]。

[注释]

[1] 歙:《韩非之·喻老篇》引作“翕”（音 xì），收敛的意思，与“张”的意思相反。

[2] 必固兴之: 高亨本根据帛书甲乙本把本句改为“必姑与之”，我以为“兴”与“废”意义正好相反，所以还是不改为好。

[3] 微明: 微妙的智慧。

[4] 鱼不可脱于渊，国之利器不可以示人: 人们通常把这一句理解为老子的权术思想，始作俑者为《韩非子·喻老》。从道即价值体系论的立场来看，还可以这样解释: 柔弱胜刚强是一种规律，是管理国家事务的利器，但没有闻道的人们难以理解这个规律；并不是圣人想把这些利器藏起来不告诉他们，而是因为未闻道者离不开逞强斗狠的思维模式，其理解能力受其低水平价值体系的束缚，这不是因为老子有意要对他们留一手，而是他们自已理解不了，正如老子自已所说的那样:“吾言甚易知，甚易行。天下莫能知，莫能行。”

[译文]

想要收敛它，那就先扩张它；想要削弱它，那就先加强它；想要废除它，那就先兴盛它；想要剥夺它，那就先给予它。这是微妙的智慧。柔弱者可以战胜刚强者。就好像鱼无法摆脱水的控制一样，未闻道的人无法摆脱丛林法则的控制，理解不了“柔弱胜刚强”这一治国之“利器”。

[解说]

本章所讲的是对价值体系的演变过程进行调控的艺术。在价值体系的成长过程中，存在着一个物极必反的规律，不管是个人价值体系的成长，还是社会价值体系的成长，都遵循这个规律。那率先闻道的人们要想引导或促进这个过程，就不能强行把自己的意志强加于这个过程，而是必须依据这个规律，顺应这个过程。这便是第四十章所说的“反者道之动，弱者道之用”。所以我把这一句与本章联系起来进行解释。

所谓“反者道之动”，从人类历史的整体来看，历史总是波浪式地向前发展的，不可能一条直线地向前发展。历史向相反方向的运动，可以积蓄起向前进的力量。比如资本主义生产方式在全世界一枝独秀，改变了整个地球的面貌，但与之同时也给人类社会带来生态破坏、环境污染、资源匮乏等一系列灾难性恶果，迫使人类抛弃这种生产方式。再如某些反动派和落后势力的充分表演，反而会充分暴露自己，让人民群众起来把它扫进历史垃圾堆。

进一步来分析，所谓的人民群众，实际上是由无数个体组成的。社会集体意识归根到底是每一个体的意识的集合，要研究社会意识的形成，归根到底，还是要研究个体意识的形成过程。从每一个体的成长过程来看，他的成长觉悟过程也不是一条直线，也经历了很多挫折，走了很多弯路。人之初，性本善；但在还没能有意识地选择的时候，就接受了来自社会环境的塑造。由于各自所经历的成长环境的不同，所接受的教育也有很大差别，人的深层潜意识好似一盘录像带，把这些东西都保存下来，人们在长大以后就习以为常，以为它们就是自己的本性，坚信不疑。于是，人们在能够对社会发挥决定性影响之前，就已经被决定了，正像马克思所说的那样，“一切已死的先辈们的传统，像梦魔一样纠缠着活人的头脑。”[①]但人们没有意识到这一点，他们认为那就是自己的利益和意志，并为之不遗余力地呼叫自由民主权利。

但究其实，人们并不自由，也没为自己做主，他们不过是社会价值体系自我延续的“刍狗”。特别是那些非理性的、低水平的价值体系控制着人们的时候，人们就会身不由己地趋向于自我毁灭。要想获得真正的自由民主，就必须摆脱环境在人们还没有能力自我选择时所强加给人们的东西，自我净化。

[①]马克思恩格斯选集：第1卷[M]．北京：人民出版社，1995：585．

这便是老子、孔子、苏格拉底、释迦牟尼、耶稣、真主等人类精神导师所一向教导我们的那些东西——开悟，闻道，明心见性，立地成佛；这也就是马克思、毛主席的共产主义运动所追求的目标——人类的解放。有很多人把马克思主义与以往的各种宗教对立起来，但究其实，他们所要做的是同一件事情，马克思主义不过是走得更远一些，成了以往各种宗教的继承者和他们的目标的最终实现者罢了。

人类的解放归根到底是从私有制所强加的价值体系的奴役下解放出来。这不仅是一个集体的解放过程，同时也是每个人的自我解放过程。于是那些率先闻道的人，就承担了一个重大的责任，促进人类整体的闻道过程。无知者无责任，有知者则有责任。知识与责任同时产生，所以率先闻道的共产党人要承担起这项神圣的责任。要想履行好这项责任，共产党人就必须掌握调控社会价值体系的艺术，遵循价值体系的成长规律。所谓“将欲歙之，必固张之；将欲弱之，必固强之；将欲废之，必固兴之；将欲夺之，必固与之”，也就是遵循着道的运动规律，也就是说，对那种低水平价值体系的危害，人们一时还看不清，所以就需要发挥反面教员的作用，让它继续发展，把其危害后果充分展示出来，人们才能看清，然后就会抛弃它，终结它。

对于个体的开悟来说，也是同样。通过教育来把人引上正路，必须是在幼儿时施加潜移默化的影响，但如果是对那些在低水平价值体系上已经很稳固的人，要想把他们教育过来，希望就很渺茫。所以，闻道者索性就放纵其缺点，让其自我膨胀起来，把这种价值体系的缺陷充分暴露出来，从而促进其觉悟。但这种做法也会有风险，有些人会在此过程中得到觉悟，有些人则会执迷不悟，带着花岗岩脑袋去见上帝。所以，建设社会主义核心价值体系的最好办法，应当是在人生的幼儿时代就施以正确引导。对于农民来说，人误地一时，地误人一年。而对于人的闻道过程来说，如不及时引导，则会误了他们的一生。

老子所说的“柔弱胜刚强”，经常地被人们忽视和误解，其实这是一个在大自然中广泛存在的规律。这里引证一段资料：“海滩上的蓝甲蟹分为两种，一种是比较凶猛的，不知躲避危险，跟谁都敢开战；一种是温和的，不善抵抗，遇有敌人，便翻过身子，四脚朝天，任你怎么叼它，踩它，它都不理不动，一味装死。经过千百年的演变，出现了一种有趣的现象：强悍凶猛的蓝甲蟹越来越少，成了濒危动物；而较弱的蓝甲蟹，反而繁衍昌盛，遍布世界许多海滩。动物学家研究发现，强悍的蓝甲蟹一是因为好斗，在相互残杀中首先灭绝了一半，其次是因为强悍而不知躲避，被天敌吃掉一半。而软弱的会装死的蓝甲蟹，则因为善于保护自己，反而扩大了自身。”[①]

在人类社会也存在同样的现象，老子发现了这里的秘密，他在这一章说“柔弱胜刚强”，此外在第四十二章又说“强梁者不得其死”，在第七十六章又说“坚强者死之徒，柔弱者生之徒”。正因为这个原因，他在第四十章强调“弱者道之用”，在第三十章告诫人们“以道佐人主者，不以兵强于天下”，在第五十二章又提醒说“守柔曰强”，在第七十八章又说“弱之胜强，柔之胜刚，天下莫不知，莫能行”。

我们现在要建设社会主义核心价值体系，也应当借鉴老子的智慧。这是因为，首先，在价值体系的层次上进行调控，所要解决的是思想认识问题，这就不能靠强制压服的办法，只能是和风细雨、循循善诱的办法。其次，新的价值体系刚诞生时，都是柔弱的，但由于它肩负着人类继续生存繁衍下去的希望，所以最终要战胜现在还很强大的落后的价值体系。但我们也需要注意避免片面性，在两种价值体系的冲突过程中，闻道者不能一味示弱，必须强大起来，才能战胜落后的价值体系，后者不会自动退出历史舞台。

对老子的“将欲歙之，必固张之；将欲弱之，必固强之；将欲废之，必固兴之；将欲夺之，必固与之”，许多人认为这是一种权术，甚至是阴谋，包括魏源先生也说“此言君子待小人之术也”。究竟是不是阴谋权术，我看这要取决于使用者是否坚守着大道。如果不坚守大道，比如一些君王用这种方法来处理与部下的矛盾，放纵其野心膨胀，然后再致之于死地，这就属于阴谋。如果使用者坚守大道，目标是帮助人们闻道，那就是阳谋，这是因为，坚守大道的人代表了全体人民的利益，包括那些需要“歙之”、“弱之”、“废之”、“夺之”的人们的利益。

[①]做弱者也是智慧[N]. 郑州日报. 2009－7－2.

第三十七章

[原文]

道常无为而无不为[1]。侯王若能守之，万物将自化[2]。化而欲作[3]，吾将镇之以无名之朴[4]。无名之朴[5]，夫亦将无欲[6]。不欲以静，天下将自定[7]。

[注释]

[1]道常无为而无不为：本句在郭店楚简中为“道恒无为也”，意为道始终是顺应万物之自然而不主动有为。

[2]侯王若能守之，万物将自化：本句在郭店楚简中为“侯王能守之，而万物将自为”，意为“侯王如能坚持无为之道，万物就会自然而成。”

[3]化而欲作：郭店楚简为“为而欲作”，在万物自为的过程中，又会产生新的欲望，或是把本来处于正常范围内的欲望推向极端。

[4]吾将镇之以无名之朴：郭店楚简为“将正之以无名之朴”，“无名之朴”即是尚未被人们认识的大道；“正之以无名之朴”即是采用种种说服教育的方法来潜移默化地引导人们接受大道。

[5]无名之朴：郭店楚简无此四字。

[6]夫亦将无欲：郭店楚简中为“夫亦将知足”，“知足”比“无欲”要合理；用“无名之朴”来引导民众，人们就会知道满足。

[7]不欲以静，天下将自定：郭店楚简为“知足以静，万物将自定”，知道满足了，就会安静下来，天下万物将自然而然地走上正轨。

[译文]

道始终顺应万物之自然而不主动有为。侯王若能坚守它，万物就会自然而成。在万物自为的过程中，又会产生新的欲望，或是把本来处于正常范围内的欲望推向极端，那我就用“无名之朴”来纠正它。民众就会知道满足，知道满足就会安静下来，天下万物将自然而然地走上正轨。

[解说]

老子居高临下，用悲悯的目光俯视人类。人们自己制造出各种问题，然后互相指责、争吵以至大打出手，乱作一团；包括那些真心诚意地为人类着想的人们，也在关于各种救世方案的争吵中空耗精力，然后是束手无策，听天由命，眼睁睁地看着自己的灭亡。

如何把人们从这种悲惨状态下解救出来呢？老子提出了一个药方——“正之以无名之朴”。两千多年之后，我们现在终于理解了其中的含意，那就是建设社会主义核心价值体系。老子所说的“大道”或者“无名之朴”，就是社会主义核心价值体系，认识到这个价值体系并主动地坚守它，这是最高层次的社会管理技术，也是一种极其高明的管理艺术。在第三十二章中，老子说“侯王若能守之，万物将自宾”，在这一章中，老子说“侯王如能守之，万物将自为”，他反复提醒“侯王”们承担起调控价值体系的责任，但遗憾的是，能够掌握这门艺术的人很少；在价值体系的坚守和建设上，历代“侯王”们大都是听天由命。价值体系自发地演变着，决定着历史进程。要想落实老子的方案，自觉地进行价值体系的建设，只有在社会主义制度之下才有可能。要做好这件事，只能寄希望于社会主义制度中的“侯王”——共产党人。只有在共产党执政的历史条件下，才能运用宣传工具、组织措施、政策机制来抑制那些扭曲狭隘的价值，倡导积极向上的价值，培养健康向上的有助于社会和谐的价值体系，这样才有可能达到老子所说的“万物将自定”的目标。

然而怎样进行建设，还有待深入研究。我们觉得，价值体系的建设应当就像农民种庄稼一样，先要对土地进行深翻，清除原来的杂草，然后把种子埋进土里，对它进行浇水施肥，让它自己成长起来。农民并不规定种子在什么时候发芽，什么时候开花结果，只是根据以往的经验，对其成长过程有一个大致的估计，适时管理。价值体系的成长过程也是同样，我们无法为之制订一个详细的规划，我们所要做的也不过是把社会主义核心价值体系的种子播散下去，让它在民众的心目中和社会生活过程中生根发芽，自动地成长起来。如果没有播下这样的种子，在社会的土壤里成长着的仍然是资本主义价值体系，要想在这块地里收获社会主义的果实，那就是一厢情愿。

共产党人承担了把大道灌输到社会生活过程中去的历史使命，所以就必须是闻道者。但在现实中，有些共产党人没有闻道，还有一些闻道者没有入党，两种人并不完全重合，所以就必须找到一个办法，保证在关键岗位上的共产党人正好是闻道者。只有那些闻道的共产党人才是真正的共产党人，而那些不闻道的共产党人则不是真共产党，他们一掌权，就会搞腐败，同时也必然要把社会事务管得一塌糊涂。与历史上的没有闻道的掌权者一样，他们不知道什么是真正重要的目标，既不知道以人为本与科学发展，也不知道和谐的价值，他们喜欢的是扩大人与人之间的差距，把自己摆在“人上人”的优越位置上。在他们自己堕落腐败的过程中，也把那一套低水平价值体系扩散开来，在这种情况下，诸如收入分配差距的不断拉大、环境的恶化、腐败的盛行、各种违法犯罪行为的猖獗、黄赌毒的沉渣泛起等，都是必然的结果。

要想防止出现上述情况，保证社会稳定地向前进化，就必须坚持共产党的领导地位，在此前提下，设计出一个保证闻道者掌权的选人机制。从整个人类进化的大背景下来看，中国共产党的执政地位极其重要，这是人类向更高文明进化的仅有的机遇。我们必须珍惜这一机遇，用好这一机遇。

[概述一]

《道德经》是和谐政治学的起点

对《道德经》上篇的三十七章，我们大致地进行了消化。有了这个基础，我们便可分析一下老子的“道”与我们所说的价值体系的区别与联系，然后从建设和谐政治学的高度，从中寻找解决人类现实难题的新启示。

一、老子的“道”与价值体系的区别与联系

首先，可以从结构上来进行比较。老子的“道”分为“常道”与“可道之道”。“常道”不被人们所认识，就像康德的“自在之物”一样，只能被人追求而不能达到；人们所体验的只能是“可道之道”，它实际上就是日常生活的欲望、需要。后来老子又把“道”区分为“天之道”和“人之道”，对两者进行了比较，指出“人之道”所带来的危害，并研究如何坚守“天之道”。

我们所说的价值体系也分为两种，社会主义核心价值体系与私有制价值体系。前者以人的自由全面发展为核心价值，因而是以人为本的价值体系，它保证人的正常发展；后者则以财富的私人占有为核心价值，因而是以物为本的价值体系。物质财富的价值非常重要，在人的价值体系中，它处于基础的地位，必须优先得到满足，但它担当不了核心价值的责任，如果把它作为核心价值，就会把人引入歧途。

从形式上看，道与价值体系是互相对应的，老子所说的“天之道”就是我们所要建设的以人为本的价值体系，“人之道”则是私有制社会所通行的以物为本的价值体系，因而可以说，道就是价值体系，常道就是社会主义核心价值体系。但仔细推敲一下，便可发现两者之间也有一个重要区别：老子的“常道”是本来就有的，“先天地生”，它要靠圣人去执之守之；而我们所说的社会主义核心价值体系则是从低水平价值而逐步成长起来的价值体系，需要共产党人自觉地建设它。因而老子的“常道”是在历史的入口处就有的东

西，而我们所说的“社会主义核心价值体系”则要在人类摸索了两千五百年之后，才能被人类发现并自觉地培育起来。这两者的区别，就像一个人在儿时的照片和他老年时的照片的区别，虽然是同一个人，差别却是极其显著的。

从功能上来比较，老子的“道”与我们现在所说的价值体系，都研究人的需要，以及这些需要在人们的意识中的反映；都想以此为依据建立起一个理想的政治制度，保证人性的健全发展。两者都在一个更高的理论层次上说话，这是一种更高级的政治学，不仅注意到政治过程的宏观过程，而且研究这个过程的微观基础，通过对微观基础的改善即人性的改善来改进宏观政治过程。老子的理论要通过圣人对“天之道”的领悟和实践来改进政治过程，社会主义核心价值体系则要通过共产党人的倡导和坚持，才能灌输到社会政治过程中去，使社会政治过程摆脱原有的周期性治乱循环的轨道，进入和谐稳定的新轨道。在这一点上，两者是完全一致的。

因而老子的“常道”或者说“天之道”与共产党人所说的社会主义核心价值体系同处于政治学的新高度上，它们都深入到政治过程的基础部分，认识到道即价值体系在社会生活过程中的主导作用，并自觉进行价值体系的建设，用“常道”或者社会主义核心价值体系来主导社会生活。只有进入这个层次，人类才能建立起科学的政治学，在社会政治领域进入自由王国。

而其他各种政治学则没有达到这个层次，不同时代的没有达到这个层次的政治家和学者们犯着一个同样的错误，他们都没有意识到价值体系在政治过程中的作用，没有看到价值体系的进化过程，当然也就更不可能把自己的价值体系提升到“常道”或社会主义核心价值体系的水平上；他们都把自己所达到的价值体系视为不言而喻的前提，视为是永恒的人性，都以为自己所坚持的是“常道”，他们都处于价值体系的独断论之中，所以就没有能力想象一种完美的社会政治制度，也就没有能力去建设这样的政治制度。在这种情况下，社会政治过程就只能停滞在原有的治乱循环中。就像赫鲁晓夫以后的苏联共产党人那样，即使继承了一个社会主义制度，他们也会把它搞垮。其价值体系的高度决定了他们只能继续生活在低级的政治制度中；没有能力坚持的东西，就算是侥幸得到了也一定不会长久。

在比较了“道”与社会主义核心价值体系之后，我们还可以简要地比较一下“道”与“德”。对这两者，庄子有一个形象的比喻，他在《大宗师》中说："泉涸，鱼相与处于陆，相响以湿，相濡以沫，不如相忘于江湖。""道"与"德"都像水一样，是人的生活必需品，但有的地方水源充沛，有的地方水源很紧张。生活在"大道"之中的人们，就像是生活在江湖中的鱼一样，不会因为缺水而忧虑。但对于那些孜孜以求地追求着德的人们来说，他们就像生活在"泉涸"之地的鱼需要相濡以沫一样，由于大道的衰退，才产生出"德"的需要，所以就需要有儒家等出来提倡道德。这个"相忘于江湖"与"相濡以沫"的区别，也就是道家与儒家的区别。道家的理想是一个道德资源充沛得像江湖里的水一样的社会，由于他们的要求太高，而社会又必须经历私有制这个历史阶段，所以就只能被束之高阁；反而是儒家适应了私有制产生以来的道德资源缺乏的现实，在这个趋向于衰败的社会中坚持着道德的操守，守望着社会的良心。虽然儒学中也出了很多乡愿式人物，但从总体来说是坚守了道德的高地，为其返本开新保留了火种，其贡献应予高度评价。

由于"道"与社会主义核心价值体系分别处于历史的开端与结束，或者更准确地说，分别处于私有制的开端与结束，在这个漫长的历史过程中，维系着社会的是"德"。"德"是"道"与社会主义核心价值体系的中介环节，如果套用黑格尔的"正题—反题—合题"的公式，那么，原始的淳朴状态就是正题，空谈道德理想与失道失德的现实两极对立状态就是反题，通过建设社会主义核心价值体系以提升现实，进而使道德理想与现实合而为一，则是合题。我们现在开始进入合题阶段，这就是人类社会回归大道的新起点，同时也是人类摆脱治乱循环的起点。

二、人类需要一个新的政治学理论

人类需要一个新的政治学理论，一种引导社会政治过程由目前这种充满内耗的运行轨道转向和谐运行轨道的政治学。否则的话，我们就只能继续陷在低水平的政治文明之中，陷在与贪污腐败、两极分化、社会动乱以及由此而造成的各种难题的纠缠之中。在这样的社会运行状态之下，任何一点小事都有可能引起一系列连锁反应，导致无穷的风波与口舌，甚至导致难以愈合的裂痕。在这种低水平的政治文明状态下，又怎么可能形成"大制不割"的局面呢？又怎么可能实现科学发展和构建和谐社会呢？

特别要指出的是，西方人所大力倡导的民主政治的理想由于未能深入认识价值体系在社会政治过程中的作用，其所坚持的实际上是病态片面的价值体系。由于根底太浅，时间一长便纷纷暴露出本来面目，陷入困境。有美国人的文章说，“民主俱乐部的大多数新成员以及某些老成员都表现糟糕，就连许多被视为成功案例的国家，也存在严峻的治理问题和深深的不满情绪”。这篇文章不仅指出了问题的表现，还指出了问题的根源，即由于私有制价值体系的缺陷而导致的“掠夺型社会”，在这种社会中，“人们不能通过生产活动和诚实的冒险行为致富；他们通过操纵权力和特权，通过从政府窃取、从弱者身上榨取和规避法律来致富。掠夺型社会中的政治人物和机构为了谋取权力和财富不惜动用一切必要的手段，打破任何可能打破的规则。政界人士贿赂选举官员，攻击反对派的竞选者，刺杀竞争对手。总统利用威胁、拘押、摆样子公审和谋杀等手段平息异议。政府部长首先关心的是自己能敛多少钱，随后才关心政府合同能否给公众带来好处。军官购买武器依据的是他们能把多少回扣据为己有。在这样的社会，警察和罪犯之间的界限模糊。警察不执法，法官不断案，海关官员不检查商品，制造商不生产，银行不投资，贷款者不还钱”。“如果对根本问题——糟糕的治理——以及必要的机制性对策缺乏明晰的了解，很可能会有更多的民主政体解体。”[①]

另有一位美国人的文章说：“4 月，一项新的民意调查表明，81%的美国人认为这个国家走的是‘错误路线’。他们有理由悲观，这包括金融恐慌、萧条阴影、看不到头的伊拉克战争，还有不间断的恐怖威胁。”[②]我们看到，美国人也学会了“路线”这个词，并且知道自己走的是“错误路线”。但由于他们缺少老子的智慧，所以就不知道追问一下自己是什么时候和为什么要走上错误路线，以及如何回归正确路线。他们知其然而不知其所以然，正如法国人勒庞在他的《乌合之众》中说：“各民族好像被一些神秘的力量所左右，它们类似于那种使橡果长成橡树或让行星在自己轨道上运行的力量。”在发现了价值体系问题之后，我们就可以清楚地看到，这种神秘力量便是价值体系。由于西方人所坚持的是私有制价值体系，这种价值体系在主导着社会运行的过程中不断自我强化，形成了一个“超循环”，锁定了社会发展路径。沿着这

[①]西方民主浪潮在全球消退[N]. 参考消息. 2008－3－22(3).
[②]全球面临第三次重大力量转变——美国著名学者扎卡里论世界新秩序[N]. 参考消息. 2008－5－5(3).

个路径走下去，他们必然要陷入目前的困境。

人类的命运没有旁观者。要引导人类政治过程跳出这个泥坑，人类就需要建立一门新的政治学——和谐政治学，这是政治学发展的一个新阶段，真正科学的政治学。在此基础上，才有可能实现社会的科学管理。虽然我们现在已经有了大量的政治学专著，但是人类社会政治活动的可悲现实表明，这些政治学都还处在前科学阶段，人类急需推动这门学科进入到科学政治学阶段。按照库恩的科学哲学理论，前科学的特点就在于，科学工作者对他们所从事的学科的基本原理、有关的观察现象的理解与解释完全不一致，经常发生争论。从前科学发展到科学的标志是："意见一致"的范式是否产生、解决问题的标准事例是否形成、共同体的成员能否模仿这些事例开展以后的研究工作。对于政治学这门由全体社会成员参与的具有高度实践性的学科来说，仅仅强调这几条还不够，因为它不是少数知识分子关起门做出来的学问或写出来的论文，而是实实在在地能够保证社会稳定和谐的政治体系。要想建立起一个科学的政治学体系，首先要求研究者自己在价值体系上来一个转换，实现自身的闻道；只有摘掉了私有制社会所强加在自己眼睛上的价值体系"眼镜"，研究者才能看清现实，并进而找到社会进步的路线或方案，从而形成一个科学的政治学理论体系。其次，要实现这个方案，还需要在社会整个价值体系上来一个飞跃，由私有制价值体系转换升级为社会主义核心价值体系，只有当全体社会成员都在价值体系成长到一个新水平，从而实现新的"意见一致"的时候，才有可能形成一个科学合理的政治体系，在这种情况下，领导者才能无为而治，社会政治过程才能自然而然地趋向和谐。由于现在的各种政治学都忽略了价值体系的存在，就像一场大戏，其主角还没有上场，所以就只能是序幕，好戏还没有开始。

这个序幕阶段的政治学虽然没有意识到价值体系的存在，但价值体系仍然存在着并在实际生活中发挥着主导作用。在当今西方社会，资本主义的那一套价值体系占据压倒优势，社会全体成员在这个问题上也达到了很高程度的"意见一致"，认为这种价值体系是"普世价值"。在这种价值体系的主导下，人们既不能看清现实问题的症结，也找不到解决问题的思路与对策。这种"意见一致"不能保证社会的和谐运行，只能导致弊端丛生，然后进一步形成一种大家都看不到前途、笼罩在悲观情绪之下的"意见一致"。当今西方社会也有许多关心人类整体利益的人士，也有很多理智的思考，但这些人士的思考都被压制，边缘化。资本主义价值体系的过于强大稳定，锁定了社会的发展路径，所以，不管遇到多少次危机，在危机之后重新组织起来的社会，仍然还要沿着原来的轨道运行。

我们还可以换个角度来思考这个问题。以往的政治学对民众大抵采用两种态度，一种是把民众视为“群氓”，在此基础上建立一种专制政治理论，如马基雅维利的学说；另一种把民意视为政治行为的天然合理的依据，在此基础上建立起民主政治理论。这种理论也不把民众看得多么高贵，而是让人们的缺点在互相制衡中得到限制。但不管是专制理论还是民主理论，不管是把人民踏在脚下还是捧在天上，他们都有一个共同点，那就是都没有认识到社会价值体系的发展变化过程，都把民众价值体系的发展水平视为固定不变的东西，他们“都默守着一种见解，即意识和人的高级心理过程具有非历史的性质，不受时间的影响。”[①]这是他们的政治学理论的不言而喻的前提。由于理论家自己也同样处在社会价值体系发展运动的潮流之中，必然地带有他所生活于其中的那个时代的局限性，而他们又没有认识到这个局限性；作为“井底之蛙”，就会把自身所达到的价值体系作为终极价值体系，所以他们都低估了人性的发展潜力。他们在用自己的价值体系改造社会的过程中，必然要束缚了人性的进一步发展，不能实现人性的“自然”。对官僚主义、腐败现象等问题，他们也提出了自己的治理办法，却没有意识到，他们所坚持的这种价值体系本身就是产生问题的根源，他们一方面坚持着那种产生问题的价值体系，另一方面却又幻想着不要那些问题，这就是自相矛盾，就是企图拔着自己的头发离开地球。按照这种思路来指导政治实践，结果就制造出越来越多的问题；为了解决这越来越多的问题，制定的法令越来越多，监控措施也越来越繁杂，问题却仍然越来越多地在各种意想不到的地方冒出来。包括监控者本身就是问题的根源，为了进行防范，又要对监控者进行监控，如此层层递进，结果就使社会政治过程进入了“法令滋彰，盗贼多有”的轨道，使得社会管理工作变得越来越复杂，维护稳定的成本越来越高，直至超出社会所能负载的极限。

[①][苏]米罗诺夫．历史学家和社会学[M]．北京：华夏出版社，1988：99．

等而下之的还有另外一些政客，掌权执政的目标就是为了更多地占有私人财富，在野的时候便高喊民主，为了拉票而做出亲民的姿态，把人民捧在天上，一旦执政则原形毕露，不择手段地为自己捞钱；人们指责这种政客忘了当年的承诺，他们还想用道德操守之类的词来要求这些政客，其书生气就显得有些太足了。这些政客的深层次价值体系其实是很一贯的，坚守得非常好，他们根本没想到要改变这种价值体系，同时也没有能力改变自己的价值体系。这种人一旦从政就必然要成为一个贪官，就像物体在地球引力的作用下必然要落到地面一样，这是不以人们的善良愿望为转移的自然规律。在这样的环境中，贪官污吏就如同韭菜一样，割了一茬又一茬，总还是要冒出来。不管采用什么体制，都奈何它不得。几千年来，人类政治始终陷在这种低水平运行轨道上，有些理想家们期待着“致君尧舜上，再使风俗淳”，期待着“为万世开太平”，但由于不理解社会政治过程中的价值体系的决定性作用，所以无一例外地都归于失败和失望。

与以上序幕阶段的政治学理论不同，我们所要建设的科学政治学是服务于社会主义和谐社会建设的政治学。这种政治学关注价值体系问题，为建立新的政治体系建立新的人性基础，由在私有制价值体系上的“意见一致”转换为和上升到社会主义核心价值体系上的“意见一致”，在此基础上，才能把社会引上良性循环的运行轨道，给人类带来可持续发展的希望。

人类需要一个价值体系的转换，所以，马克思在《法兰西内战》中说：“工人阶级不能简单地掌握现成的国家机器，并运用它来达到自己的目的。”[①]过去我们很不理解这句话，在党中央提出建设社会主义核心价值体系的新目标后，我们认识到：新的政治制度必须建立在新的价值体系的基础上，如果继续维持在原有价值体系的基础上，建立起来的只能是原来的政治制度。苏联东欧的剧变告诉我们，即使给它挂上社会主义的招牌，它也难以维持下去。毛主席也感觉到人类需要一个价值体系的转换，他说：“所有的人都要改造”。我们过去对此不甚理解，在认识到价值体系问题之后，我们现在可以理解这句话了：共产党人的奋斗并不仅仅是为了消灭原有的资产阶级，由自己取而代之，而是要进一步消灭整个旧制度，消灭两极分化所赖以产生的整个社会

[①]马克思恩格斯选集：第3卷[M]．北京：人民出版社，1995：52.

价值体系；包括无产阶级及其政党在内，都需要经历一个从旧的价值体系的控制下解放出来的过程；所谓自我改造，也就是把自己提升到社会主义核心价值体系的水平上，成为新制度的合格成员。共产党要建立起来的政治体系必须以人的自由全面发展作为核心价值；以往所强调的无产阶级夺取政权、发展生产力，都只不过是达到这一目标的前置程序。随着社会主义事业的深入发展，这个新的目标也就要提上议程了。

实际上，葛兰西也曾经思考过这个问题。这位意大利共产党领导人于1937年病逝于法西斯的狱中，他在狱中以超人的意志和常人无法企及的毅力，对马克思主义进行了许多独辟蹊径的思考，其中最主要的是，他总结了第一次世界大战后西方资本主义国家无产阶级革命失败的教训，提出了一个叫做“文化领导权”的理论。他认为，资产阶级虽然没有也不可能放弃以暴力为主的“直接统治”，但是却更加侧重于通过教育、宗教、政党、报纸、媒介、家庭和日常生活的各个方面实现对民众文化与心理的渗透，对“文化领导权”的重视是资本主义国家在统治方式上实行的重大调整。资本主义国家政权的基础就建立在资本主义意识形态中，通过这个巨大的文化－精神网络，实现了对包括无产阶级在内的广大群众的文化和心理渗透，使被统治者接受、认同现行统治，从而达到维护资产阶级政权的目的。如果不改变这个基础，无产阶级就难以夺取政权。这个理论解释了在生产力高度发达的资本主义国家为什么至今也没有出现社会主义革命的理由，后来出现的苏联东欧社会主义政权的大崩溃则进一步证明了这个理论：无产阶级如果不能建立文化上的领导权，即使建立了社会主义政权，也仍然要失去。

现在看来，葛兰西所谓的文化领导权，也就是价值体系对社会生活的控制权，是让私有制价值体系控制社会生活呢，还是让社会主义价值体系控制社会生活，这是两个阶级夺取政权的重要阵地。彼此对立的两种价值体系，实际上是前后相继的处于不同发展阶段的价值体系。资本主义要想维护其统治地位，就必须不断地强化私有制价值体系的统治地位。由于私有制价值体系先入为主地盘踞在社会生活之上，要想维护其统治地位就很容易。人们自发地本能地经常地每日每时地进行着这项工作，社会主义价值体系要想取代它，就非常困难，因为这同时也意味着要对社会组织体系进行的一个脱胎换骨的改造。那些率先认识到新价值体系的人们首先就必须组织起来，掌握执政权力，然后才有可能运用执政权来改造旧的价值体系。在葛兰西看来，夺取和保持领导权主要是教育的事情。他认为，一个成功的统治阶级，就是那个在实际上取得政治权力之前就已经在精神和道德上取得了领导地位的阶级。葛兰西对意识形态问题的深入分析丰富和发展了马克思主义，与那些庸俗马克思主义者迥然不同。庸俗马克思主义者执着于经济决定论，看不到建设社会主义核心价值体系的任务，实际地坚持着私有制价值体系而不自知，即使是在执政的条件下也没有能力建立无产阶级的文化领导权，导致了苏联东欧社会主义政权的大崩溃。

从葛兰西去世到现在已经70年了，时间已经证明，在当今西方国家，无产阶级没有机会获得精神上和道德上的领导权。这不仅是无产阶级的不幸，也是整个西方的不幸，它们被牢牢地锁定在资本主义的发展轨道上，失去了进入社会主义轨道的机遇。由于资本主义世界的文化领导权与政治领导权的互相强化，形成了协同学所说的超循环，西方国家找不到改弦易辙的机会，处在这种文化中的人们看不到自己的希望。由此可见，物极必反并不是一个必然规律，如果没有洞悉历史规律的伟大人物的领导，就算是遇到危机，社会也不能跃迁到新轨道，只能继续在原有的轨道上滑行。一个没有伟大人物的民族是可怜的，相比较而言，在中国和俄罗斯这样经济相对落后的国家，反而存在着发动无产阶级革命的机遇。过去说这些国家是资本主义链条上的薄弱环节，实际上是资本主义的那一套价值体系还没有稳定运行起来，是走向社会主义还是走向资本主义，还没有明确的选择，在这种情况下，少数坚持共产主义理想、意志坚决的人便有可能乘虚而入，把社会引导到社会主义方向上来。现在回头来看，这个历史进步的转瞬即逝的机遇，让伟大的革命家列宁和毛主席抓住了，所以我们应当感到庆幸。可惜的是，列宁之后的苏联领导人是败家子，把社会主义政权又搞丢了。而今唯有我们中国人仍然走在社会发展正道上，处在一个相对有利的位置，硕果仅存，中国共产党仍然掌握着建设社会主义核心价值体系的工具。所以，我们更应当感到庆幸，这应当是整个人类向更高级文明跃迁的仅有的机遇了。

三、以老子的理论为基础，博采众长，建立一种新的政治学

从老子的时代开始，两千五百年来，人类一直在寻找着那种完美的政治

理论和政治制度。当今时代，政治哲学渐成显学，不同的哲学传统和流派都在致力于开发自身的政治哲学资源和内涵，然而，结果却是“邃密群科济世穷”。正所谓“众里寻她千百度，蓦然回首，那人却在灯火阑珊处”，我们现在发现，最核心的答案早就存在于老子的五千言里面了。其他各种政治学说都是在现有的人性发展水平上因陋就简地设计政治体制，老子则致力于政治体制的基础建设，为之构建迥然不同的人性基础。虽然老子与我们在历史发展的方向上有着重大的区别，他主张回到原始的朴素状态，我们则要达到更高的文明水平，但他所依据的基本原理与我们是一样的，这个基本原理就是通过调控社会价值体系来实现社会稳定和谐的目标。这个基本原理使老子的政治学理论处于政治学的高级阶段上，我们现在要想建立一个理想的政治制度，就仍然要从老子所发现的基本原理出发。虽然他没有版权、专利之类的概念，但我们必须明确地说，老子就是和谐政治学的创始人，这是他老人家应得的荣誉。

尽管我们中国人对社会规律有很深入的认识，社会发展却依然要按照自身的逻辑从起点开始。正如马克思所说的那样：“一个社会即使探索到了本身运动的自然规律，它还是既不能跳过也不能用法令取消自然的发展阶段。但是它能缩短和减轻分娩的痛苦。”[①]由于现实与理想的差距过大，老子的学说一直被束之高阁；作为少数智者研究和欣赏的理论，它以某种神秘的方式深刻地影响着中国的政治理论，塑造着中国政治家们的品格，从而也在某种程度上影响着现实政治过程，在周而复始的治乱循环中发挥着积极的作用。中华文明之所以能够历经无数灾难而延续下来，这与老子为我们所设定的政治理想和培养的杰出政治家有着密切的关系。比如同是进行社会主义革命，中国革命相比于苏联革命就存在着很大的区别，毛主席在革命过程中相信群众、依靠群众，在革命过程中提高人民群众的觉悟，正确处理各种矛盾包括人民内部矛盾，最大限度地团结一切可以团结的力量，从而在中华民族面临着毁灭性灾难的情况下，依然能够重塑中国人的精神世界，在新的人性基础上建立新政权；堪称是改天换地，化腐朽为神奇。邓小平也勇于突破那些对马克思主义的教条化的理解，大胆地引进市场机制，把社会主义制度的优越性与

[①]马克思．资本论：第一卷[M]．北京：人民出版社，2004：10．

市场经济的活力相结合，使我国经济经受了多次风浪的严峻考验，保持快速平稳发展，开辟社会主义发展的新境界。与之形成鲜明对比的是，苏联东欧的领导人缺少这种既坚持理想又适应现实的政治智慧，所以苏联东欧的社会主义政权就很不幸地崩溃了。

在当今这个充满灾难与不幸的世界上，人类迫切地需要老子的智慧。在经历了两千五百年的发展之后，应该是老子的理论大行其道的时候了。当今人类面临着一个共同的紧迫问题，那就是建立一个保障人类内部和谐和与地球生态环境和谐相处的政治模式，实现社会的科学管理以保障人类的继续生存与进化。要想做好这件事，就必须有一个价值体系的转换。包括西方的一些有识之士，也认识到西方的那一套社会运行模式难以为继，也呼吁人类在价值体系上来一个脱胎换骨的改造。但是，要把这件事情真正地做起来，那就还是要由我们中国人率先起步，只有中国人才能担负起领导这一历史进程的责任。这是因为：

首先，我们有做好这项工作的前提条件。它包括社会主义政治制度、共产党的领导以及建设社会主义核心价值体系的自觉意识。在坚持中国特色社会主义道路的伟大探索中，中国共产党提出了以人为本、科学发展观和构建和谐社会的政治目标，提出了建设社会主义核心价值体系的战略目标。

其次，我们有做好这项工作的紧迫感。在现有的经济社会发展模式之内已经没有了自我调整的余地，同时也不能像发达的资本主义国家那样把危机转嫁到其他国家，我们只能自力更生地解决这些问题，这种形势将迫使我们走上历史创新之路。

再次，我们有做好这项工作的知识储备。这就是从老子以来中国人长期积累的政治智慧，包括儒家的“修齐治平”和我们共产党人执政六十年的经验，形成了一个伟大传统，两千多年来一脉相承。老子关于“道”的认识和如何修“道”于天下的认识，也完全符合我们要建设社会主义核心价值体系的现实需要。

在构建和谐社会、建设和谐世界的过程中，我们也需要学习借鉴西方资产阶级的那一套政治学，人类所有的政治经验都需要我们学习借鉴，不管是正面的经验还是反面的教训。此即所谓见贤思齐，见不贤而内自省。仔细比较一下，我们中国的政治模式的设计图是通过社会价值体系的建设，把人性提升到一个高水平上，在这样的基础上建设政治体制；而西方的政治设计图缺少这样的一个过程，因陋就简地在现有的人性基础上建设政治体制，于是就只能在分权制约和监督上做文章。中国的政治设计就像是一座建在山上的宫殿，西方的政治设计就像是建在平地的一座房子。建在山顶就需要把建筑材料运到山顶，因而困难就大，时间就长，而建在平地就不存在运输问题，建设起来就快。

现在看来，中国的政治设计与西方的政治设计的区别也就是老子所说的“大道”与“径”的区别。“大道甚夷而人好径”，西方的政治设计只能应付于一时，现在已经风光不再，其内在的弊端暴露得越来越明显，为我们提供了足够的反面教训。人类要想走出困境，就要回归“大道”，就必须从老子的五千言中寻找启示，这是因为只有老子才达到了这样的深度；有些中国人抱着金碗去要饭，主张向西方人学习，这就无异于问路于盲。

总而言之，建设社会主义核心价值体系是我们当代人所努力达到的最高成就，这个成就不是凭空而来的，它是中国人几千年的优秀文化传统所必然达到的结果，其源头要追溯到老子的《道德经》。虽然它年代久远，其中有很多含混不清之处，但其基本原理是科学的，它超越了时空的限制，放之四海而皆准。在这里记载着我们这个民族的精神密码，它决定了我们这个民族的发展方向。它博大精深，与时俱进，可以容纳人类所创造的一切优秀文明成果，永葆生机活力。只要我们理解了老子的教导，便可在政治学领域独领风骚，进一步坚持和发展马克思主义，常善救人，常善救物，消化吸收西方文明的一切有益的成分，建立起和谐政治学的理论体系和政治体制。现在各种条件都已具备，所以我们应当清醒自觉地站在历史进步的前沿，演奏第一小提琴，开创人类文明的新境界。

据高亨先生的研究，老子刻下《道德经》五千言的时间是在公元前 502 年，然后他便飘然西去。眼看着无数人们兴高采烈地挤在通向奔赴灾难和不幸的邪径上，老子虽然热爱人类却无计可施。历史必须走过这个“卡夫丁峡谷”，才能为人类创造出踏上大道的各种条件，经过两千五百多年的漫长等待，各种所需要的条件终于具备了，把大道“修之于天下”的时机终于来到了。

《道德经·下篇》新诠

第三十八章

[原文]

上德不德，是以有德[1]；下德不失德，是以无德[2]。上德无为而无以为；下德为之而有以为[3]。上仁为之而无以为；上义为之而有以为[4]。上礼为之而莫之应，则攘臂而扔之[5]。故失道而后德，失德而后仁，失仁而后义，失义而后礼[6]。夫礼者，忠信之薄，而乱之首[7]。前识者，道之华，而愚之始[8]。是以大丈夫处其厚不居其薄；处其实不居其华。故去彼取此。

[注释]

[1]上德：人们通常解释为道德高尚的人，或是具有上等品德的国君。我的看法是，上德与其后出现的下德、上仁、上义、上礼不是指某一个人的道德水平，而是指社会集体的道德水平；或者说是社会价值体系演变的不同阶段，就如同我们现在把社会分为奴隶社会、封建社会、资本主义、社会主义等发展阶段一样。于是我们便可把“上德不德，是以有德”解释为“在上德这个阶段，大道主导着社会生活过程，人们无须表现为有德，国君也无须倡导道德，这是因为这个社会集体有道德。”

[2]下德不失德，是以无德：在下德这个阶段，人们刻意地坚守道德，国君也大力倡导道德，这是因为这个社会集体缺少道德。

[3]上德无为而无以为；下德为之而有以为：以，高亨根据傅奕本和《韩非子•解老》改为“不”。全句的意思是，在上德这个阶段，国君实行无为而治，是因为没有什么事情可做，所有的事情都运行得井井有条；在下德这个阶段，国君很有作为，却有很多事情没管好。

[4]上仁为之而无以为；上义为之而有以为：王弼注，“以，用也”。高亨注，“两‘以’字，因也。‘无以’，没有别的原因。‘有以’，有别的原因”。整体来看，我猜测，这一句可以这样解：到了上仁这个阶段，国君真心地积

极地倡导道德和仁政，不掺杂个人利害的考虑。到了上义这个阶段，国君在倡导道德仁政的过程中，就掺杂了个人利害的考虑。

[5]上礼为之而莫之应，则攘臂而扔之：到了上礼这个阶段，管理者也还是要大力倡导道德仁义的，但是由于社会道德水平退化得太厉害了，人民群众根本不买账，没有反应。于是怎么办呢，“攘臂而扔之”。攘臂，撸袖伸臂，振奋或发怒的样子；高亨将这一句解释为，“对不服从的人，撸起胳膊，挽起袖子，强拉过来，加以处理”。

[6]故失道而后德，失德而后仁，失仁而后义，失义而后礼：把“道”丢失了以后，人们就开始提倡“德”；把“德”丢失了以后，人们就开始提倡“仁”；把“仁”丢失了以后，人们就开始提倡“义”；把“义”丢失了以后，人们就开始提倡“礼”。

[7]夫礼者，忠信之薄，而乱之首：到了倡导礼的时候，就是忠信稀薄的标志，祸乱的开始。

[8]前识者，道之华，而愚之始：在大道趋向于衰败的过程中，原有的淳朴道德状态的逐步堕落刺激了人们的道德意识的觉醒，所以就有一些人出来倡导一些“仁”、“义”、“礼”的规范，这些都是大道的枝叶花朵，而不是根本，人们舍本逐末，把主要精力用在那些次级目标上，在繁文缛节、表面文章上下了太多的功夫，口号喊得震天响，规章制度汗牛充栋，与最响亮的词句相适应的却是最可怜的现实。道德意识与现实生活过程相脱离，“世丧道矣，道丧世矣，世与道交相丧也。道之人何由兴乎世，世亦何由兴乎道哉！”（《庄子·缮性第十六》）那些倡导“仁”、“义”、“礼”的人们在关注这些枝叶花朵时忽略了作为根本的大道，更不知道如何在社会运行过程中培育和坚持大道，所以这些倡导便是人们走向愚昧的开始。

[译文]

（老子把社会价值体系演变的过程划分为上德、下德、上仁、上义、上礼等几个阶段。）在上德这个阶段，国君无须倡导道德，这是因为这个社会本来就有道德。在下德这个阶段，管理者必须大力倡导道德，这是因为这时的社会缺少道德。在上德这个阶段，管理者实行无为而治，所有的事情都运行得井井有条；在下德这个阶段，管理者很有作为，却有很多事情没管好。到了上仁这个阶段，管理者真心地积极地倡导道德和仁政，不掺杂个人利害的考虑。到了上义这个阶段，管理者在倡导道德仁政的过程中，就掺杂了个人利害的考虑。到了上礼这个阶段，管理者也还要大力倡导道德仁义的，但是由于社会道德水平退化得太厉害了，人民群众没有反应，在这种情况下，管理者就要采用严刑峻法的方式。于是乎，在把“道”丢失了以后，人们就开始提倡“德”；把“德”丢失了以后，人们就开始提倡“仁”；把“仁”丢失了以后，人们就开始提倡“义”；把“义”丢失了以后，人们就开始提倡“礼”。到了倡导礼的时候，也就标志着忠信已经到了很稀薄的程度，祸乱就要开始了。至于那些率先倡导“仁”、“义”、“礼”的智者，只不过看到了大道的花朵，其实是人们走向愚昧的开始。因此，如果可以自由选择生活环境的话，大丈夫宁可生活在大道稳定运行、风俗淳厚的社会环境中，而不可选择那种大道衰败、风俗浇薄的社会环境；宁可选择实际坚持着大道的环境，不可选择那种仅仅在口头上坚持大道的浮夸的社会环境。因而就要摒弃那些徒有其表的华丽而坚守朴实厚重的大道。

[解说]

老子把人类道德的演变过程理解为“失道而后德，失德而后仁，失仁而后义，失义而后礼”的过程，现在看来，这是人类逐步深入认识社会道德规则的过程。这个认识过程并非仅仅发生在人的头脑中，而是发生在历史之中，必须经历这样一个不断堕落的苦难历程，人类才能逐项认识道、德、仁、义、礼的重要性。从原始的淳朴状态开始，经由私有制历史阶段和建设社会主义的实践，人类逐步地认识关于理想政治制度的诸多抽象规定，直到发现社会主义核心价值体系，然后才能在头脑中把这些抽象规定综合起来，形成理想社会的具体形象，然后才能进一步运用这一认识来指导实践，运用执政权力把它与现实生活过程结合起来，逐步构建一个能让所有的人都能得到自由全面发展的“大制”。

这个过程起始于雅斯贝斯所说的元典时代，人类的整体意识首先在那么几位特别敏感的人身上觉醒了。我们中国的老子、孔子，还有墨子，怀着天下一家的情怀，用悲悯的目光注视着世人由于无知而给自己带来的苦难，并致力于拯救；在西方则有耶稣把人类所有罪过的责任都担在自己的肩上，在印度，则有佛陀怀着广大无边的慈悲。但他们只是起点，要把这种人类一家的意识普及开来，那就还需要一个漫长的历史发展过程。这是一个螺旋式的发展过程，也可以把进化的目标理解为在更高的文明水平上向原始淳朴状态的回归。社会主义核心价值体系的提出，就是人类回归大道的开始，这同时也就是建立和谐政治体系的开始。有了这个认识，我们便可借鉴老子的伟大智慧用于当前的社会主义核心价值体系的建设。对这个问题，可以讲三层意思。

一、道德空谈不足以解答当下中国所面临的问题

当今中国经济社会发展迅速，随之而来的也出现了许多问题，诸如道德失范、拜金主义猖獗。由此而造成的各种社会问题对我们的生存构成了巨大威胁，无须外来的敌人，仅仅这种道德滑坡的趋势就足以把我们推向毁灭。面对这种危险局面，忧国忧民之士无不痛心疾首，多年来一直在反复地强调道德建设。

实际上，两千多年来，中国人对道德的关注在世界上应当说是首屈一指的，可这种道德议论一直是一种高尚的道德义愤，对解决现实问题来说，不过是隔靴搔痒，中国人的道德水平一直是很不理想，与高谈阔论的道德说教相适应的是道德沦丧的现实。导致这种困境的原因就在于人们把道德问题仅仅局限在道德领域，在这种情况下，不管怎样加大道德建设的力度，也仍然无法摆脱从孔夫子以来就一直陷溺于其中的那种困境。

老子很早就看出了道德议论的这个特征：“大道废，有仁义；慧智出，有大伪；六亲不和，有孝慈；国家昏乱，有忠臣。”只是因为大道的颓废，各种仁义道德的说教才有了展示自己的机会，这些说教不过是“大道废”的这种社会现实的伴生物，它们并不能改变道德沦丧的现实，只是这种现实在意识领域的反映。社会按照自己的逻辑运行着，它一方面支持着道德沦丧的现实生活过程，另一方面又需要有道德说教来进行平衡。私有制社会就是一个自我分裂的社会，关于道德的呼声越高，标志着道德堕落的程度越严重。

这也就是说，社会发展的不充分使与之相配套的道德理论也处于不成熟的阶段。这种道德说教把原本作为一个整体的价值体系割裂开来，分为互相对立的两极，于是便产生了公与私、理与欲、人性与兽性、高级需要与基本

需要、理想与现实等的对立。由于它的不成熟，这种理论难以付诸实践，以强调理欲之辩的宋明新儒学为例，它以人伦日用、饮食男女为欲，而在他们的理论中，凡是出于“理”的，就是好的，凡是出于“欲”的，就一定是坏的。因而一切有血有肉、活生生的人类活动都难免要被求全责备，除非不食人间烟火的泥塑木雕，才能成为道德楷模。这种道德理论在推广的过程中，自然要导致许多悲剧。同时，还导致大量的伪君子的产生，这是一种自相矛盾、自我分裂的人格，一边做着坏事，一边倡导着道德，这便是孔夫子当年所批评的“乡愿”。

实际上，以往所有的道德家们都面临着同样的困境，他们所主张的道德不过是“说教”，是一个软弱无力的“应该”，“在这种‘应该’里，总是包含有一种软弱性，即某种事情，虽然已被承认为正当的，但自己却又不能使它实现出来。”[①]这些道德理论的缺陷不在于主张者所看到的东西，而在于他们所没有看到的东西；他们仅仅把道德看成是对个体的要求，而没有看到现实社会经济与政治运行过程对人们道德水平的决定作用。在资本主义社会，资本是支配一切的权力，它的本性是与道德理想相对立的，在它的统治下，道德命中注定地要被束之高阁、流于空谈。对那些在生存的自然必然性的强制压力之下疲于奔命的穷人来说，他们没有时间和精力关注道德，“如果我根本不存在，我又怎么能有美德呢？如果我什么都不知道，我又怎么会有良心呢？”[②]对富人来说也是同样，他们是资本的人格化，被资本主义的价值体系控制着，在它的逻辑面前，道德必须为之让路。

总结以上情况，我们认为，关注道德是非常重要的、必须的，却也是很不够的。在存在着剥削压迫制度的社会环境和经济土壤中，很难培养造就“一个高尚的人，一个有道德的人，一个脱离了低级趣味的人，一个有益于人民的人”。要想改变这种状态，道德家们就必须研究那种阻挠其道德理想实现的力量，控制这种力量。因而，对于当前我们所面临的困境来说，诸如收入分配差距的不断拉大、人与自然的矛盾等，并不能仅仅通过对道德的关注而得到解决。要解决现实的道德问题，我们还必须关注更深一层的问题，在社会生活中建立起新的价值体系。党中央提出的“建设社会主义核心价值体系”

[①][德]黑格尔．小逻辑[M]．北京：商务印书馆，1980：208．
[②]马克思恩格斯全集：第3卷[M]．北京：人民出版社，2002：344．

深入到了这个层次，应当引起道德家们的重视。

二、社会主义核心价值体系是真正的道德

社会主义核心价值体系不同于通常人们所说的道德，它是以人的自由全面发展为核心价值的价值体系，是在马克思主义的基础上、在共产主义运动深入发展过程中成长起来的价值体系。由于这个本质特征，社会主义核心价值体系与道德空谈之间就具有了以下几个方面的不同。

一、道德空谈飘浮在人的意识表层，它经常与人们潜意识中的核心价值不一致，而社会主义核心价值体系则推动人的理智深入到人的潜意识的深处，实现了潜意识与表层意识的和谐统一，消除了人格的内在分裂。它建立在我们人类本性中最深刻的需要之上，是任何一个有理性的人都不能规避的要求。

二、与上一条相联系，道德空谈局限于道德词句之争，它并不必然导致实践，知与行相脱离；而社会主义核心价值体系则把道德意识的建设建立在实践上，建立在人的成长过程中，它是知行一体的学问，不是口耳之学，而是“布乎四体，形乎动静”的安身立命之学。

三、道德空谈的前提是公与私的两极对立，而社会主义核心价值体系超越了这种对立，其前提是个人利益与集体利益的有机统一。这种有机联系是一个客观事实，从来都是如此，“人的自由全面发展”不是单个人所能独自实现的价值，这就决定了它是普世的法则，不仅是对别人的要求，首先是对自己的要求。当人们追求这一价值时，也就在促进着社会的和谐。

四、道德空谈局限于道德的局部范围内，孤立地就道德来说道德，忽略了人的道德实践与现实社会之间的有机联系。而社会主义核心价值体系则把道德意识的确立作为社会全方位建设的一部分，要把人们从生存的自然必然性的强制压力下解放出来，为人们的道德意识的成长创造经济基础、政治制度和文化环境。

五、道德空谈可以作为私有制度的遮羞布，而社会主义核心价值体系则无法与私有制共存。它与旧制度就是一个此消彼长的关系，其核心价值就是人的自由全面发展，它与私有制是格格不入的，所以当坚持这一价值体系的马克思主义一问世时，就旗帜鲜明地亮出了自己的目标：消灭私有制。

概括以上五条，我们可以说，以往的道德还处在发育不全的阶段，按照

康德的划分，它还是一个“假言命令”，没有达到“无上命令”的阶段。于是它就如黑格尔所说的那样，是一个软弱无力的“应该”。“仍然停留在谈说道德上面。但是什么是道德的内容，或者什么是自我实现的精神的体系，却没有被考虑到。”[①]处在这个阶段的人们对道德的热爱仅限于口头上，缺少自己的行动，只是对别人的要求而不是对自己的要求，只是在讲台上或者是做礼拜时才把自己感动得一塌糊涂，而在其他时间则仍然听从兽性本能的驱使。这种人只提出要求而不考虑是否可行，不致力于改造把人束缚在生存的自然必然性之下的旧制度。那些空谈道德的人们事实上把私有制以及与之相联系的政治、文化看作是不言而喻的前提，根本没考虑过是否要对它进行改造的问题。他们生活在无意识之中，生活在对自己的本性与社会结合的规律的无知之中，这就使他们的道德理论存在着一个很大的缺口，因而不具有可操作性。对那些被盲目的经济规律控制着的资本家来说，他就是资本的人格化，他要在严酷的市场竞争中生存下去，就必须按经济规律行动；他如果真的热爱道德，那就必然会陷入理论与实践、理想与现实的自相矛盾之中。包括现代西方人也陷在这种自相矛盾中而不能自拔，一方面高喊着自由民主人权的价值观，把它作为自己的专利；另一方面却又肆无忌惮地发动侵略战争、货币战争，以各种方式恃强凌弱，践踏其他国家的自由民主人权。

我们还可以更进一步来说，要实现真正的道德必须具备两个条件：一是必须真正地将之修之于身，在价值体系的成长上达到一定的高度；二是必须得到社会环境的支持，在社会价值体系的成长上达到一定的高度，包括与之相配套的政治经济制度和文化气候。由于这个原因，人们如果在价值体系上达到了一定的水平，就会希望能够过上一种有道德的生活，就必须为自己找一个好环境，“处其厚不居其薄；处其实不居其华”。比如说选择一个风尚相对淳朴的环境居住，选择一个造福社会的职业以谋生，如此等等。而现在看来，由于市场法则的蔓延，我们很难找到一个风尚淳朴的地方，同样也很难找到一个干净的职业。在这种情况下，我们要想过上一种有道德的生活，就需要有一个把个人和社会共同提升起来的社会革命。在《关于费尔巴哈的提纲》中，马克思写道：“人的本质并不是单个人所固有的抽象物。在其现实性

[①]黑格尔．哲学史讲演录：第四卷[M]．北京：商务印书馆，1981：292.

上，它是一切社会关系的总和。”因而，人们如果想要改变人的本质，使人具有道德，那就必须改变这个“一切社会关系的总和”。单个人并不是孤立地存在着，他是社会这个有机体的一分子，就像大树的一片树叶，要想改变树叶，就必须改变整个大树。而要想改变整个社会，这就需要一场彻底掀翻旧制度的变革，“环境的改变和人的活动或自我改变的一致，只能被看作是并合理地理解为革命的实践”[①]。共产党人过去拿枪闹革命是革命实践，夺取政权后，仍然要坚持这种实践，坚持用社会主义核心价值体系来改造旧制度，使社会生活彻底革命化，为所有的人营造一个宜居的社会环境。共产党人的个人理想与资本家所追求的目标不同，那不是一种可以独自占有和享受的东西，而是必须拿出来与别人共享的东西，所以，马克思就说：只有解放全人类，才能最后解放无产阶级自己。在《德意志意识形态》中，马克思又说道：“共产主义者既不拿利己主义来反对自我牺牲，也不拿自我牺牲来反对利己主义，理论上既不是从那情感的形式，也不是从那夸张的思想形式去领会这种对立，而是在于揭示这个对立的物质根源，随着物质根源的消失，这种对立自然而然也就消失。”因此，“共产主义者根本不进行任何道德说教。”[②]

因而从这个角度来看，共产主义运动的本来目的就是要解决以往的道德流于空谈的问题。以往我们把推翻人剥削人的旧制度作为奋斗目标，后来又把共同富裕作为奋斗目标，这些都只是阶段性目标。在经历了从夺取政权、发展生产力等发展阶段之后，现在中国共产党人提出了建设社会主义核心价值体系的任务，向那个本来目标又迈出了关键的一步。随着社会进步事业的深入，我们现在有条件提出更高的目标，建立起真正的道德。而且也只有在实现这个新目标的过程中，以前所取得的阶段性成果才能最终巩固下来。

在当今时代，社会道德的混乱已经到了触目惊心的程度，党员干部队伍也被腐败现象纠缠着难以脱身，从而威胁着社会主义政权的生存。在原有的提出问题的方式中已经找不到解决办法，诸如加强思想作风建设、加强监督等，只是孤立地就事论事地制定措施，不能从根本上解决问题；在这种情况下，提出建设社会主义核心价值体系的新目标，恰逢其时，只有在新的认识

[①]马克思恩格斯选集：第1卷[M]．北京：人民出版社，1995：55.

[②]马克思恩格斯全集：第3卷[M]．北京：人民出版社，1960：275.

水平上提出新问题，才有可能解决老问题，扭转党建工作的被动局面。

社会主义核心价值体系是与实践密切结合在一起的东西。当人们把人的各种需要按照由低到高的次序列出来，形成一个价值体系时，他自然而然地就会把自己的人生目标指向那个发展进化的方向，指向那个最高的目标。没有人会在面对着健全的目标时还甘心选择堕落的目标，对闻道者来说，履道是唯一的选择，就像指南针只能指向南极一样没有别的选择，在他们身上，知与行是统一的，知就是行，行就是知，在完善自身的同时也创造出道德实践所需要的条件，改造社会。这种实践必将给社会生活带来一个彻底的变革，因而是不再自相矛盾的真正的道德。

庸人可以谈论道德，却无法谈论革命。他需要一个虚伪的道德来掩饰自己，不仅向别人掩饰，而且向自己掩饰。他不敢正视自己的本来面目。所以，当他碰到真爱道德者时就很反感，因为自己的花招在他们面前玩不过去，真爱道德者就像是一面镜子，让他照见了自己的本来面目。他们不愿意承认价值体系的存在，这样才能把自己的发育不全视为正常。正如帕斯卡所说的那样："残疾的人并不使我们烦恼，而残疾的精神却使我们烦恼。这是为什么呢？是因为残疾人承认我们走的端正，而残疾的精神却说我们是残疾的。"[①]

这种人其实早就有了，孔夫子称之为"乡原，德之贼也"。就如恩格斯对费尔巴哈的道德论所说的那样："它是为一切时代、一切民族、一切情况而设计出来的；正因为如此，它在任何时候和任何地方都是不适用的，而在现实世界面前，是和康德的绝对命令一样软弱无力的。实际上，每一个阶级，甚至每一个行业，都各有各的道德，并且，只要它能破坏这种道德而不受惩罚，它就加以破坏。而本应把一切人都联合起来的爱，则表现在战争、争吵、诉讼、家庭纠纷、离婚以及一些人对另一些人的尽可能的剥削中。"[②]

自古以来，在一个有志于道德的人们面前，就有一个两难的选择，是认真地践行自己的宣示、做一个真爱道德者呢，还是一般地说说算了、做一个乡愿？理想与现实的这种冲突，外部世界的矛盾必然地内化为尖锐的内心冲突，在坚持着各种片面性的道德主张的人们之间又产生了纷纷扰扰的争执，这种片面性与冲突就决定了处于这个阶段的道德理论难以推广开来。真正的

[①]能够思想的苇草——帕斯卡论著[M]．上海：上海三联书店，1997：104.
[②]马克思恩格斯选集：第4卷[M]．北京：人民出版社，1995：240.

道德必然是简单的和谐的，就像牛顿与爱因斯坦只用一个公式就把整个宇宙一网打尽一样，当人们的认识深入到价值体系这个层次以后，就可以“得一为天下贞”、“抱一为天下式”，从各种道德难题的困扰中解放了出来。

三、社会主义核心价值体系的提出便是人类回归大道的开始

党中央提出了建设社会主义核心价值体系的任务，把道德科学向前推进了一大步。在此基础上，我们可以深入地谈论道德，找到道德问题的根本之所在。于是我们就涉及一个很重要的问题：在老子看来，从原始的淳朴状态向私有制社会进化的过程中有一个从大道倒退的过程，“大道废，有仁义；智慧出，有大伪；”“故失道而后德，失德而后仁，失仁而后义，失义而后礼。”那么随着历史的进步，人类还应当有一个回归大道的过程，党中央提出的这个建设社会主义核心价值体系的任务是不是标志着这个过程的开始呢？从以上对价值体系理论与以往的道德论所做的比较来看，它应当就是。

建设社会主义核心价值体系应当就是人类回归大道过程的开始。老子描述了这个过程的前一段历程，从“失道而后德”开始，其后每一步都是对原始的价值体系的偏离和走向堕落，他认为人类最早的阶段才是最好的，文明制度不但不是自然状态的改进，而是对自然状态的污染和毁灭，而人类只有在自然状态中才能找到完全彻底的幸福与自由。在他看来，“礼”的兴起也就意味着原初精神衰退到了极点，因而“夫礼者，忠信之薄，而乱之首”。遗憾的是，他所受的历史局限使他不知道这个过程的后半段，一种在更高的生产力水平、更大地域范围的融合、成熟的政治组织形式等的基础上建设起来的和谐社会，所以他便希望人类重新回归原始的淳朴。其他早期人类文明也有不少诗人和思想家在回顾过去时流露出思慕之情，包括后来的卢梭，他们讴歌美好的自然状态，他们认为那时的社会没有等级差别，人们可以无忧无虑地享受生活。但在马克思主义者看来，原始人的生活和风尚并不值得赞美，他们的精神状态的单调贫乏是与他们那低得可怜的物质生活水平相适应的。

我们所要建立的和谐社会是一个在私有制社会创造的高度物质文明基础上建立起来的具有高度精神文明的社会，它不是单个人的精神超越过程，也不是人类向原始状态的回归，而是人类集体向更高水平的文明状态进步的攀登过程。这个过程同时也是人类价值体系的进化过程，这是因为人与动物不

同，他必须把自己的生命活动本身作为自己意识和意志的对象。这个不断深入地认识与实践价值体系的过程与其他认识过程一样，首先要把“完整的表象蒸发为抽象的规定”，然后才有可能完成下一个过程，“抽象的规定在思维行程中导致具体的再现”[①]。就像人们为了了解一部机器的原理而把它拆散一样，为了了解大道，人类就必须经历一个把原始的淳朴价值体系拆散的过程，经历一个“失道而后德、失德而后仁”的过程。人们只有在失掉它们之后，才能认识到它们的重要性，经过私有制的不同阶段，使人们对道德的各种规定性的认识不断深入，这也就是一个把完整的表象蒸发为抽象规定的过程，最终才能认识到一个以人的自由全面发展为核心价值的价值体系，进而把它在头脑里建设起来，“在思维行程中导致具体的再现”，然后才有可能在现实生活中把它建设起来。人类历史就是这样螺旋形地向上发展的，把原始的淳朴道德毁掉，然后再在理性的指引下把它重建起来。这是一个否定之否定的过程，所以我们仍然可以用“回归大道”这个词来描述这个过程。

这样一个宏大目标不可能仅仅依靠单个人的自我修养来实现，要想获得现世的平等公正幸福，必须通过社会经济、政治、文化的进步和变革。但同时也应当注意，仅仅是通过社会进步来改造外部环境，而不改造人性，人类的平等公正幸福仍然难以实现。人性的进化与环境的进步是一个有机统一的过程，在这一点上，老子与马克思处于同样的理论深度。区别在于，老子强调内因的主导作用，人们要获得心灵的自由，获得人格层次的提升，就必须从认识和实践科学合理的价值体系开始，也就是要闻道勤行，从“修之于身”开始，“修之于家”、“修之于乡”直到“修之于天下”。而在马克思那里则强调革命的实践，他说：“环境的改变和人的活动或自我改变的一致，只能被看作是并合理地理解为革命的实践。”[②]这个革命的实践便是共产主义运动的实践。老子与马克思的这种区别是由于他们的不同的历史环境造成的。其实，我们也可以把共产主义运动理解为一个从“修之于身”到“修之于天下”的过程，一个从少数先驱者开始闻道履道，逐步扩展开来，直到全体民众共同闻道履道的过程。它经历了一系列的发展阶段，步步深入地应对各种现实问题，因而在不同的阶段也就要提出不同的目标，现在的目标便是“建设社会

[①]马克思恩格斯选集：第 2 卷[M]．北京：人民出版社，1995：18.
[②]马克思恩格斯选集：第 1 卷[M]．北京：人民出版社，1995：55.

主义核心价值体系”，它表明，现在是到了把大道“修之于天下”的阶段了。

建设社会主义核心价值体系是党中央提出的以人为本、科学发展观、构建社会主义和谐社会等一系列重大战略思想的核心，它深化了我们对社会经济、政治和精神文明建设的认识，是东西方文明优秀成果的结合点，是中国共产党人努力推进马克思主义中国化所开拓出来的新境界，对于提高党的执政能力、实现构建和谐社会的目标具有重大意义，同时也为人类走出道德迷宫、回归大道开辟了通道，为人类跃上新的文明状态搭起了一个梯子。只有通过这个梯子，人类才能在道德和政治领域获得真正的自由。

另外，它也为把马克思主义普及到民众之中、深入到社会生活过程之中创造了条件。它是彻底的理论，抓住了社会运行过程的根本，具有了说服人的力量；同时也是贴近日常生活的通俗易懂的理论，把哲学从哲学家的书本和课堂上解放出来，成为人民群众都能接受的东西。理论上的这一飞跃本身就是社会主义事业发展的结果，同时又将进一步推进社会主义事业的发展。

马克思说：“最一般的抽象总只是产生在最丰富的具体发展的场合，在那里，一种东西为许多东西所共有，为一切所共有。这样一来，它就不再只是在特殊形式上才能加以思考了。”[①]对价值体系的认识便是如此，虽然它存在于一切时代并且通过自身的演变过程来决定着历史的演变过程，却一直没有被人民群众所认识。只有在无产阶级改造旧世界的伟大斗争中，才能把它提上人类的日程表，也只有在建设社会主义核心价值体系的过程中，人类才能摆脱理论与实践的冲突，把应当遵守的道德信条与实际坚持的价值体系统一起来。

所以我们说，建设社会主义核心价值体系的新目标的提出就是人类回归大道的开始。人类要想继续生存下去就必须坚持建设社会主义核心价值体系，当这个价值体系在社会生活中稳定地运行起来之后，历史的一个新阶段的大幕也就徐徐拉开了。

[①]马克思恩格斯选集：第 2 卷[M]. 北京：人民出版社，1995：22.

第三十九章

[原文]

昔之得一[1]者：天得一以清；地得一以宁；神得一以灵；谷[2]得一以盈；万物得一以生，侯王得一以为天下贞[3]。其致之[4]，天无以清，将恐裂；地无以宁，将恐发[5]；神无以灵，将恐歇[6]；谷无以盈，将恐竭；万物无以生，将恐灭；侯王无以贵高，将恐蹶[7]。

故贵以贱为本，高以下为基。是以侯王自称孤、寡、不谷[8]。此非以贱为本邪？非乎？故致数舆无舆[9]。不欲琭琭如玉，珞珞如石[10]。

[注释]

[1]得一：第四十二章有“道生一，一生二，二生三，三生万物”，“一”就是大道，“得一”即是把大道“修之于身”，天、地、神、谷和侯王都需要“得一”，特别是对于侯王来说，“得一”不仅是把大道修之于身，而且还必须把大道“修之于国”。

[2]谷：帛书甲乙本中均为“浴”，高亨注为“河谷”。为了与前面关于“谷神”的解释相统一，我仍然将其解为“农作物、粮食”。

[3]贞：高亨注解说，“河上公本作‘正’，汉帛书乙本也作‘正’。王念孙说：‘正，长也，君也。’”我认为“贞”字应为“贵”字之误，这是因为，侯王得一，便可很好地履行其职责，从而维持其尊贵的地位；下文中还有“侯王无以贵高将恐蹶”、“贵以贱为本”与之相呼应。

[4]其致之：王弼注为“各以其一致此清宁灵盈生贞”。高亨注为“致，犹推也。其，将也，转连接词”。这两个说法与上下文联系起来，均不满意。据《辞海》中的解释，“致”还有一个“归还、交还”的意思，可将“其致之”解释为“如果它们不要这个‘一’”，上下文可以联系得更好。

[5]发：高亨转引刘师培说：“发，借为废。”废是塌陷。

[6]歇：尽，消失。

[7]贵高：王弼本中有此二字，高亨根据傅奕本改为“为贞”，愚以为不妥，因为牵涉到下文的“贵以贱为本，高以下为基”。蹶，跌倒，引申为垮台。

[8]谷：帛书甲乙本中均为“穀”，高亨注，“《尔雅·释诂》：‘谷，善也。’”

[9]故致数舆无舆：高亨注，“‘致’当读为‘至’，‘舆’当读为誉。马叙伦认为‘数’字是衍文，当据删”。

[10]琭琭（音 lù）：玉坚貌；珞珞（音 luò）：石坚貌。本句意为侯王不应当像美玉那样华丽，而应当像山石一样坚硬朴实。

[译文]

“一”是大道，“得一”即是认识并自觉坚守大道。古来凡是得到这个“一”的：天得到“一”即可清明，地得到“一”则可安宁，神得到“一”则可灵验，粮食得到“一”则可充盈，万物得到“一”则可欣欣向荣，为政者得到“一”则可保持尊贵的地位。如果它们不要这个“一”，天就无法保持清明，恐怕要崩裂；地就无法保持安宁，恐怕要塌陷；神就不能保持灵验，恐怕要消失；粮食就不能保持充盈，恐怕要枯竭；万物就不能保持生长繁育，恐怕要灭亡；为政者就不能保持其尊贵的执政地位，恐怕要垮台。

所以贵以贱为根本，高以下为基础，因此侯王们谦称为“孤”、“寡”、“不谷”，这不就是以低贱为根本吗？难道不是吗？所以，最高的荣誉没有赞誉。作为领导者，不应表现得像宝玉一样华美，而应当像山石一样坚硬朴实。

[解说]

所谓“得一”，即是认识并自觉坚守大道，只有做好这件事情，社会生活才能和谐运转。当今世界，人们坚持资本主义价值体系，与大道相背离，越走越远，正面临着前所未有的惩罚，天上出现了臭氧层的空洞，这便是“天无以清将恐裂”；地上被严重污染，不再适宜于人类居住，这便是“地无以宁将恐废”；人类面临着严重的精神危机，精神病人越来越多，这便是“神无以灵将恐歇”；农作物污染歉收，粮食价格大幅上涨，这便是“谷无以盈将恐竭”；民众的生存面临着各种危险，甚至是自我毁灭的危险，这便是“万物无以生将恐灭”；各国的领导人们面对层出不穷的难题，穷于应付，拿不出有效的办法，于是便乱哄哄你方唱罢我登场，社会政治过程在低水平上苟延残喘，这便是“侯王无以贵高将恐蹶”。老子的话正在我们面前一一得到验证。

要拯救人类的命运，就必须重新恢复大道的崇高地位。要做到这一点，希望就寄托在我们中国人的身上。对于中国的执政党来说，必须坚持新的价值体系，把政治过程提升到高层次的运行轨道，否则的话，就无法保持其“贵高”，就会失去执政地位，苏联东欧的剧变就是证明。

价值体系的进化过程是一个长期积累的渐变的过程。更高水平的生物必须从低水平生物进化而来，对于人类价值体系的进化过程来说，也同样要走过这样一个由低到高的发展过程。作为社会价值体系进化过程的领导者，各级领导必须依靠群众，这便是“贵以贱为本，高以下为基”。但在依靠群众的同时，却又必须注意，不能一味地迎合群众的评价。领导者除了社会管理的日常事务之外，其最重要的职责是坚持先进的价值体系，用自己的价值体系影响民众，而不能让民众的价值体系反过来影响了自己。如果人们真正地将大道修之于身了，自然就会坚硬厚重，如同山上的巨石。对于领导着开创历史新境界的共产党人来说，就不要指望从民众那里得到很高的声誉，他们不希望琭琭如玉，而是要珞珞如石。作为领导人，如果眼巴巴地想得到群众的掌声，就很容易被低水平价值体系所左右、所误导。领导者所追求的应当是“至誉无誉”。

这里的要点在于，“珞珞”与“琭琭”并不是侯王的本来面目，而是别人的评价，这两者经常是不一致的。假如领导者在坚持先进价值体系上得到了人民群众的一致好评，那就可以把这个时代称为太平盛世了，而这是很罕见的。民众通常以低水平价值尺度来评价其领导人，从历史上的几个亡国之君的情况来看，商纣王、楚霸王的勇猛和武艺很为时人所称道，李后主的诗词、宋徽宗的书画也名冠一时，堪称“琭琭如玉”，但这些好听的名声无益于国家的稳定强大，误导了他们。这就像司机在驾驶车辆时不能聊天一样，而这几位只顾聊天了，聊得兴头正浓的时候，车子翻到沟里去了。

尤其应当提到的是那个戈尔巴乔夫，其新思维与口才也曾让世人喝彩，堪称“琭琭如玉”。但是，作为共产党大国的领导人，却不知道在世界上引领价值体系进化的新潮流，西方人给了他一个诺贝尔奖，他便被暗示住了，成了资本主义价值体系的俘虏，卖力地推行“民主化”，最终导致苏联的崩溃，他自己也被绑在历史的耻辱柱上。

第四十章

[原文]

反者道之动[1]；弱者道之用[2]。天下万物生于有，有生于无[3]。

[注释]

[1]反：有两种解释，一为相反，一为返，反复、循环。在《道德经》中，两个含义同时存在，而且互补；在本章中，应取第一种解释。

[2]本句的意思是说，道用以表现自己的方式就是“弱”。在《道德经》中经常讲“守雌”、“不争”、“柔弱胜刚强”、“人之生也柔弱”、“柔弱者生之徒”、“柔弱处上”、“弱之胜强，柔之胜刚，天下莫不知，莫能行”，等等。

[3]本句的楚简原文为“天下之物生于有，生于无”；从道即价值体系的观点来看，“有”和“无”并不是“存在”与“不存在”的含义，而是价值体系的不同表现方式，人们认识到它时，它就是“有”，没有认识到它时，它就是“无”；换句话说，“有”相当于人们认识到的价值体系，“无”则是人们潜意识中的价值体系。不管人们是否认识到它，它都是一个客观存在，并在社会生活中发挥着主导作用。“天下之物”在这里不是指自然界，而是指经过人类实践改造过的社会生活自然，相当于马克思所说的“人化的自然”。

[译文]

返回是大道向前发展的先兆；柔弱是大道借以表现的方式。各种社会现象都产生于人类所认识的价值体系，它又产生于人们潜意识的价值体系。

[解说]

关于“天下之物生于有，生于无”。首先要弄清“有”与“无”的解释。人们在理解这两者的时候，往往陷在哲学思辨之中。一旦突破抽象哲学思辨所造成的框框，这句话其实是很容易理解的。“有”对于生物来说就是遗传密码，对于人类来说，就是价值体系。天下万物都产生于它们，没有它们，万物的成长过程是不可想象的。[①]而遗传密码、价值体系又是从哪里来的呢？它们都不过是大自然的前一阶段的进化过程的结果。这个进化过程，在人们没有认识它之前就已经存在着，只是没有被人们意识到，所以就是“无”。“有”和“无”并不是“存在”与“不存在”的含义，而是大道的不同表现方式，人们认识到它时，它就是“有”，没有认识到它时，它就是“无”。不仅是价值体系，还有很多东西如红外线、紫外线、次声波，原子、电子、质子、中子，它们处在人类的感官和认识之外，必须借助于特殊仪器才能感知它们的存在，在没有这些仪器之前，它们就是“无”。与此相类似，对价值体系的认识，需要人类从自身成长出一个感觉器官来。对那些没有发育出这个感知器官的人来说，它就是“无”。

但不管大道在人们的眼中是“有”还是“无”，它都是一个客观存在。在人类出现之前，大自然的进化过程就已经开始了，地球上一开始并没有这么多的生物，因而可以说这些生物都是从“无”中产生出来的，这是一个漫长的进化过程。舞台上的魔术师会无中生有，而大自然的进化过程则是真正的无中生有，它才是真正的魔术师。它会一个一个地把新的物种变出来，甚至会突破性地来一个大爆发，让一大批新物种突然地产生出来，直到最后变出了人类，在此基础上，才有了人类价值体系的进化过程。记得好像是黑格尔曾经说过，太阳底下没有新东西，其意思是想强调，只有世界精神的进步才能创造出新东西。他所谓的世界精神的进步，也无非就是价值体系的进化，这是大自然的漫长进化过程的更高阶段。

本章内容简单，且与上下文不连贯，似乎是因错简而从别处移过来的。我觉得它可能是来自第四十三章，现将这两章合在一起，试加编排如下：

反者道之动；弱者道之用。天下之至柔，驰骋天下之至坚。无有入无间，吾是以知无为之有益。天下万物生于有，有生于无。不言之教，无为之益，天下希及之。

[①]汤因比先生的这段话可以作为佐证：“人们将现存的无生命的‘原料’加工成型，制成工具、机器、衣服、房屋和其他制品，并赋予这些制品某种该原料所不具备的功能和类型。功能和类型是非物质的，从物质属性方面而言，它们是从无到有被人创造出来的。”——汤因比：《人类与大地母亲·第一章，自然现象之谜》（据网上资料）。

第四十一章

[原文]

上士闻道，勤而行之；中士闻道，若存若亡；下士闻道，大笑之。不笑不足以为道。故建言[1]有之：明道若昧[2]；进道若退；夷道若纇[3]；上德若谷；大白若辱；广德若不足；建德若偷[4]；质真若渝[5]；大方无隅[6]；大器晚成[7]；大音希声；大象无形[8]。道隐无名[9]。夫唯道，善贷且成[10]。

[注释]

[1]建言：有三种解释，一种解释说“建言”是老子所引的书名；一种解释说“建言”是古代的谚语、歌谣；一种解释说“建言”就是立言、设言，意思是通常有这样的说法。

[2]昧：暗也，不明也。郭店楚简为“孛”，廖名春先生解释说“孛为动词，有彗星光芒四射遮蔽其他星辰之意……故‘昧’当为同义互用。”

[3]夷道若纇：王弼注，“夷，平也”。“纇（音 lèi），《说文》：‘纇，丝结也。’引申为不平之意。”

[4]建德若偷：高亨注，“俞樾说：‘建，当读为健。’偷，帛书乙本作输。按偷、输均借为嬬。《说文》：‘嬬，弱也。’”

[5]质真若渝：质真，真正坚持大道的本质；渝，改变、违背。王弼注，“质真者不矜其真，故渝”。

[6]大方无隅：隅，角落、棱角。王弼注，“方而不割，故无隅也”。

[7]大器晚成：“器”指人才。“大器晚成”是因杰出的人才为自己确立的目标极其高远，故而难以实现。首先，拿人与其他动物作比较，低级动物一生下来就会走路、觅食，而人则具有完全不同的生长节律，需要经历很长的哺育、学习的阶段。作为一个物种，与其他物种相比较，人类是“大器”，故而“晚成”。其次，在人类中间，也有“大器”与“小器”的区别。有人志存

高远，在科学进步或社会公共事业上有大抱负，还有人立志于闻道，所以就需要有一个很长时间的求索过程，聪明如孔夫子也需要“三十而立，四十而不惑”，即使在这个时候也不能掉以轻心，仍然需要持之以恒，到了七十岁才“从心所欲不逾矩”，所以就是“大器晚成”。但如果人们不想闻道，放于利而行，那就无须学习，这不过是动物式的本能，人一生下来就会。此外还须说明的是，“晚”在帛书甲乙本中均作“免”，成了“大器免成”，我以为这也可以讲通。比如说，那些立志于人类解放事业的人们，有哪一个看到了这个目标的实现？马克思到死也没看到革命高潮的到来，列宁、毛主席都没看到共产主义实现，老子也没看到他设想的理想社会，孔夫子也没有看到大同世界。人类的解放是人类整体的进化过程，作为个体，每个人都只能是把自己的努力投入其中，至于这个目标什么时候实现，只能听凭历史规律去决定。此即所谓“正其义不谋其利，明其道不计其功”，也就是“大器免成”。

[8]大音希声；大象无形：高亨注，“大，有高妙之意。故大音、大声皆高妙之音声，《庄子》：‘大声不入里耳’，可证。希读为稀，少也”。大音、天象者，处在人们的感知能力之外的声音与形象，就像超声波、紫外线一样。

[9]道隐无名：大道被流俗所遮蔽，不被人们认识。

[10]善贷且成：在帛书乙本上，本句为“善始且善成”。“善始”者，善于创新之谓也。闻道对于人的生命过程来说，也就是提出新目标，赋予新意义，开辟新方向，达到新境界。人一旦闻道，其生命过程便成了一个不断创新成长的过程。所以，应当采纳“善始且善成”。

[译文]

上等之士听到大道之后，勤勉地遵行之。中等之士听到大道之后，有时记起，有时却又忘掉。下等之士听到大道，便要大加嘲笑；如果不被这种人嘲笑，就不足以称为大道。所以《建言》上说：光明的道好似暗昧；平坦的道好似崎岖；前进的道好似倒退；高尚的德行就像卑下的溪谷；纯洁的品格好像含有污垢；宽广的德行好像有所不足；刚健的德行好似衰弱懈怠；最坚守大道者好像背离了大道；最方正的人品反而缺少棱角；最重要的人才看似没有成功；最美的音乐听起来好似无声；最大的形象看起来反而无形。大道尽管不被人们认识，却只有它能够不断创新并推动人类社会不断进步。

[解说]

人们在一生中，总会遇到接触大道的机会，但由于人们各自的基础不同，是“上士”的便闻道勤行，是“中士”的便若有若无，是“下士”的便大笑之，于是便分别走上了不同的人生道路。老子在这里揭示了一个很深刻的认识论问题。人的心灵并非如洛克所说的那样是一张“白纸”，那些率先闻道的人们要想把大道传播开来，并非仅仅通过“灌输”就可以做到。同样是人，有的人闻道便感觉亲切，得一言便拳拳服膺，终身不辍；而另外一些人闻道后则漠然置之，还有很多人闻道便感觉好笑。如果要对“下士”来谈论大道，其反应就是大笑之。在老子的时代，“下士”比比皆是，在这种环境中，黄钟毁弃，瓦釜雷鸣，自然就会出现“明道若昧；进道若退；夷道若纇”等现象。

为什么会有这种“上士”与“中士”、“下士”的区别呢？这仍然是由于价值体系的不同。我们且以“上士”和“下士”作为对立的两极来作比较，“上士”的价值体系以人为本，以社会集体利益为核心价值，而“下士”的价值体系则以物为本，以财富的私人占有为核心价值；“上士”喜欢和谐社会，于是便努力改善现实社会运行状态，推动把社会趋向于和谐完美，“下士”则喜欢丛林法则，于是便在私有制社会中得过且过，从而把社会运行维持在通向自我毁灭的路径上。

上述说法必然要面对这样一个问题，人是生而平等的，所有的人都是一样，都具有闻道的潜能，为什么会产生这种区别呢？显而易见，这种区别只能产生于幼儿时的生活环境和接受的教育，在人们“有能力对它们起决定性影响以前就已经在某种程度上开始确立了”[①]。低劣的文化环境、险恶的生存条件会屏蔽人们心中向上成长的潜能，有的人被屏蔽得浅，有人被屏蔽得深，由于被屏蔽的程度不同，所以便形成了“上士”与“中士”、“下士”的区别。所谓闻道、开悟，也即是突破这种屏蔽，对自己在无意识状态下形成的价值体系进行思考，进而突破其限制，为自己选择一个完善的价值体系。被屏蔽得浅的“上士”就容易闻道，被屏蔽得深的“中士”、“下士”就不容易闻道，但不管被屏蔽得深浅如何，所有的人都有闻道的机会。

[①]马克思恩格斯全集：第40卷[M]．北京：人民出版社，1982：5.

由于核心价值的不同，“上士”与“下士”对现实的认识也不同。人们在观察世界和社会时，都戴着价值体系的“眼镜”；这个“眼镜”也有一个度数高低的问题，但有很多人不知道自己戴着价值体系“眼镜”，他们处于价值体系的独断论之中，把自己的价值体系作为检验真理的唯一标准。看起来他们也在大胆假设，小心求证，搞出一些大前提、小前提，根据推理的规则，最后得出结论，好像是很科学的样子，但这都不过是假象，在实际上，他的结论早就被其价值体系的发展水平决定了。

庄子说过，有真人而后有真知。现在看来，只有在价值体系不断成长的过程中，人们才能逐渐地成为“真人”；只有闻道开悟了，人们才有可能正确认识现实，正确行动。如果人们没有闻道开悟，就算是每天把实事求是念上八百遍，也照样做不到实事求是。假如一个人终其一生都没有开悟，那就只能永远生活在错误之中。比如说新民主革命历史时期的陈独秀、王明等人，他们不是“下士”，至少也在“中士”以上，但由于没有达到闻道的高度，所以也就找不到正确路线，给革命事业造成了重大损失。人们常说“失败是成功之母”，可如果让他们继续领导，他们也还要在错误的道路上走下去，不是“左”就是右，过去人们称这种现象为“小资产阶级幼稚病”，其实是找错了原因，如果没有闻道，不管他出身于什么阶级，都同样找不到正确路线。

而对于那些“下士”来说，他们就像毛主席所说的帝国主义和一切反动派一样，更加难以接受新的价值体系，面对着他们的花岗岩脑袋，神仙也没有办法。由于其价值体系的狭隘片面，他们理解不了大道，所以便闻道而大笑之。他们不知道什么最重要，而是抓住一些枝节问题振振有词，狂热地主张着所谓“民主”，在“一人一票”的幌子下面，本能地自发地维护丛林法则对社会生活的统治。而为什么要维护丛林法则的统治地位，这难道真的代表了他们的利益？其实并不尽然，在丛林法则的控制下，没有永远的幸运儿。“下士”之所以狂热地为之辩护，不过是因为自己处在这个价值体系的发展水平上。如果这种人占据了社会的主流，这个社会就会被锁定在资本主义的路径上，捣乱失败，再捣乱再失败，眼睁睁地看着自己走向毁灭。

我们都可以观察到，“下士”们并非是有意识地要成为一名“下士”，他们认为自己掌握着绝对的真理，这就使他们自我封闭了接受新价值体系的渠道。这就是现代人所说的“范式陷阱”，古今中外，大都如此。“诚然人人都承认，一个人如果不是鞋匠，就不能做鞋子，虽说他有尺子、有脚并且也有手。但关于哲学，大家就以为直接知识是这样的意思，即每一个人只要他能吃饭走路，就是一个哲学家，他可以在哲学上随便说话，并且自以为很懂哲学”[①]。穷愁潦倒如阿Q，也仍然有一套精神胜利法。如何突破这种陷阱，正确地认识自身价值体系的问题，保持不断进步的趋势，这对于闻道来说，是一个很重要的问题。所以，老子在第七十一章教导人们："知不知，上，不知知，病。夫唯病病，是以不病。圣人不病，以其病病，是以不病。"这段话很像绕口令，但真正自爱的人们当熟记之。对于领导者来说，如何创造条件，引导和帮助民众突破这种范式陷阱，则是最重要的职责。

从这一章可以看出，学习应当分为两种，一种是通常所说的学习，即是各种知识的积累；另一种是价值体系的学习，也即是从"下士"到"上士"的进步过程。这后一种学习是在前一种学习的基础上进行的，它更重要，尤其是对一个研究社会科学的人来说，只有闻道的"上士"才能做出大学问，达到真善美的统一。如果作为"下士"而不能实现一个价值体系的转换，非要涉足这个领域，那也不过是把自己那一套有缺陷的价值体系展示出来而已；如果他还想当官，那就必然会把那套价值体系强加于社会集体，误国害民。

在具有不同价值体系的"上士"与"下士"之间，必然会出现冲突，这便是中国古人所说的君子小人之争，我们称之为价值冲突，这种冲突与阶级斗争不同，不是物质利益之争，而是个人成长与社会发展的道路之争。"上士"关心着所有的人，包括"下士"在内，他们希望所有的人都能够闻道，都能不虚此生；而"下士"则大笑之，反对之，不仅自己要背道而行、走向毁灭，还要拉着所有的人一块走向毁灭。这种价值体系的冲突比起阶级斗争来要深入一个层次，当"下士"压倒了"上士"，在社会中占支配地位时，阶级斗争便会日益尖锐，社会便日益混乱，进入恶性循环的轨道；只有当"上士"占据支配地位时，社会才能正确处理人民内部矛盾，摆脱恶性循环，使阶级趋向于消亡，使社会趋向于和谐。

从历史上看，完全由"下士"组成的社会不能长期地自我维持下去。"下士"把生物本能的满足作为核心价值，从而把这种满足本能的享乐推到极端，

[①]黑格尔．哲学史讲演录：第四卷[M]．北京：商务印书馆，1981：249．

变成彻头彻尾的纵欲和浪费；一个人的纵欲和浪费会使其自我毁灭，一个集体或一个国家的纵欲与浪费则同样会使这个集体和国家自我毁灭。这种以生物本能为核心价值的价值体系就是社会的自我毁灭因素，它一旦占了上风，社会组织便不可避免地趋向于堕落毁灭。社会需要坚持大道的“上士”出来支撑局面，建立秩序，把社会提升到一个较高的远离毁灭的发展轨道上，但这又为“下士”表现其破坏本能提供空间；有了这个空间之后，“下士”就可以出场了。在争权夺利方面，“上士”往往不是“下士”的对手。由于“下士”所坚持的价值体系无法维持社会的可持续运转，所以当“下士”成了气候时，就会使社会组织趋向于衰败，直至大坏极弊，无可收拾，从而为“上士”出来重建秩序、励精图治提供机会。等到局面稳定下来之后，仓库里逐渐有了些积蓄，民众中逐渐积累了一些财富，又该轮到“下士”出来折腾了，中华文明几千年来一直是周而复始地延续着这个被称为历史周期律的治乱循环。

率先闻道者不能用厌恶的眼光来看“下士”，而应当用同情的眼光来看他们。成为一个“下士”，就命中注定地要把仅有一次的生命耗费在错误与不幸之中，这就极其可悲。他们惧怕甚至仇视价值体系的进化，顽强地拒绝大道。为了挽救这样的人，闻道者就有责任找到一种把“下士”转变为“上士”的办法，不露声色、潜移默化地推动人类价值体系的进化，避免“下士”的干扰，从而“不遇抵抗”地引导“下士”高高兴兴地走上大道；有了这个办法，才能进而创造出一种环境，让新生的一代人自然而然地成为“上士”。

木桶所能容纳水量的大小不是决定于最长的那块木板，而是决定于最短的那块木板。根据这个原理，社会的和谐程度不是取决于价值体系水平最高的那个人，而是取决于价值体系水平最低的那个人。就算是在一个家庭里，如果出了一个蛮横无理的家伙，也会被他搅得鸡犬不宁。所以，闻道者必须致力于社会价值体系的建设，不管在哪个国家，都必须让大道稳定地占据支配地位，把所有的人都提升到“中士”以上，否则的话，上述治乱循环过程就将继续下去。对于地球村来说也是一样，如果不能把地球人都提升到“中士”以上，其混乱状态仍将继续下去。

第四十二章

[原文]

道生一，一生二，二生三，三生万物。万物负阴而抱阳[1]，冲气以为和[2]。人之所恶，唯孤、寡、不谷[3]，而王公以为[4]称。故物或损之而益，或益之而损。人之所教，我亦教之。强梁者不得其死[5]，吾将以为教父[6]。

[注释]

[1] 万物负阴而抱阳：万物，在这里所指的是人类；负，在背后；抱，在胸前。

[2] 冲：在帛书甲本中为“冲”，在乙本中空缺，在王弼本中为“冲”；可见“冲”与“冲”相同，与“冲而用之”和“大盈若冲”的“冲”一致，意为“空虚”。

[3] 谷：高亨注，“谷，善也”。

[4] 为：高亨本根据傅奕本、帛书甲乙本改为“自”。

[5] 强梁者不得其死：强悍的人不得好死。

[6] 吾将以为教父：高亨注，“父是家长，是一家之首。所以教父犹教首。老子是说我将用这句话作为教人的头一条”。

[解说]

对于本章，以往人们的解释往往流于玄虚，所以，我们需要先按“道即价值体系论”来进行解说，然后再提供译文。

关于“道生一，一生二，二生三，三生万物”，我以为老子所描述的实际上就是人们认识大道的过程，这是一个简化的斐波那契数列。

所谓斐波那契数列，源于意大利数学家斐波那契于 1202 年提出的一个简单的数学题：“假定每对家兔每月可繁殖两只小兔，并且每对家兔到两个月后就可以繁殖后代。那么，若开始时有一对家兔，经过一年时间，将繁殖多少对家兔？”问题的答案并不复杂，即每月底的家兔数量将出现如下变化：

1、1、2、3、5、8、13、21、34、55、89、144……

这就是著名的斐波那契数列，又被称为费氏数列。人们发现，这个数列极其简单，该数列中每个数字均是前两个数字之和；但它又具有许多奇妙的特征，例如当项数趋于无穷大时，用后项除以前项，比值则趋近于“黄金分割率”——0.618。由于按此比例设计的造型十分美丽，因此称为黄金分割。

这个数列及比率在大自然万事万物的成长过程中有广泛的运用，小到地球上的生物如菠萝、松果、海螺的成长过程，大到海浪、飓风、宇宙星系演变，都遵循着这个规律。科学家们发现许多生物构成都和斐波那契数列有正相关，植物的花瓣、茎干上的幼芽分布均按照斐波那契数列生长，菠萝和松果种子的排列呈螺旋状，其中顺时针螺旋和逆时针螺旋的数目一般就是斐波那契数列相邻的两项；人类身材的比例与“黄金分割率”相符合；太阳与水星的距离加上水星与金星距离，正好等于金星和地球的距离。还有人进一步运用它来预测股票市场运行的时间周期、经济的增长与衰退，包括服装的流行趋势。所以人们认为这个数列就是主宰自然界各种生物的生长与衰老、扩散与收敛、前进与倒退的自然法则。

对于大道即人类价值体系的产生与进化过程来说，也同样要服从这一自然法则，从无到有、从一到多地发展起来。大道并不是隐藏在世界的某个角落的神秘物件，它也无非就是我们的价值体系，它存在于我们身上，却没有被我们所认识，于是就需要经历一个从无意识的深处上升到自觉意识、逐步展开的闻道过程。“道生一，一生二，二生三，三生万物”就是大道在人们头脑里呈现出来的这个过程的描述，这个描述与西方人1700年之后才发现的斐波那契数列的契合，便是老子智慧之卓越的一个令人惊叹的例证。

以个体的闻道过程为例，人们首先要反思自己的价值体系，原本处于人们意识之外的大道被人们意识到了，这个意识可以说是产生于大道，是大道的反映，因而就是“道生一”；这个被完整理解的大道是一个浑沌的表象，要想真正的掌握它，还需要在实践中经过一系列分析与综合的过程，正如马克思在论述政治经济学的方法时所说的那样：“具体之所以具体，因为它是许多规定的综合，因而是多样性的统一。因此它在思维中表现为综合的过程，表现为结果，而不是表现为起点，虽然它是现实的起点，因而也是直观和表象的起点。在第一条道路上，完整的表象蒸发为抽象的规定；在第二条道路上，抽象的规定在思维行程中导致具体的再现。”[①]人们把关于大道的完整表象蒸发为抽象的规定，是一个随着实践的深入而逐步深入的过程，首先人们要思考，哪些是符合大道因而是可以做的，哪些是不符合大道因而应当被禁止的，于是便产生出善与恶的两极对立，这便是“一生二”，与这种两极对立相应的，产生了一系列的两极对立，如理想与现实、灵魂与肉体、集体与个体、社会主义与资本主义、公平正义与效率优先；有了善与恶的两极对立，有的人自觉地去恶归善，就需要自我修养，于是对什么是善又进行具体规定，比如说儒家就提出了“智仁勇”等三达道，这便是“二生三”；还要把这三者运用于处理“君臣、父子、夫妇、兄弟、朋友”等五种人际关系的实践中去，这样的规范越来越多，这就是“三生万物”。“万物”表示“三”以后的各项，也就是人们为了生存下去而制定的各种道德规范，包括我们现在关于对社会主义核心价值观所提炼的24个字，其源头也应当追溯到老子所说的“道生一”。

如果人们选择堕落邪恶的方向，同样也有一个发展的过程。以贪官为例，报纸上经常介绍某某贪官非法所得的巨额财产，数量越来越惊人，动辄数千万，甚至几亿几十亿，如此巨大的“成就”肯定不是一天就能达到的，也有一个按照1、2、3、5、8……的次序增长的成长过程，这也是一个斐波那契数列。不管选择哪个方向，都要按照斐波那契数列的次序成长。所以珍惜生命的人，都应当在方向的选择上保持清醒，如果选择了恶的方向，那就会越错越远，找不到回来的路，不仅危害了社会，也危害了自身。

对于社会价值体系演变过程来说，也有一个选择正确方向、循序渐进成长的过程，比如说我们改革开放以来，先是以经济建设为中心，提出“一个中心、两个基本点”的基本路线，后来又提出“三个代表”，再后来又提出以人为本、科学发展和构建和谐社会，现在又提出“经济建设、政治建设、文化建设、社会建设、生态文明建设”的“五位一体”的总体布局。随着中国特色社会主义的实践的深入发展，我们的发展目标越来越全面。大道必须借助于人类的实践过程，才能充分地展开，于是在人类认识自身发展规律的过

[①]马克思恩格斯选集：第2卷[M]．北京：人民出版社，1995：18．

程中，伴随着一个漫长的经济、政治和文化进化的历史过程。

有人把上述观点贴上唯心主义的标签，将其轻率地加以否定，这是因为他们还陷在认识论范式的陷阱里。价值体系虽然看不见、摸不着，但它仍然是一个客观存在，否定它的客观存在，把人类的进化过程完全委之于外部的物质过程，把人类降低到动物的存在水平上，这本身就是荒诞的。请看茫茫宇宙，不知有多少个像太阳系一样的恒星系，但由于没有遗传密码的产生与进化，所以在地球以外的行星上还没有发现任何生命迹象，那里是一片寂静；没有生命的出现，也就没有人类的出现，自然也就没有价值体系的进化。人类价值体系的进化是大自然漫长进化过程的产物，是大自然进化过程的最高成就，“道”的成长、展开的过程则是它的高级阶段或者说是终极目标。

价值体系的进化过程非常珍贵，但也经常出错，所以就应当高度珍惜，细心呵护。比如第二章所说的“天下皆知美之为美，斯恶已”，怎样避免这种问题呢？所以，接下来就该讨论“万物负阴而抱阳，冲气以为和”了。所谓“万物负阴而抱阳”，也就是说，如果社会管理者设定了某个价值标准，人们就会沿着这个价值标准所引导的方向，追求更好的状态，急欲摆脱落后的状态。比如说学生们以得到 100 分为目标，于是就努力学习，认真答卷，力争得到 100 分，而不是甘于得到 0 分。所谓“负”者，就是放在背后，也就是对其采取反对、讨厌的态度；所谓“抱”者，就是放在胸前，也就是对其采取拥护、热爱的态度，采取执着坚持的态度，比如说“抱一为天下式”，这是一个比喻的说法。阴与阳也是一种比喻，指的是一种价值标准的两极。任何一种价值标准都有两极，对于学生的成绩来说，0 分就是阴，100 分就是阳。其他各种价值标准也都有阴阳两极，凡有血性者，必有争胜之心，一种价值标准一旦形成气候，控制了民众的思想，人们就会自然而然地“负阴而抱阳”。如果社会把官职的大小和财富的多寡作为尺度，人们也会受这种价值尺度的左右。比如苏秦的嫂子之所以对苏秦前倨后恭，就是因为苏秦先前潦倒而后来“位高金多”。这种以“位高金多”为“阳”的价值标准在历史上长期地居于统治地位，与私有制条件下的人的生存需要有机地结合在一起，所以就非常稳定，只要人们手中掌握了一些权力，便会用它来实现这个目标。在一个被这种价值标准控制的社会中，就必然要出现腐败现象；如果人们想反腐败而又不致力于改造这种价值标准，那他就是在拔着自己的头发以企图离开地球。

除了这种以“位高金多”为“阳”的价值标准以外，社会生活中还存在很多次级的局部小范围内的价值标准，其中有些是合理的，有些是不合理的。比如说奥运会以“更高更快更强”为目标，促进了人类的竞技体育的发展，应当算是合理的，但它也带来了副作用，如过度训练对人体的伤害，为得到奖牌而服用兴奋剂，如此等等。再如公款吃喝和酒桌上劝人喝酒的风气，也是一种价值标准，虽然它是一种陋习，却也控制了很多人。参与者们内心里其实都怀有一定程度的反感，但只要一围坐到桌子边，便身不由己地劝酒，把这种陋俗继续延续下来。实践证明，如果不能从根本上改变这种以吃喝劝酒为“阳”的价值标准，仅仅依靠下文件就不可能遏制公款吃喝。可叹人类虽然聪明无比，但在价值标准上却经常是盲目的，被那些非理性的风俗习惯所控制，就算是那种很荒诞的目标，也仍然能够维持下去。比如那种缠足的陋俗竟然也流传了上千年，燃放烟花爆竹的陋俗至今仍在延续着。

对“万物负阴而抱阳”可以用价值标准来加以解释，但怎样解释“冲气以为和”呢？“冲”是空虚，这在《道德经》中可以找到佐证，但“气”是什么呢？第十章有“专气致柔”，第五十五章有“心使气曰强”，再加上本章的“冲气以为和”，《道德经》中共有三个“气”字，综合起来看，老子所说的“气”就是通常所说的“脾气”、“生气”的“气”；相当于佛教所说的“贪、嗔、痴”中的“嗔”，即心理学上所说的愤怒、仇恨、猜忌等病态情绪；根据弗洛伊德的说法，人内心深处有一口欲望沸腾的大锅，即是“本我”，但在它的出口处还有一个卫兵把守着，这就是“超我”。老子所要做的工作就是给“本我”找一个卫兵，不让它乱动。“专气致柔”即是控制自己的情绪，专注于保持柔弱；“心使气曰强”即是用意志控制情绪就可以强大的意思。王阳明也曾说过：“无善无恶者理之静，有善有恶者气之动。不动于气，即无善无恶，是至善。”[①]综合以上所说，“冲气”就是要人们控制自己的情绪，不在追求某种低层次价值上走极端，以此来促进社会和谐。这样来解释“冲气以为和”，就可以与下面的“人之所恶，唯孤、寡、不谷，而王公以自称”等句子相联系起来了。人民群众可以“负阴而抱阳”，执政者却不能也去“负阴而抱阳”，

[①]王阳明. 传习录[M]. 广州：广州出版社，2001：66.

否则的话就会利用执政权力与民争利，就会出现腐败现象，就无法保持社会稳定。执政者必须“冲气以为和”，才能站得高，看得远，正确决策，常善救人，保持社会和谐，这就与第一章所说的“常无欲以观其妙”相呼应了。老子的这个道理是专门讲给“侯王”们听的。

“故物或损之而益，或益之而损。”这和第五十八章中的“祸兮福之所倚，福兮祸之所伏”所说的是一个意思。其之所以出现这种状况，就是因为社会价值体系所引导的方向与人们的真实利益不一致，人们通常被那些扭曲的社会价值体系控制着，看不清自己的真正利益，狂热地追求着那些有害的甚至是自我毁灭的目标。作为执政者而放纵物质欲望，与民争利，看起来是占了很大便宜，其实际后果是吃了大亏，甚至是“不得其死”。自诩为万物之灵的人类，在历史上经常地出现这种情况，以至于让后人哀之；后人哀之而不鉴之，结果是让后人继续哀之，这是十分可叹的。西方也有人说，人类从历史中得到的最大教训是人类从历史中得不到什么教训。其之所以如此，就是因为人们被片面扭曲的价值体系控制着，看不清自己的真正利益。

于是我们就可以接下来解释本章的最后一句，“人之所教，我亦教之。强梁者不得其死，吾将以为教父”。所谓“教父”者，即是教育人的头一条。通常人们都教人做强梁，而老子的学说则与之恰好相反，他要想让人们接受自己的理论，就要让人们认识到这种理论与其他理论的根本区别，先要有一个价值体系的转换，所以就必须用“强梁者不得其死”作为教人的头一条，以形成鲜明的对比，引起人们的警觉。

这里需要说明的是，“强梁者”为什么会“不得其死”，其原因在于他们在两个层次上的错误：一是价值体系的狭隘片面，不知道“冲气以为和”，在非理性欲望的驱使下，一条道走到黑；二是以丛林法则的方式处理价值冲突，也就是像现代的帝国主义一样，追求的是称王称霸，把人家的资源财富都控制在自己手里，由自己独享，为了达到这个目的而穷兵黩武、草菅人命。然而，有压迫就有斗争，有剥削就有反抗。在人们追求强大的过程中，总是有新生的力量不断地涌现出来，成长起来，取代原来号称强大的力量。历史上所有的“强梁者”都经历了被其他人取而代之的命运，现代的“强梁者”也同样面临着被其他人取代的命运，他们摆脱不了这个命运。

当今世界到处都是冲突，把整个人类文明都要推向绝境，其原因就在于资本主义价值体系的片面畸形，把人们都引到争做强梁者的方向上去了。为了避免这种被人取代的命运，西方“强梁者”总是提防着其他有可能取代其强大位置的国家出现，所以同是资本主义阵营的内部，依然是斗得不亦乐乎，经历了两次世界大战，制造了无数悲剧，依然执迷不悟，不知道构建和谐世界。不管是西方的上帝，还是中国的大道，都对这种状况很不满意，感到厌倦，一定会在适当时机采取措施惩罚人类。尽管某些人的手法越来越狡诈，武器越来越先进，但“强梁者不得其死”的规律是不会改变的。

要想避免地球生态环境大崩溃的结局，人类就要改变现有的以物质财富的私人占有为核心价值的价值体系，西方国家也必须改变现有的疯狂掠夺自然和欺凌弱小国家的行为方式。要想完成这种价值体系的转换，老子的教导对他们依然有用，“强梁者不得其死，吾将以为教父”，应当把他老人家的这句话写在联合国的会议厅里，各国首脑的办公桌上，让他们年年讲、月月讲、天天讲，念念不忘，或许会心有余悸，有所收敛。

[译文]

人类对大道的认识过程是一个从无到有、从一到多的进化过程，按照斐波拉契数列 1、2、3、5、8 的次序增长。“道生一”是指完整的大道进入人们的意识，“一生二、二生三、三生万物”是指人们进一步从大道的完整表象中诞生出理念、法则、道德标准等抽象规定的过程，这个过程随着实践的深入而逐步深入。一旦在社会上形成了某个价值标准，民众就会沿着这个价值标准确定的方向，急欲摆脱落后的状态，追求更好的状态，这就会带来不良后果。执政者应当减少那些非理性情绪和欲望，倡导科学合理的价值取向，促进社会和谐。人们最厌恶的就是“孤”、“寡”、“不谷”，但王公们却用这些来自称，以贬抑自己。世上的事物，减损它的举措有时反而增益它；增益它的措施有时反而会减损它。人们用来教导青年人的话，我也用来教导人。强悍的人不得好死，我用这句话作为教导王公的头一条。

第四十三章

[原文]

天下之至柔[1]，驰骋天下之至坚[2]。无有入无间[3]，吾是以知无为[4]之有益。不言之教，无为之益，天下希及之[5]。

[注释]

[1]天下之至柔：天下最柔软的东西。

[2]驰骋天下之至坚：能够在天下最坚硬的东西中来回穿行。

[3]无有入无间：无有，无形的东西；无间，没有间隙；无形的东西可以进入没有间隙的地方，这就是我们现在所看到的，运用价值体系这个无形的东西可以潜移默化地渗透、改变最强大的政治体。

[4]无为：即是通过对社会价值体系的引导来进行社会控制的技术。

[5]希及之：很少人能认识到和做到。希，稀疏，引申为稀少、罕见。

[译文]

天下最柔弱的东西，可以任意穿行于最坚硬的东西之内。无形的东西可以侵入毫无空隙的地方。我因此认识到“无为”的益处。“不言”的教导方法，“无为”的益处，普天下很少人能认识到和做到。

[解说]

上一章说的是“强梁者不得其死”，这一章则说“天下之至柔，驰骋天下之至坚”，逻辑很连贯。

伟大的老子在两千五百年前就好像已经看到了苏联的解体。那最柔弱的东西——西方人的那一套价值体系——可以任意地穿行于那个庞大政权的内部，分化它、瓦解它，最终使它轰然倒塌。“不言之教，无为之益，天下希及之”，但仍然还是有那么一些杰出的西方人认识到了它，他们凭借着经济上的领先优势，打着“民主自由人权”的旗号，向其他国家宣传灌输他们那一套价值体系。如果其他国家的人们接受这个旗号，就会潜移默化地接受西方人的那一套价值体系，不知不觉地被西方意识形态所转化，西方就可以间接地操纵这些被他们洗脑的人，为西方资产阶级的利益服务。

这种在价值体系的引导上下功夫的战略是高水平的战略。一般来说，用强力压制只会压而不服，只有让对手接受自己的思想，使之在思想上缴械了，才能真正心悦诚服。显然，思想意识形态领域里的斗争是一场正在进行着的超级战争，西方人运用老子的理论制定了一个出色的和平演变战略，并卓有成效地实施了这一战略。然而遗憾的是，由于西方人价值体系的根本缺陷，“不言之教”的这次表演没有促进人类的整体利益，反而制造了一场历史悲剧。要想让“不言之教”造福人类，那就必须有闻道者来运用它。

和谐政治学与其他政治学的根本区别就在于，它注意到执政者必须进行价值体系建设，为自己营造执政基础。其他政治学只是在现有的基础上进行建设，和谐政治学除了要研究现有基础以外，还必须进一步改善这个基础；现代“侯王”不仅要自己闻道勤行，还必须把大道灌输到社会生活中去，让人民群众接受大道。执政权就是用自己的价值体系来教育民众的权力。共产党人流血牺牲夺取了执政权力，其下一步的程序就是把自己的价值体系扩展到全社会。苏联东欧共产党政权没做这件事，其执政权就没有发挥作用，根据用进废退的原理，其垮台的命运就是必然的。

当今世界的主要矛盾是什么？透过各种纷繁复杂的表面现象，我们发现，依然是社会主义价值体系和资本主义价值体系的斗争。前者引导人类走向光明和谐，后者则把人类引向混乱与毁灭，两者的消长决定着历史的走势。历史中并不存在那种机械的命中注定的必然性，如果人类不能在两种价值体系的冲突中坚持大道，倒退甚至自我毁灭的可能性就仍然是一种客观存在。我们必须高度重视这个危险，人类及其文明的出现不是自然界发生的偶然事件，正如拉兹洛所说的那样，“假如人类的文明尚未臻于成熟就夭折了的话，那要比在深邃的宇宙空间中可能存在的外星文明发生的任何不幸事变都更令人痛心”[①]。

[①][美]拉兹洛．进化——广义综合理论[M]．北京：社会科学文献出版社，1988：123.

第四十四章

[原文]

名与身孰亲[1]？身与货孰多[2]？得与亡孰病[3]？是故甚爱必大费[4]，多藏必厚亡[5]。知足不辱，知止不殆，可以长久。

[注释]

[1]名：声名、荣誉；身：指生命；亲：亲近。王弼注，“尚名好高，其身必疏”。

[2]货：财产；多：推重、赞美。王弼注，“贪货无厌，其身必少”。

[3]亡：损失；病：犹害也。王弼注，“得多利而亡其身，何者为病也？”

[4]甚爱必大费：爱，吝惜；过分吝惜，必定会导致更大的耗费。

[5]多藏必厚亡：本句在郭店楚简中为“厚藏必多亡”，含义均为“过多的储藏必定招致惨重的损失”。

[译文]

名声和生命，哪一样与你更密切？生命和财富，哪一样对你更贵重？获得财富和失去生命，哪一个对你有害？过分吝惜财富就必定会导致更大的耗费，过多的聚敛财富必定招致惨重的损失。所以说，懂得满足，就不会受到屈辱；知道适可而止，就不会遇到危险，这样就可以保持长久的平安。

[解说]

这一章是老子对侯王的告诫，对物欲横流的现代人来说，尤其切中时弊。我们需要发挥一下，讲这样三层意思。

首先，老子在这一章分析了个人价值体系中的问题。在“名与身”、“身与货”、“得与亡”之间，人们应当如何选择呢？实际上也就是现在所说的，是以物为本呢，还是以人为本？是以物质财富的私人占有为核心价值，还是以人的自由全面发展为核心价值？这个答案应当是不言而喻的。

其次，尽管上面所说的是很简单的道理，但两千五百年来，人类对于名利的追求几乎到了疯狂的地步，在这种追逐之中，人生被扭曲，产生了贪污腐败、坑蒙拐骗等诸多人生病痛。为什么一代又一代的人们如飞蛾投火一样扑向名利而不顾真正的人生幸福呢？这是因为私有制塑造了个体的行为，与这种制度相配套的有一套人生目标体系和行为规则，它用生存的自然必然性强制人们接受这一套规则，把人们的注意力锁定在物质需要上面，使人们成为一个追逐物质私利的庸人，这样的人如果掌权就肯定要以权谋私。由此可见，私有制就是腐败的根源。不从根本上消灭私有制，就无法解决腐败问题。内耗、腐败，都是这个制度的有机组成成分。有的人把民主作为反腐败的药方，实际上是一种骗术，无非是企图借着民主的名义上台，也去捞一把，其价值体系的水平决定了这是一个必然的过程。

其三，要解决这个问题，不仅要教人以道，而且要提出一个一揽子的社会变革方案。个人与社会有机地联系在一起；社会发展高度与人们价值体系的高度密切相关；“大制”与“上士”相配套；能否构建和谐社会，则要取决于能否提升人性，把充斥于社会中的“下士”教育成“上士”，培育社会的正常健全的细胞。然而现实社会按其原来的惯性向前发展，原有的文化价值体系潜移默化地塑造人们的性格，在人们有能力思考价值体系问题之前，他们就已经被畸形的社会训练成畸形的细胞了。换句话来说，人的价值体系是在人与社会互相作用的超循环中形成的，要想改变人的价值体系也就只能从改造这个超循环入手，其他任何办法都奈何不了这个过程。所以我们还是要运用好手中的执政权力，对社会进行一场彻底的改造。

这其实也就是马克思的主张，他在《德意志意识形态》中说：“共产主义和所有过去的运动不同的地方在于：它推翻了一切旧的生产和交往的关系的基础，并且破天荒第一次自觉地把一切自发产生的前提看作是先前世世代代的创造，消除这些前提的自发性，使它们受联合起来的个人的支配。”[①]对庸人来说，这个目标是难以想象的；而对老子来说，则是再自然不过的事情了，只有这样，个人才能“没身不殆”，社会制度才能合于“自然”。

[①]马克思恩格斯全集：第3卷[M]．北京：人民出版社，1960：79.

要实现这样一个伟大变革，执政党就必须把个体的闻道作为核心价值；只有在闻道者自发地大批地经常地每日每时地涌现出来的情况下，社会主义制度才能逐步地趋向于稳定成熟。如果让唯利是图不择手段的人自发地大批地经常地每日每时地涌现出来，我们这个社会也就不能趋向和谐。一个人的自我毁灭必然会带来一系列的连锁反应，令社会为之付出惨重代价。

然而就有那么一些学者精英，对西方的那一套价值体系和生活方式很向往，把它看作天经地义、不言而喻的人生理想。在自己坚持这种价值体系的同时，也把它强加于其他人，把民众引入放纵情欲物欲的歧途，这种价值体系的运行过程自然而然地要造成两极分化，一部分人高高在上，一部分人垫底；一部分人花天酒地，一部分人衣食无着，把中华大地变成了一个丛林世界。在这种机制发挥着实际作用的情况下，我们要想实现“以人为本”、“科学发展”和构建和谐社会的目标，那就是自相矛盾，南辕北辙，可望而不可即。

要提高执政能力，就必须在价值体系的建设上掌握主动权。要想做好这件事情，那就必须抓好两件事情，一件是“破”，一件是“立”；所谓“破”就是要扭转私有制价值体系的主导地位，不能继续听任丛林法则在社会生活中继续发挥作用；所谓“立”，也就是要做好人民群众的教育工作，“无论为了使这种共产主义意识普遍地产生还是为了实现事业本身，使人们普遍地发生变化是必需的，这种变化只有在实际运动中，在革命中才有可能实现；因此，革命之所以必需，不仅是因为没有任何其他的办法能够推翻统治阶级，而且还因为推翻统治阶级的那个阶级，只有在革命中才能抛掉自己身上的一切陈旧的肮脏东西，才能成为社会的新基础。”[1]这样一个提高全民素质的教育过程，也就是老子所说的“修之于身，其德乃贞；修之于家，其德有余；修之于乡，其德乃长；修之于国，其德乃丰；修之于天下，其德乃普。”老子与马克思的想法其实是一致的。

回到这一章的内容上来，我们还要说的是，引入市场机制也有一个度的问题，也同样是“知足不辱，知止不殆，可以长久”。

---

[1]马克思恩格斯选集：第1卷[M]．北京：人民出版社，1995：89-90.

第四十五章

[原文]

大成若缺，其用不弊[1]。大盈若冲[2]，其用不穷。大直若屈。大巧若拙。大辩若讷。大赢若绌[3]。躁胜寒，静胜热。清静为天下正[4]。

[注释]

[1]成：完功、成就。弊：衰竭。

[2]冲：楚简中为“盅”，廖名春说，“‘中’、‘冲’皆‘盅’字之借”；“盅，器虚也”。

[3]大赢若绌：王弼本中没有这一句，高亨根据帛书乙本增补，其含义是“最大的盈利看起来像是亏本”。

[4]躁胜寒，静胜热。清静为天下正：王弼对本句的注释是，“躁罢然后胜寒，静无为以胜热。以此推之，则清静为天下正也。静则全物之真，躁则犯物之性，故惟清静乃得如上诸大也。”廖名春的解释是“躁动能战胜寒冷，心静能制服炎热，清静无为是天下的正道。”

[译文]

最成功的好像有缺损，其功用不会衰竭。最充实的好像很空虚，其功用不会穷尽。最笔直的好像弯弯曲曲。最灵巧的好像很笨拙。最善辩的好像言语迟钝。最盈利的好像亏本。躁动能战胜寒冷，心静能制服炎热，清静无为是天下的正道。

[解说]

“大成”、“大盈”、“大巧”、“大辩”、“大直”，与“小成”、“小盈”、“小巧”、“小辩”、“小直”的区别就在于人们所坚持的价值体系的高下，只有坚持走在“大道”之上，人们才能获得“大成”、“大盈”、“大巧”、“大辩”、“大直”。而这在那些没有闻道的被流俗控制着的人们看来，反而是“缺”、“冲”、“拙”、“诎”、“曲”，由于价值体系的狭隘片面，他们不能正确地评价事物，看不清自己的利益，以至于狂热地把那些不利于自己的东西作为目标来追求。要避免这种错误，克服浮躁，防止狂热，就应当清心寡欲，头脑冷静。

“清静为天下正”的说法是一个很理想主义的说法，与现实的差距很大。要想实现这个理想，领导者首先就要为之营造现实基础，即对社会价值体系进行引导。在一个风尚淳朴的地方，领导者就可以清静，就可以用不言之教，因为人家都在闻道勤行，无须再去倡导一些什么，出了问题，他们自己就可以总结教训，不会再犯。但如果是在一个价值体系严重颠倒的地方，一个无欲无为的人是没有立足之地的。那些有欲有为的人需要有一个同样有欲有为的人来领导他们。在一个被低层次价值体系控制的社会中，一个清心寡欲、头脑冷静的人甚至没有立足之地。摆在人们面前的不是在大道与邪径之间的选择，而是不同的邪径之间的选择。大道只有一条，邪径却很多。在这种情况下，人们便无法正确地提出问题，要想正确地提出问题，那也需要经过一系列的历史阶段。社会气候的发展演变过程决定了社会发展大势，在一个价值体系发展水平不高的环境中，就算有个别人闻道了，且又恰好处于掌权的位置上，面对大量的未闻道者，他也照样无计可施。由于这个原因，几千年来，真正的有道之士通常是逃避到深山老林之中。

我们可以对儒家和道家作一个简单的比较。对大道的追求是儒家和道家的共同目标，他们都怀着天下为公的理想，都期待着建立一个保障人们健康全面发展的政治制度。但为什么中国汉代以后的统治者所选择的却是儒家，而不是老子的学说呢？汉武帝从汉初的崇尚黄老之术转向独尊儒术，一定有其迫不得已的考虑。对他这种被现实政治的具体问题纠缠着的统治者来说，他所迫切需要的是一套提升人性、约束人性的可操作的方案，道家所主张的自然无为显然与现实需要的差距太大，而儒家理论可操作性比较强，所以就受到了重视。道家与儒家在总的目标上是一致的，孔子曾问礼于老子，深得老子理论的精髓，其不同于老子之处就在于“知其不可而为之”，通过自己对大道的坚守，在现实政治与理想政治之间架起了一座桥梁，这就是儒家的优势，也是中国文化传统的优势之所在。在《孔子家语·王言解》中记录了孔夫子关于道与德的关系的精辟论述：“夫道者，所以明德也；德者，所以尊道也。是以非德道不尊，非道德不明。虽有国之良马，不以其道服乘之，不可以道里。虽有博地众民，不以其道治之，不可以致霸王。”《道德经》的深刻博大使其难以推广应用，必须借助于儒学的那一套具体措施，才能把人们引上大道。儒学对于人性与社会政治经济过程的有机联系有深入的认识，同时还能为现实难题提供解答，这是它的优势，于是便可以被私有制社会的统治者接纳，被奉为国教，发挥引导人心的作用，维系着道统的延续。

有一利也就有一弊。由于能够与现实的政治经济过程兼容，儒学也就可以在现实政治过程中发挥作用；但是，在与社会中的衰败因素长期斗争的过程中，儒学反过来也被改造、同化，逐步丧失了先进性，弱化了抑制这种衰败因素的能力，就像一把锈蚀的钢刀一样不再锋利，所以便不能有效地应对衰败因素，自身也日益衰败下去。与其他文明不同的是，我们中华文明具有自我更新的能力，在大坏极弊之后，仍然能够起死回生，重新站立起来，所以中华文明也就能够成为世界四大古文明中唯一延续下来的文明。为什么我们这个文明具有自我更新的能力呢？我猜想，这是因为我们有老子留下的《道德经》。魏源先生说，儒学是经世之书，《老子》是救世之书。其意思是说，如果社会风气正常，孔夫子的理论就还可以继续管用，用不着老子出场，这就像一般的小病就无须住院一样。到了病入膏肓的时候，就需要能够领悟老子真传的高人出来收拾局面了。因而不管是孔子还是老子，都在中华文明的进化过程中发挥着各自的功能，都是必不可少的。

当今人类生活在一个拥挤和脆弱的生态系统中，如果不能进化出一种与这个生活环境相适应的价值体系，等待着人类的就只能是自我毁灭。地球上有很多曾经辉煌一时的文明自我毁灭了，异族的入侵、巨大的自然灾害等都是原因，但最根本的原因还是由于这些文明的价值体系不能适应环境的变化，不知穷则思变。中华文明也经历了无数劫难，其之所以能够延续下来，就因为我们有“穷则思变，变则通，通则久”的智慧。当今人类迫切地需要建立新的价值体系，走适度发展之路，实现与自然和谐相处，由于西方人缺少这方面的知识积累和实践经验，同时又在资源的占有与掠夺手段上居于有利地位，所以就不能指望他们来完成这项工作。要建设新的价值体系，就要看我们中国人的了。

第四十六章

[原文]

天下有道，却走马以粪[1]。天下无道，戎马生[2]于郊。祸莫大于不知足。咎莫大于欲得[3]。故知足之足常足矣。

[注释]

[1]天下有道，却走马以粪：却，"却"的异体字，退避，拒绝。王弼注，"天下有道，知足知止，无求于外，各修其内而已，故却走马以治田粪也"。

[2]戎马即战马。生，产驹也。

[3]根据廖名春《郭店楚简老子校释》，此句应为"罪莫厚於甚欲，咎莫僉於欲得，祸莫大於不知足。"僉：其义为过甚。

[译文]

天下有道时，没有战争，卸下战车上的战马往田地里送粪。天下无道时，战争频繁，连怀孕的母马也被征用，在城郊生下马驹。罪恶没有比贪得更重的了。灾咎没有比贪婪更过分的了。凶祸没有比不知满足更大的了。以知道满足作为满足，这就永远满足了。

[解说]

"知足"确实是必须倡导的人生智慧，但仅仅谈论"知足"还是远远不够的。如果人们的核心价值就是物质财富的私人占有，在这种情况下来劝他们知足，就是一个软弱无力的说教。要解决这个问题，还是要把人们的注意力从财富的私人占有上挪开，上升到个性的自由全面发展上。"天之道"与"人之道"的区别就在于它们以不同的价值作核心，而不在于是不是"知足"。在"天之道"的践行上，人们也是不知足的，但为什么没人说它不应该呢？这是因为，在这个方向上的不知足是利己而又利人的。

第四十七章

[原文]

不出户，知天下；不窥牖[1]，见天道。其出弥远，其知弥少[2]。是以圣人不行而知，不见而名，不为而成。

[注释]

[1]牖（yōu），窗户。

[2]少，傅奕本作尟。尟与远押韵，高亨据此断定傅奕本为正确。尟，“鲜”的异体字。

[译文]

闻道的圣人无须外出考察，就可知道社会的各种情况；无须观察窗外，就能了解自然的各种现象。而对那些不闻道的人来说，走出越远，对大道的认识就越少。所以圣人不用亲自走出去，就能了解情况；不用亲自观察，就能认识事物；不用亲自操作，就能取得成功。

[解说]

老子的认识论不同于西方人所坚持的认识论，其不同之处在于，在认识主体与客体中插入了价值体系这一因素。对于认识主体来说，有一个价值体系发展水平问题，它在认识过程中发挥了重要作用；对于认识客体——社会运行过程来说，也有一个价值体系的发展水平问题。

每一个人都戴着社会环境强加给他的价值体系“眼镜”来观察世界、社会，评价其他人的观察结论。这个“眼镜”也有一个度数高低的问题，但他们不知道自己戴着价值体系“眼镜”，所以就处于价值体系的独断论之中，把自己所达到的高度作为最后的高度，所以他们对同样的事物就会有不同的看法，不同的看法之间谁也说服不了谁，就像盲人摸象的寓言所描绘的那样。

由于人们实际上戴着不同的“眼镜”，同时又只能以自己的“眼镜”为标准“眼镜”，把自己的价值体系作为检验真理的唯一标准，不能跳出其价值体系的高度、用别人的价值体系来观察事物，所以，只有他自己的价值体系的实际成长，才能使其看清事物的本来面貌，做到实事求是。那些在价值体系上站得高的人，就能看得远、看得真，穿透重重迷雾而看清历史的真相。

这样的事例比比皆是。由于在价值体系上的出类拔萃，康德尽管毕生都生活在哥尼斯堡这个小城市里，却仍然写出了他的伟大著作，在人类精神进化史上留下了深刻印记。毛主席也无须亲自到苏联去考察，仅仅通过接触其领导人，看清其价值体系演变的征兆，就能见微知著，精确地预言其“卫星上天，红旗落地”的结局，其原因就在于他闻道了。

社会运行中有许多因素起作用，价值体系是社会运行的主要矛盾，抓住了主要矛盾，也就抓住了社会变化的关键。用耗散结构论的话来说，其中有慢变量和快变量，慢变量的变化决定了系统的相变，而快变量如何变化，却与相变无关。认识社会运行过程的关键就是找到其中的慢变量，只要抓住了慢变量，就抓住了主要矛盾，于是就可以“不出户，知天下”；但如果人们自己的价值体系发展水平不高，不管如何深入实际，都抓不住主要矛盾，甚至还会“其出弥远，其知弥尠”。所以库利便说：“认为体验生活就是跑遍许多地方，做许多不同的事情，是呆板的脑瓜自然要产生的幻想。”[①]另外，考察者能否感受民众的心声，也要取决于考察者自己价值体系的高度，有了这种高度，自然就有了对人民疾苦感同身受的同情心。如果没有这种同情心，人们就算是走到民众中去，照样与民众貌合神离。

有人认为老子这种认识论否定观察外界、脱离实践，是什么唯心论，这是因为他们没有意识到价值体系的存在。实际上，老子的这种认识论才是真正符合实际的认识论，人们要想合理行动，就要掌握这个认识论。

[①][美]查尔斯·霍顿·库利．人类本性与社会秩序[M]．北京：华夏出版社，1989：89．

第四十八章

[原文]

为学日益，为道日损[1]。损之又损，以至于无为[2]。无为而无不为[3]。取天下[4]常以无事[5]，及其有事，不足以取天下。

[注释]

[1]为学日益，为道日损："为学日益"是指在不改变原有价值体系的基础上的学习，这种学习的目标是"务欲进其所能，益其所习（王弼注）"。"为道日损"是因为闻道者要摆脱那些在无意识中接受的低水平价值，使之越来越少，人生真正重要的价值也就自然而然地显露出来了。①

[2]损之又损，以至于无为：对内心的私欲妄想、谬误偏见进行清理，直到找到那终极的价值，用它来引导社会生活，达到"无为"的境界。与老子的说法不同，在《孔子家语·三恕》中，孔子说"聪明睿智，守之以愚；功被天下，守之以让；勇力振世，守之以怯；富有四海，守之以谦。此所谓损之又损之道也"，两相比较，可以看出老子与孔子的差别。

[3]无为而无不为：运用无为的管理方式，所有的事情都可以自然而然地走上正轨。楚简中，本章到此句为止；王弼本中的下面几句，疑为后人的注文。

[4]取天下：不是通常所说的某个阶级或某个政党夺取国家权力的意思，而是指在两种价值体系的竞争中，把大道修之于天下，使新的价值体系赢得人民群众的支持，进而以自身的核心价值来重组社会生活，把社会政治文明提升到一个新阶段上。

[5]无事：即清静无为，与那种政令繁多、法律严苛的治理方式相反。

---

①王阳明有一段话深得本句要旨："吾辈用功，只求日减，不求日增。减得一分人欲，便是复得一分天理，何等轻快脱洒？何等简易。"（[明]王阳明．传习录[M]．郑州：中州古籍出版社，2008：113.）

[译文]

从事于各种知识的学习，学问便日益积累起来。从事于大道的践行，非理性的欲望就日益减少。减少了再减少，最终会达到无为的境界。运用无为的管理方式，所有的事情都可以自然而然地走上正轨。要想把大道修之于天下，就要采用清静无为的方法。如果经常以繁苛之政扰害民众，那就达不到目的。

[解说]

本章紧接上一章的思路，政治家要做好社会价值体系的引导调控工作，他自身首先要闻道，在价值体系上达到一个很高的水平。所以他就要学习，他的这种学习与通常的积累知识的学习是不一样的，这是对大道的坚持与训练，所以就要对自己的非理性欲望进行限制，对自己头脑中的陈旧观念进行清理，使之少了又少，此即所谓“为道日损”。只有逐步摆脱旧的价值体系超循环所强加在人身上的各种羁绊，其精神才能超脱而轻灵，才能与大道合而为一；在此基础上，才能“常无欲以观其妙”，得心应手地认识和驾驭社会运行过程，才能成为新社会的积极的建设者，引导民众成长为新社会的合格成员，达到“无为而无不为”的境界。

用现在的话来说，“为道日损”是一个不断解放思想的过程。古老的传统纠缠着活人的头脑，许多看起来是以推理为依据的许多论断，其实不过是合理化的成见和偏见罢了。而这些成见或偏见又是旧的经济文化环境在人的成长过程中潜移默化地渗透到人的头脑里的，它来自于社会经济文化过程，来自于个人价值体系与社会价值体系的互相决定的超循环。正是通过这样一个超循环，旧制度、旧传统得以保持强大的惯性，控制着人们的生活过程，“死人支配活人”。即使是那些胡说八道的东西，也仍然可以在这个超循环中找到合理的解释。弗洛伊德的心理学发现了这个奥秘，所以他便断言，潜意识、“里比多”控制着人类的行为。现在看来，要建设一个新制度，就必须摆脱这个“里比多”的控制。

要摆脱旧价值体系的超循环的控制，需要有一个漫长的过程。首先要有人建立新的价值体系，这个建立过程的开端应当是对自己的价值体系进行一次深入的反思，对自己原有的观念进行一次彻底的清理，既不迷信传统，也不迷信权威，就像建设一座新建筑要清理地基一样，必须深挖土层，直到坚硬的岩层。人类精神的进步过程就是一个不断推倒重建的过程，如笛卡尔重建哲学体系时也要寻找一个清楚明白、无可置疑的第一原理，他必须进行一次普遍的怀疑，排除一切可疑的东西，这样才能把整个知识大厦建立在清楚明白、无可置疑的基础之上。对于我们要建设新的价值体系的目标来说，不仅要重建全部经济政治文化系统，而且还要重建整个知识大厦，这是前提，所以也同样要解放思想，进行一次普遍的怀疑，同传统的观念实行最彻底的决裂，这样才能找到那个切实可靠的第一原理，这个寻找过程便是老子所说的“损之又损”的过程。只有不断地深挖下去，直到发现那不言自明的、无可置疑的核心价值，我们才能站在坚实的基础之上。然后，我们才能围绕着这个核心价值重建一个完善的价值体系，为我们的生活实践找到可靠的依据；然后再进一步把这个价值体系普及开来，渗透到社会生活过程之中，以它作为序参量，重建一个全新的经济政治和文化制度。这样才可以达到老子所说的“无为而无不为”的境界。

在确立了大道的支配地位以后，在这个新的层面上，也还有一个“为学日益”的问题。在坚守社会主义核心价值体系的过程中，在以它为序参量来对社会生活过程进行重组的过程中，也仍然要不断地遇到新情况，也仍然要不断地探索创新，积累知识；在这个新的认识与实践的层次上，我们的知识和经验也还要经历一个“为学日益”的过程。

老子的思路很有创见，对后来人很有启示，但也必须是在读者自己的见识达到了相应的深度之后，才能弄明白老子著作中的启示。只有通过对自己的“心垢”的“损之又损”的过程，人们才能让内心深处的东西显示出来，找到真正的“自我”。向老子请教和自我解剖的过程是有机统一的过程，人们在老子的著作里所发现的只能是早已潜藏在自己心中的东西。现实生活是理论创新的源头活水，因而不要指望老子能给我们提供现实难题的现成答案，每一代人的问题归根到底还是要靠这一代人自己来解决。

第四十九章

[原文]

圣人无常[1]心，以百姓心为心[2]。善者吾善之[3]，不善者吾亦善之，德善[4]。信者吾信之，不信者吾亦信之，德信[5]。圣人在天下，歙歙[6]为天下浑其心[7]。百姓皆注其耳目[8]，圣人皆孩之[9]。

[注释]

[1]常：固定不变。

[2]以百姓心为心：以老百姓的意志为意志。

[3]善之：善待之。

[4]德善：有几种解释，其一说德为“得”的假借字，得到的意思，德善就是自己得到了善；其二说德善是指统治者自己得到了善良的名声；其三说德为整个时代的品德，德善即是使整个时代的品德归于善良。本书采用最后一说。

[5]德信：与德善相同，使整个社会的品德归于诚实。

[6]歙（音 xì）歙：无所偏执貌。魏源先生《老子本义》中为“惵惵”，并作注说，“王弼作歙歙。河上作怵怵。释文作惔惔”。“惵惵”，《辞海》解释为“恐惧貌”。高亨注解中另介绍一说，“歙歙，犹急急也”。比较各种说法，以高亨说为优。

[7]浑其心：使民众从对物欲的追求中退出来，民德归厚。

[8]百姓皆注其耳目：高亨注，“此句，王弼本无，河上公本、傅奕本、帛书甲乙本均有，今据补。……注，专用其精力也”。

[9]圣人皆孩之：王弼注曰，“皆使和而无欲，如婴儿也”。魏源先生注引吕氏惠卿曰：“百姓皆注其耳目，惟圣人之为视听，圣人皆遇之以慈，待之以厚。”

［译文］

圣人没有固定不变的主张，以百姓的需要和利益为主张。对于善良的人，我善待他；对于不善良的人，我也善待他，这样便可使世风转向善良；对于守信的人，我信任他；对不守信的人，我也信任他，这样便使世风转向诚信。圣人在执政的位置上，急切地使天下人的心归于浑厚淳朴。百姓专注于耳目之需要，圣人爱护百姓，就像对待孩子一样。

［解说］

本章讨论的是执政者与人民群众的关系。唐太宗将其概括为水与舟的关系，水可载舟，也可覆舟；后来有人将其概括为两种类型，鱼水关系和油水关系；而在老子看来，则是闻道者与未闻道者的关系，这就像大人与小孩的关系一样。未闻道者的悲剧在于不知道人生的目标与意义，不知道自己需要的是什么，挥霍了自己的生命；这在闻道者看来，就像小朋友淘气一样，不管那孩子是善者还是不善者，是讲诚信还是不讲诚信，都要关心呵护，善之信之，教育引导，盼望着他们尽快成长起来。

其实不仅是老子，所有的人类精神导师，都用同样的眼光来关注着民众。这种对人类的深情关爱是圣人身上最本质的特征。老子所说的"圣人皆孩之"，便表达了这样一种深沉的爱，对孩子的爱是人的天性。耶稣也曾经抱起一个孩子对门徒说：只有像小孩子一样的人才有资格进天堂。

要建立这种"皆孩之"关系，闻道者必须掌权。但由于他们绝大多数没有掌权，对于人类的苦难爱莫能助，所以眼睛里便多了一种悲悯。而老子之所以能够"皆孩之"，那是因为他把闻道者掌权作为其理论的不言而喻的前提。如果未闻道者掌了权，就不可能"皆孩之"，其素质的低下决定了他们只能把民众视为剥夺的对象、管卡压的对象。因而在社会主义的国家机关和企业、农村里，都应当由闻道者掌权，否则就必然要出现管卡压，出现官僚主义，社会主义经济政治关系就会异化、蜕变，这是一个自然而必然的演变过程。而如何保证闻道者掌权，这是当今社会主义事业面临的一个大难题。

当然，闻道者掌权后的这种"皆孩之"的态度也有一点不方便，有居高临下的意味。后来毛主席对其进行了改造，转化为"全心全意为人民服务"，同时还强调，要虚心地向人民群众学习，把人民群众视为真正的英雄；这就克服了“皆孩之”的毛病，在摆正位置的同时，又完美地继承了老子的精髓，为建立那种有机的和谐的领导与民众关系奠定了基础。这种新型的领导与民众的关系，则是和谐政治学的有机组成部分。

两千多年来，恰好掌权而又闻道的管理者很罕见，在当今世界上也依然如此，各国当政者们不知道什么是社会政治过程中的主要矛盾，不能正确地提出问题，所以也就无法找到解决问题的方案，无法合理行动，面对战乱、经济危机和生态灾难等堆积如山的各种难题，焦头烂额，血指汗颜，找不到解决问题的出路。

幸运的是，在中国出现了新的“变异”，由具有了新价值体系的共产党执政，这是人类向更高文明进化的千载难逢的历史机遇，我们必须珍之惜之，做好普及社会主义核心价值体系、培养闻道者的工作，承担起我们的历史使命。老子所说的“为天下浑其心”，现在看来，即是要进行社会价值体系的建设，引导民众从那种以物质利益的私人占有为核心的价值体系中解放出来。老子之所以写下《道德经》，为的是当时世风浇漓，侯王与民众均在“名与身孰亲、身与货孰多、得与亡孰病”等价值判断上陷入混乱，不知何为是非善恶，越是争辩就越是缠绕不清。在这种情况下，为了解纷止争，首先应当帮助人们解决价值体系问题。当然，他解决问题的方向不是很对，他不是在现有价值体系的基础上向前发展出完善的价值体系，而是希望从现有价值体系退回到原始淳朴状态，这便是“为天下浑其心”，他期望使风俗复归于淳朴。所以，老子贵柔、守雌、谦下，都是为了从现有的价值体系中退出来。

但在我们看来，“为天下浑其心”是很难做到的，为什么呢？由聪明转入糊涂更难，所以正确的做法应当是“为天下清其心”，找到真正重要的核心价值，重建价值体系。只有从原来的价值体系中解放出来，人们才能认识到更高层次的价值，这更高的价值是什么呢？那就是人的生命自身的价值。这样人们便完成了一个从以物为核心价值向以人为核心价值的转换，这是一个哥白尼式的转换。完成了这个转换，我们才可以提出“以人为本”的口号。所以老子在下一章就开始讨论人的生死问题，讨论“善摄生者”的问题了。必须摆脱以物为本的价值体系，才能提出以人为本的价值体系。

第五十章

[原文]

出生入死[1]。生之徒[2]，十有三[3]；死之徒，十有三；人之生，动之死地[4]，亦十有三。夫何故？以其生生之厚。盖闻善摄生[5]者，陆行不遇兕[6]虎，入军不被[7]甲兵；兕无所投其角，虎无所措其爪，兵无所容[8]其刃。夫何故？以其无死地[9]。

[注释]

[1]出生入死：《韩非子•解老》解释为，“人始于生而卒于死。始之谓出，卒之谓入。”现在许多注家均持这一说法。但从“道即价值体系”的观点出发，则可以提出一个新解释：“出”即是从邪径的控制下解脱出来，接受大道，这样就可获得新生；“入”则是陷在物欲情欲的控制下不能自拔，则必然走向死路。“大道甚夷，而人好径”，出于“径”则履道而生，入于“径”则背道而死。

[2]徒：高亨注，“马叙伦说：徒即途之本字”。魏源说，“生之徒、死之徒，犹云取生之道、取死之道，此二者统言天地间人物生死常然之理也”。

[3]十有三：王弼说，“十有三犹云十分有三分”；高亨说，“十有三当指人之七情六欲”。魏源注引吴氏澄曰，“凡人不以忧思嗜欲损其内，不以风寒暑湿侵其外，及入世能远刑诛兵争压溺之祸，此三者皆生之徒也”。现采用王弼和吴澄的说法。“十有三”不是一个确切的数字，估计在十分中占有三分。

[4]人之生，动之死地：此句很难解，高亨本根据傅奕本、帛书甲乙本、《韩非子·解老》改为“人之生生，动皆之死地”，并解释说，“生生，犹养生也”。“人的养生，一动都走向死地。”

[5]摄生：高亨注，“《说文》：‘摄，引持也。’摄生是保持生命”。

[6]兕（读 sì）：古代犀牛一类的兽名。

[7]被：遭受。

[8]容：高亨注，“俞樾说：容，用也”。

[9]《韩非子•解老》解释本章说：“圣人之游世也无害人之心，无害人之心则必无人害，无人害则不备人，故曰陆行不遇兕虎；入山不恃备以救害，故曰入军不被甲兵。远诸害，故曰兕无所投其角，虎无所措其爪，兵无所容其刃。不设备而必无害，天地之道理也。体天地之道，故曰无死地焉。动无死地，谓之善摄生矣。”

[译文]

人们如果能够从邪径的控制下解脱出来，接受大道，就可获得新生；如果陷在邪径的控制下不能自拔，则必然走向死路。人生天地之间，有许多生活道路摆在人们面前可供选择，其中取生之道占十分之三，取死之道也占十分之三；还有一些特别重视养生的人们，看起来选择的是取生之道，实际却归于取死之道，这也占了十分之三。这是什么原因呢？那是因为生活太优裕、物质享受超过了正常需要。听说真正善于养生的人，行路时不会遇到犀牛、老虎等猛兽，作战时也不会被兵器所伤。犀牛无法用利角攻之，老虎无法用锐爪伤之，兵士无法用利刃害之。为什么呢？这是因为他营造了一个没有这些危险的生活环境。

[解说]

这一章很难解释，诸家众说纷纭，本人的译文也颇牵强，聊供参考。本人所参考的主要有王弼与魏源的说法，先将他们的解说介绍如下。

王弼说：“十有三犹云十分有三分。取其生道，全生之极，十分有三耳；取死之道，全死之极，亦十分有三耳。而民生生之厚，更之无生之地焉。善摄生者无以生为生，故无死地也。器之害者莫甚乎戈兵，兽之害者莫甚乎兕虎，而令兵戈无所容其锋刃，虎兕无所措其爪角，斯诚不以欲累其身者也，何死地之有乎？夫蚖蟺以渊为浅而凿穴其中，鹰鹯以山为卑而增巢其上，矰缴不能及，网罟不能到，可谓处于无死地矣，然而卒以甘饵，乃入于无生之地，岂非生生之厚乎？故物苟不以求离其本，不以欲渝其真，虽入军而不害，陆行而不可犯也，赤子之可则而贵信矣。”

魏源先生在解说中也引述了王弼的解说，然后又继续解释说：“生之徒三句，诸说皆凿。惟王氏近之而语未明。盖徒之为言类也。生之徒、死之徒，犹云取生之道、取死之道，此二者统言天地间人物生死常然之理也。人之生于天地间者，往往舍其取生之道，动辄由其取死之道，此乃专言斯人不能全生之通弊也。故下句始言人之生，而上两句不言者，明其泛言物理而未切人身也。下句不复云动之死地之徒者，明其总承上下文而非并举三事也。夫人之生既动皆之死地，而但云十有三者，因上下文两十有三而重言之，则总数之实动之死地十有九矣。太上词不迫切，故留言外之旨，待人自领耳。若夫后其身而身先，外其身而身存，入世出世，超然无死地者，则天下一人而已。”

死生亦大矣，这是所有的人都必须关注的问题，也是释道儒三家所共同思考的问题。老子在本章关注人的生命，表达了他对人的生命的关切。人民从来都是希望自己幸福的，但有史以来，人们感觉幸福的时候并不多，反而是经常地处于灾难与痛苦之中。“人之生，动皆之死地，亦十有三。夫何故？”除天灾以外，主要是人祸，而导致人祸的原因则最终都要追溯到其价值体系的缺陷。如果寄居在人们躯体内的价值体系是一个有缺陷的价值体系，它就会如同传说中的“伥鬼”一般，把这个躯体引入“死地”。

《说苑·杂言》中有这样一段话：鲁哀公问于孔子曰：“有智者寿乎？”孔子曰：“然。人有三死而非命也者，人自取之。夫寝处不时，饮食不节，佚劳过度者，疾共杀之；居下位而上忤其君，嗜欲无厌，而求不止者，刑共杀之；以少犯众，弱以侮强，忿怒不量力者，兵共杀之。此三者，非命也，人自取之。诗云：‘人而无仪，不死何为？’此之谓也。”

在现代社会中，由于生产力高度发达，把人引入死地的诱惑就更多了。抽烟抽出了肺癌，喝酒喝出了肝癌，还有人直接死在了酒桌之旁。有人吸毒成瘾、上网成瘾，还有人追星也追出了问题，以至于把老爸逼得跳了海。还有多少官员为了政绩而疯狂，破坏了生态环境，受害的不仅是他们自己，还包括其他没有责任的人，包括子孙后代。还有人发明出瘦肉精、蛋白精，还有人发明出假鸡蛋、假豆腐，其聪明才智着实令人惊叹。美国人发明出转基因食品，自己不吃，卖给中国人吃。总之，在这个危机四伏的世界上，“死之徒”岂止是“十有三”，在这种情况下，人们要想寿终正寝，那就很难。

比如说贪色纵欲，这是人们最容易犯的、最难改正的耗命的行为。佛教净土宗十三祖印光大师说：“吾常谓世间人民，十分之中，由色欲直接而死者，有其四分。间接而死者亦有四分。以由色欲亏损，受别种感触而死。此诸死者，无不推之于命。岂知贪色者之死，皆非其命。本乎命者，乃居心清贞，不贪欲事之人。彼贪色者，皆自戕其生，何可谓之为命乎？至若依命而生，命尽而死者，不过一二分耳。由是知天下多半皆枉死之人。”但我们看到，在现在这个浮躁的社会，流行的是轻浮的时尚，到处可见的是淫秽制品，还有充斥着色情的网络，这种生活环境把青少年普遍地引入歧途，引导他们把生命耗费在放纵情欲上，使他们“动皆之死地”。除此以外，还有官场、商场，到处盛行的都是一些潜规则，引导人们疯狂地追逐名利，这种追逐扭曲了人的生命，产生了贪污腐败、坑蒙拐骗等诸多人生病痛，特别严重的是，人们无法逃避这个由低水平价值体系占主导地位的社会环境，要生存就要踏进去，不是坑人，就是被坑。

面对这种形势，我们就必须研究取生之道。我们的孩子个个活泼可爱，但一长大就变得面目全非，甚至是令人憎恨。我们所选拔的干部原本不是坏人，但在官场摸爬滚打了一段之后，也变得面目全非，甚至令人憎恨。怎样才能让中国人健康成长，这关系到国家民族的未来。以往的政治家、理论家们也想了不少办法，有人强调道德，有人强调法治，但由于没能发现价值体系的超循环的存在，找不到问题的答案。要想落实以人为本、科学发展的目标，就必须保障每个人都能健康成长，所以就必须建设社会主义核心价值体系。我们现在大力倡导 24 个字，这很必要，但还很不够，还必须研究价值体系的超循环问题，破旧立新，打破旧价值体系的超循环，并使新价值体系形成稳定的超循环，这样才能把人们从旧价值体系超循环的控制下解放出来。

老子之所谓“善摄生者”，也就是那种闻道勤行的人，他们有一个健全的价值体系，知道“名与身孰亲？身与货孰多？得与亡孰病？”并且还善于处理价值冲突，身体力行地坚持和传播这种价值体系，从修之于身做起，推动了社会价值体系的进步，使其形成稳定的超循环，从而也为自己坚守这种价值体系营造了适宜的环境。这样的人之所以“陆行不遇兕虎，入军不被甲兵；兕无所投其角，虎无所措其爪，兵无所容其刃”，并不是因为他们力量特别大，个个都像武松一样，遇到老虎也能战胜，而是因为他们为自己营造了一个适宜生存的环境，没有了野兽，也没有了战争，所以就“无死地”。

第五十一章

[原文]

道生之[1]，德畜之[2]，物形之[3]，势成之[4]。是以万物莫不尊道而贵德。道之尊，德之贵，夫莫之命[5]而常自然。故道生之，德畜之；长之育之；亭之毒之；养之覆之[6]。生而不有，为而不恃[7]，长而不宰，是谓玄德[8]。

[注释]

[1]道生之：本句中的“之”指的是什么呢？我认为，这个代词所代称的是“贵食母”的“母”，它所指的是以大道为主导的社会价值体系的超循环。对于个体来说，有一个闻道的过程。对于社会来说，同样也需要有一个闻道的过程。两者有机地联系在一起，在此过程中会形成一种以大道为主导的“社会价值体系”。它产生于无数个体对大道的自觉坚持，在无数个体的价值体系之上，获得了独立的生命，反过来又主导着个体的生命和社会运行过程，并在个体与社会之间形成了稳定的超循环。只有当这个超循环过程稳定地运行起来之后，这个新的社会价值体系才能形成，社会才能趋向于和谐。这个新的社会价值体系产生于大道，故曰“道生之”。

[2]德畜之：畜，养也；社会价值体系潜移默化地影响决定着个人的价值体系；但是我们也必须看到，在新的社会价值体系的过程中，优秀杰出个体的主动积极的创造性在其中发挥着关键作用，“社会价值体系”必须借助于无数个人的生命过程才能获得活力，德指的是人类个体对大道的自觉坚持，这是这种自觉坚持促进了“社会价值体系”的成长，故曰“德畜之”。

[3]物形之：现代人通常把“物”理解为客观物质世界，“社会价值体系”离不开大自然和人类共同创造的物质文明，物质文明为其提供活动舞台，故曰“物形之”。

[4]势成之：高亨注：“‘势’，汉帛书甲乙两本均作‘器’，今据改。”器，

官长（第二十八章：朴散则为器，圣人用之，则为官长）；高水平“社会价值体系”的诞生过程是一个社会集体过程，因而就离不开领导者的组织管理工作，故曰“器成之”。但我看不改反而更好，人多成势，接受新价值体系的人多了，就会把社会价值体系维持在一个较高的水平上，使其对低水平价值体系形成优势，形成占据主导地位的社会价值体系。

[5]莫之命：高亨注，“‘命’，傅奕本、帛书甲乙两本均作‘爵’，今据改。爵，给予爵位”。

[6]亭之毒之：高亨注，“亭读为成，毒读为熟”。“养之覆之”中的“养”，在帛书乙本中也是“养”，高亨本根据傅奕本修改为“盖”，可供参考。

[7]恃：恃才傲物，也即自负才高、藐视他人。

[8]玄德：通常译为玄妙的德，但进一步推敲起来，可以把“玄”解为“更深一层”，“德”也可以解为“利益”，“玄德”于是便可解释为“更深一层的利益”；人们虽然一时认识不到它，但这个利益确实存在着，这就是现在所说的“人民的根本利益”。圣人不仅要帮助人们实现其眼前的物质利益，而且还要帮助人们闻道，获得精神上的解放，成为一个真正的人，而且还要让人们感觉不到自己得到了圣人的帮助，这就是“玄德”。

[译文]

对于以大道为主导的社会价值体系超循环的诞生成长过程来说，道生成它，德养育它，物质世界为其提供活动的舞台，民众对它的拥护把它维持在一个较高的水平上，使其在社会生活中占据优势地位。由于它对人生至关重要，民众没有不尊重道、不珍贵德的。人们之所以尊重道、珍贵德，不是因为可以得到爵位，而是因为它就是人的自然天性。所以，道生成它，德养育它，使其成长发育，助其成熟结果，保护它，使其不受干扰破坏。促其生成而不据为己有，创造其成长所需要的条件而不自恃有功，引导其成长而不操纵控制，这就是最深沉最博大的美德。

[解说]

对“之”的准确理解是解释本章的关键。通常人们将其解释为“万物”，这是因为他们没有注意到人的价值体系的成长过程。他们的那种解释与现实情况差距太远，而且也无法验证，这就使《道德经》的研究成了一种玄学、经院哲学，甚至会流于诡辩。如果我们把“之”限定为新的社会价值体系的超循环，就使《道德经》成为一种可以用每个人的生活经验来检验的、与每个人的生活息息相关的因而是可以理解的学问。这种从“万物”到“人的闻道过程”的转变，正是从“以物为本”向“以人为本”的转变，是人类价值体系进步的表现。

如果能够关心于人的闻道过程，人们自然就会进一步关注“社会价值体系”的建设。这种新的社会价值体系产生于先进个体的价值体系，并在个体价值体系之上获得了独立的生命，并进一步影响和决定个体价值体系，进而形成稳定的超循环，保证社会趋向于和谐。努力建设新的社会价值体系超循环，这难道不是最高的美德吗？如果人们具有这种最高的美德而又不居其功，不作操纵控制的企图，只是帮助人们实现其内在的发展潜能，这种深沉博大的美德，也就是老子所说的“玄德”了。

但是，仅有少数圣人这么做是远远不够的，只有把新的社会价值体系超循环的成长过程作为社会政治过程的目标，个体的自由全面发展、社会的和谐才是切实可靠的。我们要实现以人为本，就应当以新的社会价值体系超循环建设作为核心价值；有了这个核心价值体系，个体自由全面发展与社会和谐的各种需要便可自然而然地整合于其中，便可克服以往的政治目标的片面狭隘，建立起完善的政治价值体系。这便是“纲举目张”。和谐政治学以社会主义核心价值体系的建设作为核心价值，这是它与其他政治学的根本区别。

“生而不有，为而不恃，长而不宰，是谓玄德”一句，已出现于第十章；与《道德经》中其他重复出现的内容不同，这个内容虽然重现在这几章中，却都是其中的有机组成部分，不能删除。另外在第七十七章中还有一句“为而不恃，功成而不处，其不欲见贤”。算起来，“为而不恃”在《道德经》中共出现了三次，可见“为而不恃”在老子心目中的重要性。

第五十二章

[原文]

天下有始，以为天下母[1]。既得其母，以知其子[2]；既知其子，复守其母，没身不殆[3]。塞其兑，闭其门，终身不勤[4]。开其兑，济其事，终身不救[5]。见小曰明，守柔曰强[6]。用其光，复归其明[7]。无遗身殃。是谓习常[8]。

[注释]

[1]天下有始，以为天下母：关于本句，以往人们认为说的是天下万物的开始和本原，在我看来，这从一开始就误入了歧途。“天下有始”，其含义是，世界上原来并没有人闻道，它首先在某些先进人物的头脑里萌生出来，于是人类价值体系的进化过程便有了一个新的开始，它就可以成长起来，形成社会价值体系，反过来影响和促进人们接受大道，成为培育闻道者的母体。

[2]既得其母，以知其子：要解释这一句，还需要借助于“社会价值体系”和“个人价值体系”这一对新概念，它们之间的关系就像是母与子的关系。社会价值体系决定着个人的价值体系，但个人价值体系反过来又可以影响社会价值体系，因为社会价值体系本来就是无数个人的价值体系所形成的合力。这两者有机地联系在一起，是一个互相决定的循环圈，我们称之为“超循环”。这个新的价值体系的超循环就是老子所说的“母”。“既得其母，以知其子”的意思是，既然已经有了这个“母”，也就可以大致地判断其中个体价值体系的水平了。

[3]既知其子，复守其母，没身不殆：既然知道了个体价值体系达到了闻道的高度，反过来还要自觉地保持社会价值体系的高度，还要继续强化它，使之持续地稳定地运行下去，这样便可使所有个体从生到死都保持闻道的高度，于是就不会遇到危险。这个超循环就是人类幸福的保障。

[4]塞其兑，闭其门，终身不勤：王弼注，“兑，事欲之所由生也。门，

事欲之所由从也。”“勤，无事永逸，故终身不勤也。”从道即价值体系论的立场来说，“兑”和“门”应当是指一些新需要、新欲望，它们会把人的生命过程引向歧途，比如说有人沉迷于赌博，有人沉迷于传销，有人迷恋于酒，如此等等各种恶习，其起点往往是一些偶然的机遇。再比如说，有些贪官的素质原本还不错，不幸的是被放到了位高权重的岗位上，于是便不可避免地被那些别有所图的“朋友”们盯住，被他们一步步地引入贪腐的旋涡，终至于不能自拔。所以人们就必须对这些小事保持警惕，勿以善小而不为，勿以恶小而为之。滔天大祸的起点往往是不起眼的小事，对于社会来说，也是同样道理，要保持社会稳定，就要保持大道的超循环对社会运行过程的主导，对于那些有可能危害这个超循环过程的倾向保持警惕，在它们刚出现时就及时地塞之闭之，就不会遇到困窘，此即下文所说的“见小曰明”。就算是那些新技术、新发明，它们对社会所带来的究竟是福还是祸，一开始是很难看清的，比如说给人们健康带来巨大损害的三聚氰胺、瘦肉精，刚开始都是人们赞扬有加的新发明，它们都是老子所说的“兑”和“门”，所带来的有可能是好处，也有可能是危害，因而我们就必须慎重对待。

[5]开其兑，济其事，终身不救：如果人们放纵那些背离大道的新倾向，它就会由小到大逐渐发展起来，形成超循环过程，把个性的成长与社会发展引入歧途。在这种情况下，各种危害社会稳定的问题便会到处产生出来，使执政者忙碌于各种具体事务，穷于应付，永远也无法实现社会的科学治理。

[6]见小曰明，守柔曰强：王弼注，“为治之功不在大，见大不明，见小乃明；守强不强，守柔乃强”。

[7]用其光，复归其明：其，指大道的超循环。本句的意思是运用这个超循环的光明，照亮所有个体的成长道路，反过来又进一步强化这个超循环，这就形成了良性循环。

[8]是谓习常：高亨注，“习，傅奕本、帛书甲本均做袭。习读为袭。《小尔雅·广诂》：‘袭，因循也。’常，正常规律”。魏源先生在注释第二十七章时说：“袭明犹袭常也，盖知常曰明也。”“习常”即是遵循和坚守常道。

[译文]

新的价值体系最初萌生在某些先进人物的头脑里，这便是大道的开始，它逐渐扩散开来，成为社会中占支配地位的价值体系之后，便形成支配着个体的社会价值体系超循环。只要认识了这个超循环，就可以判断其中个体价值体系的水平。知道了个体价值水平，反过来还要进一步保持这个超循环，就可以使所有个体从生到死也不会遇到危险。堵塞各种可能导致这个超循环中断的新欲望、新倾向，这就不会遇到困窘。但如果放纵那些背离大道的新欲望、新倾向，则会使各种有害现象滋生出来，使执政者忙碌于各种事务，穷于应付，永远也治理不好。能及时发现这些新倾向的苗头叫做明察，发现这些苗头后及时解决，才能守柔，这才是真正的刚强。用大道的光明照亮自己的成长道路，通过自己对大道的坚守，使大道更加彰明，不会给自己带来灾祸，这才算是遵循常道。

[解说]

人们通常会沉溺于对《道德经》的文字考据的细节中，从而缺少了对其整体的把握，这就是老子所说的“大象无形”。如果我们能跳出细节上的推敲，对《道德经》有一个整体的把握，便会反过来对一些细节上的问题提出新的答案。比如对本章的解释，我把它放在关于价值体系问题的总体思路之中来解释，引入了一个“超循环”的新概念，从而也就可以进一步用社会价值体系与个体价值体系之间的有机联系来解释老子所说的“母”与“子”的关系，使本章的内容得到了妥善的解释。

前面已经对社会价值体系的超循环进行过讨论，这里再做一个解说。超循环理论是一种自组织理论，产生于 20 世纪 70 年代，与耗散结构论和协同学一起，被认为是当代科学在探索复杂性方向上的重大进展。超循环理论的创始人是德国科学家、诺贝尔奖获得者M·艾根，“他在快速化学反应的研究中，特别注意了生物体内发生的快速生化反应，并从生物分子演化的角度来进行考察。这使他对核酸和蛋白质的性质及其相互关系产生了兴趣，最终导致了他对生命起源的一个关键问题——生物信息起源问题的开创性研究”[①]。把这一理论成果移植到社会科学中，我们便可以深入认识社会意识形态的演化过程。

[①]姜璐、王德胜．系统科学新论[M]．北京：华夏出版社，1990：135.

社会价值体系产生于人的社会生活过程，却又在每个人的生活过程之上获得了独立的生命——一个由所有人的生命历程共同组成的生命体。它是每个人一生下来就要面对的现实，它模塑着每一个人的价值体系，反过来，人们对这种价值体系的接受与实践又进一步地巩固强化这种价值体系的统治地位。于是在个人与社会之间便存在着一个互相决定的超循环，维护着这种价值体系的统治地位，从而把这种社会制度维持下去。就像核酸与蛋白质的关系一样，“蛋白质的高度有序的功能是由核酸编码的，但是核酸的复制和翻译又是蛋白质催化和表达的。换言之，只有存在‘信息’才有由‘信息’编码的高度有序的‘功能’，而‘信息’又只有通过‘功能’才获得了意义。因此，这里是一种相互作用、相互依赖的关系，或者说是一种双向的因果关系，表现为一种互为因果的闭合圈。闭合圈一旦形成，再追问起点在哪里就没有意义了”[①]。人们一代接一代繁衍生息，延续着这个超循环的统治。对于这里的因果关系，马克思论述道：“由于这种交往又决定着生产和需要，所以正是个人相互间的这种私人的个人的关系、他们作为个人的相互关系，创立了——并且每天都在重新创立着——现存的关系。他们是以他们曾是的样子而互相交往的，他们是如他们曾是的样子而‘从自己’出发的，至于他们曾有什么样子的‘人生观’，则是无所谓的。”马克思由此进一步得出如下结论：“一个人的发展取决于和他直接或间接进行交往的其他一切人的发展；彼此发生关系的个人的世世代代是相互联系的，后代的肉体的存在是由他们的前代决定的，后代继承着前代积累起来的生产力和交往形式，这就决定他们这一代人的相互关系。总之，我们可以看到，发展不断地进行着，单个人的历史决不能脱离他以前的或同时代的个人的历史，而是由这种历史决定的。”[②]这样一来，人类社会活动的产物就反过来控制着人类。人们信心十足地追求着自由和幸福，却不知道自己不过是被盲目的社会力量控制着。

这种自发地形成的社会价值体系超循环通常是扭曲的、有缺陷的，它凌驾于个体之上，不考虑以人为本和社会和谐。从中国的情况来看，两千多年来，经历了各个朝代的兴衰，在社会生活中占据统治地位的那一套超循环却一直没变，即使是在建立了新中国之后，它也还要力图重新控制社会运行过

[①]姜璐、王德胜．系统科学新论[M]．北京：华夏出版社，1990：137．
[②]马克思恩格斯全集：第3卷[M]．北京：人民出版社，1960：515．

程，把旧社会的灾难、不幸恢复起来。这便是马克思所说的“死人纠缠着活人”。从西方国家的情况来看，控制着社会运行的价值体系超循环同样有着严重缺陷，导致了马克思所分析的那种异化现象。由于这种超循环的缺陷，在哲学上，它使人们陷入主客对立之中而不能自拔；在经济活动中，它使人们以利润为经济活动的目标，而不是以人的需要为目标；在政治活动中，人们标榜着自由与民主，却不以社会事务的科学治理为目标。在这个超循环的控制下，人们在理论上陷入个人与集体、感性与理性、纪律与自由等一系列两极对立的冲突之中，在实践上则陷入颠倒迷乱之中，不能合理地行动。人们在这个世界上是一个漂泊无依的异乡人，极端孤寂地生活着，每个人都只服从自己的快感或反复无常的幻想。处在这种价值体系水平上的人们就像野兽一样，稍不快意就耸起鬃毛，勃然大怒，拳打脚踢起来。这种不健全的价值体系使人们的行动与自己的利益相对立，使人与人尖锐冲突，使人与自然尖锐冲突，人类的生存发展于是就面临着一系列尖锐矛盾，越来越难解决。这种低水平的价值体系超循环就是人类的各种灾难的总根源。

当今社会越来越严重的危机表明，假如不能打破资本主义价值体系超循环的控制，人类社会就会自我毁灭。在这个超循环控制着社会生活过程的前提下，生产力越发达，人类社会反而毁灭得越快。马克思说：“在现代，物的关系对个人的统治、偶然性对个性压抑，已具有最尖锐最普遍的形式，这样就给现有的个人提出了十分明确的任务。这种情况向他们提出了这样的任务：确立个人对偶然性和关系的统治，以之代替关系和偶然性对个人的统治……这个由现代关系提出的任务和按共产主义原则组织社会的任务是一致的。”[①]共产主义之所以是历史必然性，就在于它是人类文明健康地长久地延续下去的必须，就如同一个人要研究养生之道一样，人类社会也要研究自己的养生之道，这便是按照共产主义的原则来组织社会生活，以人的自由全面发展为目标，这样才能结束社会运行过程中的痉挛、阵痛，所以马克思说它是历史之谜的解答。人们知道了这个养生之道以后，还必须把它运用到生活实践中去，于是传统哲学所陷溺于其中的思维与存在的关系便被超越了，变成了实践与价值体系的关系。“人的思维是否具有客观的真理性，这并不是一个理论

[①]马克思恩格斯全集：第3卷[M]．北京：人民出版社，1960：515．

的问题，而是一个实践的问题”，“哲学家们只是用不同的方式解释世界，而问题在于改变世界”[①]。这样，马克思就把哲学从天国拉回到了尘世，拉回到现实生活世界。于是便有了共产主义运动，这是人类自然历史进程的一个必然环节，现在回头来看，这个运动也无非是要把一种新的科学合理的价值体系植于社会生活，建立起一种新的超循环。共产主义运动产生发展的过程，也无非就是这种新的超循环启动起来、发展起来的过程。

人类的历史，就是人性中的成长倾向与堕落的倾向矛盾冲突的历史。共产主义运动则是人性成长倾向的代表，也是打破私有制价值体系控制社会的超循环的唯一出路。“超循环在其稳定的自复制过程中，出现复制误差。但是，超循环组织正是乘‘误差’之机，通过自然选择保留了‘有意义’的变异，从而向更高的复杂性生长。”[②]在1917年的俄罗斯和后来的中国出现了这种“有意义”的变异，共产党夺取了政权，打乱了旧的社会运行的超循环机制，推动社会跃迁到一个新的发展轨道，所以就带来了天翻地覆的巨变。

但是，旧的社会运行机制很顽强，要想建立一个新机制来取代它，这是一个极其艰难的任务。“超循环组织是稳定的，由于内在的非线性，它的选择优势是整体性质，所以少量的新单元不易取代已经建立的超循环。”[③]只有当人们要改造旧社会的时候，才会感觉到这个东西的存在。所以，列宁感觉到了这个东西的存在，他发现“小生产是经常地、每日每时地、自发地和大批地产生着资本主义和资产阶级的”。毛主席也看到了这个问题，他指出，“林彪一类如上台搞资本主义很容易”，苏联东欧的剧变证明了他们的预言。当今社会现实迫使人们认识到，当资本主义的那一套价值体系在社会生活中强化起来的时候，社会中的各种问题就会到处冒出来，矛盾就会越来越尖锐。

当今西方世界虽然很发达却依然没有发生无产阶级革命的事实表明，只要这个超循环机制存在着，不管生产力如何发达，社会都还是要牢牢地锁定在资本主义轨道上；只要这个超循环机制存在着，即使是已经推翻了资本主义制度，它仍然可以把这个制度再生产出来。这种趋势会以一种自然必然性的强制力量为自己开辟道路，这只不过是资本主义价值体系控制着这个超循

[①]马克思恩格斯选集：第1卷[M]．北京：人民出版社，1995：55、57．
[②]姜璐，王德胜．系统科学新论[M]．北京：华夏出版社，1990：147．
[③]同上．

环并对社会生活进行“自组织”的过程而已。

控制着当今中国的价值体系超循环也存在诸多问题。当前各种矛盾尖锐复杂地交织在一起，我们要想找到解决矛盾的办法，就必须努力打破这种超循环对社会运行过程的控制，代之以社会主义核心价值体系的超循环，这样才能让社会主义制度顺利地度过这个危险期，发展完善起来。做到了这一点，社会主义制度才能稳定下来，达到无为而治的水平；才能把全体中华儿女凝聚在一起，实现中华民族的伟大复兴，引领和谐世界的建设。在社会主义这个历史阶段存在着两种价值体系的超循环之间的竞争。共产党的执政能力就是用新的价值体系团结凝聚人民群众的能力，必须让新的价值体系所控制的超循环稳定地运行起来，把所有的人民群众卷进这个循环，巩固共产党的执政基础。在此过程中，我们必须闭其门，塞其兑，堵塞各种可能导致这个超循环中断的新需要、新欲望，与之同时还要注意引导那些有助于新价值体系超循环的稳定运行的新需要、新欲望。要相信群众，依靠群众，对人民群众中的新需要、新欲望，要积极地进行引导，仔细鉴别，择优汰劣。特别是对那些有害的东西，还在其幼芽过程中就及时引导或解决，这便是“见小曰明”，如果做不好这一点，就很危险。

各种社会制度在成长过程中，都必须有一个无为而治的阶段，这是由于与之相应的价值体系进入了社会运行过程的超循环，控制了社会运行过程，这是这种制度稳定成熟的标志。资本主义有一个无为而治的阶段，斯密的那只“看不见的手”的理论便是标志，到了这个阶段，资本主义就稳定下来了。我国封建社会也有一个奉行黄老之术的时期，过了这个时期，这一套政治制度便稳定下来了。按照同样的逻辑，社会主义也应当有一个无为而治的阶段，必须建立社会主义核心价值体系的超循环，社会主义制度才能进入这个阶段，最终稳定下来。

现在看来，社会价值体系的超循环就是人类历史的本体。作为个体，人们来了又去了，参与着、维系着这个超循环的进化过程。人类社会的每一次进步，都是这个超循环的进化。物质财富的创造、政治体系的建设以及精神文化产品的生产，都不过是这个超循环的外化、客体化。任何一个民族的精神觉醒，都是这个超循环的运行过程的飞跃。任何一个国家的强盛，都要靠这个超循环的创新进步来引领。在当今经济全球化日益发展、世界逐渐成为一个地球村的时代条件下，价值体系的交汇融合问题日益凸显，谁能在价值体系的进化中引领潮流，谁就能够在激烈的国际竞争中把握主动。

在当今的这个盛行着丛林法则的世界上，社会主义核心价值体系是最先进的价值体系，代表着文明发展的新高度。让这种价值体系形成稳定的超循环，不仅代表了中国人民的利益，而且也是避免整个人类文明自我毁灭的唯一机遇。这样一个坚持新的价值体系并使之形成新的历史潮流的过程是一个社会集体过程。单个人的努力在社会潮流的面前往往是微弱的，所以就必须把这个目标确立为社会集体的意志。党中央提出了建设社会主义核心价值体系的新目标，让人类理性之光深入照亮了价值体系这个社会生活的深层次问题，找到了解决问题的方向。这个建设过程是一个风险期，如同初生之婴儿需要精心照顾一样，执政者必须精心呵护，为人们闻道勤行创造政治、经济与文化环境方面的各种条件。等到过了这个风险期，绝大多数人学会了把个性自由发展与社会整体利益有机地统一起来、社会主义核心价值体系稳定地居于主导地位以后，社会便可自然而然地进入老子所设想的无为而治的理想境界了。

要挽救人类自我毁灭的命运，还是要靠我们这个继承了老子智慧、坚持着社会主义方向因而最有可能实现价值体系转换的民族，我们应当对此怀有清醒的自觉。我们来到世界上，几万亿个原子聚集在一起，以复杂而奇特的方式构成了我们的生命，实在是万分的幸运。“在这个宇宙中，获得任何一种生命都是一个奇迹。当然，作为人类，我们更是双倍的运气。我们不仅享有存在的恩典，而且还享有独一无二的欣赏这种存在的能力，甚至还可以以多种多样的方式使其变得更加美好。”[①]因而正确地运用大自然赋予的这种能力，自觉地推进价值体系的进化过程，这是至高无上的责任。

[①][美]布莱森. 万物简史[M]. 南宁：接力出版社，2005：438.

第五十三章

[原文]

使我介[1]然有知，行于大道，唯施[2]是畏。大道甚夷，而民好径[3]。朝甚除[4]，田甚芜，仓甚虚；服文彩，带利剑，厌[5]饮食，财货有余；是谓盗夸[6]。非道也哉！

[注释]

[1]介：独特。

[2]施：通迤，斜行。《韩非子•解老》说，“所谓貌施也者，邪道也”。

[3]民好径：本句在帛书甲本中为“民甚好解”，帛书乙本也与之相似，只是给“解”加了单人旁；不知何解，故不采纳。高亨根据景龙碑、龙兴观碑改为“人好径”，也不宜采纳，因为“民”字在帛书甲乙本和王弼本中是共同的。王弼注曰，“言大道荡然正平而民犹舍之而不由，好从邪径。”

[4]朝甚除：《韩非子•解老》解释说，“朝甚除也者，狱讼繁也”；王弼注，“朝，宫室也；除，洁好也”；两相比较，以王弼说为优。

[5]厌：通餍，饱，满足。

[6]盗夸：帛书甲乙本或缺损或无法辨认；在《韩非子•解老》中为“盗竽”，“竽也者，五音之长者也，故竽先则钟瑟皆随，竽唱则诸乐皆和。今大奸作则俗之民唱，俗之民唱则小盗必和。故服文采，带利剑，厌饮食，而资货有余者，是之谓盗竽矣。”从道即价值体系的观点来看，应当支持韩非的意见，掌权者的实际行动在社会风尚的演变中发挥着领导作用，那些财货有余的领导于是便把以财富的占有为核心价值的价值体系倡导了起来，他们也就成了“盗竽”。即使他们在口头上谈论着一些很冠冕堂皇的词句，那也没用处。人民群众所看的是实际行动。其身正，不令而行；其身不正，虽令不从。

[译文]

假如我特立独行地具有那种大智慧，坚持走在大道之上，唯一害怕的就是误入歧途。大道很平坦，但人们却偏喜欢走邪路。宫殿很华美，田地很荒芜，仓库很空虚；他们穿着华丽的衣服，带着锋利的宝剑，饱食美味，积聚大量多余而无用的财货。这便是领导着民众当盗贼，并非是走在大道上啊。

[解说]

本章与上一章有着内在的逻辑联系。上一章讲的是要建立个人价值体系与社会价值体系之间的超循环，并把这个超循环稳定在坚守大道的高水平上。这一章讲的是背离大道的价值体系，它对人们很有吸引力，人们很容易踏上这条路径，从而把生命和社会运行过程锁定在低水平的超循环之中。

老子所说的“大道”与“径”就是我们现在所说的两种价值体系，一种是以人的自由全面发展为核心价值的价值体系，它将人类引向共同富有的和谐社会，并维持人类文明的可持续发展；另一种是私有制的以财富的私人占有为核心价值的价值体系，它将人类拉回到动物的存在水平上，并用人类的智力来升级禽兽的奸狡、争夺与杀戮。这两种价值体系的谁正谁邪、孰是孰非一目了然，但为什么“大道甚夷，而人好径”呢？这是因为，基本物质需要是人生的起点，私有制的社会制度把人们的注意力集中在基本物质需要上，人们都生活在生存恐惧之中，这种恐惧扼杀人性中那些更高层次的需要的发展，把人培养成为“单向度的人”，人们都必须以物质财富的占有作为核心价值。在这种低层次价值体系所形成的超循环的支配下，许多人就算知道什么是大道，也缺乏把把它付诸实践的勇气。“作为全体中的部分，个人就像瞎子一样，他乃是各全体的内在精神驱使着前进的”[①]。

在这种由低水平价值体系控制着社会生活过程的情况上，必然要存在剥削和压迫，必然会出现两极分化，一部分人服文彩，带利剑，财货有余，另一部分人生活在穷困之中；在这种情况下，必然会出现无穷的纷争、阶级斗争乃至国家之间的战争，由此而导致社会动乱、生灵涂炭，这些都是由这种低水平价值体系产生出来的必然结果。

[①]黑格尔．哲学史讲演录：第四卷[M]．北京：商务印书馆，1978：379．

要解决这些社会问题，就要改变社会运行的路径，因而就要建设新的价值体系，并使这种价值体系稳定地运行起来，形成超循环，以取代旧的价值体系超循环，把人类从旧价值体系超循环的控制下解放出来。要建立这样的超循环，首先就必须有少数先进的人们“介然有知”，与众不同地对那些有害的价值取向保持警惕，旗帜鲜明地自觉清醒地坚持大道。

我们所有的人都不过是人类进化过程中的一分子，而人类的进化过程却又不过是整个大自然的进化过程中的一部分，只有把整个人类进化过程作为坐标，我们才能找到这仅有一次的生命的意义；同时也只有把生命汇入整个人类进化的历史之中，我们努力工作的成果才能在这个进化的绵延过程中得以永久保存下去。马克思曾指出：“一切已死的先辈们的传统，像梦魇一样纠缠着活人的头脑”，这些传统既有文明成果的积累，同时也有大量的糟粕，而我们这一代人却可以自觉推进社会价值体系的进步，为下一代培育出一个优秀的文化传统。

一个追求社会和谐的人，一个珍惜生命价值的人，就应当尽早地把生命投入到价值体系进化的伟大事业中去。在这项重大的事业上，所有的人都必须自觉地把自己摆进去，任何进步都要靠自己的辛勤努力来换取，我们的下一代也许可以在我们所奠定的基础上较容易地在价值体系上达到很高的水平，我们这一代人则无法投机取巧。从价值体系进化论的立场来看，衡量人生价值的根本标准就看人们在社会价值体系进化过程中所发挥的作用是正面还是负面的，其作用力是大还是小。

第五十四章

[原文]

善建者不拔[1]，善抱者不脱[2]，子孙以祭祀不辍。修之于身，其德乃真；修之于家，其德乃余；修之于乡，其德乃长；修之于国，其德乃丰；修之于天下，其德乃普。故以身观身[3]，以家观家，以乡观乡，以国观国，以天下观天下。吾何以知天下然哉？以此[4]。

[注释]

[1] 善建者不拔："善建者"即善于建设价值体系的人。人之所异于动物者，就在于他需要建设自己的价值体系，使自己远离动物的生存状态；这个人格成长的过程并非是他可以独自完成的事情，在他自己这么做的同时，还必须影响自己周围的人群，带动他们一起完成这个人性的进化过程；这样才能为自己坚持大道营造适宜的环境，使新的价值体系形成"超循环"。善建者即是善于建设这种"超循环"的人，他们对坚守大道有清醒的自觉，所以就会坚定不移，"虽见所好之物不能引，不能引之谓不拔"（《韩非子・解老》）。

[2] 善抱者不脱：郭店楚简中为"善保者不脱"；善保者即善于坚守大道的人，不脱即是不放弃。《韩非子・解老》中解释说，"一于其情，虽有可欲之类，神不为动，神不为动之谓不脱"。

[3] 以身观身：联系上下文，我猜测，这句的意思应当是，根据一个人能否把大道修之于身，就可以预知其将来的发展方向。对于家、乡、邦、天下来说，也是同样道理，能否把大道修之于家，也就知道了这个家庭的未来；能否把大道修之于国，也就知道了这个国家的未来。

[4] 吾何以知天下然哉？以此：我怎么知道天下的发展变化呢？所依据的就是价值体系的发展水平对于个人成长和社会运行过程中的决定作用。

［译文］

善于建设者所建起来的大道不会被拔掉。善于坚持者所坚持的大道不会滑脱，可以泽及子孙，子孙对他的祭祀就不会断绝。把大道修之于自身，其德就会真实而纯正；把大道修之于家，其德就会自保有余；把大道修之于一乡，其德就会长久保持；把大道修之于国家，其德就会丰厚广大；把大道修之于全天下，其德就会博济众生。于是人们便可根据人们能否把大道修之于身来了解他未来的命运，根据人们能否把大道修之于家来了解这个家庭的未来命运，根据人们能否把大道修之于乡来了解这个乡的发展变化，根据人们能否把大道修之于国来判断这个国家的兴衰，根据人们能否把大道修之于天下来判断天下的未来。我怎么知道天下的发展变化呢？其依据就是价值体系的高度在个人成长和社会运行过程中的决定作用。

［解说］

我们必须特别强调，和谐社会的形成过程是一个以社会主义核心价值体系作为序参量的自组织过程。这个过程从个体的修之于身开始，逐步影响改造环境，在自己的生活环境中形成一个局部的“超循环”过程，从“家”到“乡”，从“乡”到“邦”，直到把这个“超循环”过程“修之于天下”，这是人性进化所必须经过的过程，是把人类从动物界提升出来的唯一的过程。这就是第五十二章所说的“天下有始，以为天下母”中的“母”，必须悉心看护；这个“大道”是任何人也绕不过去的，谁若想走捷径，那就只能是误入歧途。我们这些年来一直强调“两手抓”，但在实际上却总是“一手硬、一手软”，其原因就在于没有改变由资本主义价值体系控制社会生活的自组织过程，在这种情况下，无论我们把道德喊得多么响亮，都不过是南辕北辙，向往着南方却又听任屁股下面的车子向北方走，我们的执政能力就总也提不高。

所以，我们要提高执政能力，就必须借鉴甚至是遵循老子所提供的思路。我们之所以要坚持社会主义制度，其根本目的也无非是为了让社会主义核心价值体系“为全体所尊重，通行有效于全体，并且为全体所承认”[①]。而要想达到这一目标，就必须经历这个从修之于身到修之于天下的程序。现在看来，

[①]黑格尔．哲学史讲演录：第一卷[M]．北京：商务印书馆，1981：97.

整个历史也无非是人类价值体系的成长过程，这个过程必然要达到由社会主义核心价值体系占据支配地位的阶段，社会主义也无非是创造相应的政治经济制度来保证这个成长过程的最终完成。这就是社会主义与其他政治制度的根本区别。在当前的社会现实中，我们既取得了很多让全世界为之赞叹的辉煌成就，也出现了很多让世人关注的严重问题；与之相对应的，在中国人的精神世界中，既有让全世界景仰的美德，也有令全世界惊奇的邪恶。在这种成就与问题并存、美德与邪恶共生的情况下，我们必须下一番择优汰劣的大功夫，理直气壮地坚持社会主义核心价值体系，这样才能把中国的事情办好，使社会趋向于和谐。

要把这种价值体系修之于天下，就必须经过从修之于身到修之于家、再到修之于乡、再到修之于国等中间环节，就像植物要经历萌芽、成长、开花结果等诸环节一样。在这个过程中，种子的萌芽至关重要，首先要从自我做起，选择一个新的方向。这个新方向本来就存在于人的天性之中，但在这个以财富的私人占有为核心价值的社会环境中，它被压制了，难以上升到人们的意识层面。所谓闻道、开悟，就是打破私有制意识形态的屏蔽，发现那自身本来就有的高级需要。摒除妄念，本性自现，人们自然就会以个性的自由全面发展为核心价值。这个核心价值本身的特点就决定了它不是排他的独占的，而是必须与他人共享的价值，因而它必然地引导社会趋向和谐。这个新的核心价值就是老子所说的“大道”的起点，它必须同人的生命过程相结合，成为支配其生命的东西，才能真正地具有了生命力。反过来，个人也必须努力提升自己，与那个价值体系融为一体，才能成为大道的体现者和代言人，才能弘道。走在这条“大道”上，人们就应当像黑格尔所说的那样，“充满了对永恒、神圣、无限的高尚情感的人们，则是穿着法座的道袍阔步而来的。”[①]这个法座的道袍就是新的核心价值，他必须始终坚守这个新价值，把它贯彻到日常生活的实践中，由实践而更增觉悟，由觉悟而更增实践，开辟人生发展的新道路，这就像春天的树枝上新萌发的芽苞一样，一个新的枝条将从这里长出。

新儒家对这个道德实践过程有深刻的表述，在牟宗三等《为中国文化敬

[①]黑格尔．精神现象学：上卷[M]．北京：商务印书馆，1979：48．

告世界人士宣言》中，有这样一段话：“知行二者，相依而进。此觉悟可表达于文字，然他人之了解此文字，还须自己由实践而有一觉悟。此中实践如差一步，则觉悟与真实之了解，即差一步。在如此之实践与觉悟相依而进之历程中，人之实践的行为，固为对外面之人物等的。但此觉悟，则纯是内在于人自己的。所以人之实践行为，向外面扩大了一步，此内在之觉悟亦扩大了一步。依此，人之实践的行为及于家庭，则此内在之觉悟中，涵摄了家庭。及于国家，则此内在之觉悟中，涵摄了国家。及于天下宇宙，及于历史，及于一切吉凶祸福之环境，我们之内在的觉悟中亦涵摄了此中之一切。由此而人生之一切行道而成物之事，皆为成德而成己之事。凡从外面看来，只是顺从社会之礼法，或上遵天命，或为天下后世立德立功立言者，从此内在之觉悟中看，皆不外尽自己之心性。人之道德实践之意志，其所关涉者无限量，而此自己之心性亦无限量。然此心性之无限量，却不可悬空去拟议，而只可从当人从事于道德实践时，无限量之事物自然展现于前，而为吾人所关切，以印证吾人与天地万物实为一体。而由此印证，即见此心此性，同时即通于天。于是能尽心知性则知天，人之存心养性亦即所以事天。而人性即天性，人德即天德，人之尽性成德之事，皆所以赞天地之化育。所以宋明儒由此而有性理即天理，人之本心即宇宙心，人之良知之灵明，即天地万物之灵明，人之良知良能，即乾知坤能等思想，亦即所谓天人合一思想。”[①]

然而，新儒家虽然有一套关于个体道德实践的深刻理论，但却没有认识到个体的道德实践与社会主义制度的有机联系，其理论的片面性使其成为一朵不结果实的花。从另一方面来看，社会主义制度的建立为个体的道德实践创造了制度条件，但我们却没有认识到两者之间的有机联系，在建设中国特色社会主义的过程中，却又忽略了道德建设，“一手硬、一手软”的问题一直没有解决好，在引进西方科学技术的过程中把西方的低水平道德引了进来，这么做的结果并没有得到西方的认同，西方国家反过来倒打一耙，以道德的名义对我们进行批评指责、死缠烂打。真可谓黄钟毁弃，瓦釜雷鸣。党中央科学地总结了执政六十年的经验，提出了建设社会主义核心价值体系的新任务，开辟了一个把社会主义制度与道德建设结合起来的新方向。这样一来，

[①]牟宗三，徐复观，张君劢，等．为中国文化敬告世界人士宣言[M]//封祖盛编．当代新儒家．北京：三联书店，1989：20.

我们就可以把中华民族注重道德修养的文化传统与社会主义制度结合起来，从而使个体的道德实践具有适宜的制度条件而真正地成为可能，同时也使社会主义制度具有内在的成长动力而得以发展完善。这两者的有机结合必将开辟中国特色社会主义理论与实践的新境界，相比于那些“困而不学”、在天灾与人祸的恶性循环中找不到出路的民族来说，中华民族在经过这些艰难曲折之后找到了这个新方向，这不仅是中华民族的一件大事、好事，对于整个人类来说，也具有划时代的伟大意义。只有在始终坚持着“为人民服务”宗旨的共产党的领导下，中华民族才能实现这种在政治文明意识上的觉醒，自觉地把国家权力运用于中华民族集体闻道的目标，造福于中华民族和全人类。

在达到了这个认识之后，我们便可回头发现，老子在两千多年前所说的“修之于身，其德乃真；修之于家，其德乃余；修之于乡，其德乃长；修之于国，其德乃丰；修之于天下，其德乃普”是一个漫长的历史发展过程，社会主义制度的建立是这整个发展链条中的关键一环，只有在它的庇护下，人类才能真正地把大道修之于身，在人们认识与实践它的过程中形成一个自我强化的超循环，这个过程一直向周围蔓延覆盖，经历了一个从家到乡，再到邦与天下的发展过程，逐步提升与改善个人与社会的生存状态，把人们从动物式的存在水平提升到一个真正的人的存在水平上。

如果人们不知道自身道德成长的重要性，自然也就意识不到社会主义制度的重要性，当然也就不知道珍惜它。因而，对于个人来说，则应当认识到，社会主义制度为我们进入新的人生境界创造了条件，能够生活在这种制度之下，这是罕有的幸运。有了这种意识，人们自然就会高度重视并珍惜社会主义制度，自然就会勇敢地投身到建设社会主义核心价值体系的伟大事业中去，把它修之于身。对于执政党来说，不管是为了给自己营造稳定的执政基础，还是实现民族复兴的伟大目标，都必须搞好社会主义核心价值体系的建设，把它修之于国，使之成为我们稳定地保持下去的精神财富。只有在这种稳定地保持下去、不断发扬光大的文化传统中，个人的生命才能保持不朽。同时也只有在为人们精神成长提供制度保障的过程中，社会主义制度才能充分展示其存在价值，从而得到发展完善和巩固，不至于重蹈苏联东欧社会主义政权的覆辙，此即所谓“善建者不拔，善保者不脱”。

第五十五章

[原文]

含德之厚，比于赤子。蜂虿虺蛇不螫[1]，猛兽不据，攫鸟不抟[2]。骨弱筋柔而握固[3]。未知牝牡之合而全作，精之至也[4]。终日号而不嗄，和之至也[5]。知和曰常[6]，知常曰明。益生曰祥[7]。心使气曰强[8]。物壮则老，谓之不道[9]，不道早已[10]。

[注释]

[1]蜂虿虺蛇不螫：虿（音 chài），蝎子一样的毒虫。虺（音 huǐ），毒蛇。螫（音 zhē；又读 shì），毒虫刺伤。

[2]抟，高亨注："读为捕，捉也。"

[3]握固：攥紧拳头。

[4]未知牝牡之合而全作，精之至也："全作"在郭店楚简中为"阳怒"；廖名春解释为"虽不知道男女的交合，但小生殖器却会时时翘起，这是精气充沛极了的缘故。"

[5]终日号而不嗄，和之至也：嗄，河上公本作"哑"，两字是一个字。本句在郭店楚简中为"终日号而不忧，和之至也"，廖名春解释为"整天号哭也不生病，这是元气淳和到极致的表现。"

[6]知和曰常：高亨说"知和"应为"精和"；常，价值体系进化的所应达到的成熟阶段，也即常道。

[7]益生曰祥：益，助益。

[8]心使气曰强：心，思想、意志；气，情绪欲望的冲动。本句应当解释为"用理智控制感情冲动叫做坚强"。

[9]物壮则老，谓之不道：事物发展到了强壮的阶段，就要走向衰老，这就叫做不合于道。

[10]不道早已：楚简本中无此四字，当删去。

[译文]

品德修养深厚的人，就像初生的婴儿。蜂蝎毒蛇不伤害他，野兽不抓他，猛禽不捕他。他尽管筋骨柔弱，但要抓东西却抓得很牢固。他不知男女交合，小鸡鸡却会翘起，这是因为精气充沛极了的缘故。他终日号哭也不生病，这是元气淳和到极致的表现。精力充沛、元气淳和就会长久，懂得长久之道就是明智。有益身心就是吉祥；用理智控制感情冲动叫做坚强。国家和个人发展到了强壮的阶段，就要走向衰落，这就叫做不合于道。

[解说]

品德修养深厚的人就像初生的婴儿，这是一个众所周知的现象。《圣经》里说，你们如果不回转，变成小孩子的样子，就一定不得进天国。帕斯卡说，智慧把我们带回到童年。孟子也说：大人者，不失其赤子之心者也。马克思则说："一个成人不能再变成儿童，否则就变得稚气了。但是，儿童的天真不使成人感到愉快吗？他自己不该努力在一个更高的阶梯上把儿童的真实再现出来吗？"[①]在上述这些人之前，老子也发现了这个现象，他在这一章中说："含德之厚，比于赤子"，在其他几个地方，他还说道：

专气致柔，能婴儿乎？（第十章）

如婴儿之未孩；（第二十章）

常德不离，复归于婴儿。（第二十八章）

综合这几个句子，老子在实际上把"赤子"或"婴儿"状态作为人格成长的理想阶段。根据现代心理学的研究，这是符合个性成长规律的。马斯洛曾经将一些"自我实现者"作为样本进行研究，他发现了他们"复归于婴儿"的特征：

在观察外部世界时，像儿童一样"用毫不挑剔和纯真无邪的眼光来看待世界"，"他们只是注意和观察事实是什么"，"他们没有防御性，没有保护色或者伪装；""他们厌恶他人身上的这类做作。假话、诡计、虚伪、装腔作势、面子、玩弄花招，以庸俗手法哗众取宠，这一切在他们身上异常罕见。"[②]

[①]马克思恩格斯选集：第 2 卷[M]. 北京：人民出版社，1995：29.
[②][美]马斯洛. 动机与人格[M]. 北京：华夏出版社，1995：182-183.

在实践中，“他们行为的特征是坦率、自然，很少做作或人为的努力”，“自我实现者实际上从不允许习俗惯例妨碍或阻止他们做他们认为是非常重要或者根本性的事情。”[①]他们“一般都强烈地把注意力集中在他们自身以外的问题上。用流行的术语来说，他们是以问题为中心，而不是以自我为中心。”“这些人习惯生活在最广泛的合理的参照系里，他们似乎绝不会见树不见林。他们在价值的框架里工作，这种价值是伟大的，而不是渺小的，是宇宙性的，而不是区域性的，是从长远出发的，而不是从一时出发的。”[②]用老子的话来说就是，这些人闻道了，他们“是由成长性动机而不是匮乏性动机推进的”，“他们自己的发展和持续成长依赖于自己的潜力以及潜在的资源。”“他们已变得足够坚强，能够不受他人的赞扬甚至自己感情的影响。荣誉、地位、奖赏、威信以及人们所能给予的爱，比起自我发展以及自身成长来说，都变得不够重要了。”[③]

在审美情趣上，“自我实现者具有奇妙的反复欣赏的能力，他们带着敬畏、兴奋、好奇、甚至狂喜，精神饱满地、天真无邪地体验人生的天伦之乐……对于自我实现者，每一次日落都像第一次看见那样美妙，每一朵花都温馨馥郁，令人喜爱不已，甚至在他见过许多花以后也是这样。他所见到的第一千个婴儿，就像他见到的第一个一样，是一种令人惊叹的产物。”[④]这种强烈感情“有时变得气势磅礴、浑浑沌沌、漫无边际，所以可称为神秘体验。”[⑤]

在人际关系上，“自我实现者对人类怀有一种很深的认同、同情和爱的感情。正因为如此，他们具有帮助人类的真诚愿望，就好像他们都是一个大家庭的成员。一个人对于兄弟的感情总体上是爱的感情，尽管这些兄弟愚蠢、软弱或有时显得很卑鄙，他们仍然比陌生人更容易得到宽恕。……他经常为普通人的缺点感到苦恼气愤，甚至被激怒，而他们对他来说，通常不过是一些不断给他制造麻烦的人，有时甚至变成痛苦的不幸。不管有时他与他们之间的间隙有多大，他总是感到与这些人有一种最根本的亲缘关系，同时如果不说明有一种优越感，至少他必定认识到，许多事情他能比他们做得更好，

[①][美]马斯洛．动机与人格[M]．北京：华夏出版社，1995：184.
[②]同上，187.
[③]同上，190.
[④]同上，190-191.
[⑤]同上，192.

对许多事情他可以明察而他们却不能，有些在他看来是如此清楚明了的真理，大多数人却看不见。”[①]“他们可以也的确对于任何性格相投的人表示友好，完全无视该人的阶级背景、教育程度、政治信仰、种族或肤色。实际上，他们甚至好像根本意识不到这些区别，而这些区别对于普通人来说却如此明显而且重要。”“自我实现者有一种难以琢磨的最深奥也最模糊的倾向：只要是一个人，就给他一定程度的尊重，甚至对于恶棍，他们似乎也不愿超越某种最低限度去降低、贬损或侮辱其人格。”[②]

由此可见，老子的观点与现代心理学的观点是一致的。人应当有一个成熟的发展阶段，通过闻道勤行，人们便可以把那些在成长过程中从社会环境接受的非理性的世俗偏见丢掉，损之又损，最终复归于朴，复归于婴儿状态。这种状态并非高不可攀，而是每一个人都可自然而然地达到的阶段，它所实现的是每一个人都具有的与生俱来的潜能。但为什么有的人能够达到这一阶段而另一些人不能达到呢？这是因为，私有制价值体系所形成的超循环屏蔽了人们进入成熟的道路，把人生引向歧途，能够进入成熟阶段的人寥寥无几。这就像《动物世界》所讲的某一种鱼的生命过程一样，它们诞生在一条大河的源头，然后在成长的过程中顺着河流奔向大海，待到成熟之后再奔赴原来的诞生地产卵。一路之上历尽千辛万苦，千难万险，最终能够活着回来的寥寥无几。这个物欲横流的现实世界把人们的注意力锁定在基本物质需要上，使人们以为那就是生命的全部内容，残酷无序的社会竞争，逼迫着人们投身到生存竞争之中去打拼，使他们丧失了复归于朴的可能，甚至并不知道人应当追求的境界，浑浑噩噩地度过了一生。只有那些天性特别健全同时又具有物质基础的少数人才能突破这种屏蔽，于是乎，拥有一颗童心就成了只有少数人才能享受的奢侈品。我们要以人为本，那就要使这种奢侈品成为所有的人都能享受的东西。

“含德之厚者，比于赤子”还比较容易理解，但下面的内容就不太容易理解了。赤子能够让“蜂虿虺蛇弗螫，攫鸟猛兽弗搏”？不知老子有何依据。虽然也曾经看到有关狼孩的报道，这表明曾经有那么几只狼把人类的婴儿带回去扶养，但这只是偶然现象，不能证明“猛兽弗搏”就是一般规律，也没

[①][美]马斯洛．动机与人格[M]．北京：华夏出版社，1995：194．
[②]同上，196-197．

有人敢去做这种试验。“蜂虿虺蛇弗螫”就更加没法验证了。或者老子是用“蜂虿虺蛇”、“攫鸟猛兽”来比喻人世间的邪恶势力，就像《国际歌》所说的“最可恨那些毒蛇猛兽，吃尽了我们的血肉”，而这些人对“含德之厚”者从不手软，比如对待基督，对待布鲁诺，这两位都是在围观者的欢呼、谩骂中被处死的；还有蒋介石对共产党人制定的政策就是“宁可错杀三千，不过放过一个”，而在实际上，有谁能够比那些真正的共产党人更纯洁更高尚。所以我们认为，老子是用“蜂虿虺蛇”、“攫鸟猛兽”来比喻那些凶恶的人，西方也有人说，在所有的食肉动物中，人是最危险的一种。老子大概是认为，在“含德之厚，比于赤子”的人面前，那些最邪恶的人心底的一点善念或许能够被唤醒，不忍去伤害那些淳朴得像赤子一样的人。伟人之所以是伟人，就是因为他们对人性的进化怀有坚定信念，总是用自己的善良愿望去设想他人，对人类同胞怀有殷切的期待。

道德的进步并非是孤立地发生在单个人身上，它必然是一个社会价值体系的进化过程。在前面第三十八章的解说中，已经对道德与价值体系的区别作了比较，这里再补充一点。两千五百年来，中国人对道德的关注在世界上应当说是首屈一指的，可这种道德议论一直是一种高尚的道德义愤，在现实问题面前，不过是隔靴搔痒，中国人的道德水平一直是很不理想，与高谈阔论的道德说教相适应的是道德沦丧的现实。之所以会出现这种困境，就在于人们自己对道德问题的认识不到位，把它仅仅视为道德领域里的问题，期望通过思想教育上的加强来予以解决。他们只看到了冰山的尖顶，却没看到冰山在水面之下还有一个更庞大的基础。仅仅在尖顶上下功夫，就不能从根本上解决问题，社会仍旧按照自己的逻辑运行，原来的价值体系控制着社会过程，它一方面支持着道德沦丧的现实，另一方面又催生出各种道德说教。私有制社会就是一个自我分裂的社会，关于道德的呼声越高，标志着道德堕落的程度越严重；同时也由于这个原因，那些坚持着道德的立场对社会现实持批判态度的人们，在社会生活中往往是处在边缘位置，所以他们主张的道德不过是一个软弱无力的“应该”，无法实现自己。

所以，马克思和恩格斯都对那种软弱无力的说教进行了辛辣的嘲讽。他们之所以要嘲讽这种说教，是因为他们发现了解决现实问题的切实可行的方法，那就是对现存社会进行彻底的改造，消灭私有制，按新社会的原则来重新组织社会经济政治和文化过程。这个新原则不是横空出世的，而是要在改造旧制度的过程中逐步地形成、逐步地清晰起来。在夺取了政权并执政近60年之后，我们党提出了建设社会主义核心价值体系的任务，正是这个新原则的形成过程的总结，是马克思主义理论在革命实践中的水到渠成的发展结果。

因而必须强调，社会主义核心价值体系不同于通常的道德。从基本内容上来看，它由“马克思主义指导思想、中国特色社会主义共同理想、以爱国主义为核心的民族精神和以改革创新为核心的时代精神以及社会主义荣辱观”等五个部分构成，这就比通常人们所谈的道德包括了更丰富的内容。从其产生的社会基础来看，它是在马克思主义的基础上成长起来的价值体系，是在共产主义运动这棵大树上长出来的枝条；而道德则可以附属于其他各种剥削阶级，属于私有制社会的意识形态的有机组成部分。由于上述原因，社会主义核心价值体系就和通常所说的道德有着两个根本的区别。

首先，社会主义核心价值体系对人与其生活环境的关系有着新的深刻的理解。马克思说：“人的本质并不是单个人所固有的抽象物。在其现实性上，它是一切社会关系的总和。”因而人们如果想要改变人的本质，使人具有道德，那就必须改变这个“一切社会关系的总和”。而要想改变整个社会，这就不是简单的道德说教所能胜任的，而是要来一场彻底掀翻旧制度的革命，坚持用社会主义核心价值体系来改造旧制度，使社会生活进入新的运行轨道。

而通常所说的道德就达不到这样的高度，它就如黑格尔所批评的那样，是一个软弱无力的“应该”。它只提出要求而不考虑是否可行，不考虑改造把人束缚在生存的自然必然性之下的旧制度，空谈道德者把私有制以及与之相联系的政治、文化视为不言而喻的前提，根本没考虑过是否要对它进行改造的问题。对于身处于生存的自然必然性的强制压力下朝不虑夕的人们，道德的空谈是毫无意义的，正如马克思在《1844年经济学哲学手稿》中所说的那样：“如果我根本不存在，我又怎么能有美德呢？如果我什么都不知道，我又怎么会富有道德心呢？”

其次，社会主义核心价值体系是与实践密切结合在一起的道德。在它的逻辑面前，人们没有选择的自由。不像在道德面前，人们可以选择。当人们把人的各种需要按照由低到高的次序列出来，形成一个价值体系时，他自然而然地就会把自己的人生目标指向那个发展进化的最高目标；没有人会在面对着健全的目标时还甘心选择堕落的目标。可以肯定地说，对于闻道者来说，履道是唯一的选择，就像指南针只能指向南极一样没有别的选择，在他们身上，知与行是统一的，知就是行，行就是知。

对于没有闻道的人来说，他有更多的“自由”，他可以选择践行道德法则，也可选择不践行道德法则。但我们必须看到，在这种虚张声势的“自由”背后，实际上起决定作用的还是丛林法则，生存的自然必然性迫使他服从这个法则。这种法则预设了个人与社会相对立的关系，并在人们实践这种法则的过程中进一步把这种关系制造出来。它既是起点又是终点，在这种关系的不断的再生产过程中，它又进一步制造出道德与非道德的对立，一方面是人类联合起来的需要要求人们遵守道德，另一方面它又迫使人们按照市场法则来行动，因而这种道德就是自相矛盾的，无法实现的。

由于上述的两个根本区别，我们可以把传统道德分为两个部分，一部分是那些真诚地信仰着道德并推进道德理论发展的人，一部分是乡愿们所游谈无根的伪道德。在过去，这两部分混淆在一起，孔夫子虽然很讨厌乡愿，却也很难把它区分开来并剔除出去。而社会主义核心价值体系的提出则把这两者分解开来，它是孔夫子、康德和马克思的理论的忠实的继承者，并进一步发展了他们的学说，使之成为一个逻辑清晰的完美的系统，同时也为当前的各种现实问题提供了正确的解答，将其提升为引导社会趋向和谐、人性趋向于自由全面发展的“大道”。凡是那真正热爱道德的人必然坚持这种价值体系，而那些假冒道德的乡愿则必然像古代的叶公一样，在真龙面前原形毕露。

人民的幸福要靠道德来保障，但由于以往的道德是一个软弱无力的“应该”，所以就起不到应有的保障作用。共产党人要想代表人民的根本利益，就必须找到真正的道德。现在我们已经找到了这种道德——社会主义核心价值体系，就应当进一步抓好建设，“闻道勤行”，把社会主义核心价值体系“修之于身”，而后在共产党的领导下，运用国家政权的力量来进行组织动员，并以这种新的价值体系为“序参量”来重组社会生活，全社会都要提高认识，认识到位了，行动自觉了，解决问题也就容易了。

第五十六章

[原文]

知者不言，言者不知[1]。塞其兑，闭其门[2]；挫其锐[3]，解其分[4]；和其光[5]，同其尘[6]，是谓玄同[7]。故不可得而亲，不可得而疏；不可得而利，不可得而害；不可得而贵，不可得而贱。故为天下贵[8]。

[注释]

[1]知者：即是知道如何把大道灌输到社会中去的人；不言是因为他勤而行之。言者：即是空谈大道的人，不知道怎样才能把大道灌输到社会生活中去。

[2]兑即洞穴；门即门户。王弼注，“兑，事欲之所由生也。门，事欲之所由从也”。高亨注：“兑和门都指耳目口鼻。”这也有道理，但从社会价值体系超循环的稳定运行来看，兑和门是有可能破坏这个超循环稳定运行的不良价值倾向所产生的洞穴、所进入的路径。例如有些小朋友上网成瘾，就有可能把他的人生引入歧途，这个“网瘾”便是老子所说的“兑”和“门”。

[3]挫其锐：锐，锋芒。人们所犯的错误常常是某种正常需要的过度发展，超过了合理的限度；挫其锐即是抑制那些超过了正常限度的欲望，使之回归正常。

[4]解其分：高亨本为“解其纷”，荆门市博物馆楚简释文也是“解其纷”。所谓“解其纷”，用现在的话来说，就是正确处理人民内部矛盾。

[5]和其光：其意为混合各方的光芒，引申为“统一大家的思想认识”，也可进一步引申为“发挥每个人的专长”，造福于集体利益。

[6]同其尘：高亨注，“行路人要带起尘土，所以尘字可用来象征人的行迹”。“同其尘”即是统一大家的前进方向。

[7]玄同：在更深层次上保持一致，或者说是在根本利益上保持一致。在新价值体系的超循环稳定地运行起来之后，人们各自追求着不同的具体目标，

但在坚守大道、维护这个超循环的稳定运行上，大家是一致的。

[8]故为天下贵：对那种率先倡导大道的人，为什么不可得而亲疏利害贵贱呢？这是因为，当新的价值体系超循环建立起来之后，人们也就超越了私有制社会中人际关系的那种模式，不再有亲疏利害贵贱的区别，所有的人都是平等的。做好了这件事，他就可以做天下的领导者。

[译文]

知道大道的人致力于用大道来控制社会运行过程，因而不尚空谈；那些空谈大道的人，却并不知道如何把大道灌输到社会生活过程中去并使之形成稳定的超循环。堵塞那些有可能危害这个超循环过程稳定运行的不良倾向藏身的洞穴；关闭那些不良价值倾向可能入侵的门户；抑制那些超过正常限度的欲望；解开纠缠不清的纠纷；发挥每个人的专长；统一他们的方向；这就可以在人民的根本利益上协调一致。对能够做到这一点的人，人们不可能对其亲近，也不可能对其疏远；不可能使其得利，也不可能使其受害；不可能使其尊贵，也不可能使其卑贱。所以，他就可以做天下的领导者。

[解说]

玄同，即是在更深的层次上达到一致，这个层次就是价值体系。比如说，在苏联没有分解之前，美国与其在价值体系上是不一致的；在苏联分解为俄罗斯等国家之后，美国与其在价值体系上就成为一致的了，因而美国现在与俄罗斯等国家就达到了“玄同”。虽然在表面上，他们之间对抗很激烈，一方咄咄逼人地要进行北约东扩，另一方则想方设法地重建往日大国的形象。当然，这种玄同并不是老子所期望的那种“玄同”。老子所期望的“玄同”是在大道的基础上建立起来的“玄同”，人们共同地走在大道之上，仍然保留着各不相同的个性特征。就像马克思所设想的共产主义社会一样，人们摆脱了生存的自然必然性的控制，从而也摆脱了生存竞争，于是便可以在各不相同的兴趣、爱好的支配下从事着不同的事情。他们的这种发展共同地促进着人类的整体利益，这也是一种“玄同”，是以新的价值体系为基础的“玄同”。在这个基础上，我们才能保证每一个人的自由全面发展，实现真正的“多元化”、“民主化”。对于达到了这个发展水平的人来说，由于超越了原来的那一套亲疏、利害、贵贱的评价标准，所以就“不可得而亲，不可得而疏；不可得而利，不可得而害；不可得而贵，不可得而贱”。其他人所孜孜以求的那些目标，对他们来说，都无所谓了，这也就是王弼所说的“无物可以加之也”。我感觉，老子这样的人是超越历史的，不管是生活在哪一个时代，不管他们穿的是过去的宽袍大袖，还是现代的休闲装；不管他们是身处在皇宫之中，还是露营在雪山草地之上。

因而，由于价值体系的发展水平的高低差别，就有两种“玄同”，一种是那种统一在低水平价值体系上的“玄同”，比如说美国与其他资本主义国家之间的那种“玄同”，虽然矛盾冲突不断，但在价值体系上却是一致的；另一种是那种在大道基础上的“玄同”。如果把这两个东西摆在我们面前，让我们选择，我们要哪一种呢？毫无疑问，我们所要的只能是后者。要达到这种“玄同”，就必须从“修之于身”开始做起，直至“修之于天下”，这也就是把社会主义核心价值体系普及开来的过程，也就是本章所说的挫锐解纷、和光同尘的过程。

由于没有人把这两种“玄同”摆出来任由人们挑，同时也有很多人由于自身的局限性，即使是把第二种“玄同”摆在他面前，他也看不见，看见了也不以为然，大笑之。所以，在很多人面前只有第一种“玄同”，即那种低水平的“玄同”，他们狂热地追求那种低水平的“玄同”，以为那就是世界的终极理想，美其名曰“多元化”、“民主化”，称之为“普世价值”。在这个低水平价值体系的牵引下，人们便走上了自我毁灭的不归路。正如老子所说的那样，“人之迷，其日固久”。所谓思想解放，归根到底就是要从这种迷误中解放出来，达到开悟闻道的境界。思想解放是一个精神成长的过程，它有自己的内在逻辑。这个逻辑是什么？也就是哲学史上的四个范式的依次展开，这是人类整体的进化之路，每个人也都要重复经历一遍，这个精神成长的经历是别人无法替代的，他必须经历这一段跋涉的路程，才能最终达到时代精神的制高点。

第五十七章

[原文]

以正治国[1]，以奇[2]用兵，以无事取天下[3]。吾何以知其然哉？以此：天下多忌讳，而民弥贫[4]；民多利器，国家滋昏[5]；人多伎巧，奇物滋起[6]；法令滋彰，盗贼多有[7]。故圣人云：我无为而民自化；我好静而民自正；我无事而民自富；我无欲而民自朴[8]。

[注释]

[1]正：正常平易的办法。

[2]奇：出奇诡秘的计谋。

[3]以无事取天下：无事即无为；取天下，不是通常所说的夺取国家权力的意思，而是把大道“修之于天下”。在此基础上，才能以大道为核心价值来重组社会生活，把社会政治文明稳定在一个新阶段上。

[4]天下多忌讳，而民弥贫：楚简本作“天多忌讳而民弥叛”；忌讳，禁令；弥，越。廖名春说，“忌讳多”指法令严酷，故言民叛。“天”即君王。

[5]民多利器，国家滋昏：楚简本为“民多利器而邦滋昏”，与王弼本大同小异。其含义为：百姓掌握的先进工具越多，而国家就越混乱。利器，指先进工具；滋，更加。

[6]人多伎巧，奇物滋起：百姓掌握的技术越先进，邪异的事物就越多。

[7]法令滋彰，盗贼多有：法令制度越严明，而盗贼就越多。

[8]我无为而民自化；我好静而民自正；我无事而民自富；我无欲而民自朴：王弼注，“上之所欲，民从之速也。我之所欲唯无欲，而民亦无欲而自朴也。此四者崇本以息末也”。

[译文]

以正常平易的政策来治国，以出奇变异的计谋来用兵，以无为之治把大道修之于天下。我是怎么知道这个道理的呢？其根据就在于：君主严刑苛法越多，民众就越容易背叛；民众拥有的先进工具越多，国家就越混乱；民众掌握的技术越先进，邪异的事物就越多；法令制度越严明，盗贼就越增加。所以圣人说，我无为，民众便可自我化育；我好静，民众就自我端正；我无事，民众自然就会富足；我无欲，民众自然就会归于淳朴。

[解说]

老子说："以正治国，以奇用兵，以无事取天下"，由此可见，"治国"、"用兵"与"取天下"不是一回事。特别是"治国"和"取天下"，通常看来，是一回事，而在老子这里，却不是一回事，这两者的区别在什么地方呢？我看就在于"治国"是在现有的价值体系的基础上治理国家，处理具体事务，诸如春种秋收、抗震救灾等等；"取天下"则是要让人民群众拥护大道，然后以大道为序参量来重组社会生活，建立起科学合理的社会政治体系。这是更深层次的社会管理工作，是"治国"的基础工作。《道德经》中有四处"取天下"，分别是第二十九章的"将欲取天下而为之"、第四十八章的"取天下常以无事，及其有事，不足以取天下"，以及本章的一处，都应当作这样的理解。

如果这项基础工作做不好，仅仅在"治国"层面上下功夫，就无法实现社会的科学治理。老子的政治学之所以是科学政治学，就在于他深入到价值体系层面。而在其他的政治理论中，人们不注意这个价值体系问题。比如说当今西方政治学理论的注意力就没有深入到价值体系层面，虽然没有认识到价值体系，却又下意识地坚持着一种低水平的价值体系。他们用人所占有财富的多少来判断人的价值，这个价值标准暗含着一个"经济人"假设，即把人性在资本主义阶段的发展状态作为天经地义的不言而喻的状态。这个假设预设了人与人、人与自然之间互相对立的关系，并进而在人们实践这种价值体系的过程中把这种互相对立状态制造出来，不断强化。整个资本主义的政治经济秩序都建立在这个预设之上，就像各种理论体系都有一个逻辑公设一样，私有制社会的发展过程便是这一预设的展开过程，它锁定了社会的发展轨道。在它的驱使下，人们不择手段地追求个人物质利益，从而产生出两极分化、贪污腐败、巧取豪夺；人们都力图少劳多得，所以社会就难以持续下去，就会出现"天下多忌讳，而民弥贫；民多利器，国家滋昏；人多伎巧，奇物滋起；法令滋彰，盗贼多有”的局面，当今世界仍然在老子所发现的这个规律中运行。

人类要想走出这种困局，就必须突破私有制的“经济人”预设的狭隘限制，建立起一个以更高人生目标为核心的价值体系，并把这个价值体系灌输到社会生活中去，这样才可以把社会政治文明提升到一个新阶段上稳定下来；这样才能走出“法令滋彰，盗贼多有”的怪圈，实现中国古代文人的那个宏愿：为万世开太平；这就是老子所说的“取天下”的深刻内涵。

因而老子的目标并不是通常所说的“治国”，而是更深入一步，要“取天下”。要达到这一目标，就要把新的价值体系灌输到社会生活中去。怎样灌输呢？这就要靠领导者自身的率先垂范，把它传播开来，这便是“我无事而民自富；我无为而民自为；我好静而民自正；我欲不欲而民自朴”。老子的这一教导，对于今天的人类来说，仍然具有重大意义。有相当多的国家，其领导人在口头上也说得挺好听，但在实际上却是口言善而身行恶，言行不一致，这就是国妖，自己所说的东西自己就没有实践，又怎么能要求民众来实践呢？所以他们便倡导出了一种言行不一、虚伪狡诈的世风。对所有的领导者来说，不管他们是否自觉意识到了价值体系的引导工作，都实实在在地领导着价值体系的演变过程。

对于自觉进行价值体系引导工作的领导人来说，仅仅知道以“无为”、“好静”、“无事”、“无欲”来自我要求，那还远远不够，因而老子在本章中传授的方法还太简单。眼下有很多关于建设社会主义核心价值体系的研究，但往往都把它局限在意识形态领域，所以便往往会流于空谈。建设新的价值体系是一个很复杂的系统工程，必须把它与社会政治经济过程的变革结合在一起。如果人们孤立地在意识形态领域里搞建设，而没有其他领域的配合，就始终无法前进一步。人性的引导是一件奥妙无穷的伟大艺术，正如老子在下一章所说的那样，“祸兮福之所倚，福兮祸之所伏。孰知其极？”只有掌握了这门艺术，人类才能在价值体系的建设上进入自由王国，从而也才能在社会政治领域进入自由王国。

第五十八章

[原文]

其政闷闷，其民淳淳[1]；其政察察，其民缺缺[2]。祸兮福之所倚，福兮祸之所伏[3]。孰知其极[4]？其无正[5]。正复为奇[6]，善复为妖。人之迷，其日固久。是以圣人方而不割[7]，廉而不刿[8]，直而不肆[9]，光而不燿[10]。

[注释]

[1]其政闷闷，其民淳淳：闷闷，愚昧貌；淳淳，淳朴笃厚。王弼注，“言善治政者无形无名无事无政可举，闷闷然卒至于大治，故曰其政闷闷也；其民无所争竞，宽大淳淳，故曰其民淳淳也。”

[2]其政察察，其民缺缺：察察，分析明辨的意思；缺缺，高亨先生注，“缺借为‘狭’，狭与狯同，狡诈也”。王弼注，“立刑名，明赏罚，以检奸伪，故曰察察也，殊类分析，民怀争竞，故曰其民缺缺。”

[3]祸兮福之所倚，福兮祸之所伏：倚，靠着；伏，藏匿。《韩非子·解老》解释说，“人有祸则心畏恐，心畏恐则行端直，行端直则思虑熟，思虑熟则得事理。行端直则无祸害，无祸害则尽天年，得事理则必成功。尽天年则全而寿，必成功则富与贵，全寿富贵之谓福。而福本于有祸，故曰：‘祸兮福之所倚。’以成其功也。人有福则富贵至，富贵至则衣食美，衣食美则骄心生，骄心生则行邪僻而动弃理。行邪僻则身死夭，动弃理则无成功。夫内有死夭之难，而外无成功之名者，大祸也。而祸本生于有福，故曰：‘福兮祸之所伏。’”

[4]极：穷尽。

[5]其无正：高亨注，“其，岂也；‘正’下当脱‘善’字，下文可证”。

[6]奇：特殊的，罕见的，异常的。

[7]方而不割：方，方正；《韩非子·解老》解释说，“所谓方者，内外相应也，言行相称也。”割，以刀刃伤物。王弼注曰：“以方导物，舍去其邪，

不以方割物，所谓大方无隅。”

[8]廉而不刿：廉，堂屋的侧边，引申为品行方正；刿（音 guì），刺伤，割伤。王弼注曰：“以清廉清民，令去其邪，令去其污，不以清廉刿伤于物也。”

[9]直而不肆：肆，不受拘束，放纵。王弼注曰：“以直导物，令去其僻，而不以直激沸于物也；所谓大直若屈也。”

[10]光而不燿：燿，耀的异体字。王弼注曰：“以光鉴其所以迷。不以光照求其隐慝也，所谓明道若昧也。此皆崇本而息末，不攻而使复之也。”

[译文]

一个国家的政治举措浑厚简洁，人民就淳朴忠厚；政治举措苛察冗繁，人民就狡黠刁钻。灾祸啊，幸福依傍在它的旁边；幸福啊，灾祸藏伏在它的里面。谁知道它究竟是灾祸还是幸福呢？世上并没有确凿不变的正确与良善。正确的会演变为怪异，良善的会演变为妖孽。民众对这个道理迷惑不解，实在是太久了。所以，明白这个道理的圣人举止方正而不生硬，坚持原则而不伤人，言语坦率而不放肆，行为光明而不炫耀。

[解说]

对于社会主义政治系统来说，还有什么目标能比培养完美的人性更高呢？没有了，这就是最高的目标。有人说经济建设很重要，但经济过程是什么，它也不过就是人的活动过程而已。“凡不是人的活动的结果，不是劳动的结果的东西，都是自然，而作为自然，就不是社会的财富。财物世界的幻影消逝了，这个世界不过表现为不断消失又不断重新产生的人类劳动的客体化。任何持久的财富都只是这个社会劳动的转瞬即逝的物化，是生产过程的结晶化。”[①]政治文明与精神文明也是同样的道理，它们也都不过是人类活动的结果。于是我们便可推论，由于人类价值体系发展水平的高低不同，便会产生出不同的政治制度与文化，随着价值体系（也即通常所说的人性）的进化，整个经济基础和上层建筑也都将经历不同的发展阶段。若要建设完美的政治体制和高度发达的经济基础，就必须有完美的人性。当然，这种完美的人性

[①]马克思．剩余价值理论：第三册[M]．北京：人民出版社，1975：473．

也不是凭空而来的，他又需要在完美的经济政治文化环境中培养出来，这就是社会制度与人性之间的互相制约和促进的“超循环”。由于有这种“超循环”的存在，所以，社会主义政治经济制度必须以人为本，同时还必须以培养完美的人性为本，把它作为核心目标，这样它才能把自身稳定在一个较高的发展水平上。要让每一个人的生命都过得精彩，都能不虚此生，不再仅仅是一个受照顾的人，而是一个自力更生的人，一个积极地、创造性地享受生活的人。做好了这项工作，社会生活便会自然而然地走向正轨，“为无为，则无不治矣”。同样道理，资本主义制度要想保持自身的稳定，也需要进行人的人格模塑工作，把人们的注意力集中在物质需要上面，把人培养成“消费机器”、色情狂。

为完成引导人性的任务，政治家自身应当具有全面的价值体系。人的需要是一个体系，与之相应的政治过程也有一个价值体系。关于人的需要有一个马斯洛的需要层系理论，社会政治过程也应当有一个与之相应的价值体系，生产力的发展、安全等处在政治价值体系的最基础的位置上。这些目标当然极其重要，而且必须优先考虑。生命安全，生活保障，这是人民群众的基本生存需要，满足了这些需要之后，才能考虑尊重、自我实现等更高的人生目标。于是政治家们、当官管事的人们就必须优先考虑这些最基础的价值，并努力推动社会政治过程向更高的层次发展，追求更高的政治目标；当他在做着那些必须优先考虑的事情的时候，心里也必须想着更高的目标，这样他才能站得高、看得远，得心应手地驾驭政治过程。其之所以要“其政闷闷”，就是要把民众的注意力从锱铢必较的精明中引导出来，注意到高层次的生活目标。在小事上糊涂一些，才有精力关注那真正重要的大目标。

反之，如果当官管事的人眼界不高，只看到低层次的政治目标，那就无法驾驭政治过程，就会举措失当，“不善为斫，血指汗颜”。比如说我们这些年来集中精力谋发展，把发展生产力作为核心价值，忽略了人的健康全面发展这个更核心的价值，忽略了价值体系的引导控制，没有管好思想文化领域，随之而来的腐败现象、两极分化、卖淫吸毒等社会丑恶现象也就滋生蔓延开来。再比如许多国家忙于反恐，却不知道病根就在自己身上，就在于自身价值体系的缺陷，为了反恐而反恐，结果是越反越恐。当然还有更多的人，他们当官不过是为了及时行乐，比如法国的那个“我死后管他洪水滔天”的皇帝，由于价值体系的缺陷，预先就决定了其不可能走出“捣乱失败，再捣乱再失败，直至灭亡”的命运。

为完成引导人性的任务，政治家还应当学会引导人性的艺术。人之迷，其日固久，于是就要靠圣人、领导者来引导，来为民众的闻道而操心，要为民众的闻道创造社会气候、经济基础、法制保障和鼓励机制。而要做到这一点，圣人、领导者还必须把这个引导工作做得很艺术，当他们一厢情愿地奔向自己的目标时，往往要事与愿违。“将欲取天下而为之，吾见其不得已。天下神器，不可为也，不可执也。为者败之，执者失之”，事与愿违是到目前为止经常发挥作用的少数几个历史法则之一。在社会价值体系的引导调控上，尤其是这样。领导者要想摆脱这个法则的控制，就只能从自身做起，“强行者有志”，再辅之以谦逊的态度，“方而不割，廉而不刿，直而不肆，光而不耀”，要让人们不觉得自己被引导，而是“皆曰我自然”，庶几可望取得成功。

这样一来，我们便可看到某些人对“民主”的崇拜是多么的可笑。有人把它作为包治百病的药方，不管遇到什么问题，通通把原因归之于没有实行大选。他们没有能力深入认识政治过程中的价值体系，在资本主义价值体系和丛林法则不断强化的基础上，在它们不断地把两极分化和环境恶化、腐败现象制造出来的情况下，空谈所谓“民主”又有什么意义呢？难道搞一个大选就可以改变社会运行的法则？这些人没有看到这样一个简单的事实：在丛林法则占支配地位的情况下，不仅存在着社会财富分配的两极分化，同时还必然地伴随着政治权力的两极分化，一部分人必然地要把自己的意志强加给另一部分人，在此过程中，专制、权谋、忽悠，都是必然的手段。因此可以得出如下结论：丛林法则与民主互相对立，在丛林法则不断强化的过程中，民主必然地趋向于消亡，不管民主形式玩得多么花哨。在丛林法则不断强化的情况下，社会稳定和谐的那些理想目标，都必然是水中月、镜中花，可望而不可得。

大道在什么地方，它就在人们自己身上，它是人们价值体系的成长过程所自然而然地要达到的一个较高阶段。每个人都处于价值体系进化过程的某个阶段上，我们所能达到的价值体系只能是自己所意识到的需要。我们对大道的理解程度取决于自身需要的发展水平，以自身价值体系成长的高度为限，正如收音机有不同的波段一样，处于不同发展水平的人们所能理解的价值体系就只能是大道的一部分，他们却又都自信地认为自己掌握着真理。于是乎，处在较高发展阶段的人们就可以闻道勤行；处在中等发展水平的人们对大道则若存若亡；而那些处在较低水平的人们则闻道而大笑之，他们并不知道自己的价值体系落后，又很热衷于掌权，于是就主张不管价值体系先进还是落后，一人一票，以票数多少来决定谁当领导。西方民主制度的致命缺陷在于忽略了是否闻道这个根本问题，这种群氓崇拜的制度把社会锁定在低水平上运行，不能总结经验教训，把社会锁定在低水平价值体系的轨道上轮回。

因而，正如陆游说作诗的“功夫在诗外”一样，要进行民主政治建设，功夫也在民主程序之外，我们首先要启发人们闻道，认识到什么是自己的需要，认识到人的自由全面发展的目标。正如人们有生存权、发展权、受教育权一样，人们还有闻道权，这是人的最根本的权利，只有闻道了，人们才能摆脱低水平价值体系和流俗的控制，真正地成为自己的主人。国家必须尊重人们的这项权利，关怀这项权利的实现。哪怕是有些人目前还没有意识到这项权利，这也是他们的潜在权利，就像一粒树种有权利长成一棵大树一样。努力为人们实现这种权利而创造适宜的条件，建设社会主义核心价值体系，这样才能让民主政治真正成长起来。

当下有很多人没有认识到闻道这个目标，他们非要追求低级的目标，并且坚信那就是他的民主权利；对这样的人，率先闻道的人们只有耐心等待。伟大如毛主席，殷切地期盼着人民的觉醒，却也不能包办代替，他也只能期待着人民群众自己教育自己、自己解放自己。率先闻道的人可以为人民的解放创造条件，引导教育，忠告而善道之，但这个过程的最终完成仍然要靠人民群众自己。所以，老子说：“圣人之道，为而不争。”

第五十九章

[原文]

治人事天，莫若啬[1]。夫唯啬，是谓早服[2]；早服谓之重积德[3]；重积德则无不克；无不克则莫知其极[4]；莫知其极可以有国[5]；有国之[6]母，可以长久；是谓深根固柢[7]，长生久视之道[8]。

[注释]

[1] 啬：有两个含义，一个含义是农民种地，王弼注，“啬，农夫农人之治田，务去其殊类，归于其一也”；另一含义为俭，如高亨注，“啬，俭也。《韩非子•解老》：‘少费谓之啬’”；联系前面的“贵食母”、“复守其母”和本章的“有国之母”，这两个含义可以综合起来：对“母”即大道的培育、坚守要像种地一样，顺应作物生长的规律，不强制它，根据其成长的需要来照顾它、灌溉它、扶助它，先耕耘收获不断积累，然后再省吃俭用，概括起来便是“多积少用”。

[2] 夫唯啬，是以早服：《韩非子•解老》解释说，“众人之用神也躁，躁则多费，多费之谓侈。圣人之用神也静，静则少费，少费之谓啬。……夫能啬也，是从于道而服于理者也。”早服即是尽早地从于道而服于理。楚简中为“是以早服”。

[3] 早服，是谓重积德：《韩非子•解老》说，“能令故德不去，新和气日至者，蚤服者也。故曰‘蚤服是谓重积德’”。魏源先生引朱子曰，“早服是谓重积德者，言早已有所积，复养以啬，是以又加积也。”

[4] 重积德则无不克；无不克则莫知其极：《韩非子·解老》说：“积德而后神静，神静而后和多，和多而后计得，计得而后能御万物，能御万物则战易胜敌，战易胜敌而论必盖世，论必盖世，故曰无不克。无不克本于重积德，故曰‘重积德则无不克’。战易胜敌则兼有天下，论必盖世则民人从，进兼天下而退从民人，其术远，则众人莫见其端末。莫见其端末，是以莫知其极。

故曰‘无不克则莫知其极。’”

[5]莫知其极，则可以有国：没有谁知道他的极致，他就可以管理国家。

[6]之：高亨注，“犹以也，用也”。

[7]深根固柢：高亨注，“树根向四周延伸的叫根，向下延伸叫做柢”。

[8]久视：高亨注，“《吕氏春秋•重己》：‘莫不欲长生久视。’高诱注，‘视，活也’”。长生久视之道，用现在的话来说就是可持续发展。

[译文]

如要按照“大道”的要求来引导人性，按照人的正常天性和大自然的规律来组织经济过程，那就没有比“多积少用”的原则更好的了。只有“多积少用”，才可以尽早遵循大道。尽早遵循大道，才可以不断积蓄“德”；不断地积蓄“德”，就没有什么不能战胜；没有什么不能战胜，就没有人能估计他潜力到底有多大；无法估计他的力量，就可以管理国家。用“大道”来主导社会运行过程，就可以长久地稳定运行；这就是使社会运行的基础越来越稳固、可以长期保持下去的发展道路。

[解说]

多积少用，这就是最朴实的生存智慧。无论是治国治家，还是维持个人的生存，都离不开这条智慧。

比如2008年的大雪灾，从这场灾害中，检验了我们的应急能力，暴露出了我们的弱点。现代化的社会经济运行模式，既高度复杂，同时也高度脆弱。一个环节出了问题，便会造成大范围的紊乱，电力输送线路出了问题，结果就使得铁路中断，人流物流梗阻。如果将来出现了战争，受到破坏的地方很多，我们又怎么应对即将面临的危险呢？现在的人们生存能力是很差的，过去我们乡下人家里都有一缸陈粮，院里还有一口井，就算是遇到了危险，也还有食物和水，保证基本的生存需要。而现在的很多人没有这些储备，甚至不知道粮食是从哪里长出来的，只知道面包是在面包房里买到的，水果是超市里买到的，离开了这些就无法生存。在这种情况下，一旦遇到危机，岂不是天下大乱。所以我们还是要早作预防，备战备荒为人民。

除了物质上的储备以外，我们还必须有精神上的储备。从近年来我们应对频发的自然灾害的过程中便可看出，丛林法则支撑不了一个高度文明的社会有机体，到了关键时刻，还是要倡导奉献精神，还是要靠“一不怕苦、二不怕死”的精神，还是要靠团结奋斗。这种精神也需要平时的储备，要进行建设，就像仓库里的粮食一样，没有播种，哪来的收获？如果现在不抓社会主义核心价值体系的建设，到需要的时候再临渴掘井，就来不及了。如果我们听任丛林法则把我们的社会分解为一盘散沙的话，一点小风波就会酿成一场大灾难。就像倒掉的输电线一样，平时看不见其中的隐患，一遇大雪灾，就暴露出来了。所以我们为了迎接未来的各种风险，就必须抓好社会主义核心价值体系的建设，这就是“早服”。

所谓“早服”，也就是尽可能早地循道而行，尽早地复归于朴。孔夫子说“朝闻道，夕死可矣”，其用意在于强调“闻道”是最高的价值。“中士”以上的人们都会认可这个价值的核心地位。但如果一个人不知道这个价值，终身不闻道，一直生活在低层次价值的控制之下，他这一生就被他浪费了，所以人必须闻道，而且还必须尽早地闻道，同时还必须勤而行之，不断积累，才能卓然而有所成就。如果人们误入歧途，再想回归正道就很难，就算是最终回归正道，也会损失很多时间。孔夫子说过，“四十、五十而无闻焉，斯亦不足畏也已”，由于这个原因，学道贵乎早，这就是“早服”。浪子回头，固然可贵，但所剩时日无多，所能取得的成就就有限。

对于国事而言，也是同样道理。要想按照大道的要求来组织社会生活，也必须多积少用，也必须“早服”，一是要引导人性健康发展，让每个人充分发挥才智，为社会发展做出贡献，从而保证社会整体的和谐运行，而不是放纵人性中的弱点发展起来，以至于使人们成为社会的负担、不稳定的根源，这就既不利于个性的健康成长，也不利于社会的和谐。二是要尊重自然，顺应自然，根据自然规律来组织社会经济过程，保证人性健康发展的物质基础。要有充分的物质储备和精神储备，这种准备工作进行得越早，社会便运行得越和谐稳定，一些偶然的事件时就会被很快地克服，这就像那些抵抗力强的人一样，一些小病就无须吃药。

这就是老子所说的“早服”的重要性。不管是个性成长还是社会发展，都要坚守大道，使之形成稳定的“超循环”，它就是人民利益的根本保障，它就是正道。背离了这个正道，人民就不幸福，社会就不和谐。不公正的政治环境和贫困的经济环境的可怕结合，会扼杀人们对和谐的追求，这反过来又进一步维持着丛林法则的统治，把人们锁定在动物式的生存方式之中。若要摆脱这种生活轨道，得到人生的幸福和谐，那就还是要回过头来，从闻道开始做起。既然迟早都须如此，何不早点闻道？这就是老子所说的“早服”。只有“早服”，才有可能“重积德”。一方面是在社会价值体系上不断地建设，使之稳定在一个较高的水平上，进入良性循环；另一方面是在社会经济过程上不断发展，稳定在一个较高的物质文明水平上，同样进入良性循环，从而保证人们的正常生活秩序不致被偶然发生的天灾人祸所打乱，为人们保持较高的价值体系水平奠定基础。这样一来，便可在精神文明建设与物质文明建设之间进入互相促进的良性循环，形成一个超循环。

这个稳定地运转着的超循环，便是“有国之母”中的“母”，也就是第五十二章的“复守其母”的“母”。它产生于少数先进分子的思想中，经历了一个从“修之于身”开始到“修之于家”、“修之于乡”直到“修之于天下”的过程。一旦这个超循环控制了社会运行过程，便可左右每一个体的生命过程，把人们从私有制所设定的那种两极分化的自相矛盾的生活轨道中解放出来，使每一个体都有一个健康向上、奋发有为的一生，进而使社会永葆青春活力，无往而不胜，“莫知其极”。保持这个超循环的稳定运行状态便是老子所说的“深根固柢、长生久视之道”。当这个超循环稳定地运行起来之后，社会主义制度也就最终稳定下来了，私有制也就可以进入历史博物馆了。

对于资本主义社会来说也是同样的道理，它的形成、发展的过程，也无非就是资本主义价值体系产生并形成超循环的过程；它的向外扩张的过程，也无非就是把其他国家纳入这个超循环的过程，现在所说的全球化也无非是这个过程的继续。在此过程中，它也必须对人性加以改造，控制在资本主义价值体系的范围内，对超出它的部分和低于它的部分都要加以改造。为达此目的，资本主义不仅运用和平演变的一手，而且还运用暴力、屠杀、残酷剥削的一手。资本一来到世间，从头到脚的每一个毛孔里都滴着血与肮脏的东西，直到今日，仍然如此。我们要建设和谐世界，就必须用社会主义核心价值体系的超循环取代资本主义价值体系超循环，用社会主义的全球化取代资本主义的全球化。

第六十章

[原文]

治大国若烹小鲜[1]。以道莅天下[2]，其鬼不神[3]；非其鬼不神，其神不伤人[4]；非其神不伤人，圣人亦不伤人[5]。夫两不相伤，故德交归焉[6]。

[注释]

[1]治大国若烹小鲜：治大国就像煎小鱼一样，不能来回翻动。其意思是说，必须始终以坚持大道为治国的根本原则，保持以大道为主导的超循环过程的稳定运行，不能来回改变。这也是重申上一章的“早服”之意。

[2]莅（音 lì）：高亨注，“临也。治也”。“以道莅天下”也即是用大道来主导社会运行过程并形成稳定的超循环，此乃长生久视之道。

[3]鬼：并非通常所说的鬼，根据任法融道长的《道德经释义》，是指“不务正业，祸国殃民的愚顽之徒。”神：高亨注，“灵也，动词”。“其鬼不神”是说那些愚顽之徒也不再为非作歹了。

[4]非其鬼不神，其神不伤人：并不是那些愚顽之徒没有为非作歹的能力，而是因为他们“神”不再伤人，用现在的话来说，他们实现了一个价值体系的转换，不再以伤害他人作为目标。

[5]非其神不伤人，圣人亦不伤人：我认为此句的“非”字应当删去；这样便可将此句解释为，由于不再有人以伤害他人作为目标，圣人也就无须伤人了。这是因为，没有了挑战社会公义的邪恶，圣人也就无须为战胜邪恶而把坚持社会正义的人们组织起来；没有了侵略，也没有了反侵略；没有了犯罪行为，也就没有了对罪犯的惩治。

[6]夫两不相伤，故德交归焉：由于这两种价值体系都要寄居于人的生命过程中才能表现自己，它们的互相冲突都要对人造成伤害。在正义与邪恶的较量中，不管胜负如何，人类都要付出鲜血与生命的代价。没有了两种价值

体系的冲突，也没有了这两种互相对立、互相伤害的力量，人们的所有精力都可用于人的自由全面的发展，社会便可自然而然地趋向于和谐，此即德交归焉。交：共、俱。交归即汇合。

[译文]

治理大国就像煎小鱼，不可来回翻动。以“道”来治理天下，那些愚顽之徒也不再为非作歹了；这不是因为他们没有为非作歹的能力，而是因为他们不再以伤害他人作为目标；由于不再有人以伤害他人作为目标，圣人也就无须伤人了。没有了这两种互相伤害的矛盾冲突，人们的所有精力都可用于人的自由全面发展和社会和谐进步事业了。

[解说]

如果说“烹小鲜”就是不能翻腾的意思，这就仍然延续了上一章的“早服”的意思。当人们早早地遵循大道，把大道所主导的超循环过程建立起来之后，就要注意保持它的稳定运行，不能扰乱它，就像煎鱼一样，在社会价值体系问题上不能来回折腾。

当然，如果是生活在低水平价值体系之中的人们，遇到了难以解决的问题，为了找到正确道路，那就可以不受这一条约束，可以多翻腾几下；但如果已经找到正确道路，那就不能翻腾，要坚定不移地坚持下去。因而这个治大国如烹小鲜的说法，只适合于已经走上大道的国家。所以，我们要在宪法里写上“坚持四项基本原则”的规定，就是要对其明确地作出规定，不允许随便翻动，这完全符合老子的教导。

圣人亦不伤人，其暗含的意思是，圣人也会伤人。为什么会这样呢？这是因为，为了消灭邪恶势力，圣人必须把社会正义力量组织起来，在此过程中，要奋斗就会有牺牲，这也是无法避免的事情。为了打败日本侵略者，为了消灭蒋介石反动势力，共产党领导的人民军队和人民群众付出了巨大的牺牲。圣人不能因为不愿意伤人而放弃奋斗，这么做的结果只能是伤害更多的人。只有消灭了现有的邪恶势力，才能把社会运行引上正轨；有了这个基础，圣人还要以道莅天下，创造一个新的社会经济政治文化环境，在这样的气候中，邪恶势力不再滋生，人类便可铸剑为犁，实现永久和平。

第六十一章

[原文]

大国者[1]下流，天下之交，天下之牝[2]。牝常以静胜牡，以静为下[3]。故大国以下小国，则取小国[4]；小国以下大国，则取大国[5]。故或下以取，或下而取[6]。大国不过欲兼畜人[7]，小国不过欲入事人[8]。夫两者各得其所欲，大者宜为下[9]。

[注释]

[1]者：高亨注，读为著，犹居也。

[2]交：交汇，汇合；王弼注，“天下所归汇也”。牝：雌性；王弼注，“静而不求物，自归之也”。在帛书甲乙本中，“天下之牝”在“天下之交”之前。

[3]牝常以静胜牡，以静为下：王弼注，“雄躁动贪欲，雌常以静，故能胜雄也；以其静复能为下，故物归之也”。

[4]大国以下小国，则取小国：大国以谦虚礼貌的态度对待小国，小国则附之。

[5]取大国：王弼注，“大国纳之也”。

[6]故或下以取，或下而取：王弼注，“言唯修卑下然后乃各得其所”。

[7]兼畜人：兼，聚拢起来；畜，饲养。

[8]小国不过欲入事人：小国不过是希望依附大国。事即侍奉、服务。

[9]大者宜为下：大国应当谦下。王弼注：“小国修下，自全而已，不能令天下归之。大国修下，则天下归之，故曰各得其所欲，则大者宜为下也。”

[译文]

大国要像居于江河下游那样，使天下百川河流交汇在这里，处在天下雌柔的位置。雌柔常以安静守定而胜过雄强，这是因为它安静而居于柔下的缘故。所以，大国以谦让的态度对待小国，就可以取得小国的信赖；小国以谦让的态度对待大国，就可以见容于大国。所以，或者大国对小国谦让而取得小国的信任，或者小国对大国谦让而见容于大国。大国不过是想要聚养小国，小国不过是想依附大国，两者都得到了自己所希望的，所以大国还是应该以谦下为宜。

[解说]

所谓建设和谐世界，也无非是要坚守大道，从修之于国的层次进到修之于天下的层次。这是践行大道的最高层次，必须是达到了修之于国的水平之后，才有可能问鼎这个目标。现在有很多国家背离大道，在歧途上走得太远，它们没有能力担负起这个责任。就算是某些国家在经济和军事上很强大，但由于它所坚守的不是大道，这就决定了其“强梁者不得其死”的不幸命运。

现在看来，要建设和谐社会，我们就必须确立坚守社会主义核心价值体系的治国方向，大道是社会稳定与人生和谐幸福的保护神，必须使它成为自己的东西，它才能发挥这个作用。所以，就要从修之于身做起，再到修之于家、修之于乡、修之于国。只有这样，我们才能把中国的事情管好，道德才不再是一个软弱无力的“应该”，而是人们的内在需要。包括坚持四项基本原则等，也都不再是外在的要求，而是我们内在的自然而然的需要。

人往高处走，水往低处流，这都是自然规律。大国宜为下，也就是要坚持那种使其他国家的人们都心向往之的高水平的价值体系，如果要像美国那样坚持低水平的价值体系，那就必然要众叛亲离、日暮途穷。我们构建和谐世界，也无非是坚持社会主义核心价值体系，把自己的事情管好，这就是我们的“软实力”。只有把自己的事情管好，才能向其他国家显示出这种价值体系的优越性，扩大这种价值体系的影响力、感召力，进而修之于世界，以和谐为核心价值来重建世界秩序。在这个层次，坚持着大道的国家与其他国家必然会出现矛盾冲突。怎样正确处理国际冲突呢？老子所强调的法则是谦下，这是很必要的。但仅有这个法则是不够的，实践证明，对那些坚持着丛林法则的国家，谦下并不能感动他们。在礼节上表示谦让的同时，还必须有武力的一手作后盾。有了这一手，我们才能在交流沟通、互利共赢的过程中传播自己的价值体系，树起和谐的大旗。

第六十二章

[原文]

道者，万物之奥[1]，善人之宝，不善人之所保[2]。美言可以市，尊行可以加人[3]。人之不善，何弃之有？故立天子，置三公[4]，虽有拱璧，以先驷马[5]，不如坐进此道。古之所以贵此道者何？不曰以求得[6]，有罪以免邪？故为天下贵。

[注释]

[1]道者，万物之奥：高亨注，“奥，帛书甲乙本均作‘注’。《礼记•礼运》郑玄注：‘奥，主也。’注当读为主”。本句意为“道是万物的主宰”，这也就是我们现在所说的“价值体系是社会运行的序参量”。

[2]善人之宝，不善人之所保：道是社会生活所赖以稳定运行的关键，闻道者的宝贝；未闻道者虽然不知其宝贵，却仍然要在它所创造出来的基础上生存下去，受其保护。善人，还是按第二十七章的解释，即善于做人的人；不善人，即是不善于做人的人。

[3]美言可以市，尊行可以加人：高亨注，“‘行’上，诸本均无‘美’字，《淮南子•道应•人间》引均有，今据补。加，犹益也。加人即有益于人”。并将本句修订为“美言可以市尊，美行可以加人”。市，买也，取也。

[4]三公：古代的官职，周朝的三公是太师、太傅、太保。

[5]虽有拱璧，以先驷马：高亨说，此句当做“虽有拱璧驷马以先”。拱璧即大璧，玉器，圆形，中间有小孔；“先，借为诜。《说文》‘诜，致言也。’即聘问之意。”

[6]以求得：高亨注，“傅奕本、景龙碑、帛书乙本均作‘求以得’(帛书甲本缺)，今据改。马叙伦说：疑《老子》本作‘有求以得’。按马说是，‘求’上应脱‘有’字”。

[译文]

道是万物的主宰，善于做人者的宝贝，不善于做人者所赖以生存的保障。美好的言论可以散播开去，受到社会尊重；美好的行为可以有益于人，使人改过从善。民众虽有不善，怎么能因此而舍弃他们呢？还是要用大道来教育转化挽救民众，所以人们拥立天子，设置三公，目的就是要对民众进行管理教育。与其乘坐四匹马的车、手捧大璧去聘问诸侯，不如坐在家里，在坚守大道以教育民众上更进一步。古人所以珍视大道的原因是什么呢，还不是因为大道可以让我们有求以得、有罪以免吗？做好了这项工作，才能被天下人所推崇。

[解说]

道极其贵重，善人之宝，不善人之所保。用现在的话来说，它代表着人民的根本利益。它告诉人们什么是自己的根本利益，然后人们才能实现自己的利益。没有合理的价值体系，就不能合理的行动。不管是个人还是集体，都是同样道理。不闻道的人要想实现自己的根本利益，那就只有在下面这种情况下才有可能，这就是在领导者坚守大道并形成气候的情况下，他才能很幸运地生活在健康向上的社会潮流中，于是他就可以健康向上，过上一种奋发有为的生活，这便是“不善人之所保”的意思。

率先闻道的人们必须认真做好人的教育引导工作，这是治理国家的基础性工作。“人之不善，何弃之有？”这是因为，人类是一个整体，人的进化是一个社会集体地实现的目标，谁也不能在别人在落后价值体系的控制下独自得到解放。所以，先闻道的人们就必须积极地推动社会整体的闻道进程。为了这个目的，于是就要“立天子，置三公”，也就是要建立一套领导民众进化的制度。领导权就是教育权。如果执政者有权不用，或者是把权力用于谋取个人私利，作为倡导“丛林法则”的工具，这就是不务正业。比如那个戈尔巴乔夫，不知坐进此道，而是经常地外出访问，被西方的政治家夸得晕头转向，卖力地搞“新思维”，其结局就很悲惨。

本章主旨在于强调“坐进此道”，练好内功。所谓“坐进此道”者，即是“早服”、“重积德”，坚持走在闻道履道的路上，坚持得越久，积累便越深厚，便可进而登堂入室，日臻圣境，“为天下贵”。

第六十三章

[原文]

为无为[1]，事无事[2]，味无味[3]。大小多少[4]，报怨以德[5]。图难于其易[6]，为大于其细[7]；天下难事必作[8]于易，天下大事必作于细。是以圣人终不为大，故能成其大。夫轻诺必寡信，多易必多难。是以圣人犹[9]难之，故终无难矣。

[注释]

[1]为无为："无为"就是把大道修之于天下，使社会生活自动地稳定运行起来，管理者便可无事可做，因而"为无为"便是做好将大道修之于天下的工作。

[2]事无事：与"为无为"是同样的逻辑，做好将大道修之于天下的工作，领导者便可垂拱而治，无事可做。

[3]味无味：也与"为无为"是同样的逻辑。当有为有事时，管理者们忙得有滋有味，无为无事时，管理者们便会觉得无味，就像一些人从领导岗位上退下来后，感到很失落。但闻道者与之不同，他们喜欢品味这种清闲。

[4]大小多少：即是把小问题看成大问题，在它还仅是个别现象时就把它看得很严重，及时纠正。闻道的管理者要把大道修之于天下，就要对那些可能危及其稳定运行的倾向，在它刚有苗头时就高度关注。

[5]报怨以德：即用恩德报答人们的仇怨。为什么要这样呢？这是因为，闻道的管理者要修道于天下，就是要为天下"浑其心"，对不良行为不能以牙还牙，那样适足以强化其价值体系，只有退一步，以德报怨，通过这种方式向其传达新的价值体系，促其开悟。

[6]图：谋也，考虑也。

[7]细：小也。

[8]作：开始。

[9]犹：高亨注，“均也”。

[译文]

闻道的管理者掌握了更高层次的社会管理艺术，即是要把大道修之于天下，使社会生活自动地稳定运行起来，他施政的目标是使将来无所作为，他热衷的事情是使以后无事可做，他品味的是使将来无味可品。他高度关注修道于天下的过程，对那些可能危害社会稳定运行的倾向，在它刚有苗头时就高度关注，在它还仅是个别现象时就把它看得很严重。用恩德报答人们的仇怨，为的是促其开悟。对那些难以解决的问题，他在它们没有发展起来的时候就及时处理；对那些难以控制的不良倾向，他在它们刚刚萌芽的时候就及时着手处理。这样一来，圣人就可以在始终不做大事的情况下成就大事。轻易许诺别人要求的人，必定信用不足；经常把事情看得容易的人，必定会遭遇很多困难。所以，圣人总是把遇到的小事看得很难，于是他反而不会遇到困难。

[解说]

“图难于其易，为大于其细”，这使我们想到了气象学家洛伦兹提出来的“蝴蝶效应”：初始条件的十分微小的变化经过不断放大，对其未来状态会造成极其巨大的差别。关于这个“效应”，人们有一个很形象的说法：一只南美洲亚马孙河流域热带雨林中的蝴蝶偶尔扇动几下翅膀，可能在两周后在美国得克萨斯州引起一场龙卷风。其原因在于，蝴蝶翅膀的运动导致其身边的空气系统发生变化，并引起微弱气流的产生，而微弱气流的产生又会引起它四周空气或其他系统产生相应的变化，由此引起连锁反应，最终导致整个系统的极大变化。

气象学中的这个“蝴蝶效应”，在社会运行过程中也同样存在。比如《韩非子·喻老》中提到的纣为象箸的故事：“昔者纣为象箸而箕子怖。以为象箸必不加于土铏，必将犀玉之杯。象箸玉杯，必不羹菽藿，则必旄象豹胎；旄象豹胎，必不衣短褐而食于茅屋之下，则锦衣九重，广室高台。吾畏其卒，故怖其始。”事情的发展果然不出箕子所料，纣王在奢侈享乐邪路上越走越远，“居五年，纣为肉圃，设炮烙，登糟邱，临酒池，纣遂以亡。”生活上的荒淫腐败，必然导致政治上的倒行逆施。横征暴敛，拼命剥削百姓，老百姓被逼得没有活路，阶级矛盾迅速激化，于是他就制订种种严刑酷法予以镇压。他听不得任何劝告批评，进而打击迫害正直人士，囚萁子，剖比干，以血腥恐怖震慑群臣，凡能“助纣为虐”者，个个飞黄腾达，腐败势力的猖獗使得国势衰微，周武王乘机兴兵讨伐，天下诸侯闻风响应，四方百姓“箪食壶浆以迎王师”，不可一世的商纣王最终落了个众叛亲离、自焚于鹿台的结局，而这个结局的开端则是一双象牙筷子。

所以，如果人们没有闻道的话，那就不要想着掌权，这个岗位对他来说是一件很危险的事情。但越是没有闻道的人却又越是缺少自知之明，不管前人留下了多少教训，人们仍然为了掌权而费尽心机，趋之若鹜。对于闻道者来说，他一旦掌权，就必须注意把社会维持在高水平上运行，所以就要防微杜渐；圣人不治已病治未病，不治已乱治未乱；“夫病已成而后药之，乱已成而后治之，譬如渴而穿井，斗而铸兵，不亦晚乎。”（《黄帝内经》）但是，社会生活千头万绪，不可预见的因素很多，怎样才能防微杜渐呢？这就要像老子所说的那样“图难于其易，为大于其细”，“早服”，“重积德”，如此等等。

社会运行过程中的一件很小的事情就可能成为历史巨变的起点。对于个人的生命过程来说，也是同样，生活中的一个小事件就有可能把一个人置于不同的路径，从而改变一个人的生活。但是，生活在某个时代，这是人们自己无法选择的事情，无法改变的事实，社会价值体系的高度则决定着人性的高度，人格变化只能在其所能容许的范围内。所以，社会主义社会的执政者就必须承担起一项责任，那就是为人民群众创造一个有利的生活环境，引导人们开悟闻道。为此，执政者必须坚持“以人为本”，把人民群众的冷暖放在心上，认真倾听他们的声音，帮助他们解决实际困难；从大处着眼，从小处着手，把人民群众关切的各种小事都做好。在关心人民群众的生活的同时，还必须对他们进行教育和鼓励，在价值体系上做好引导工作，建立起社会主义核心价值体系的超循环。在这个超循环稳定运行起来的前提下，社会的内耗将逐渐减少，社会管理的费用将会趋向于降低，政治文明建设将会与社会经济基础协调起来，保障物质文明和精神文明各项建设的成果，使之逐步地走上正轨。在这种情况下，每个人的才能都能得到充分发挥，每个人的需要也都得到正常满足，社会也就可以稳定和谐，并与地球环境保持和谐。

这个超循环的稳定运行对社会极为重要，所以执政者必须保持高度的政治敏感，审慎地关注这个过程。当新的有可能破坏其稳定运行的价值倾向刚刚露出苗头时，就要及时发现，对其后来的发展趋势进行正确判断，对其可能带来的不良后果早作预防。“塞其兑，闭其门”，“图难于其易，为大于其细”，把危险消解于萌芽状态。所谓“多易必多难”者，那是因为这项工作非常艰难，必须处处小心，时时提高警惕。如果执政者疏忽怠慢，让那些小问题滋生起来，酿成大问题，再想回归正道，就要付出十倍百倍的努力。

在社会生活中，总会有诸多意外事件突然降临在我们身上，但只要做好社会主义核心价值体系的引导，保证其超循环稳定运行起来，我们便可以不变应万变，把人民群众紧紧地凝聚在一起，正确应对各种复杂挑战。然而，这种高明的政治智慧，正如老子所说的那样，“天下希及之”。尽管“以人为本”已经写在了党的文件中，仍有那么一些干部不能将其付诸行动，知行不统一。他们一是不关心群众利益，只顾自己发财；二是不知价值体系的引导工作，用自己的身教倡导出一种贪婪愚蠢的价值体系，在此基础上，欲求大治，岂可得乎？于是一些偶然的小事件在这种离心离德的环境下就会被层层放大，一些看似漫不经心地做出的事情，却也有可能打开潘多拉魔盒，导致社会运行的失稳，甚至分崩离析，领导者自己也身败名裂，悔之晚矣。

闻道者在价值体系上超越了时代所强加的限制，就像气象学家关注着卫星云图上台风的形成和走向一样，他们观察着人类社会中的价值体系超循环的走向。与气象学家置身于云图之外不同，闻道者是这个“云环”中的一个“水分子”，在观察这个“云环”时，他们一方面要跳出个人的悲欢得失，像科学家一样客观冷静地观察这个超循环；另一方面，他们又生活在这个超循环之中，与人民群众保持着一种精神上的血肉联系，对每一个人的生存状态都怀有一种深刻的关切，他们深刻地认识到，要想使自己得到解放，就必须使所有的人一起得到解放，所以便要努力保持这个超循环稳定在高位运行。由于这两个方面的结合，便使他们具有了迥异于常人的洞幽烛微的智慧、恻怛悲悯的情怀、普度众生的责任感。

第六十四章

[原文]

其安易持；其未兆易谋[1]；其脆易泮[2]；其微易散。为之于未有，治之于未乱。合抱之木，生于毫末；九层之台，起于累土；千里之行，始于足下。为者败之，执者失之。是以圣人无为故无败；无执故无失。民之从事，常于几成而败之[3]。慎终如始，则无败事[4]。是以圣人欲不欲[5]，不贵难得之货，学不学，复众人之所过[6]。以辅万物之自然，而不敢为[7]。

[注释]

[1] 持：维持，掌握；兆：事物的开端。

[2] 泮：分也。

[3] 几：将近。

[4] 慎终如始，则无败事：在《郭店楚简》中，本句为“临事之纪，慎终如始，此无败事矣”，其含义是说“处事的要领是，要像对待开始一样谨慎地对待终结，这样就不会使事情失败了”。

[5] 欲不欲：欲，欲望、想得到；欲不欲，意为“以不欲为欲”。

[6] 学不学，复众人之所过：高亨解释说，“复，反也，从错误道路上走回来，所以改过为复。”廖名春在《郭店楚简老子校释》中将本句校订为“教不教，复众之所过”。

[7] 以辅万物之自然，而不敢为：本句在楚简中为“是故圣人能辅万物之自然，而弗能为”，其意思是说，所以圣人能够辅佐万物之本性自然而然地表现出来，而不敢以自己的主张来妨害其本性；这也就是前面所说的“大制不割”的意思。

[译文]

对于大道的坚守者来说，当社会安定时就容易坚持。在不良倾向尚未露头时容易谋划解决它的办法，当其脆弱时容易分解，当其微小时容易消除。对有可能危害社会稳定的事物，要在其没有发生时就及时处理，要在动乱还没有发生时早作治理。合抱粗的大树，由细小的嫩芽长成；九层的高台，起始于最初的一筐土；千里远的路程，要从脚下第一步开始。对风尚的引导要运作于无形之中，勉强为之则必然失败，过于执着则反而会失去。所以，圣人遵循大道，顺从民众的自然本性而不妄为，于是就没有失败；他无须坚持什么东西，也就没有可丢失的东西。不闻道的人不能善始善终，经常是在将近成功的时候又失败了。处事的要领是，要像对待开始一样谨慎地对待终结，这样就不会使事情失败。圣人以“不欲”为欲，不看重那些来之不易的财货；以“不教”为教，使众人复归于大道。所以圣人能够辅佐万物之自然本性的实现，而不以自己的主张来妨害其自然本性。

[解说]

本章所讲的是调控价值体系的艺术，值得我们认真体味。它包括以下几个方面的内容。

其一，“为之于其未有，治之于其未乱”。这是一种高明的管理艺术，《黄帝内经》中说：“病已成而后药之，乱已成而后治之，譬犹渴而穿井，斗而铸锥，不亦晚乎！”采用这种艺术，人们就要对社会价值体系的发展现状及其发展趋势有深入的认识，对那些将要导致社会系统出现动乱的价值体系要及早引导，在它还没有出现时就及早地预防。因而，执政者不仅要知道问题将要出在什么地方，而且要知道问题的根源在哪里。不仅要知其然，而且要知其所以然。不能被动地等待问题冒出来之后再宣布实行紧急状态，组织力量救援，而是从源头上进行治理，使问题根本就不会出现。如果更进一步把大道修之于天下，便可自然而然地保持社会生活稳定运行。这是对上章所说的“为无为”的进一步解释。

其二，“慎终如始”。坚守大道是一件很复杂很长期的事业，必须始终如一地兢兢业业地坚持下去，才有可能成功。对这件事，绝大多数人根本没有想到过要做，少数人想到要做，却又不知道如何做，或者是做到将要完成的时候又败了。比如苏联东欧社会主义政权的崩溃，就没有坚持正确发展方向，半途而废，再想走社会主义道路，就要从头开始。

其三，“欲不欲”、“教不教”。这也就是是要求执政者走在民众的前面，坚守一般民众所不坚持的价值体系，他们所追求和教导的是其他人所不追求和不教导的。只有这样，他们才能高瞻远瞩，“复众之所过”，保持社会发展的正确方向。如果他也混迹于普通民众，追求声色货利，那就必然会利用执政权力来寻租，出现腐败现象。

关于“复众之所过”，我觉得还可以把“过”理解为“超过”。人的各种需要，在其起点上大都是正常合理的，但如果过了头，就会危害人性的健全发展。比如“食色性也”，吃饭和男女之间的爱情，是人的正常需要；但如果把它们作为核心价值体系，一味地追逐下去，超过了正常限度，便会使人成为饕餮之徒，成为色情狂。类似的情况还有很多，如痴迷于上网而形成的网瘾，如痴迷于挣钱而导致的贪婪，如此等等，每一种需要发展得过了头，都会把人引入歧途。所以就必须“知止”，“知止可以不殆”。如果人们自己不能及时醒悟的话，就需要圣人出来进行引导匡正。对于社会运行过程来说，也存在同样的问题。比如个人利益与公共利益的关系问题，正确理解的个人利益必然与公共利益一致，只有畸形片面的个人利益才与公共利益相对立，在这种彼此对立的关系中，无论人们强调个人主义还是强调集体主义都不能保证社会的稳定和谐，我们过去片面强调集体主义，后来又走向另一个极端，片面强调个人主义，它们都带有片面性，都给人们带来了身体上的痛苦和社会经济上的损失。一种倾向发展到极端之后，便要向另一极回归，于是便形成周期性的历史震荡。在此过程中就需要有圣人出来拨乱反正，“复众之所过”，使任何一种倾向都不至于持续到绝望的程度。只有在“常道”成为常识的情况下，人类才能走出周期性的震荡。

其四，“辅万物之自然”。什么是万物的“自然”呢？我们现在应当能够看清了，这就是大自然的进化过程，首先要从无机物中进化出生命的诞生，然后进化出由植物、昆虫、海洋动物和陆地动物组成的生态系统，再从这个生态系统中进化出人类。以大自然进化过程的前几个层级的成果为基础，人类才能进入价值体系进化的阶段。价值体系的进化是这整个进化过程的最高级阶段，是大自然进化过程的最高成果。那新的价值体系本来就潜藏于我们人体内部，让它成长进来，就是我们的自然而然的天性。只是由于私有制的生活环境压抑了它，遮蔽了它，使它不能正常地成长起来，所以我们就要有意识地帮助它成长起来，这就是“辅万物之自然”。以前几个阶段的进化过程都是在人类意识之外自发地完成的，而唯有这最关键的一步，需要在人类意识的控制下完成，所以人类的责任就很重大。只有完成了这个价值体系的进化过程，才算是实现了万物之自然。

但是，这个进化过程越到最后越艰难，这是因为人性是复杂的，用弗洛伊德的比方来说，那是一口欲望沸腾的大锅。其中既有真善美的追求，也有假恶丑的欲望。有的人诚实无私，乐于助人，把人民和国家利益放在第一位，有的人虚伪自私，冷酷愚蠢，把个人和小团体的利益放在第一位，还有的人狂热地追求一些畸形的欲望，于是便出现了两种价值体系的冲突。坚持这两种价值体系的人们，都认为自己所坚持的方向代表了人的“自然”，比如说有人就主张同性恋者也要在人大、政协里有自己的代表。在这种情况下，圣人要“辅万物之自然”，首先就必须告诉人们什么是人的“自然”，所谓建设社会主义核心价值体系所要解决的也就是这个问题。只要他们知道了什么是自己的“自然”，便会自己动手来实现这个“自然”。有相当数量的人难以明白自己的“自然”，各种危害人性健康全面发展的东西很容易吸引他们的注意力，所以孙中山便认为“知难行易”。社会要想美好和谐，就必须先解决这个问题，一方面要坚持健康向上的价值体系，发扬人性的真善美，另一方面则也必须批判和限制人性中的假恶丑。并不是人性中的所有东西都是“自然”，人性中假恶丑的那一部分不仅不应该解放，而且应该加以限制。这就像种庄稼一样，必须清除杂草，才能让庄稼成长起来。

在大自然的进化过程中，是否还有比人类价值体系的进化更高的目标呢？我们无法揣测上帝的旨意，但我们知道，我们所面临的历史使命就是推进价值体系的进化。只有建设起一套新的价值体系，才能保证地球生态系统和人类文明不致由于资本主义价值体系的疯狂而夭折，才能使大自然的进化过程延续下去。在此基础上，大自然才有可能提出更高层级的进化目标。

第六十五章

[原文]

古之善为道者，非以明民[1]，将以愚之。民之难治，以其智多。故以智治国国之贼[2]；不以智治国国之福。知此两者亦稽式[3]。常知稽式，是谓玄德[4]。玄德深矣远矣，与物反矣[5]，然后乃至大顺[6]。

[注释]

[1]明民：使民明智，多知识。

[2]贼：害。

[3]知此两者亦稽式：高亨注，"'此'上，王弼本有知字，龙兴观碑无。知字乃涉上下文而衍，今据删。稽，帛书甲乙本同，河上公本、景龙碑、景福碑均作'楷'。按稽借为楷。《广雅•释诂》：'楷，法也。'《说文》'式，法也。'楷式，法则"。

[4]玄德：更深一层次的德行或利益，或者用现在的话来说，就是人民的根本利益。

[5]与物反矣：此句解释各不相同，王弼解释为"反其真也"，高亨译为"与一般政事是相反的"，均不通。魏源先生引涑水司马氏曰："物情莫不贵智，而有德者独贱之。虽反于物，乃顺于道，是智之所顺者小，而德之所顺者大也。"据此可将"与物反矣"译为"与民众的通常认识是相反的"。

[6]然后乃至大顺：顺，高亨解释为"服从"，不够理想。从道即价值体系论的立场来看，应当是在用大道来主导社会运行之后，社会政治经济过程会运行得越来越和谐稳定，进入良性循环，此即大顺。

[译文]

古代那些善于循道而行的管理者，不是致力于使民众聪明起来，而是致力于使民众愚昧无知。民众之所以难以治理，是因为他们有太多的智巧心机。

由此可见，用智巧来治理国家，是国家之祸；不用智巧来治理国家，是国家之福。知道了这两者也就知道了治国的法则，牢记这个法则，才能代表民众的根本利益。这种利益是那样的深、那样的远，与民众的通常认识是相反的。按这个法则来治国，然后才能越来越顺，进入良性循环。

[解说]

一、关于老子的愚民主张

老子被人所批评最多的是他的愚民的主张，在这一章里表现得最为突出。现代人一般都不会再重复这个错误，进化的观点早已深入人心，不会有人再主张回归到原始的无知无欲状态。如果有人继续抓住老子的这个错误来批评，那是毫无意义的。我们应当做的是，把进化论引入到价值体系领域，研究价值体系的进化过程，把它实事求是地作为一个自然历史过程来研究，并自觉地促进这个进化过程。

从历史的长时段来看，必须经历私有制这个社会历史阶段；与之相应的，在社会价值体系的演变过程中，也必须经历一个以个人物质利益为核心价值的必然环节；必须经过这个环节，人们才能进到一个更高的阶段。因而，我们现在所主张的并不是回归原始的淳朴，而是超越私有制价值体系，建立更高层次的以人的自由全面发展为核心价值的价值体系。就如在经济和政治上人类必须经历资本主义这个卡夫丁峡谷一样，在价值体系上，也同样必须经历这个峡谷；要想构建和谐社会，就必须走出这个峡谷。因而闻道者对人民群众，不仅不可愚之，而是要努力启发民智，引导人们超越私有制所强加于他们的价值体系，接受新的价值体系。现在看来，老子所说的“非以明民，将以愚之”是行不通的。我们现在所能选择的只能是进一步启发民智，推进社会价值体系的进化。

人们之所以批评老子的愚民主张，是因为谁也不愿意成为被其他人愚弄的对象，哪怕他是真心地为我们着想。但是，如果我们真想不受愚弄，那就应当让自己聪明起来，就应当像老子所说的上士那样，闻道勤行，就算是不能成为上士，至少也要做个中士，而不可稀里糊涂地做个下士。孔夫子根据人们对大道的认知程度，把人们分为四种类型：“生而知之”、“学而知之”、“困而学之”、“困而不学”；最好的是“生而知之”，这很难做到，连孔夫子自己都做不到，更何况其他人，所以我们应当承认自己不是生而知之的人；最差的是“困而不学”，从以往的历史来看，人类经常处于这种状态，所以就有人很悲观地总结说：“人们从历史中得到的最大教训就是人类不能从历史中汲取什么教训”，所以历史便一直困在周而复始的治乱循环中；认识到这一点，我们就应当竭力避免成为“困而不学”的人。于是摆在我们面前的就剩下了两个选项，“学而知之”和“困而学之”。这两者大同小异，一是主动地学习，在危机还没有到来时就预先筹划，早作应对，一是在危机来临之后才被动应付；在这两者之间，我们最好还是选择“学而知之”，真要是“困而学之”，也还算是差强人意，反正是绝对不要做“困而不学”的人。

不过，对于社会价值体系的集体进步来说，“困而学之”似乎更现实一些。为什么呢？这是因为，社会价值体系的进步是一个一揽子的、整体的进步，单独的价值体系的进步，或者是单独的经济政治制度的进步，都是困难的，甚至是不可能的。于是我们便可看到，即使是在建立了社会主义制度并且有老一辈革命家的崇高榜样引导的情况下，新文化的建设仍然步履维艰，必须经历一个改革开放的过程，才能重新把文化价值体系的建设提上议事日程。改革开放从两个方面为价值体系的建设创造条件，一方面是促进了经济建设的发展，为建设新的价值体系提供物质基础；另一方面是打开潘多拉魔盒，用反面教员来教育人民群众，让人民群众认识到那种价值体系的缺陷，甚至是用毁灭崩溃的威胁来逼迫人民群众与之告别，迫使我们建立社会主义核心价值体系。

人生的各种目标、追求和价值（它们都是一个意思），必须是经历过了，才能泰然处之。曾经沧海难为水，必须是经历了财富的积累过程之后，才能明白财富对生命的意义。吃过了燕翅鲍之后，才知道那东西的味道其实并不怎么样；经历了富贵，方可安于平淡；经历了腐败之后，才能对腐败具有免疫力。当然这必须是“小惩而大劝”，错误必须是比较小的，得到的惩处必须是及时的。如果某人一下就错得很大，造成的恶果很严重，失去了回头是岸的机会，那就不行了。比如有的单位招聘汽车司机，先要问他有没有出车祸的经历，如果没有，那就说明他还不成熟，如果有过这种经历，那就可以优先录用了。这也就是说，人生的各种滋味，酸甜苦辣，都要尝一尝，才能走向成熟。这就像艺术家的成长过程一样，必须走过艰难求索的过程，才能绚烂之极，归于平淡；只有经历了失败挫折之后，得到的认识才能刻骨铭心地记在人们的心中；必须是经历了大悲大喜之后，人们才能走向成熟。

我们中华民族胜过西方国家的地方就在于，我们这个民族是一个健康向上的民族，一直追求着高层次的目标，对那些基本需要层次的东西，拿得起也放得下。西方人错得太远，被锁定了发展的轨道，已经失去了转换价值体系以向更高的发展层次跃迁的机会，有很多人也知道自己的国家走在错误路线上，却无法解脱。在这个已经运行得高度有序的超循环面前，每个人的力量都是微不足道的，哪怕他身居高位也没有能力改变它。而我们则可以以一种从容的心态来对待价值体系问题，既运用市场法则来提高生产力发展水平，提高驾驭自然的能力，同时也对其所带来的问题保持警惕。这便是“物物而不物于物”，所谓“社会主义市场经济”，也就是说我们可以驾驭市场经济而不是反过来被市场经济所驾驭，这就是我们的优势。而且我们现在还保存着社会主义制度，坚持着共产党的领导，社会政治生活在一个新的轨道上运行着，在经济上通过借助于市场的模式来，便可极大地调动人的积极性，增进活力。这样便可使社会主义和市场经济这两者互为补充，共同服务于人民的利益，所以我国经济才经受住了多次风浪的严峻考验，保持多年快速平稳发展。这是西方人所无法企及的。他们总想让我们自己把社会主义毁掉，想出各种办法来干扰、破坏、忽悠，这也是成长过程中必须经历的磨难，这便是“要学好，冤孽找”。但不管他们有多少诡计，我们的事业是正义的，正义的事业是谁也无法压制的。

私有制的价值体系相对于原始人的智慧来说，是高一个层次的智慧；社会主义核心价值体系相对于私有制价值体系来说，则是更高一个层次的智慧，就像川谷要流向大海一样，所有的人们都会自然而然地趋向于它。这种天下一家的智慧将引导人类从自相残杀、自我毁灭的悲剧中走出来，挽救人类的命运。所以，它就是我们用来影响世界的软实力。人类要想开创政治文明的新境界，希望寄托在我们身上。

当然，这个宏大的目标只能是我们现在所能达到的认识，老子在两千五百年前看不到这样的目标，他与我们所要实现的社会理想相距太远，于是便认为“以智治国国之贼；不以智治国国之福”，所以就希望“复归于朴”，我们应当予以理解。

二、关于“玄”字的解释

在《道德经》中，共有12个“玄”字，第一章有3个“玄”字单独出现，此后则与其他词组合在一起出现，有2个“玄牝”、1个“玄览”、1个“玄通”、1个“玄同”、4个“玄德”。通常人们把“玄”解释为“奥妙、微妙”，这是可以说得过去的。但通过把这12个“玄”的用法综合起来分析，我认为，“玄”字还具有“深入一个层次”的含义。

我们对客观事物的认识有一个层次问题。人们分析问题总是由表及里，层层深入，对于哲学来说，也有一个层层深入的问题。如果不能深入到相应的层次，就不能抓住根本，于是便会感到很“玄”。这就像数学上的导数一样，我们可以对一个方程求导，得出了一个导数之后，再进一步求导，得出的导数叫做二阶导数。这便是老子所说的“玄之又玄”了，所以这个“玄”字可以解为“更深一层”。套用到上述几个与“玄”组合起来的词，便可以对它们做出新的解释。

玄牝：更深一层的母体。它不是人们所直观地看到的动物繁殖后代的过程，而是更深一层的母体。现代科学已经深入到遗传密码、染色体、DNA的层次了，这就深入地认识了这个层次的母体。生物的生存繁衍过程就是这个遗传密码自我复制的过程，物种的进化过程，也不过就是遗传密码适应环境的变化而自我进化的过程。老子用“玄牝”来表示它，很形象。

玄览：有人把“览”解释为镜子，这就需要把“览”变成“鉴”，然后再把“鉴”变成“镜子”，要完成这一系列变换，那是需要学问的。而我则喜欢简单，于是就从《辞海》中找到一个大家都能理解的解释，“览”就是“看”，“玄览”就是“更深一层的看”。再把它放到老子的语言环境中来看，“涤除玄览，能无疵乎？”其意思是说，在认识社会现象的过程中，要经常地问自己一个问题：“能无疵乎？”也就是说，会不会出现主观主义片面性等问题呢？如果有了这些问题，于是就要“涤除”，对错误进行纠正。但要对错误进行纠正，就要知道错误在什么地方，于是就要“玄览”，自己对自己的思想意识进行观看，这就是深一个层次的观看。用现在的话来说，就是自我反省、自我批评，哲学一点来说，就是反思。

玄通：通者，不窒碍也；玄通，也就是在更深的层次上达到完美和谐的畅通。人们的思想认识在一定的范围内或者层次上，是可以符合实际的。如天文学上的地心说，在一定范围的观察中是得到验证的，比如说一位普通农民也会观察到太阳每天从东方升起，围绕着大地运动。但随着天文观察的日益深入，天文学家发现了越来越多的用地心说难以解释的现象，为了解释这些现象，后来出现了哥白尼的日心说。这个日心说，相对于托勒密的地心说和无数普通人的观察经验来说，就是“玄通”，更深层次上的通畅。了解大道的人，相对于不闻道的人来说，他的学说深不可识，微妙玄通，这是因为他在更深层次上观察和认识社会现象。

玄同：即是更深层次上的同一。举个例子来说，当今那些主张要走西方式民主道路的人与那些贪官污吏，在表面上是矛盾的，但在更深的层次上，却是一致的，他们虽然没有一个统一的计划，却可以自发地协调一致地致力于用资本主义价值体系改变社会主义制度的自组织过程，这就是玄同。另举一个例子，当今人类面临着极其危险的局面，这种局面是如何形成的呢？这是因为，不同国家的形形色色的人们虽然是狂热地追求着各自的目标，互相残杀，你争我夺，不共戴天，但在深层价值体系上却是一致的，这也是一种“玄同”，形成一个自我强化的超循环，共同推进着人类文明自我毁灭的过程。要想摆脱这种命运，人类就必须有一种超越这种价值体系的“玄同”，在闻道的大前提下，各尽所能，各取所需，实现生命的最大价值，这是真正的“自由、民主、人权”。不管在何种历史条件下，闻道者都能找到自己要做的事情，这是因为，只有在致力于推动人类整体进步时，他自己才能真正地闻道。这和马克思所说的“只有解放全人类，才能最后解放无产阶级自己”实际是同一个意思。虽然老子、孔子与马克思生活在不同的时代，但心灵却是相通的，这就是“玄同”。另外还有佛祖、基督、真主等伟大导师，虽然学说各不相同，但要引导人性向善、突破动物式的人生目标，却是一致的，这也是“玄同”。

玄德：即是更深一层的德行。由于德行相对于人类个体自己来说，是一种内在的品德，这种内在的东西相对于他人和社会来说，就是利益。于是我们可以说，玄德就是更深一层的利益，它和那些表面的利益不同，是更重要的实质性的利益，用现在的话来说，就是人民的根本利益。在那些只看到眼前利益的人们看来，“玄德深矣，远矣，与物反矣”，但是一个社会必须有人关注这些利益，不谋全局者，不足以谋一隅；不谋万世者，不足以谋当前。

只有谋了全局与万世的利益，才能一通百通，“然后乃至大顺”。

再引申一下，既然有“玄德”，是不是还有“玄恶”呢？我看应该有。许多政策法令，许多行为，其利弊掺杂在一起，既不是绝对的好，也不是绝对的坏，有些在表面上看起来很有益于社会，但在更深的层次上却潜伏着对社会的危害。这种现象很多，比如片面强调发展GDP，结果却把环境破坏了；鼓励一部分人先富起来，却又带来了基尼系数的增大，如此等等。正如老子所说的那样，“正复为奇，善复为妖，孰知其极？”所以，人们就要经常地对自己的行为进行“玄览”，避免引起“玄恶”的后果，不能等到问题出来了再说自己“没想到”，人民群众对政治家寄予厚望，不喜欢听到这种说法。

再回到第一章中的三个“玄”字，也可以很好地解释了。其原文是：“此两者同出而异名，同谓之玄，玄之又玄，众妙之门。”根据上面把“玄”理解为“更深一层”的说法，可以把这一句翻译为：“有欲”和“无欲”这两者都产生于人的需要，但名字不一样，是更深一层的需要。对这个层次的需要的认识与实践，又推动人们进入更深一层的需要，这个过程层层递进，永无止境，人类进化过程的一切奥妙都产生于这里。

第六十六章

[原文]

江海所以能为百谷[1]王者，以其善下之[2]，故能为百谷王。是以欲上民必以言下之[3]；欲先民必以身后之[4]。是以圣人处上而民不重[5]，处前而民不害[6]。是以天下乐推而不厌。以其不争，故天下莫能与之争。

[注释]

[1]谷：小溪流也。

[2]本句在郭店楚简中为“以其能为百谷下”。

[3]欲上民必以言下之：在郭店楚简中，本句为“其在民上也，以言下之”，其含义是：圣人的地位居于民众之上；就必须用言词对人民表示谦让，尊重人民的意见。

[4]欲先民必以身后之：在郭店楚简中，本句为“圣人之在民前也，以身后之”，其含义是，圣人走在百姓的前面，就必须把自己的利益放在人民利益的后面。

[5]重：廖名春说“各本皆作‘重’，《郭店楚墓竹简》释文作‘厚’。厚、重义同，故能通用。”重：压迫，负担。

[6]害：妨害，为害。

[译文]

江河大海之所以能够成为众多河流汇聚的地方，是因为它们能够处在低下的位置，所以才能成为许多河流的归宿。因此，若想获得管理人民的权力，就必须用言词对人民表示谦下；若想在人民的前面领导人民，就必须把自己的利益放在人民利益的后面。这样，圣人位居人民之上，人民就不会感到压迫；走在人民的前面，人民就不会感到妨害。于是人民群众乐于推举而不憎恶他们。正因为他们不和别人争，所以天下没有谁能够与他们争。

[解说]

魏源先生解释本章说："惟下乃大，老氏宗旨也。天下归往之谓王，百川归会之谓海。人知王之至尊，而不知所以尊者，由其至大。所以能成其大者，由其能下而无不容也。汝惟不矜，天下莫与汝争能。汝惟不伐，天下莫与汝争功。使天下忘其上且先，而争乐推之使上，推之使先，斯道也可谓大矣。"

这个道理明白简易，但说起来容易做起来难。其之所以如此，原因就在于，那些谦下的闻道者，只有在具有良好风俗的环境中，才能受到民众的支持；适于闻道者生存的社会环境只能由他们自己创造出来；和谐社会的构建，归根到底还是要经过那个从"修之于身"到"修之于天下"的过程，没有其他捷径可走。

闻道的过程也就是超越与消融官本位价值体系的过程，个体闻道了，便可超越"先后"与"上下"的分别；如果一个社会集体地闻道了，这个集体也就超越了"先后"与"上下"的分别。我们现在提倡以人为本，把人民群众的自由全面发展作为核心目标；当人们普遍接受了这个目标的时候，也就不存在"先后"与"上下"的区别了，也就不会再有官本位价值体系了。当然，不管在什么情况下，社会都要建立管理制度；就算是那种全部由闻道者组成的理想社会状态，也仍然要有社会管理工作，也仍然存在一个设官分职、明确责任的问题。但由于它与人们的物质利益的联系被割断了，当官管事是纯粹的责任，那不过是人们显示自身存在价值的各种方式中的一种，三百六十行中的一行，人们也就没有必要争着往这个队伍里挤了。

从这一章的"天下乐推而不厌"可以看出，老子其实是非常尊重民意的，可惜的是他没有设计出一个"一人一票"的民主制度；现代西方人虽然很坚持这个"一人一票"的选举制度，却不知道坚持大道，由于在根本问题上误入了歧途，所以他们所坚持的"一人一票"制度仍然不是"大制"。在根本问题上的失误，在技术层面是无法补救的，结果只能是南辕北辙，越错越远。要想扭转人类的这个困境，我们就需要在坚持社会主义核心价值体系的基础上，再加上"一人一票"的民主制度，把东西方的政治理论结合起来，建成完美的政治制度。

第六十七章

[原文]

天下皆谓我道大，似不肖[1]。夫唯大，故似不肖。若肖久矣，其细也夫[2]！我有三宝，持而保之[3]：一曰慈，二曰俭，三曰不敢为天下先。慈故能勇[4]；俭故能广[5]；不敢为天下先，故能成器长[6]。今舍慈且[7]勇，舍俭且广，舍后且先，死矣。夫慈以战则胜，以守则固。天将救之，以慈卫之。

[注释]

[1]肖：类似、相似；魏源先生解释道："斯道也可谓大矣。而天下顾谓其与常情不相肖似。夫大则不肖，肖则不大。江海肖乎百川，岂复成其为江海。王者之道而肖乎一物，尚何以为天下王哉。"我以为，"肖"在这里可以理解为大道在现实生活中的具体运用。

[2]若肖久矣，其细也夫：大道作为一种很高远的人生目标，需要人们用毕生精力来追求，活到老，学到老，践行到老；它还会随着社会生活的进步而不断地提出新目标，所以它不可能轻易地实现。如果可以轻易地实现，过不了多久，就不能对社会大众具有广泛的引导作用了，其适用范围就会缩到很小的范围了。细，微小。

[3]持而保之：保，河上公本、傅奕本均作"宝"，应当予以采用。持而宝之，即是始终一贯地坚持并珍视它们。

[4]慈故能勇：《韩非子•解老》解释说，"圣人之于万事也，尽如慈母之为弱子虑也，故见必行之道。见必行之道则其从事亦不疑，不疑之谓勇。不疑生于慈，故曰：慈故能勇。"

[5]俭故能广：《韩非子•解老》解释说，"智士俭用其财则家富，圣人爱宝其神则精盛，人君重战其卒则民众，民众则国广。是以举之曰俭故能广。"王弼注，"节俭爱费，天下不匮，故能广也。"准确地说，如果注意节俭，就

可以使管理费用降低，管理广大的国土，国家就可以很大。

[6]不敢为天下先，故能成器长：所谓“不敢为天下先”，并非是不敢创新的意思，而是不敢在物质享受上走在人民的前头，与上一章的“欲先民必以身后之”相一致，也就是现在所说的“吃苦在前、享受在后”的意思。“器长”，高亨解释说，“器，在此处比喻人。器各有可用的条件，人各有可用的才能，可称为器。《庄子•胠箧篇》：‘彼圣人者，天下之利器也。’可证。成器长即为众人的君长。”综合起来说，本句的意思是：不敢在物质享受上走在民众的前面，所以就能得到民众的拥戴，成为君长。

[7]且：王弼注，“且犹取也”；高亨注，“读为担，取也”。

[译文]

天下人都说我的“道”太大，不适用于具体事物。正因为它太大，所以才好像是不适用。如果它完全适用于某个具体事物，随着时间的推移，它的适用范围就会收缩到很小的范围了！我有三件法宝，我始终一贯地坚持并珍视它们。第一件是对民众的慈爱，第二件是生活上的节俭，第三件是不敢在物质享受上走在民众之前。因为对民众的慈爱，所以才能为民众的利益勇敢奋斗。因为生活节俭，所以就能降低管理费用，从而管理广大的范围；因为不敢在物质享受上走在民众之前，所以就能得到众人的拥戴，成为君长。如果管理者舍弃慈爱而求取勇敢，舍弃节俭而追求扩张，舍弃享受在后的做法却又要成为君长，结果只能是死亡！特别是慈爱，用之于征战则能获胜，用之于守卫则能巩固。上天要救助谁，就用慈爱去卫护他。

[解说]

人的价值体系是由诸多不同层级的价值组成的一个体系。在核心价值之下，还有次一级的价值，它们拱卫着、辅助着核心价值。圣人有三宝，这就是与大道这个核心价值相配套的次一级的价值，“一曰慈，二曰俭，三曰不敢为天下先”，一个真正把大道作为核心价值来坚守的领导者，必然要坚守这些次级价值，否则他对大道的坚守就会流于空话。反过来说，如果一位领导人坚守着“慈”、“俭”和“吃苦在前，享受在后”的行为规则，就算是他对大道的领悟还很不够，甚至误入歧途，那他也不会错得太远，这些规则将会及时地提醒他，使他回归大道。特别是“慈”，对于政治家来说，尤其重要，此即所谓“天将救之，以慈卫之”。所以，我们就可以根据政治家们是否具有这些次级价值来判断他们能否真正坚守大道。

老子的“三宝”对于我们构建和谐社会来说，也是必须遵守的行为法则；它们是与丛林法则针锋相对的行为法则，我们可以称之为和谐法则，在其他宗教教规或理论中都可以找到相对应的内容，但像老子在这里概括得这样简洁而又全面，却是绝无仅有的。所谓“慈”，也就是现在所说的以人为本，也就是对人的健康正常的需要的关心关注，由此而进一步扩展到一切有生命的事物，这也就是对生命的敬畏，对大自然的进化过程的敬畏。在浩瀚的宇宙中，仅有我们这颗蔚蓝色的星球上生机盎然，进化出了有理性的人类。为什么地球可以生机盎然，这是因为有了 DNA 的进化过程；为什么人类的历史如此丰富多彩，这是因为有了价值体系的进化过程。老子因为有了慈悲的情怀，所以便最先意识到DNA和价值体系的进化过程，把它们统称为“道”，以敬畏的心情来赞颂这个赋予天地万物以生机的神秘莫测的存在物。有了对这个进化过程的珍惜，自然就会勇敢地投入到推进这个进化的历史进程中去，此即《中庸》所说的“赞天地之化育”。

有了这种敬畏，政治家就必然会爱民，如保赤子，与之相应的就必然要倡导节俭。“俭”对于从政者来说，是其个人美德的基础，此即诸葛亮所说的“俭以养德”，对于社会管理者来说，如果注意节俭，便会上行下效，倡导出一种俭朴的风气，则可以降低管理成本，保证社会运行过程的长期稳定与可持续。保持社会运行过程稳定的要素很多，都必须审慎对待，为之于未有，治之于未乱，从而保持社会的正常运转。经济过程就是其中之一，初唐大臣马周曾上疏唐太宗，其中总结历史，提出了一个与老子一样的治国原则：“自古明王圣主，虽因人设教，而大要节俭于身，恩加于人，故其下爱之如父母，仰之如日月，畏之如雷霆，卜祚遐长，而祸乱不作也。”这一段话，受到同样节俭爱民的毛主席的激赏，他在这段话语的上方画了三个大圈，又特意在“节俭于身，恩加于人”边上逐字加双圆套圈，并在其天头处写下：“贾生《治安策》以后第一奇文。宋人万言书，如苏轼之流所为者，纸上空谈耳。”毛主席对马周的上奏评价之高，竟至于称之为“第一奇文”，而且不惜贬抑历代视为文坛泰斗的苏东坡以作对照。这还不算，针对《马周传》所说的马周才能不及傅说和吕望的结论，毛主席又作了批注：“傅说、吕望何足道哉，马周才德，迥乎远矣。”[①]傅说由奴隶而成为商朝宰辅，吕望即是协助周武王灭纣的那位姜太公，而在毛主席心目中，他们两位竟然都不及马周，这是什么原因呢？我看其原因就在于马周坚持了老子所提出的“二曰俭”的法则，这是保持社会稳定的永世不移的法则，恰恰也是毛主席终其一生都自觉坚持的法则。联想到现在的公款吃喝、公款旅游、公车消费的居高不下，“俭”之时义大矣哉。

需要辨析一下的是老子的“三宝”中的“不敢为天下先”，其含义有多种理解，可以把它理解为谦下，韬光养晦、明哲保身，还可以理解为尊重自然规律，不用自己有限的知识来干扰这个自然过程，这些都可以在《道德经》里找到依据，但我们最后还是把它确定为第七章所说的“后其身而身先，外其身而身存”，以及上一章中的“欲先民必以身后之”，用我们现在的话来说就是“吃苦在前、享受在后”。当领导的人，如果在物质享受上走在前面，便会“上有所好，下必甚焉”而形成贪图物质享受的社会风气，多少显赫一时的大帝国都因此而衰败，大国领导人对此必须高度警惕。闻道之后，人们就不再以物质财富的占有作为核心价值，而是把个体的自由全面发展与社会整体的稳定和谐作为核心价值，所以在生活享受上就“不敢为天下先”，而在关系人民利益的大事上，他们通常会挺身而出，铁肩担道义，敢为天下先。

人类的很多毛病都是由于不闻道而产生出来的，要克服这些毛病，就必须闻道，所以就要自我反省、自我修养。只有把大道修之于身，才能形成稳定的心理结构、行为模式，真正地进化为人。人本来就是从动物界进化而来，在人们内心深处，都潜藏着非理性的动物性的倾向，但人之所以为人，就在于能够经历一个自我修养的过程，把自己提升到真正的人的境界。从孔夫子的“吾日三省吾身”到现代人的“批评与自我批评”，人类必须把理智之光照进自己的灵魂深处，控制那些非理性的欲望，摆脱私有制所强加的占有欲、控制欲，摆脱自负、骄傲、浅薄等心理缺陷，摆脱沮丧、愤怒、忌妒、仇恨等负面情绪，自我塑造出完美的品格。此即所谓“自胜者强”，在此基础上，他就可以积极地推进人类整体的闻道和共建和谐社会的进程。

[①]王全乐．毛泽东评点二十四史精华解析（彩图版）[M]．长春：北方妇女儿童出版社，2002：346－347．

第六十八章

[原文]

善为士[1]者不武[2]。善战者不怒[3]。善胜敌者不与[4]。善用人者为之下[5]。是谓不争之德，是谓用人之力，是谓配天古之极[6]。

[注释]

[1]士：王弼注，“士，卒之帅也”。

[2]武：勇猛。

[3]善战者不怒：王弼注，“后而不先，应而不唱，故不在怒”。

[4]不与：高亨注，“与，敌对”。我以为这个解释不准确，老子在“与”后面省略了“之战”两个字。本句的意思应当是“不战而屈人之兵”。

[5]善用人者为之下：善于用人的人，态度谦下。

[6]是谓配天古之极：高亨根据傅奕本、帛书甲乙本将本句修改为“是谓配天，古之极也”；其意思是：“这叫做配合自然之道，是古代最高的法则。”

[译文]

善于带兵的将帅不逞其勇猛；善于作战者不受情绪的影响；善于战胜敌人者不战而屈人之兵；善于使用人才者谦和地甘居其下。这就是不争的美德，这样做就可以充分利用别人的力量；这样做才能符合大自然进化的规律，是古来就有的最高法则。

[解说]

这一章进一步阐发了“善人者，不善人之师”的内涵。率先闻道的人自然而然地要承担起引导教育没有闻道的人们的责任。但未闻道者通常不愿意接受别人的引导教育，人们大都自以为是，不仅不肯接受别人的引导，反过来还想引导教育别人，许多纷争由此而起。闻道者在这种情况下，就不能蛮干硬来。如果蛮干硬来的话，往往会适得其反，同时也把自己降到未闻道者的水平上了。他必须有非同寻常的教育方式，不武，不怒，避免冲突，采用一种很谦卑的态度来影响未闻道的人，让他们潜移默化地受到影响。基督教有一个经常被人误解的说法，“别人打了你的左脸，再把右脸送过去”，好像基督教要求人们像羔羊一样逆来顺受。其实并非如此，这个说法也不过是老子在本章所说的不争之德，只不过表述得过于极端。在实际上，基督教也疾恶如仇，《圣经》中有“以眼还眼，以牙还牙，以手还手，以脚还脚”的说法，但与其他人不同的是，它在教导人们反抗邪恶的同时，还把同情心投向那些被邪恶控制的人，希望他们也能得到拯救，这与老子所说的“圣人常善救人故无弃人”是一致的。人类的这些伟大导师们的目标是一致的，那就是开启民智，他们能充分利用历史所提供的条件，发现并实现人性进化的潜力，发现并实现那潜在的历史必然性，推动人类进步事业。

如果我们再用现代人的话来引申一下，这一章实际上要解决的是一个如何正确处理价值冲突的问题。这可以分为三层意思来说：

一、执政权就是教育权，也就是把本阶级的价值体系普及开来、改造社会的权力。马克思说：“任何一个时代的统治思想始终都不过是统治阶级的思想。”[①]因而一个阶级要想牢牢站稳统治地位，就必须使自己的思想牢牢地占据统治地位，得到全社会的认可，对于共产党人来说也是同样道理。

要行使好这项教育权，首先是必须把执政权力掌握在自己手上。如果没有执政权力，教育工作就没法进行，先进的价值体系也就推广不开，老子的上述教导就没有发挥作用的基础。因而，掌握了先进价值体系的人必须同时掌握执政权力，执政权力与教育权是相辅相成的，有了执政权才能行使教育权，反过来，抓好了教育工作又可以进一步巩固执政权力。如果共产党的价值体系得不到人民的认可，其统治地位便是不稳固的。实践证明，如果共产党用不好教育权，人民群众不能确立起科学的价值体系，就不知道什么是自己的根本利益，就会追求那些危害自己利益的目标，在这种情况下，不管共产党做了多少好事，他们照样不领情；不管给他们创造了多少经济的政治的文化的条件，他们照样也还是在精神上摆脱不了丛林法则的控制，过不上和

[①]马克思恩格斯选集：第1卷[M]. 北京：人民出版社，1995：292.

谐的生活。那些狭隘低级的目标就会蒙蔽他们，把他们引入歧途，使他们做出一些亲痛仇快的事来，把社会拉回到旧制度之中，苏联东欧的社会主义政权之所以崩溃，其根本原因就在这里。归根到底，人民的价值体系的发展高度是历史的决定因素，共产党人要想保障历史的正确方向，让历史少走弯路，就必须抓好教育，帮助人民认识自己的根本利益。

二、自觉运用执政权力，做好民众的引导教育工作，这是判断执政水平高低的标准。共产党人若要保持自己的领导权，不仅要解决人们的基本需要，还必须引导他们闻道，让他们体验到和谐生活的快乐，从而乐此不疲，不再回过头去羡慕资本主义放纵情欲物欲的生活方式，从而使构建和谐社会的目标成为他们的自觉行动。就算是执政者没有有意识地这样做，他也在实际上引导着社会风尚，教育着民众。那些贪官污吏以自己的实践传播着资本主义价值体系，因而极大地败坏着社会风气，虽然他们并非有意为之，但其贪腐过程本身就是一个传播其价值体系的过程。

按照毛主席的做法，对不同的人还是要采取不同的教育办法。对反动派就不能谦让，要敢于斗争、敢于胜利，把执政权力夺过来掌握在自己手上，再对他们施以教育挽救措施。在夺取政权之后，正确处理人民内部矛盾的问题就上升为主要矛盾了，敌我矛盾就下降为次要矛盾了。为什么这样说呢？这是因为，矛盾的发展都是有一个过程的，当今人类各种矛盾，包括非常尖锐的敌我矛盾，都是从一些小矛盾发展起来的。只要人们正确处理了人民内部矛盾，及时引导教育，就可以解决各种冲突。包括那些尖锐的你死我活的冲突，如果一开始就正确引导，妥为处理，图难于其易，为大于其细，把它控制在人民内部矛盾的范围内，就不会发展成为尖锐的你死我活的冲突。

比如说那些贪污犯，很遭人痛恨，但他们也不是天生的坏蛋，其成为坏蛋也经历了一个发展过程，从一开始的吃点拿点，到越拿越多，不能自己控制自己，一步步地走下去，直到东窗事发。如果一开始就能及时发现，正确处理，就不至于身陷囹圄。就是那些让人们觉得不杀不足以平民愤的人，也是让父母“心肝、宝贝”地呵护着好不容易才养大的，只是由于成长过程中没有把握好方向，才在与社会尖锐对立的过程中一步步地走向极端。

所以我们说，正确处理人民内部矛盾是最重要的学问。一方面，对尚未尖锐的冲突要妥为处理，不让它尖锐起来，把它控制在人民内部矛盾的范围内；另一方面，对已经形成的尖锐冲突，也要把它放在人民内部的范围内进行处理，以最大的诚意建立起互信，在此基础上逐步把矛盾纳入妥善处理人民内部矛盾的轨道。如果像西方人那样用武力来压服，那就永无宁日。

再比如说那些尖锐的国际冲突，其原因来自于历史上极其复杂的渊源，哪一件事情都不是三言两语可以说清的，也都还要找到一个正确处理的办法，使得出的结果能代表冲突双方的最大利益，实现双赢。企图用暴力的方式、压服的方式，无法真正解决问题。毕竟大家都还要生活在一个地球上，无法开除人家的球籍，因此国际冲突也不过是地球范围内的人民内部矛盾问题，也有一个正确处理的问题，也需要有人出来倡导和谐法则，这样才能建设和谐世界，保障人类文明继续进化下去。

虽然说所有的矛盾都可以归结为人民内部矛盾，但由于人们的人格水平、思想境界的差别，人们处理矛盾的方式也有所不同。以往的人们所采取的大都是战争、杀戮的方式，中国封建社会中动不动就满门抄斩，以一种高压的方式维持社会的稳定。西方的社会更是习惯于运用丛林法则的方式来处理人际关系，如对印第安人的大规模屠杀，接连两次世界大战，竞相发展大规模杀伤性武器，如此等等。这种处理内部矛盾的方式是动物式的方式，有悖于人类的理性与尊严。

共产党人在夺取政权的过程中，也必须根据对手所制定的游戏规则来进行斗争，在拿枪的敌人面前就必须拿起枪来。由此而形成了一种行为模式，某些共产党人在处理内部矛盾时也套用这种模式，于是便出现了“残酷斗争、无情打击”的情况。但是共产党毕竟代表着人类进化的方向，为社会带来了一种新的规则，产生了一种人道的正确处理内部矛盾的方式，这就是毛主席在延安时期所首创的“团结—批评—团结”的公式。运用这个公式，毛主席成功地处理了内部矛盾，把全党凝聚为一个有机整体，为战胜敌人夺取革命胜利奠定了基础。毛主席还进一步把这种公式推广开来，对拿枪的敌人，也制定了一套分化瓦解、缴枪不杀、优待俘虏的政策，用严明的军纪打造了一支真正的仁义之师。革命胜利之后，对国民党的战犯，对日本战犯，也都尽量地教育挽救，“对反革命分子，凡是不杀的，都加以改造，给生活出路”[①]。

[①]毛泽东文集：第七卷[M]．北京：人民出版社，1999：187．

使其洗心革面，重新做人，转换价值体系，实现从魔鬼到人的转变。这便是老子所说的那种“圣人常善救人，故无弃人；常善救物，故无弃物”。毛主席和老子一样，怀有一种对天下苍生的恻怛悲悯之情，再加上他的高超的政治智慧，所以便能正确处理各种矛盾。

三、这个正确处理人民内部矛盾的工作，同时也是传播社会主义核心价值体系的过程。要正确处理人民内部矛盾，就是要对利益有一个正确的评价尺度，让大家都知道什么是自己的利益，所以就必须传播社会主义核心价值体系。旧的价值体系使人们利益彼此冲突，新的价值体系则使人们看到彼此间的密切相关，看到彼此利益的高度一致。当旧的价值体系控制了社会运行过程之后，矛盾冲突就会越来越加剧，就会创造出与之相适应的控制社会冲突的一套严厉的管理办法。但是，这种管理办法并不能从根本上消除矛盾，只能制造出更多更复杂的矛盾冲突，使社会管理进入“法令滋彰，盗贼多有”的怪圈。只有当社会主义核心价值体系控制了社会运行过程之后，矛盾冲突才会越来越少，管理办法也就可以越来越宽松，社会管理也就进入了良性循环的轨道。能够做到这一点，才可以算是“是谓配天，古之极也”。

要坚持传播先进价值体系，具有先进价值体系的人们必须在价值冲突过程中牢牢掌握主导权，因而他们也不是一味谦让。比如要坚持共产党的执政地位，这就不能谦让；要坚持社会主义核心价值体系，这也不能谦让。至于要采取什么样的教育方法才能把那种新的价值体系灌输到社会生活中去，则要因材施教，因人而异，靠耍威风、发脾气是做不成的。所以就必须养成善于听取群众意见的民主作风；要谦虚谨慎，戒骄戒躁，富于自我批评精神，勇于改正自己工作中的缺点和错误；更要尊重人，理解人，团结人，不仅要团结和自己价值体系相同的人，而且要善于团结那些和自己价值体系不同的人，还要善于团结那些反对过自己并且已被实践证明是犯了错误的人。和风细雨，循循善诱，这些便是传播社会主义核心价值体系的方法和艺术。

第六十九章

[原文]

用兵有言[1]："吾不敢为主而为客[2]；不敢进寸而退尺[3]。"是谓行无行[4]，攘无臂[5]，扔无敌，执无兵[6]。祸莫大于轻敌，轻敌几丧吾宝[7]。故抗兵相加，哀者胜矣[8]。

[注释]

[1]用兵有言：高亨根据傅奕本将本句修改为"用兵者有言"。

[2]主：指战争中主动进攻的一方；客：指战争中被迫自卫的一方。

[3]进：进攻别国的领土；退：退守本国领土。

[4]行无行：第一个"行"是动词，行军布阵的意思；第二个"行"是名词，行军布阵的队列。

[5]攘（音 rǎng）：攘臂即撸袖伸臂，振奋或发怒的样子。

[6]扔无敌，执无兵：高亨根据傅奕本、帛书甲乙本将这一句修改为"执无兵，扔无敌"。兵：兵器。以上几句的意思也即孙子所说的："百战百胜，非善之善者也；不战而屈人之兵，善之善者也。"

[7]宝：高亨注，"河上公注：'宝，身也。'一说：'宝，指国家的土地、人民、主权。'"王弼注，"宝，三宝也"，也即第六十七章所说的"一曰慈，二曰俭，三曰不敢为天下先"。

[8]故抗兵相加，哀者胜矣：王弼注，"抗，举也；加，当也。哀者必相惜而不趣利避害，故必胜"。

[译文]

用兵打仗的人曾经这样说，"我不敢主动进攻，而宁愿采取守势；不敢前进一寸，而宁可后退一尺"。这就是说，王侯采用守柔的态度，在军事行动中，可以不用摆出对阵的样子，可以不用撸袖伸臂做出武打的架势，可以不拿兵器，不战而屈人之兵。这便是柔弱胜刚强的道理。但如果真有敌人来进攻，那就必须认真应对。祸患再没有比轻敌更大的了，由于轻敌，几乎要丧失我的“宝贝”。所以，两国举兵相加，受侵略而怀着悲愤心情的一方将要获得胜利。

[解说]

对老子所说的“抗兵相加，哀者胜”，我们是赞成的。但是，通过总结各种历史现象，我们还可以进一步提炼，将其发展为一个概括性更高的一般规律，这就是“抗兵相加，价值体系先进者胜”。

我们可以把历史上的各种社会政治斗争分为两类，一类是具有相同的价值体系的人们或者政治集团之间的争夺，另一类则是具有不同价值体系的人们或政治集团之间的冲突。在前一类冲突中，其胜负决定于双方的实力对比和政治家的谋略，而在后一类冲突中，除了实力对比和谋略之外，还取决于价值体系的优劣，那些具有先进价值体系的人或政治集团获胜的概率更大。历史就是通过这个机制来奖励那些具有先进价值体系的人们，从而推动人类价值体系的进化。我们可以找几个例证来对此加以说明：

第一个例证是秦国的崛起，其起因就在于商鞅为秦国制定了一个好的价值体系。原来秦国的文化很落后，后来来了一位商鞅搞变法，制定了奖励耕战的政策，废除世卿世禄制，制定了二十等爵制。规定不管地位高低贵贱，只要立有军功，就能封官加爵。甚至奴隶只要能立有军功，也可以拜爵或免为庶人。新法规定“富贵之门必出于兵”（《商君书•赏刑》），“有军功者，各以率受上爵；……宗室非有军功论，不得为属籍。明尊卑爵秩等级，各以差次名田宅，……有功者显荣，无功者虽富无所芬华”（《史记•商君列传》）。《韩非子•定法》还指出：“商君之法曰：‘斩一首者爵一级，欲为官者为五十石之官；斩二首者爵二级，欲为官者为百石之官。’官爵之迁与斩首之功相称也。”

这样的价值体系大大调动了秦人参与战争的积极性。于是，“民闻战而相贺也，起居饮食所歌谣者，战也。”（《商君书•赏刑》）“民之见战者，如饿狼之见肉。”（《商君书•画策》）“秦人闻战，顿足徒裼，犯白刃，蹈炉炭，断死于前者，皆是也。是故秦军战未尝不胜，攻未尝不取，所挡未尝不破。”

（《韩非子•初见秦》）与之相对比，六国则缺少这样的价值体系，贾谊《过秦论》中也说，六国之士，“常以十倍之地，百万之众，叩关而攻秦。秦人开关延敌，九国之士逡巡遁逃而不敢进。秦无亡矢遗镞之费，而天下诸侯已困矣”。

由此可见，商鞅制定的军功爵制，使秦人在战场上勇于进取，把士兵个人追求富贵的欲望凝聚为国家整体克敌制胜的“军功”。“能使民乐战者王”（《商君书•画策》），价值体系的优越，决定了秦国在与六国的竞争中的胜利结局。

第二个例证，西方资本主义国家的崛起源于价值体系的先进。在此之前的近千年历史中，那些被电视片《大国崛起》提到的大国都处在中世纪的黑暗之中，在基督教和经院哲学的控制下，人们贬低现实生活的意义，宣扬禁欲主义，认为一切物质享受、人间欢乐都应当抛弃。基督教的目标是约束人类的野性，但就像在其他宗教中所司空见惯的那样，其后的发展把这种倾向推向极端，它否定人世生活的一切，生活的目标是死后灵魂进入天堂，它要求人们把一切献给上帝。在这种价值体系的控制下，社会生活必然是阴冷的黑暗的。

在启蒙主义针对中世纪的黑暗进行了系统的批判、建立了新的价值体系之后，西方资本主义大国才开始崛起。启蒙主义者把注意力从天国移到现实中的“人”的身上，提高“人”的尊严，把“人”作为思考研究的中心，他们赞美自然，讴歌人生，要求人们不要去追求虚无飘渺的天堂，而是追求现实的生活享受。他们认为，人生的最高目的就是尽情享受，在人的一切错误中，最野蛮的是轻视自己。这一切都是正确的。

但是，刚从蒙昧中走出的人们对现世生活的关注是狭隘片面的，局限在对物质财富的私人占有上，人的自由全面的发展被忽略了，或者更准确地说是尚未提上人类的议事日程。由于科技的发展和工商业革命，工业将加工对象由土地扩展至整个自然界，需要大量原料，也产出大批商品，商品和原料都需要更加广阔的市场，由此而产生的扩张的欲望驱使着人们疯狂地掠夺。比如说，在历史上，西欧各国都发生过程度不同的圈地运动，英国的圈地运动最为典型，规模也最大。大量农民的土地使用权被强行剥夺，农民同自己的生存资料分离，失去生存保障，被迫成为劳动力市场上的无产者，靠出卖自身劳动力才能生存，即只有“自由”地服从雇佣劳动制度和接受资产阶级剥削才能生存。

英国还通过海外殖民掠夺，积累了大量发展资本主义生产关系所必需的资本。他们不但在国内进行剥削，在海外进行殖民侵略，对殖民地人民进行掠夺、洗劫、剥削，他们还大肆进行罪恶的奴隶贸易，成为其资本原始积累的又一重要来源。他们还对中国发动了鸦片战争。

这种价值体系唤醒了人类的潜能，像魔法一样召唤出了巨大的生产力，科学的进步也被纳入了这个过程中，进一步促进了这个过程。“生产的不断变革，一切社会状况不停的动荡，永远的不安定和变动，这就是资产阶级时代不同于过去一切时代的地方。一切固定的僵化的关系以及与之相适应的素被尊崇的见解和观点都被消除了；一切新形成的关系等不到固定下来就陈旧了。一切等级的和固定的东西都烟消云散了，一切神圣的东西都被亵渎了。”[①]“资产阶级在它的不到一百年的阶级统治中所创造的生产力，比过去一切世代创造的全部生产力还要多，还要大。”[②]由于这种价值体系的锐利，所以这些西方国家便崛起了，而当沉迷于天朝大国迷梦的满清政府在与之相遇之后，自然是不堪一击。

第三个例子是国共两党的较量，这其实就是两种价值体系的较量。国民党的军队也有一套激励机制，打仗的时候，当官的在后面喊“弟兄们给我上，冲上去的赏大烟土五两”；而红军、八路军和解放军就不这样，他们坚持着革命理想，知道为谁当兵为谁打仗的道理；而且实行的是官兵一致，在最危险的地方，领导冲在最前面，喊的是“同志们跟我来”，所以他们虽然武器很差，吃得也很差，人数也少，形势也险恶，但总还是能够坚持下去，直到夺取最后胜利。就是那些原本在国民党军队里很笨蛋很胆小的人，到了共产党的军队里，也很快就变得勇敢起来。这就是因为毛主席为这支新型的人民军队建立了一个先进的价值体系，有了这个价值体系，蒋介石的失败就只是一个时间问题了。

上述三个事例充分地证明了“抗兵相加、价值体系先进者胜”。如果要是有耐心，我们还可以找出大量例证来证明这个命题，它应当是放之四海而皆准的。根据这个命题，在当前东西方文明激烈冲突的过程中，我们也必须研

[①]马克思恩格斯选集：第1卷[M]．北京：人民出版社，1995：275.
[②]同上，277.

究价值体系问题，建设先进的价值体系，而不能简单直接借鉴西方的价值体系。跟在西方国家的后面沿用他们那一套价值体系，要想实现中华复兴，实践证明是行不通的，理由有三条：

一是资本主义国家不允许，正像毛主席说过的那样："先生总是打学生"，人家西方人不让你复兴，提防着你。我们中国人如果接受了他那一套价值体系，就得接受他们的领导，在他们已经形成的政治格局的控制下，当他们的附庸，其结果肯定是复兴不起来。

二是他们那一套价值体系一到中国就变味了，不是把中国人凝聚在一起到外面去抢，而是只会在自己家里坑蒙拐骗。橘生淮北则为枳，某些精英的做法已经充分地表明这些人的出息不过如此，他们只能欺负那些更弱小的人，不管他们是中国人还是别的什么人。这也从反面向人民群众证明了中国只能走社会主义道路，只能坚持社会主义核心价值体系。

三是美国人在世界上的困局表明，他们所坚持的那个价值体系已经不行了，行将就木了。以前希特勒和日本帝国主义坚持着这种丛林法则的价值体系，已经败得很惨了，美国人步其后尘，其命运也只能是循着同样的轨迹发展。在这种情况下，我们要想实现中华复兴的目标，就不能步其后尘，其结果只能是邯郸学步。

我们当前所面临的人类命运的大决战，不管是称之为文明冲突，还是称之为新旧两种制度的冲突，归根到底是两种价值体系的冲突，是闻道者与未闻道者的冲突。我们要想实现中华民族复兴的伟大目标，根据"抗兵相加，价值体系先进者胜"的规律，就必须坚持那种最先进的价值体系，在人类价值体系的进化过程中占领制高点。退一步说，就算是为了分清敌我，以制定正确的战略，我们也必须清醒地认识自己所应当坚持的价值体系。这是最基础的工作，我们事实上已经置身于战场之上，但如果不知道自己是谁，也不知道对手是谁，这一仗肯定无法打胜。正如毛主席所说："谁是我们的敌人？谁是我们的朋友？这个问题是革命的首要问题。中国过去一切革命斗争成效甚少，其基本原因就是因为不能团结真正的朋友，以攻击真正的敌人。"[①]

"建设社会主义核心价值体系"的新目标是党中央提出的以人为本、科

[①]毛泽东选集：第一卷[M]．北京：人民出版社，1991：3．

学发展观、构建社会主义和谐社会等一系列重大战略思想的核心，它深化了我们对社会经济、政治和精神文明建设的认识，是东西方文明优秀成果的结合点，是中国共产党人努力推进马克思主义中国化所开拓出来的新境界。这就是当今价值体系的制高点，为我们中华民族的崛起奠定了坚实的基础。只要我们能够切实把社会主义核心价值体系融入国民教育和精神文明建设全过程，转化为人民的自觉追求，在当今世界上的这场两种价值体系的大决战中，我们就可以分清敌友，制定恰当的战略。在闻道者看来，所谓敌人者，也不过是因为他们被愚蠢谬误控制住了而已。圣人常善救人，故无弃人，所以就要站在价值体系的制高点上，用道义上的感召力来团结全世界人民共同奋斗。执大象，天下往。在为人类的解放事业而奋斗的过程中，中华民族的复兴也就自然而然地包含于其中了。

闻道是我们每个人的根本利益，归根到底要靠我们自己的努力。我们现在生活在一个快节奏的时代，对物质利益的无休无止的追求以及残酷无情的生存竞争，使人们时刻处于紧张状态，忙已经成为生活的普遍现象，手头堆着做不完的工作，案头堆着处理不完的事务，周末还有推脱不开的应酬。然而正是在这紧张忙碌的生活中，却有一件最重要的事情被我们忽略了，那就是闻道勤行，让我们的生命在一个较高的轨道上运行。社会价值体系是由无数个人的价值体系构成的，每一个人都对历史进程发挥着作用，虽然是微不足道的作用，大家都要从“修之于身”做起。但如果人们都不能反求诸己，都不肯提升完善自我，就会形成巨大的历史惰性；如果人们都只是把责任推到领导人身上，我们这个民族就总也不能长进。

第七十章

[原文]

吾言甚易知，甚易行。天下莫能知，莫能行。言有宗[1]，事有君[2]。夫唯无知，是以不我知[3]。知我者希[4]，则我者贵[5]。是以圣人被褐怀玉[6]。

[注释]

[1]宗：根本、根源；如“万变不离其宗”、“以天为法，以德为行，以道为宗”（《吕氏春秋•下贤》）。

[2]君：主宰也。

[3]夫唯无知，是以不我知：正由于人们对大道的无知，因此他们不了解我。本句中的第一个“知”所指的是对大道的“知”。

[4]希：稀疏，引申为稀少、罕见。

[5]则：取法；贵：与“希”的意思相同，即通常所说的“物以稀为贵”。

[6]被褐：被，高亨注“读为披”；褐（音 hè），粗布衣服，穷人所穿的衣服。怀玉，怀里揣着美玉。

[译文]

我的话很容易理解，很容易施行。但是天下却没有人能理解，没有人能实行。我的言论有一个总的根源，我的主张有大道作为主宰。正由于人们不知大道，所以就不了解我。能理解我的人很少，能够效法我的人更难遇到。所以，有道的圣人总是穿着粗布衣服，怀里揣着美玉。

[解说]

和谐政治学的原理其实很简单，正如老子所说的那样，“吾言甚易知，甚易行”，也无非是把个人生活中的规则、智慧放大到社会集体中去而已，把国家集体的事情当成自己的事情来办。诸如“一曰慈，二曰俭”，诸如“治人事天莫若啬”等，都是个人生活过程中很自然的智慧。而“天下莫能知，莫能行”者，其原因有二，一是人们的精神成长过程还没有达到应有的高度，不能把对个人事务的关切扩大到集体事务中去。依然固守着动物的生存法则，不能把同情心扩大到其他人身上；二是因为认识大道并坚持践行是一个循序渐进、长期积累的过程，但由于社会环境的约束，即使个体在精神上觉悟了，也难以特立独行、长期坚持，人的精神解放并非单纯是一件个人事务。

因而，在进化过程中，人类虽然在认识和控制自然的能力上超越了动物界，但在精神上却没有超越动物界，这就是人类所面临的各种困境的根源。人们像动物一样，来到地球上，只管找食物吃，找水喝，既不为地球的生态环境操心，也不为人类集体的命运操心。资产阶级的生存方式就是动物式的生存方式，其他的一概不管，所关心的只有一个营利。它的历史使命就是通过把人们置于生存的自然必然性的强制压力之下，迫使人们把物质财富的占有作为核心价值，驱使人们创造出强大的物质生产力，为人类建立新制度准备物质基础。必须把这种生存方式推到极端，威胁到人类自身的存在，才能把人类从迷误中惊醒，人类才会下决心与之告别。

老子率先开始了这个由动物生存方式向人类生存方式的超越，但由于他的思想太超前，人类集体地完成这个超越则需要一个漫长的过程，能够理解他的人绝无仅有，这便是“知我者希”。价值体系的成长过程也如科学知识的增长过程一样，新的发现总是先从少数人的头脑中产生出来，然后逐步被其他人所接受，最后才成为大众的常识。最早发现真理的人总是孤独的。首倡变法、为秦国一统天下大业奠定基础的商鞅也说道：“有高人之行者，固见非于世。有独知之虑者，必见骜于民。愚者闇于成事，知者见于未萌。民不可与虑始而可与乐成。论至德者不和于俗，成大功者不谋于众。”（《史记·商君列传》）真理一开始都只掌握在极少数人手里，绝大多数人由于没有达到能够认识它的程度，即便是把真理摆在他们面前，他们也根本认不出来。但是，人们并不知道自己价值体系的发育不充分，总认为自己对所有的事务都具有评断的能力，自信地坚持着自己的所谓真理，主张着自己的民主权利，所以真理的成长道路就很艰难，圣人总是落落寡合。老子说：“夫唯无知，是以不我知”，佛教中也有一个说法：“唯佛与佛相知”。对那些还没达到相应的精神成长高度的人来说，要想通过语言交流来向他传达大道，那是极其困难的。

不管人们处在价值体系的哪个水平上，都仍然是人类大家庭中的成员。因而，人们必须学会正确处理价值冲突。由于价值体系的对立，必然会造成意见分歧、立场对立、互相厌恶以致引发内耗冲突。那些价值体系水平低的人就是内耗之源，无事生非，无故生端；对于这种人，没有什么好办法。在这些人中间，“善行如同恶行一样，可以招致憎恨”[①]；所以圣人就必须谨言慎行，“被褐怀玉”；如果他急于开导他们，那就会像老子所说的那样“为者败之，执者失之”；倘若进而“嫉之已甚”，就会进一步导致对立冲突。对那种低水平价值体系，由于人们一时还看不清它的危害，那就只能让它继续发展，让它把恶果充分展示出来之后，人们才能觉悟过来，抛弃它。此即老子之所说的“将欲歙之，必固张之；将欲弱之，必固强之；将欲废之，必固兴之；将欲夺之，必固与之”。对于社会价值体系的进化过程来说，不能只争朝夕，只能慢慢来。

如何对待那些低水平价值体系的人，是宽容还是嫉之已甚，是循循善诱还是揠苗助长，这也是判断人们是否成熟的标准。在价值体系的发展水平上，越是处于高位的人，越是具有民主精神，能够宽容别人的错误；相反，越是处于低位的人就越是专制，必欲把自己的价值体系强加于人，这是一个规律。

魏源先生把这一章与下一章合为一章，很有道理。录其解释供参考：“此叹世人之不知至道而自知其知也。……盖大道于俗不肖，而玄德与物相反，知者自然稀少，此道之所以贵乎俗而不可不知者也。使道亦俗情俗见无异，则无足宝重矣。人既莫知，则我有三宝，惟我能持而行之，若被褐怀玉而人莫知之也。夫中所怀之贵者，以其知夫言之宗、事之君；外所被之贱者，以其知而不知，若愚若晦，斯乃上德若辱者也。人既不知，则必反自以为知。衒玉求售，必非至宝，以瑜为瑕，以规为瑱。虽圣人与居，不能药而救之也，非病而何？使其一旦自知其病而病之，则所以去病者即在此矣。前半段言人知道者之难，后半段叹人妄知者之多也。盖昧于道真者，由惑于俗见。由人身言之，则不知者其病之见证，而自以其妄见为知者，则其致病之根源也，故后以病喻之。”

[①][意]尼科洛•马基雅维里．君主论[M]．北京：商务印书馆，1985：93.

第七十一章

[原文]

知不知，上[1]，不知知，病[2]。夫唯病病[3]，是以不病。圣人不病，以其病病，是以不病。

[注释]

[1]知不知，上：知道自己有所不知，这种人是优秀的人。

[2]不知知，病：不知道却自以为知道，这是一种大毛病。

[3]病病：前一个“病”是动词，其意思是认为某件事是毛病而加以改进；后一个“病”是名词。

[译文]

知道自己有所不知，这种人是优秀的人。不知大道却自以为知道，这是大毛病。正因为认识到这是大毛病而小心避免，人们就可以不患这种病。圣人不患这种病，是因为他认识到这是毛病，所以就不患这种病。

[解说]

认识到自己的无知，并加以克服，这是很普通的道理，并不难以理解。但要把这个认识推进到价值体系层次，认识到自己的价值体系的缺陷而自觉进行纠正，这就不是一般人所能做到的了。

所有的人都戴着价值体系“眼镜”，这副“眼镜”非常重要，只有透过这副“眼镜”，人们才能认识世界，采取行动。没有谁能摘掉这副眼镜，他必须而且只能从自己所能达到的价值体系出发来认识现实和采取行动；然而这个价值体系通常处于无意识之中，有很多人并没有意识到这副“眼镜”的存在，他们自以为是用纯客观的眼光来认识现实，看不到这副“眼镜”的演变，更没看到它的缺陷，于是便狂热地坚持自己所发现的“真理”。由于他们的价值体系是不一样的，所以他们对同一件事物就会有不同的看法，不同的看法之间谁也说服不了谁，就像盲人摸象的寓言所描绘的那样，于是在具有不同的价值体系的人们之间就会出现冲突。

人类精神进步过程就是一个不断地打破自我中心主义的过程，所以就需要对原来信以为真的东西采取怀疑论的态度，用现在的话来说就是解放思想。这个过程不断深入，现在要深入到价值体系层次，认识到自己的“眼镜”并不是标准“眼镜”，所以人们就需要保持一种审慎的态度，以一种怀疑的眼光来看待自己的知识，在实践中检验自己的认识，从流俗和本能的控制下解放出来，找到那真正重要的价值，以其为核心重建一个完善的价值体系。

所谓建设社会主义核心价值体系，也就是要把原本处于无意识之中的价值体系置于理性控制之下。但由于对“常道”的认识是一个永无止境的过程，所以思考着价值体系问题的人就知道自己的认识是有限的，没有认识的东西是大量的，所以便非常小心谨慎，豫兮若冬涉川，此即所谓“知不知，上”。下士之所以是下士，就是因为他不知道自己是下士。他们都把那个在无意识中接受的价值体系视为天经地义，包括许多在自然科学上卓有成就的学者，在涉及深层次的价值体系时，往往也要丧失理智，误入歧途。也正是由于这个原因，许多人在偏见的控制下过活了一生。他们认为那是他们的“自由”，为了坚持这种偏见而狂热地呼吁“民主”，这便是“不知知，病”。

在这里有必要讨论一下“自由民主”问题。在一个研究了价值体系的人看来，谈论自由民主而不深入研究价值体系问题，那就说不出什么有价值的意见。这是因为，通常人们所宣称的自由和民主不过是表面现象，坚持自己的价值体系则是其实质性内容。而那些谈论抽象自由民主的人们往往没有意识到价值体系问题，他们被下意识地形成的价值体系控制着，以为他们所坚持的价值体系就是真正的自由。我们并不反对人们坚持自由民主，但要提醒人们：所有的人都喜欢自由民主，它不是某些人的专利。任何人都可以得到它，至于能不能得到它，却要靠人们各自的努力。

假设一棵树具有追求自由的意识，那它的自由就是成长为一棵大树，而不会期望长成一棵小草或灌木丛。如果要让它在这三种选择中进行投票，那它毫无疑问地要选择成为一棵大树。只有在它要长成一棵大树的意识不明确的情况下，它才会有成为小草或成为灌木的选择。在这种情况下，它才有了选择的自由，这也就是说，它的所谓自由是由于它对自己的成长之道不了解。如果它知道了自己的基因决定了自己是一棵大树，那它就没有其他选择，成长为一棵大树就是它的唯一选择，这就是它的自由。

对于人类也是这样。作为一个独特的物种，人类有自己特殊的基因，这个基因规定了人类与其他物种迥然不同的发展道路。人的自由就是认识并把潜藏于这个基因中的潜能发挥出来。对于那些闻道的人也即是有了明确发展方向的人来说，其自由也就是循道而行，他没有别的选择。只有那些没有闻道因而缺少方向感、责任感的人们，才面临着许多选择，才有了那种形式上的自由，所以他们就需要在几种似是而非的选项中进行选择，需要有一个少数服从多数的投票程序。然而，在人们没有闻道的情况下，不管他对自己的选项是多么的自信，也不管支持这个选项的人数是多么众多，都无法保证其行为的合理性。黑格尔对这种自由和民主很是不屑，他说，“尽管自由本身是具体的，但自由在被他们应用到现实世界时却是未经发展的、带着抽象性的。要想把抽象的观念生硬地应用于现实，那就是破坏了现实。人民群众把自由抓到手里，所表现出来的狂诞情形实在可怕”[①]。在另一个地方，他还说，“人民这个词表示国家成员的特殊部分，所以人民就是不知道自己需要什么的那一部分人。知道别人需要什么，尤其是知道自在自为的意志即理性需要什么，则是深刻的认识和判断的结果，这恰巧不是人民的事情”[②]。

由此可见，人们之所以需要民主，那是因为他还拿不定主意，不知道究竟该如何办才好，尽管在形式上，他很坚持自己的主张，一副胸有成竹的样子。比如说，人们根本并不对吃不吃饭进行表决，对小朋友要不要上学也不进行表决，因为这些问题是不容置疑的，无须进行选择。有的小朋友会哭着闹着不肯去上学，但其家长知道这是没有选择的事情，哄着打着也要把他往教室里赶。因而在这些基本问题上，谁如果主张要进行民主投票的选择，那是很幼稚可笑的。

特别是在价值体系这个最重要的问题上，人们没有自由和民主。正如马克思所说的那样：“我们在社会上的种种关系，还在我们能够对它们发生决定

[①][德]黑格尔．哲学史讲演录：第四卷[M]．北京：商务印书馆，1981：256．
[②][德]黑格尔．法哲学原理[M]．北京：商务印书馆，1979：319．

性的影响之前，就已经在某种程度上被规定了。”[①]那些没有闻道的人，其之所以坚信自己在这个问题上的“自由民主”，那是因为他们没有意识到自己已经被“规定”了，于是就把这种被“规定”的状态作为不言而喻的选择，以为那就是自己的“自由民主”。他们所说的“自由民主”的实质在于坚持自己不知来历的那种错误狭隘的价值体系，这不过是拒绝成为一个“上士”并坚持成为一个“下士”而已；而在实际上，只要认识到价值体系问题的存在，人们就自然而然地承担起把大道修之于身的责任。人的真正自由就在于摆脱那种以虚幻的“自由民主”为包装的价值体系的控制，为自己找到一种值得坚持的成熟的价值体系，保证自身行为的合理性。

同样道理，对于执政者来说，在价值体系问题上，他也没有别的选择，只能以推进价值体系的进化作为执政的核心价值，所以就必须建设社会主义核心价值体系，使之成为全社会的共识，从而使社会整体意识从犹豫不决的状态走出来，从幼稚状态走出来，实现一个新的启蒙。而要完成这样一个启蒙，每一社会成员都必须完成一个从小我到大我的精神成长过程，都必须对自己的价值体系进行反思，对它持怀疑的态度，对其中可能出现的问题保持警惕，此即老子所说的“夫唯病病，是以不病”。谁能率先达到这种境界呢？那就是圣人，他很早就意识到这里面的危险，预先加以防范，以其病病，是以不病，所以就能够过上一种积极的有价值的一生。这是一条唯一的道路，对于闻道的人来说，在人生方向的选择上，他没有别的选择。

所有的人都要经历一个由“不知知”到“知不知”的成长过程，这就像所有的小鸡都要经历一个“出壳”的过程一样。知道了人应当追求成为“上士”的目标，人们也就完成了价值体系上的“出壳”，获得了真正的自由。对这项最重要的事情，别人可以创造条件，引导帮助，但最终还是要由人们自己来完成这个成长过程，如果自己不努力，谁也帮不上他的忙。对一个民族来说，对整个人类来说，都是同样道理。

[①][德]海因里希·格姆科夫．马克思传[M]．北京：三联书店，1978：6．

第七十二章

[原文]

民[1]不畏威[2]，则大威至[3]。无狎其所居[4]，无厌其所生[5]。夫唯不厌，是以不厌[6]。是以圣人自知不自见[7]，自爱不自贵。故去彼取此[8]。

[注释]

[1]民：是指与圣人不同的所有的人，不是指与管理者相区别的民众。

[2]威：是指大道为人们所设定的一套行为规则。

[3]大威：如果人们不能自觉遵守大道所设定的规则，这些规则便会作为盲目的自然必然性来为自己开辟道路，于是便会出现经济危机、政治危机。魏源注，“吕氏惠卿曰，……民不纯于道而惟知识之尚，故生生厚，生生厚故轻死，轻死故不畏威。民至于不畏威则无所不为，此天之所由以明威而大降其虐也。”

[4]狎：魏源本作“狭”；“无狭其所居”即是不认为自己的居所狭小，与后文的“安其居”的含义相同。

[5]厌：厌烦；“无厌其所生”即是不讨厌自己的职业，也即现代人所说的要有敬业精神之谓也。魏源注，“李氏嘉谟曰，知道者之遇物，随所遇而安，故不狎其所居，不厌其所生。”

[6]夫唯不厌，是以不厌：王弼注前一个“不厌”为“不自厌也”，注后一个“不厌”为“不自厌是以天下莫之厌”。那种被低级价值支配着的人们，嗜欲无止，总是不知足，对自己的居所、职务、财富总是不满意，所以便成为一个“自厌者”，就像那些贪官污吏一样，诚如魏源先生之所说的那样，“自厌而后天人亦厌之”。闻道的人们看到了这一层，所以便“知足”，对自己的现状感到满意，所以便“不自厌”，所以便心态平和，怡然自得，和这样的人在一起，谁都不会讨厌他们，大道也不讨厌他们。于是本句应当补充修改为

“夫唯不自厌，是以不被厌”。

[7]见：读为现，表现的意思。

[8]彼：指自见、自贵；此：指自知、自爱。

[译文]

如果人们不害怕大道之威，不能自觉地循道而行，那么，大道就会以盲目的自然必然性的方式发挥作用，迫使人们回归大道。不要认为自己的居处狭小，也不要讨厌自己赖以为生的职业。只有不讨厌自己的人，才不被大道所讨厌。因而圣人有自知之明，却不自我表现；行自爱之道，却不自以为高贵。所以他防止自见自贵，坚守自知自爱。

[解说]

这一章以及随后的几章在老子的理论体系中，作用很重要。大道是社会和谐稳定的路径，人们必须认识并践行大道，社会才能和谐，人生才能幸福。由于这个原因，各种体现大道的政治理论、宗教学说都要为把人类引上大道而制定目标和规范，然后还要建立一个机制，对不遵守目标和规范的人进行惩罚。以宗教来说，佛教有地狱轮回的理论，基督教有末日审判和天国。与佛陀与耶稣的浪漫想象不同，老子发现了社会生活中本来就存在着的那么一个奖惩机制。这个机制对所有的人都一视同仁，不管是对领导还是对百姓，如果不能按照老子的大道去做，都不会有好结局：民不畏威，则大威至。

就像我们的躯体有一个自动保持平衡的机制一样，社会也有一个自动保持平衡的机制。当人们自觉遵守道德规范，把自己的需要控制在适度的范围之内时，社会便可保持和谐。但这一点很难做到，人们低水平价值体系的控制下，总是要走向极端，许多个人的这种趋向极端的行为所形成的合力，就会使社会便无法稳定运行，直至崩溃。比如说控制着中国几千年历史的治乱循环，就是这样形成的。这实际上社会躯体自动保持平衡的机制，也就是老子所说的“大威”。与这个机制相对应，社会中存在着一个奖惩机制，它使品德高尚的人得到好的待遇，享受到自我实现、快乐、健康等福利，使品德低下的人得到差的待遇。这样一个奖惩机制，就是老子在下一章所说的“天网”，用现代人的说法，则被称为“规律”，它根据人们的道德水准分配其应当享受的福利，所以我们便称其为福德相称律。

一个道德修养不够水平的人，享受不了较高的待遇。如果给了他这种待遇，他便要自己折腾开来，直到把这种待遇毁掉，使自己所受的待遇与其道德水平相称为止。无德的人一旦得到了某个便宜，成了暴发户，那也不是好事，因为这会使其个性中的缺陷发展起来。他们一有钱就变坏，在这个方面他们可是有着足够的智力，创造出一些莫名其妙的挥霍方式来。有人对掌权有特殊的偏好，削尖脑袋往官员队伍里钻，权力到手后又不知自我约束，其基本需要膨胀起来，超过了合理的限度，于是便会给他招来危险。还有一些人自己没能力当官，仗着爹娘或是亲朋的势力无恶不作，他的父母也是苦口婆心地教育他，但没用处，他不折腾出一些事情出来便誓不罢休。所以说，无德之人因某种机遇而得到了一种好待遇，反而是一件很危险的事，《淮南子》早就说过："天下有三危，才下而位高、少德而多宠、无功而厚禄。"此外古人还有诸如"君子之泽，五世而斩"、"富贵之家，以德守之"等等说法，其依据也是这个福德相称律，这个规律会自动地发挥作用。在下一章中，老子还说："天网恢恢，疏而不失"，即是说谁也摆不脱这个福德相称律的控制。

但人们会问，在现实生活中，另外还存在着大量的福与德不相称的现象，这又该如何解释呢？我认为这个问题必须从长时段和从社会集体的角度来考察。从单个人来看，他在社会集体中的命运有沉有浮，有可能做了好事不得好报，做了坏事也侥幸逃脱了惩罚。但从一个社会整体来看，无论是一家还是一国，如果人们道德水平不高，便不可能有一个幸福的未来。在这样的环境中，单个人的向善的努力难以奏效，于是行善者反而得了恶报，而作恶者却有可能一时得逞，得到了不当得的利益；有人于是便心存侥幸而做坏事，但是，他的恶行终究会得到果报，不是不报，时候未到。如果不是因为在这个社会内部还存在着那么一种机制，使他终得惩罚，那便是由于他的恶行而使社会整体地趋向于堕落，从而与这个社会整体一块得到惩罚。在一个社会解决不了自身问题的情况下，老子所说的那个"天网"就要发挥作用了，"大威"就开始咆哮了；一个社会集体如果教育不好内部成员，便会受这些成员的拖累，一块承担"大威"的惩罚，等待着这个社会集体的就只有衰亡的命运，谁也不能独得幸免，善恶同归，玉石俱焚，就像《红楼梦》中所说的那样，落了片白茫茫大地真干净。

由于有了这么一层个人与社会之间互相牵扯的关系，所以在一个价值体系扭曲的社会集体中，为善者不能使福必来，有德者也不能确保无祸。有德者、好人总要受那些无德者和坏人的牵累，这是没有办法的事情。所以《朱子家训》就告诫人们："狎昵恶少，久必受其累。"不管是交朋友还是找对象，人们都要牢记这一训诫；就算是搞市场经济与人合伙做生意，招聘员工，也应当找那种道德水平高一些的人；对那些道德水平差的人，一定要保持距离，以免受其连累。作为个人，这么做是明智的；而对于社会集体来说，人们无法把道德水平差的人排斥于社会之外。社会不像一个小家庭，过不到一起去了，便分开过，社会不能这么做，想要堕落的人必然要拉着大家一起堕落，想要高尚起来的人也要拉着大家一块高尚起来。

福德相称律是以集体为单位来兑现的，对此我们还可以借用人们所常说的那个木桶原理来做说明：一个木桶由许多块木板组成，如果组成木桶的这些木板长短不一，那么这个木桶的最大容量不取决于长木板，而是取决于最短的那块木板。一个家庭或一个社会的福利也好比一个大木桶，每位成员都是组成这个大木桶的不可或缺的一块木板。其整体的福利不只是取决于某几个道德水平超群的人物，更主要的是取决于它的整体状况，取决于其中伦理水平最差的那些成员。未闻道的人们的生活过程就是一个不断地制造内耗的过程，这是一个不以他们的主观愿望为转移的客观规律；他们在给社会制造麻烦的同时也使自己的生活充满痛苦。因而道德的进步不是个人私事，它关系到社会集体的利益。每个人都应当努力提高个人道德素质，社会整体的福利才能蒸蒸日上。闻道者要想按一种较高的行为准则来生活，也不是单个人独善其身就可以的，必须在大家都达到这种较高准则的情况下，他自己才能真正按着这种较高准则来生活。马克思很早就说过了，只有解放全人类，才能最后解放无产阶级自己。

社会主义和共产主义应该说是人类所能享受的很高的待遇，人们要想享受这一待遇，也必须提高自己的道德素质。并不是所有的人都能享受这个待遇的，达不到相应水平的人，一听见有人谈论共产主义便会哈哈大笑，如果要是给了他这样一个制度，他必定要想办法把它折腾垮。只有那些具备更高道德素质的人才能享受新制度的待遇，为了使新制度真正地建设起来，就必须提高所有的人的道德素质，塑造新人。所以，毛主席说："所有的人都应该学习，都应该改造。我说所有的人，我们这些人也在内。”[①]他的意思也无非是要求人们提高自己的道德水平，这样才好享受他和无数先烈奋斗一生所争来的这个好待遇。如果人们都不肯自我优化，那么已经建成的社会主义制度也就难以维持，他们享受不了这个待遇，于是就要换一个差一些的制度。然而人性的进退也如逆水行舟一样，不进则退，为了与退化的人性水平相适应，就要进行体制改革，这种改革又进一步促使了人的道德水平的退化，于是两者就互为因果地退化着。置身于其中的人们只是看到改革的每一步都有着无可辩驳的客观理由，却没有看到还有另外一种选择、另外一个方向。为了保障全国人民的福利，全体共产党人都必须牢记宗旨，恢复过去那种朝气蓬勃的革命精神，并把这种精神传播到人民群众中去，这是中华民族振兴的希望之所在，也是我们这个民族的福利之所在。

总之，福德相称律是一个自然规律，它用一只巨大的看不见的手决定着人间的祸福。根据这个规律，一个人要想享受好一些的待遇，就必须努力地提高自己的道德水平，从修之于身做起；一个国家一个民族要想兴旺发达，也必须努力提高自己的整体道德水平，把大道修之于国家民族。科学政治学与非科学政治学的区别就在于能否自觉地、普遍地认识与实践这个规律。

魏源先生对本章的解释如下，录之以备参考：人不知威之可畏者，由于有欲之可贪，而外之有所贪，由于内之有所厌。所居以境言，如贫富贵贱穷通之类；所生以生之受用者言，如劳逸荣辱苦乐之类。凡人以所生所居不若人为耻，是故居贫不居富则狭之，居贱不居贵则狭之，居闇弱不居声华显望则狭之。狭之则必厌之，厌之则必歆之。厌劳则慕逸，厌辱则思荣，厌忧患则思安乐。歆之一念炽于前，而不知其可畏之大威已随其后。盖患得患失，无所不至，则求荣者适足以取辱，求生者反以之死。自厌而后天人亦厌之矣，若夫不狭则不厌。我不自厌，谁得而厌之。夫民之与圣人其高下固不可相提而论，然其理未尝不同，狭其所居必自大。圣人随遇而安，则以自知为至足，未尝急于自见以夸其大也。厌其所生者，必求其所以贵其生，圣人宝真抱朴，则以不殆辱为自爱，未尝别求所贵以厚其生也。夫是以无所歆者自无所厌，无所厌者自无所畏，所无者所去也，所有者所取也。

[①]毛泽东文集：第七卷[M]．北京：人民出版社，1999：271．

第七十三章

[原文]

勇于敢则杀[1]；勇于不敢则活[2]。此两者或利或害[3]。天之所恶，孰知其故[4]？是以圣人犹难之[5]。天之道，不争而善胜[6]，不言而善应[7]，不召而自来[8]，繟[9]然而善谋。天网恢恢，疏而不失[10]。

[注释]

[1]勇于敢则杀："敢"即是逞强好斗的意思，遵循的是与私有制价值体系相配套的丛林法则。在这个方面过于勇敢轻率，就会造成对他人的伤害，进而招致他人的报复，进入冤冤相报的恶性循环，最终导致杀身之祸，也即是第四十二章所说的"强梁者不得其死"。

[2]勇于不敢则活：与上句相对应，"不敢"即是与大道相配套的和谐法则，审慎应对争端，正确处理矛盾。在这个方向上运用自己的勇气与智慧，则可以长久地生存下去。

[3]或利或害：王弼注，"俱勇而所施者异，利害不同，故曰或利或害也"。

[4]天之所恶，孰知其故：恶，厌恶。全句的意思是，天所厌恶的，就会让它灭亡，谁知道这里的原因呢？

[5]是以圣人犹难之：王弼注，"夫圣人之明，犹难于勇敢，况无圣人之明而欲行之也，故曰犹难之也"。

[6]不争而善胜：王弼注，"天唯不争，故天下莫能与之争"。

[7]不言而善应：王弼注，"顺则吉，逆则凶，不言而善应也"。

[8]不召而自来：王弼注，"处下则物自归"。

[9]繟：河上公注，"繟，宽也"；高亨引《广雅•释训》，"繟繟，缓也"。

[10]恢：大也；疏：稀疏。

[译文]

与两种价值体系相配套的有两种行为法则，丛林法则与和谐法则。勇于坚持丛林法则的人就不可避免地要招致杀身之祸；勇于坚持和谐法则的人则可以保全自己的生命。这两种行为法则，有时有利，有时有害，并不是绝对的。天所厌恶的，就一定会让它灭亡，谁知道这里的原因呢？因而圣人对这里的奥妙也很难说明白。假如人们自觉坚守天之道，便可无须争斗而战胜对手，不用说话而得到民众回应，不须召唤而民众自然归附，宽缓从容而善于运筹谋划。“天之道”就像一张大网，网眼虽然稀疏，却不会有所漏失。

[解说]

对于这一章，需要分析一下“敢”与“不敢”这两个词。这两个词接在“勇于”的后面，是什么意思呢？我这里提出一个猜测，这两个词所表示的是两种行为法则：丛林法则与和谐法则。

“敢”就是丛林法则，这是动物界的行为法则。人类从动物界进化而来，自然也就继承了这个法则，并在资本主义制度下发展到极端。资本主义的价值体系以财富的私人占有为核心价值，由于这种价值是排他性的，所以奉行着这种价值体系的人自然就处于生存竞争之中；在这种竞争中，人们就会自发地本能地延续着动物界的行为规则——丛林法则。就像动物们为了维持自己的生命、延续自己的基因而毫不迟疑地利用、占有甚至剥夺对手的生命一样，资产阶级为了自己发财的需要而投入到生存竞争之中，毫不犹豫地采用暴力、欺诈等各种手段以战胜对手，剥削、掠夺对手，直至置其于死地。在他们中间，最流行的名言是：“没有永远的朋友，只有永远的利益”。

与之相对应的，“不敢”就是和谐法则，随着人性的觉醒，对个性的自由全面发展的需要萌发出来，使人们意识到自身与天地万物之间的有机联系，进而产生出对和谐的人生与世界的追求，自然而然地也就逐渐形成了与之相配套的行为法则。这种法则并不神秘，古今中外的圣贤们各自以不同的方式来宣示它，如中国人的“自强不息，厚德载物”、“己所不欲，勿施于人”、“己欲立而立人，己欲达而达人”、“为人民服务”、“和平共处五项原则”、“以人为本、科学发展”，西方人的“爱人如己”、“自由平等博爱”、“你要这样去行动，使你的意志的准则在任何时候都能够被当作一种普遍立法的原则”，都属于和谐法则；老子的《道德经》则是这个法则的最早而又最系统的表述。

与人类从私有制的奴役下解放出来的过程相一致，和谐法则在与丛林法则的对抗过程中成长起来，逐步上升为居于主导地位的行为法则。当社会处在和谐法则的控制之下时，就自然会趋向于和谐。这种从丛林法则上升到和谐法则的提升，也就把人们从动物的生存状态提升到真正的人的生存状态。

现在我们认识到，和谐法则是与社会主义核心价值体系相配套的行为准则，社会主义核心价值体系规定了人的目标，和谐法则规定了人的行为准则，两者有机地结合在一起，相辅相成。如果没有确立社会主义核心价值体系，人们就运用不了和谐法则，他的行动就只能遵守丛林法则。但如果人们仅仅有了社会主义核心价值体系而不知道和谐法则，那也不能把事情办好。就算是在一个小家庭里，如果人们不知道和谐法则，那也过不好日子。必须是既坚持社会主义核心价值体系，同时也掌握了和谐法则的情况下，社会才能和谐，家庭才能幸福。

要构建和谐社会，我们就应当有一个简明的法则，使人民群众觉得好记易行。假如普通百姓在处理日常事务时，也像领导讲话一样先讲一套大道理，从坚持马列主义、毛泽东思想、邓小平理论、“三个代表”重要思想说起，再把以人为本、科学发展观一一考虑周全之后，然后再考虑如何应对，那就太复杂了。所以，我们应当对这些理论进行概括，提出一个简明的规则——和谐法则，只要人们记住这个法则，这就可以把上述理论的精髓都囊括在内，正确处理人际关系和人与自然的关系。当遇到矛盾时，人们不需要重温古圣先贤的榜样或教导，只需要考虑一下怎样做才能符合和谐法则，架就吵不起来了。其实在人身上都有两种冲动，一种是动物式的非理性的冲动，它驱使着人们按丛林法则办事；一种是理性的需要，引导人们正确处理人际关系，但这个动机很微弱，需要有人经常地提醒着。如果有那么一个简明的词经常地自我提醒着，人们便可以不断地运用这个倾向，使其发展起来，形成稳定的性格结构。这样的人在任何地方都会是和谐稳定的因素。

私有制社会是从无数遵守着丛林法则的人的行为中发展出来的，换句话说，这个有活力的有生命的有机体是自下而上地成长起来的。私有制价值体系以及与之相配套的丛林法则就是私有制社会的基因，整个复杂无比的私有制社会的漫长的演变过程，都产生于这个基因。正因为如此，马克思从对商品的分析入手就可以演绎出整个资本主义的社会体系，用马克思的话来说："私有财产的关系潜在地包含着作为劳动的私有财产的关系和作为资本的私有财产的关系，以及这两种表现的相互关系。"[①]资本主义为什么在遭遇诸多困境危机之后，依然能继续维持这种制度不变，其秘密就在于其价值体系和丛林法则没有变化。每一个人都在丛林法则的指导下，追求着个人利益的最大化，各自独立地应对不同的情况，在斯密的那只看不见的手的指导下，社会就只能在目前的轨道上运行下去。处在这种最低的状态水平，它当然是稳定的，这就像山下的石头不会自己跑到山上去一样。

对于社会主义来说，由于它刚刚从私有制社会诞生出来，还很幼稚，所以就缺少这种稳定性。新的法则还没有渗透到社会生活中去，还不是人们自觉坚持的东西，这种情况下的社会主义就不是自下而上地成长起来的，而是通过自上而下的行政命令组织起来的。由于这种自上而下的系统根本不可能把每一种情况都考虑到，同时也由于丛林法则依然在社会生活中自下而上地自发地发挥着作用，所以这种系统总是一碰到复杂情况就变得无所适从，总是表现得既僵硬又脆弱，庞大的苏联东欧社会主义国家轰然倒塌，便是明证。

要想使社会主义也具有生机与活力，就需要让它也像资本主义那样自下而上地成长起来，所以就需要用新的价值体系来引导人的生命过程，用新的行为法则来规范人的行为。对于未来的和谐社会是个什么样子，我们现在很难准确地进行描述，我们也无须去做这样的描述，在人们坚持新的价值体系和遵守着和谐法则的过程中，和谐社会就可以自动地成长起来，完善起来。因而我们不能把重点放在最终结果上，而应当是放在人的当前行为的引导上，使社会主义核心价值体系与和谐法则渗透到日常生活中，使社会具有向更高发展阶段成长的基因，这样便可使和谐社会自下而上地成长起来，稳定在一个较高的文明水平上，这样的和谐社会才是有生机和有活力的。所以我们要把对社会主义制度的坚持落实在人们对自由全面发展的追求上，落实在对和谐法则的践行上，这样才能使社会主义具有内在的生命力，发展出一套全新的经济政治制度。这便是"勇于不敢则活"，整个人类文明都将因此而进入新境界；反之则会"勇于敢则杀"，整个人类文明进入自我毁灭的死胡同。

[①]马克思恩格斯全集：第3卷[M]．北京：人民出版社，2002：283．

在我们坚守和谐法则的过程中，必然会与坚持着丛林法则的人相遇，在与他们相处的过程中，我们必须坚持和谐法则以改造对手。如果他没有能力接受和谐法则，那我们就要适应对手的规则，先把他赢了，再用我们的法则来教育他们，切不可像东郭先生一样不看对象地一厢情愿地讲和谐。

在以往的注释中，通常把“敢”与“不敢”解释为是否用刑杀人。如魏源先生就这样注解：“此老子悯时救世之心也。见当世勇于用刑，故戒之曰，人之用勇不可不慎也。有勇于敢者，则常主于必杀。有勇于不敢者，则常主于活人。此两者其用勇则同，而一利一害分焉，不可不审也。何则？人之勇于敢杀者，岂不自以为顺天之所恶，故毅然行之而无难。然天意深矣远矣，孰知其果为天所恶之人乎？是以虽奉天讨之圣人，而于刑诛之际，犹兢兢然不敢轻易之。何者？盖天生万物，犹父母之生众子，生之而不欲杀之者，其本心。及其自趋于死，虽欲宥之而不可得，则亦倾者覆之，此所以恢恢疏阔而自无漏网之人也，何待人之代执其咎哉？是以圣人诛罚，一听诸天之自然，而未尝经己意与之。则虽极好生之德，而未尝失有罪之诛。是以网漏吞舟之鱼，而为奇者吾奉天讨以杀之，孰敢不畏。所谓刑一人而天下惩，诛四罪而天下服。盖我不敢者，人亦不敢之也。苟其不然，天以恢恢之网而吾以察察之网乘之，法网愈密而掛网愈众，而人之不畏死者愈甚。何则？我敢者人亦敢之也。奉天者听命，而代天者专权。敢与不敢，或利或害，可不慎乎？”

关于“繟然而善谋”，也应当加以强调。在社会运行的诸变量中，道即价值体系是慢变量，是生活中的决定因素，但由于它处于社会生活的深处，经常地不被人们所认识，只有少数人能够认识到它的作用并发现其中存在的问题，当然也就更难以对问题进行治疗；等到大多数人发现了问题的存在，那就已是病入膏肓很难解决了。闻道的圣人尽管看起来行动缓慢，但正如王弼所说：“安而不忘危，未兆而谋之，故曰繟然而善谋也”，所以就只有这样的人才能够在大家都还没有看到问题的时候就发现了问题。明代人吕坤也说：“干天下事者，智深勇沉，神闲气定，有所不言，言必当，有所不为，为必成。不自好以露才，不轻试以倖功，此真才也，世鲜识之。”“安重深沉是第一美质。定天下之大难者，此人也。辩天下之大事者，此人也。”[①]

[①][明]吕坤，洪自诚．呻吟语·菜根谭[M]．长沙：岳麓书社，1991：221、233．

第七十四章

[原文]

民不畏死，奈何以死惧之[1]？若使民常畏死，而为奇[2]者吾得执而杀之，孰[3]敢？常有司杀者杀[4]。夫代司杀者杀，是谓代大匠斲[5]。夫代大匠斲者，希[6]有不伤其手矣。

[注释]

[1] 以死惧之：用死亡来威吓之。

[2] 奇：王弼注，“诡异乱群，谓之奇也”。高亨注，“奇，邪也，指犯上作乱”。

[3] 孰：谁，哪个。

[4] 司杀者：专门管理杀人者，不是指现实社会中的司杀者，而是上一章所说的“天网”。

[5] 大匠：工匠的首领；斲：斫（音 zhuó）的异体字，本义为大锄，引申为砍、斩。

[6] 希：稀疏，引申为稀少、罕见。

[译文]

假如民众不怕死，那又何必用死刑来威吓他们呢？如果民众很害怕死，那么对于捣乱作恶的人，我们可以抓来杀掉，还有谁敢为非作歹。但是，为政者不可轻用这项处罚作恶者的权力，因为本来就有一位“司杀者”主宰着惩罚恶人的事宜。要代替“司杀者”来行使杀人的权力，这就好像是代替木匠去砍木头一样。而那些代替木匠砍木头的人，很少有不自伤其手的。

[解说]

在这一章里，老子说了三层意思。第一层意思，“民不畏死，奈何以死惧之？”这个好理解。第二层意思，“若使民常畏死，而为奇者吾得执而杀之，孰敢？”这与第一层意思也很一致。第三层意思，“常有司杀者杀。夫代司杀者杀，是谓代大匠斲。夫代大匠斲者，希有不伤其手矣”。这就和第二层意思有纠缠不清之处了。对“为奇者”“执而杀之”算不算是“代司杀者杀”呢？如果算的话，那岂不是也要“自伤其手”？

我认为，这里的关键就在于执掌生死大权的人，能否把自身的价值体系提升到“天之道”的高度。权力是公器、神器，只能用来为公共利益服务，如果被用来服务于个人利益或小集团的利益，那就要“自伤其手”。执政者必须坚持“以人为本”，对生命怀有敬畏之心，对大自然的进化过程怀有敬畏之心，然后才能执政为民，立党为公。比如在新中国建立之初处死了两名贪污腐败的高官，及时地遏制了革命队伍中贪图享乐的倾向，保证了共产党队伍的几十年的清廉，这便是代天行使“司杀者”的职权。

历史的经验充分表明，要想使政治文明建设上台阶，就必须有一个由坚持科学全面的价值体系的先进分子组成的政党，己欲立而立人，己欲达而达人，把它灌输到社会生活中去。要想在社会中树立起一种新的价值体系，推动社会进化，就必须有闻道者掌权；由这些人来率先垂范。

但由于价值体系的变化发生于人脑之中，尽管在外表上看起来还是那个人或某个政党，但由于内在的价值体系的改变，就会使其从一个全心全意为人民服务的人或政党，变成一个半心半意为人民服务或专为个人和小集团利益服务的人或政党。所以共产党就必须高度警惕和防止这个蜕变过程，不断地提升干部队伍的道德水平，进而提升社会政治过程，从历史周期率的控制下解放出来；如何培养出闻道者，这是党和国家兴衰存亡的关键。

要保证党的队伍的先进性，最根本的还是要从党员领导干部们自身做起，闻道勤行，除此以外，没有别的捷径可走。人只有在闻道之后才可稳定地保持在较高的人格发展高度，不再蜕变。中国传统政治智慧非常注重掌权者的人格培养，这是我们的优势。老子所发现的这项任务，经历了两千五百多年的等待，最终要由共产党人来付诸实施。

第七十五章

[原文]

民之饥，以其上食税[1]之多，是以饥。民之难治，以其上之有为[2]，是以难治。民之轻死，以其上求生之厚[3]，是以轻死。夫唯无以生为[4]者，是贤于贵生[5]。

[注释]

[1] 上：统治者；食税：犹收税；统治者收税以自养，故称食税。

[2] 有为：即统治者制定繁杂的制度、法律来统治民众。

[3] 求生之厚：求生，即谋取个人生活资料；厚，大大超过正常需要。

[4] 无以生为：即不以谋取个人生活资料为核心价值。

[5] 贤：高亨注，“犹胜也”；贵生：也就是以谋取个人生活资料为核心价值。本句的意思是说，拼命聚敛个人财富的人反而不得善终，以民众利益为核心价值的人反而实现了自己的利益，所以，从个人利益上来说，那些“无以生为者”反而胜过“贵生”的人；此即“外其身而身存，后其身而身先”。

[译文]

民众之所以遭受饥饿，是由于统治者收取赋税太多，所以民众才陷于饥饿中。民众之所以难以治理，是由于统治者强作妄为，使得民众无所适从，所以民众就难以治理。民众之不怕死，是因为在上者把谋取个人生活资料作为核心价值而贪婪无止，弄得民众无以为生，使民众觉得死了不算什么。只有那些不把谋取个人生活资料作为核心价值的管理者，能够保持正常而有尊严的生活，远胜那些只知聚敛财富的管理者。

[解说]

社会需要有一个管理机构，这是人类文明进化过程的必须，这就像人需要有一个头脑一样。在我们的身体里存在着一种复杂的机制，把各个细胞的分工和供养问题解决得非常好，各个细胞都能各安其位，其需要都能得到正常满足，保证其功能的正常发挥。然而在人类社会中，还没有找到这种机制，各个细胞都往头脑里挤，使这个管理机构趋于庞大，久而久之，社会便发育成一个怪物：在一个孱弱的躯体上长了一个硕大的脑袋。

如果这个大脑袋不干正经事，甚至为非作歹，它本身就会成为社会躯体急欲摆脱的负担。挤到里面的人们并不安于得到一份稳定的收入，他们手中还掌握着资源的分配权，总是不由自主地往自己的碗里多捞那么几勺。几千年来，这个问题一直没有得到圆满的解决。那些握着收费的主动权的人们经常地无视社会的承受力这个界限，他们自身欲望的日益膨胀压缩了其行使社会管理职能的能力，民众便不得不用日益昂贵的价格购买日益低劣的服务。历代的封建帝王甚至把国家视为自己的私产，任意胡来。他们摆谱摆得邪乎，出门要摆盛大的仪仗队，住的是豪华的宫殿，为死后的陵墓而大兴土木，还要为各种偶然出现的怪念头而劳师动众，发动战争，给自己和别人的国家民族带来巨大的灾难。由于他的率先垂范，整个官僚机构也都跟着上，于是便出现了腐败之风禁而不止的局面。于是，他和他的官僚机构就成了社会肌体上需要切除的肿瘤。

所以，百姓治理不好，责任不在于民众，而在管理者自己身上。管理者如果以求生之厚为核心价值，就会食税过多、胡作非为，在挤占了民众的生存资源的同时，也倡导了一种扭曲的价值体系。这就是一种自相矛盾，一方面向人们倡导升官发财的人生目标，另一方面又不给人们提供实现这些目标的通道；把人引向一条狭窄的人生通道，千军万马挤独木桥，只有少数人能够成功，绝大多数人命中注定地是失败者，他们看不到希望，看不到前途，被锁定在走向毁灭的人生轨道上，于是便破罐子破摔，“民不畏死，奈何以死惧之？”所以便造成了“民之难治”。要解决这些问题，就应当反求诸己，坚持一种可以让所有的人都能实现的核心价值，引导每个人走上人生正轨；有了这个基础，社会管理任务便可大大减少，便可建设一个简朴的管理机构，采取无为的管理方式。

要建设这样的价值体系和管理机构，也就意味着消灭私有制。这是因为，在私有制社会中，居于主导地位的价值体系与上述要求是冲突的。从历史上看，一个新政权刚刚诞生时，明智的统治者知道载舟覆舟的道理，但他却无法战胜或改变整个官僚机构的价值体系，其私欲的膨胀过程有增无减，只有一个速度的快慢问题，一直积累到社会不堪重负，引起革命，一个新政权取代原来的政权。然而这种革命仍然没有改变价值体系本身，像阿 Q 的革命一样，目标是“我要什么就是什么”，社会就仍然要在原来的发展轨道上运行，社会躯体上新长出一个脑袋，又开始了新的一轮治乱循环。整个历史翻来覆去讲的就是这一个故事。

这种由于价值体系的缺陷而导致的周期性振荡并非是中国的特产，在西方国家也同样存在，它是私有制社会的与生俱来的缺陷。比如在欧洲，同样存在着一个人数众多的脱离实际生产职能的阶级，这一阶级完全是一个寄生的阶级。葛兰西认为，通过国家官员、知识分子、教士、地主、掠夺成性的商业、军队的过分饱和以及腐化，便留下这样一堆消极的沉渣。“并且可以这样说，国家的历史愈古老，这些渣滓就愈多，就愈成为沉重的负担。这些渣滓是以无所事事和无用的群众、以祖产为生的历史恤金领取者所构成的。”[①]他还说：“国家管理机关向来是绝对寄生生活的一个来源……意大利人口的十分之一是依靠国家预算生活的。而且到现在还有相当年轻的人（四十多岁），身体健康，精力和体力都很充沛，担任过国家职务二十五年，就不再从事任何生产活动，领取一定的巨额退休金，而苟且偷生。”“如果某一家的教士成了神甫，那么，对所有的亲属来说，做‘粗工’就是‘可耻的事’了。”[②]他发现，“美国没有伟大的‘历史的和文化的’传统，可是正因为这样，它就不受这顶大帽子的压制。”[③]不过现在美国也是同样了，资本本身就是寄生性的，因为它自己是不会自动增值的，它必须盘踞在社会物质财富的生产过程之中，从其中切出一块来，养活一个食利者阶级。这个阶层的不断积累，也会造成危机。现在西方人在大力主张全球化，让它们的资金到处流动，但这不是为了支援第三世界的建设，而是要把吸盘牢牢地吸在全球物质财富的再生产过程上，养活它们自己国家的食利者阶级，把危机转嫁给别的国家。

[①][意]安东尼奥·葛兰西．狱中札记[M]．北京：人民出版社，1983：385．
[②]同上，387.
[③]同上，388.

第七十六章

[原文]

人之生也柔弱，其死也坚强。万物草木之生也柔脆[1]，其死也枯槁。故坚强者死之徒[2]，柔弱者生之徒。是以兵强则不胜[3]，木强则兵[4]，强大处下，柔弱处上。

[注释]

[1]柔脆：柔软脆弱。

[2]徒：高亨注，“马叙伦说：徒即途之本字”。

[3]兵强则不胜：王弼注，“强兵以暴于天下者，物之所恶也，故必不得胜”。

[4]木强则兵：高亨注，“木强则被人砍伐，不能久存”。

[译文]

人活着的时候肌肉是柔软的，死后则变得僵硬。万物草木生长着的时候柔软脆弱，死后则变得干枯坚硬。所以，坚强是走向死亡的道路，柔弱是走向生存的道路。因此，强大而暴虐无义的军队必然不能取胜，树木坚强就会被砍伐。以强大自居者最终会处于下位，以柔弱自居者最终要居于上位。

[解说]

仁慈博爱的心灵都是柔软的，邪恶冷酷的心则总是坚硬的。因而坚持大道的人们、有情有义的人们心肠都软，他们怀着无边的悲悯，关注着人类的苦难，所以就愿意为那些看起来素不相干的人们付出关爱。那些在进化过程中居于前列的人们，往往不失其赤子之心，往往有着柔弱的外表；但他们又代表人类进步的方向，代表着人类的整体利益，所以便在柔弱的外表之下包含着刚强。就像塔松的树梢一样，总是软软的歪歪扭扭的，随风摇摆，但如果把它折断，这棵树就不能再长高了。此即所谓“强大处下，柔弱处上”。

只有让那些具有柔软的心灵的人当政，才能造福苍生百姓。如果拿毛主席和蒋介石来对比，毛主席无疑具有柔软的心灵，所以他为了拯救苍生而不惜奉献自己的一切；他看见民众吃的粗粝食物，热泪便夺眶而出；就算是对那些战犯，他也仍然要想法教育转化，把他们作为人来看待。他提出了正确处理人民内部矛盾的主张，提出了“团结——批评——团结”的公式；他还搞了很多次运动，其目标都是为了教育干部和人民群众，在运动中，他制定了“批判从严，处理从宽”、“一个不杀，大部不抓”的政策。林彪乘飞机要跑了，有人建议把飞机打下来，他却说：“天要下雨，娘要嫁人，由他去吧。”总之，毛主席有一颗菩萨心肠。而蒋介石就不具有，他先是对一起闹革命的共产党人大开杀戒，“宁可错杀三千，不可放过一个”。然后是对苏区的民众大开杀戒，“茅草要过火，石头要过刀”。面对着日本鬼子的侵略，自己的人民流离失所，在生死线上挣扎，他却能无动于衷，继续坚持“剿匪”。他还有一道命令说是“奢言抗日者，杀无赦”，直到逼得张学良、杨虎城发动兵谏。为了阻滞日寇南下，他不惜炸开黄河大堤，让大水淹没自己的人民。在日寇进犯南京时，他自己拔腿就跑，把民众扔在日寇的屠刀之下。而在抗战胜利后，他又一次发动内战。总之，他有一颗冷酷的心，因而不管他的武力与毛主席相比是多么强大，终究是因为心肠太硬而决定了失败的命运。“柔弱胜刚强”，这是不以人的主观意志为转移的客观规律。

把这个规律用之于今天，美国现在是一超独大，但内心却很冷酷，在全世界到处都想占便宜，欺负人，把其他国家的人民生命视同草芥，对自己的人民也漠不关心，当卡特里娜飓风席卷美国时，其领导人却在度假，像这样的国家命中注定是不能长久的。而我们这个国家则不一样，我们的领导人与人民很贴心，很关心，汶川发生大地震，总书记、总理亲临现场组织抢救，他们有一颗柔软的慈悲的心肠。根据这一点，我们就可以坚信，我们有着美好的未来。不管还会遇到多少灾难，我们这个民族都将紧密地凝聚在一起，战胜灾难，继续生存发展下去，“天将救之，以慈卫之”。

但我们也必须强调，老子所说的“柔弱”并不是东郭先生的那种柔弱。在两种价值体系激烈冲突的过程中，要敢于斗争，敢于胜利。在这个丛林法则盛行的世界上，仅靠柔弱是无法推行大道的。

第七十七章

[原文]

天之道[1]，其犹张弓与[2]？高者抑之，下者举之，有余者损之，不足者补之。天之道损有余而补不足[3]。人之道则不然[4]：损不足以奉有余[5]。孰能有余以奉天下[6]？唯有道者。是以圣人为而不恃[7]，功成而不处[8]，其不欲见[9]贤。

[注释]

[1]天之道：通常认为是指自然界的规律。根据道即价值体系论，应当是指社会主义核心价值体系，即老子所说的常道。

[2]张弓：高亨解释说，“古人用弓前把弦加在弓上，叫做张；用完后把弦解下，叫做弛。与，读为欤（音yú），语气词”。

[3]天之道损有余而补不足：自然界的规律是减少多余的，补给不足的。魏源解释说：“天之道恶盈而好谦，犹弓之张者，不久则废弛，弛者有时而张。是故凡高者必至于自抑，而自下者必举；有余者必至于自损，而自屈者必伸。天之于物，每每然也。”

[4]人之道则不然：人之道，即是私有制社会的运行规则；则不然，则不是这样。王弼注：与天地合德，乃能包之如天之道；如人之量则各有其身，不得相均；如惟无身，无私乎自然，然后乃能与天地合其德。

[5]损不足以奉有余：减损财富不足者的财富，用来补充给财富有余者。

[6]孰：谁，哪个。本句过于简略，联系上下文，我把它理解为：谁能使财货有余者在价值体系上从“人之道”进化到“天之道”、把多余的财物拿出来供养天下人呢？

[7]恃：自恃有功，藐视别人。帛书乙本为“又”，借为“有”，意亦可通。

[8]处：居也。

[9]见：同“现”，显现、表现。

[译文]

合理的社会运行规则，就像给弓安弓弦一样。弦位高则往下移，弦位低则向上移，弦有余则减损它，弦不足则增补它。理想社会的运行规则是减损有余的东西，增补不足的东西。私有制社会的运行规则就不是这样，它掠夺财物不足的穷人，来供养财物有余的富人。谁能使财货有余者把多余的财物拿出来供养天下人呢？只有“有道者”。所以圣人辅助万物之成长发育而不自恃有功，办事成功而不自居其功，他不刻意表现自己的贤能。

[解说]

在老子的话语体系中，我们终于找到了与现在所说的两种价值体系严格对应的概念。

在老子的话语体系中，道被区分为天之道与人之道。

在我们现代的话语体系中，价值体系被区分为社会主义核心价值体系与资本主义价值体系，以及与之相应的两种行为法则，和谐法则与丛林法则。

与私有制价值体系所对应的就是老子所说的人之道，它“损不足以奉有余”，此即西方人所说的“马太效应”。所以，私有制社会就必然出现两极分化，就要有剥削，就要有违法犯罪，就要有战争。所有这些现象都产生于人之道，都是由于人之道在其中发挥着“序参量”的作用。如果不能在价值体系上来一个由人之道向天之道的转换，人们便不能合理地行动，不能维护和代表自己的利益，就生活在错误之中，就会成为麻烦制造者，引起一系列连锁反应，越错越远；陷到这个恶性循环中，人们便难以找到解脱之道。

在这种由“人之道”控制着社会运行过程的情况下，任何一个国家，只要有足够长时间的政治稳定，就会出现特殊利益集团，盘踞在社会运行的关键环节上，吸附在社会财富的分配过程中，操纵这个国家的公共政策来谋取自己的利益。由于他们的技巧越来越娴熟，所获得的利益也就越来越多，进而使自己越来越庞大，越来越贪婪，逐步控制这个国家的经济社会体制、政策、组织，使之符合特殊利益集团的需要，进而使该国发展的动力越来越被抑制，各个部门越来越僵化，最终导致该国的衰落。中国历史上反复出现的由于官僚机构庞大、土地兼并而导致的社会危机、政治危机，就是很典型的例子；美国现在也存在着一个庞大的军工集团和一个金融集团，它们正在控制着这个国家走向衰落。就像寄生虫要把其宿主折磨至死、进而使自己也归于毁灭一样，在丛林法则的控制下，人们蚕食着自己所赖以生存的社会集体，自己损害自己，这就是马克思所发现的异化现象，它是在人们坚持丛林法则的过程中而必然要出现的现象，它决定了由这种价值体系控制着的社会政治经济过程的不可持续性。

与社会主义核心价值体系所对应的就是老子所说的天之道，它的特点是“损有余而补不足”。要解决上面所说的丛林法则所带来的各种问题，就必须用天之道来取代人之道，也就是用社会主义核心价值体系取代资本主义价值体系，以人的自由全面发展作为核心价值。当人们普遍地摆脱了人之道的束缚，接受了天之道，在此基础上便可建立起由天之道支配的社会秩序，便可从此风平浪静，稳定和谐。要想用天之道来取代人之道，就要靠有道者把天之道修之于社会，通过修之于身直至修之于天下的程序，逐步地消除人之道所带来的各种问题。要想实现可持续发展、科学的发展，关键就在于改变由人之道控制社会生活过程的状态，取而代之以天之道控制社会生活过程。

由此可见，老子关于用天之道来取代人之道的理想是人类进化的必经之路。也就是说，我们现在建设社会主义核心价值体系，用这个价值体系来取代资本主义价值体系，这是人类进化的必经之路。这个建设过程是马克思主义理想与老子的理想的结合点，所以我们就可以借鉴老子所说的程序，从修之于身做起，首先是有一批树立了新的价值体系的人出来宣传新的价值体系，逐步把它修之于家、修之于乡、修之于国、修之于天下。这个过程同时也就是无产阶级革命事业发展的过程，经过武装斗争、夺取政权、发展生产力等前置程序，在掌握执政权力并建设了充分的物质基础之后，我们才能进一步修之于国、修之于天下，形成稳定的超循环，把社会稳定在新的发展轨道上。

因而，老子的学说与现代的社会主义理论是相通的，两者都站在全人类的立场上思考问题，都以消灭私有制为目标。前者站在私有制的入口处，扮演着预言者的角色，后者则站在私有制的出口处，扮演着完成者的角色。“孰能有余以奉天下？”现在看来，唯有当今共产党人。老子提供了剧本，而要把这个剧目演好，则要寄希望于现代“侯王”——共产党人。所以现代共产党人要演好自己的角色，就有必要重温一下剧本，记住老子为闻道者制定的规则，一方面要闻道勤行，教育人民群众，组织领导他们为了共同利益而艰苦奋斗；另一方面，则要“为而不恃，功成而不处，其不欲见贤”，不管取得了多么大的成就，都不可居功自傲、忘乎所以。

老子的上述教导与毛主席的教导是一致的：马克思主义者不应计较什么功劳大小；共产党员是整个人民群众中较早觉悟的一部分人，虽然做了很多工作，付出了巨大的牺牲，那也不要居功自傲，在人民群众面前也不要有什么优越感。在事业顺利的时候，要看到这不过是万里长征走完了第一步，人类进化的路子还很长，还有很多事情要做；在遇到困难、挫折和处于低潮的时候，则要看到成绩，看到光明，要提高我们的勇气；不管在什么时候，都要像老黄牛一样，踏踏实实，埋头苦干，如此等等。

共产党是闻道者的组织，这是它同其他政党的根本区别。可能有人对这个说法有意见：如果不是共产党员就不能闻道吗？现实中确实有很多非党人士孜孜以求着闻道的目标，反过来在共产党内也有很多人不闻道，甚至甘于堕落。这都是事实，但我们必须强调，单靠个人的力量改变不了历史的进程，要想打破旧价值体系的超循环，闻道者就必须组成为政党，这个政党在本质上只能是共产党。只有在集体闻道的过程中，才能有个人的闻道。如果人们真正地闻道了，那就必然要经历一个把大道修之于身和修之于天下的必经程序，就会自然而然地投身于共产党改造旧世界的伟大事业中去。

现在我们中国一方面是昂首阔步，正在崛起，另一方面是内忧外患，矛盾重重。导致这种现象的原因就在于一部分先进分子践行着“天之道”，努力推进中国的社会进步，而另一部分人则坚持“人之道”，唯利是图，制造各种内耗。我们看到，在存在如此复杂的羁绊之下，我们中国尚且能取得如此巨大的成就；假如没有了这些内耗，假如全体党员和民众都能践行“天之道”，中华复兴自然也就易如反掌了。

第七十八章

[原文]

天下莫柔弱于水[1]，而攻坚强者莫之能胜[2]，以其无以易之[3]。弱之胜强，柔之胜刚[4]，天下莫不知，莫能行[5]。是以圣人云："受国之垢[6]，是谓社稷主[7]；受国不祥[8]，是为天下王。"正言若反[9]。

[注释]

[1]天下莫柔弱于水：天下万物没有比水更柔弱的了。

[2]莫之能胜：即莫能胜之。

[3]无以易之：以，用也；易，改变；没有可以改变它的力量。

[4]弱之胜强，柔之胜刚：高亨本根据傅亦本、帛书乙本改为"柔之胜刚，弱之胜强"。

[5]莫不知，莫能行：没有不知道的，没有能够践行的。

[6]受国之垢：受，承受、承担；垢，通"诟"，侮辱。

[7]社稷：社是土地神，稷是谷神；古代帝王都要祭祀社稷，后来便以社稷作为国家的代称；是谓社稷主，即这就称得起社稷之主。

[8]不祥：即灾难；受国不祥：即承担国家的灾难。

[9]正言若反：高亨先生解释说，"圣人这些话本来是正面说的，而听的人却像是反面话"。

[译文]

天下没有什么比水更柔弱的了，然而攻克坚强的东西，没有什么能胜过它，这是因为没有什么可以改变它。弱可以胜强，柔可以胜刚，天下没有谁不懂这个道理，却没有谁能实践这个道理。因而圣人说："能够承受民众的责怨，并自强不息，这就称得上是社稷主。能够承担国家的灾难，并艰苦奋斗以战胜灾难，这就可以成为天下王。"这些话本来是合乎正道的，却与人们的日常感受相反。

[解说]

闻道者由于坚持的是众人所没有认识的价值体系，所以就面临一个无法摆脱的命运，那就是不被民众理解。哪怕他像毛主席那样身居高位，这一点也不会有所改变。这是因为闻道者与未闻道者之间的差距是由内在的认识能力造成的，这种差距并不因民众对他的崇拜或热爱而被超越。

但闻道者不能因为民众的不理解而放弃自己对于人类集体的责任，所以他们就要耐心地说服人民群众，领导人民群众来完成社会集体的目标。他们之所以要坚持共产党的执政地位，并不是特别热衷于当官，而是出于对人类命运的关切，出于一种历史责任感。即使是“受国之垢”，即无知者对他们的误解谩骂与反对纷至沓来，他们也必须忍辱负重，不可轻易放弃自己的责任。

无知者不能承担责任，因而无知者无责任。人类所有的错误，不管是不是闻道者所犯的错误，闻道者都必须承担起来；正如家长必须对孩子的幼稚行为负责一样，闻道者就是人类的监护人。要想建设“大制”，就只能由他们来领导。人们常说，离开了某人地球就不转了么？那我们可以说，离开了闻道者，地球尽管还会继续转，人类文明却必然要走向毁灭。尽管有很多人目前还认识不到这一点，但事情本身的发展会迫使人们认识到这一点。所以，往往是在危难之际，闻道者才能脱颖而出，承担起领导民众战胜灾难的责任。

而在平常的情况下，闻道者的历史责任感与庸人急于出人头地的欲望，很难区分开来。后者通常缺少自知之明，不知道自己的局限性，总想多管事，但他们管事的结果总是事与愿违，制造的麻烦总是比干的正事多，总也不能把社会事务管好。期望他们做到这一点，就如同期望公鸡下蛋。因而可以说，闻道者掌权就是民主，因为他们代表了人民的根本利益，尽管在形式上未采纳其他人意见。所有成功的正确的决策，其奥秘恰恰就在于排除了未闻道者的错误意见，防止其破坏性渗入集体意志的形成过程。在此过程中，还必须顶住他们的诟骂，此即所谓“受国之垢，是谓社稷主”。闻道者掌权就是真正的民主，这就是老子所说的“正言若反”。于是在民众所需要的民主形式与他们更需要的实际利益之间就出现了冲突；只有在人类整体地趋向于闻道的过程中，这个冲突才能逐步得到化解。

第七十九章

[原文]

和大怨，必有余怨[1]，安可以为善[2]？是以圣人执左契[3]而不责[4]于人。有德司契[5]，无德司彻[6]。天道无亲，常与善人[7]。

[注释]

[1]和大怨，必有余怨：大怨难以尽和，与其结怨后再努力和好，不如从开始就避免结怨。

[2]安可以为善：怎么能算是为善呢？

[3]左契：古代借贷时所用的契券，用竹木刻制，两边刻相同的文字，记财物的名称、数量，劈为两片；左片就是左契，刻负债人姓名，由债权人保管；右片叫右契，刻债权人姓名，由负债人保管。索物还物时，以两契相合为凭据。

[4]责：索取偿还，即债权人以自己持有的左契向债务人索取所欠的财物。

[5]有德司契：司，掌管；有德的人掌管契券而不索取。

[6]无德司彻：彻，剥取；例如《诗•豳风•鸱鸮》中有“彻彼桑土”，毛传解之曰，“彻，剥也；桑土，桑根也。”

[7]天道：即天之道，自然规律；与：助也。

[译文]

调和大的仇怨，必定会有剩余的仇怨，怎么能算是为善呢？因此，圣人掌管着契券而不向人讨债。有德者只是掌管着契券，无德者则只管追索剥取。自然规律对谁都不偏爱，永远帮助善人。

[解说]

闻道的人喜欢和谐，所以便能在人际交往中，大事化小，小事化了，化干戈为玉帛；不闻道的人不知和谐的珍贵，所以便肆无忌惮；无事生非，激化矛盾；成事不足，败事有余；即使是很小的嫌隙，经过矛盾双方彼此间的层层加码，最终会酿成一场滔天大祸。到了这种程度，人们才知道后悔，但要想缓和消除它的恶果，就很难了。此即所谓“和大怨，必有余怨”。所以人们要想平安，就应当正确处理人民内部矛盾，不要轻开衅端。在自己的国家内部，不管是多么尖锐的冲突，都还是要找到妥善的处理办法。但这一点要在人们普遍闻道的基础上，才有可能做到，至少是要在闻道者掌权的前提下，才有可能，否则就不可能做到，这是因为，一是未闻道者没有构建和谐社会的愿望，二是他们不会正确处理社会矛盾，三是他们自己就是社会矛盾的根源，他们的贪欲总是源源不绝地把怨恨制造出来。

在私有制所主导的社会中，无法正确处理社会矛盾。比如以色列与巴勒斯坦，冤冤相报，何时是个尽头？美国人自恃武力，在伊拉克擅开衅端，制造了当今世界最大的人权悲剧和人道主义灾难，五年来，已造成66万人死亡，其中伊拉克平民占99%，平均每天死亡450人，驻伊美军死亡人数近4000人，伤残近3万人，直接军费累计5000亿美元。美国的总统也承认，伊战使美国付出沉重的生命和经济代价[①]。这就是老子所说的“强梁者不得其死”，还是早点退步抽身吧，要不然，倒霉的日子还在后面。

科学政治学的目标就是要让政治过程保持在高位上运行，避开那些导致低水平政治过程的陷阱，一旦进入这些陷阱就难以跳出来。人类社会的各种冲突，包括民族冲突、宗教冲突、意识形态冲突，归根到底都是由于价值体系的狭隘片面所导致的冲突。要想构建和谐社会，建设和谐世界，就要正确处理这些冲突；而要正确处理这些冲突，首先则必须进行价值体系建设，培养那种能够使人们凝聚起来、和谐起来的社会主义核心价值体系；不仅要在中国建设社会主义核心价值体系，还要把这个价值体系推广到世界上去。只有在这个新价值体系形成气候的基础上，不同的国家和文明之间才能正确处理冲突，才能和平共处。把大道“修之于天下”，需要经历一个漫长的过程，但我们相信，天道无亲，常与善人，我们这个事业代表着人类的未来，不管还会遇到多少曲折，必将取得最后的胜利。

[①]伊战五年，代价沉重[N]. 郑州日报. 2008－3－20（8）.

第八十章

[原文]

小国寡民[1]。使有什伯之器而不用[2]；使民重死而不远徙[3]。虽有舟舆，无所乘之[4]；虽有甲兵，无所陈[5]之。使人复结绳而用之[6]。甘其食，美其服，安其居，乐其俗。邻国相望，鸡犬之声相闻，民至老死不相往来[7]。

[注释]

[1]小国寡民：通常被理解为“小国家之面积，寡民众之数量”，从社会价值体系建设的角度来看，可以将其理解为“精简社会管理机构，减少民众欲望”。

[2]使民有什伯之器而不用：高亨注，“使”下“民”字，王弼本无，傅奕本有，今据补。“什伯之器”河上公本作“什佰人之器”，帛书甲本作“十百人器”，乙本作“十百人之器”。高亨认为“当从乙本”。“十百人之器”，指一人用之等于十人百人的功效的器械，即功效十倍百倍的器械。

[3]使民重死而不远徙：重死，以生命为核心价值，也即是以人为本，珍爱生命。徙，迁移。在王弼本中，本句为“使民重死而不远徙”，但在帛书甲乙本中，本句皆为“使民重死而远徙”，故应采用后者。关于后者的解释，网上见到有人引用高明注：“‘远徙’与‘不远徙’义相对立，此亦是帛书本与今本之一分歧。审校经文，老子主张使民‘甘其食，美其服，乐其俗，安其居，邻国相望，鸡犬之声相闻，民至老死不相往来’。足见他不仅反对‘远徙’，也同样反对‘不远徙’，主张使民安居而不徙。故而‘远徙’之‘远’字，非作远近解的副词，而是作‘疏’、‘离’解的动词。《广雅•释诂》：‘远，疏也。’《国语•周语》‘将有远志’，《晋语》‘诸侯远己’，《论语•学而》‘远耻辱也’，在此‘远’皆训‘离’。乙本《道经》‘不远其辎重’，甲本作‘不离其辎重’，‘远’、‘离’二字互用，则取离别之义。帛书甲乙本‘使民重死而远徙’，犹

言使民重死而离别迁徙，即使民重视生命而避免流动。”很有道理，故应采纳。

[4]虽有舟舆，无所乘之：舆，帛书甲乙本均作车。车与舆古通用。乘，坐船或坐车。因安居而不徙，故虽有车船而无所乘之。

[5]陈：古阵字。这里用做动词，指排列阵势。

[6]使人复结绳而用之：人，傅奕本、帛书乙本均作“民”，应据改；复，再也；结绳，上古无文字，结绳以记事。

[7]民至老死不相往来：通常被理解为“人民直到老死，都不互相往来”，但也有人认为这是指百姓健康长寿，寿终而亡，与上面的“重死而不远徙”相呼应。

[译文]

精简社会管理机构，减少民众欲望。即使有各种高效率的机械也不使用；教育民众珍爱生命而避免迁徙；虽然有船只车辆，却没有使用之必要；虽然有军队和武器装备，却没有机会列阵陈列。使民众重新用结绳来记事。教育民众满意自己的食物、欣赏自己的衣服、安于自己的住所，珍爱自己的风俗。邻国之间互相望得见，鸡犬的叫声都可以听得见，但直到老死也不互相往来。

[解说]

老子身处私有制社会刚诞生的时候，在其弊端刚出现的时候就发现了问题。他早早地追求和谐社会的理想，但由于他对和谐社会的出现所要经历的诸多历史阶段还看不清，和谐社会的抽象目标与现实生活所提供的思想素材的简单相结合，便形成了复归于朴的社会理想；这在历史早期的思想家中是经常现象，就连比他晚出生了两千多年的卢梭也同样向往着自然状态。然而人类并不听这些智者的劝告，他们稀里糊涂地来到世上，不管这条进化之路有多少苦难，有多少阴森恐怖的峡谷隧道，仍然吵吵闹闹地走了进去。

老子所能想象的社会理想是那种简朴的生活方式，这种社会理想肯定是无法实现的。但是，一种价值体系必须有相应的生活方式、风俗习惯、国家制度与之相配套，这是一个基本原理。只考虑价值体系的建设而不考虑与之相应的国家制度、生活方式与风俗习惯的建设，或者是只注意社会制度的建设而不考虑价值体系的建设，都是片面的，一厢情愿的，不能实现的。所以，我们不要因为老子的“复归于朴”无法实现就轻率地把它置之一旁，而应当是学习其中的智慧和原理，努力达到老子的深度，在建设社会主义核心价值体系的同时，按照以人为本、科学发展观和构建和谐社会的要求，设计和构建与之相配套的先进生活方式，这样，我们才能在社会政治文明的建设上进入自由王国。

在这一章中，我们可以得到什么启示呢？我认为这一条是很重要的：要抛弃资本主义价值体系、建设社会主义核心价值体系，就要把这个革故鼎新的工作贯彻到日常生活领域中去，形成与之相配套的生活方式，而后人民群众才能“甘其食，美其服，安其居，乐其俗”，这与资本主义的永不满足地追逐物质财富的生活态度是截然不同的。在一个西方神话中，有一根魔笛，只要一吹响这根笛子，人们便不由自主地跳舞，一刻不停地一直跳下去。对于资本主义制度来说，它也有一根魔笛，那就是人们对物质财富的追求，在社会层面就是对 GDP 的追求，只要这根笛子一吹响，人们就要一刻不停地追逐物质财富，在追逐这一核心价值的过程中，人们可以越过道德、抛弃法律、超越地球生态环境的底限。资本主义就像中国神话传说中的怪兽“饕餮”一样，见到什么就吃什么，直至把自己的身体也吃了进去，只剩下一个大头和一个大嘴。资本主义这头怪兽最终也会把人类社会吞噬进去，这已经是迫在眉睫的危险了。

由此我们可以发现价值体系进化的一个规则。任何一个社会的价值体系中都有一个核心价值，它是这个价值体系团团围绕的核心。究竟哪一种价值可以成为核心价值呢？现在看来，只有那种可以无限地追求而不会带来副作用的价值，才能作为核心价值。我们曾经把阶级斗争作为核心价值，认为“阶级斗争，一抓就灵”，虽然在一定时期里很灵，却不能一直这样抓下去；我们后来把发展作为硬道理，把国民生产总值作为核心价值，使我们的社会生产力获得了巨大的发展，但从现在的情况看来，它也不是那种可以无限地追求而不会带来副作用的价值。

当我们把西方人发明的国民生产总值作为核心价值引入之后，与之相应的也引入了西方的那一套机制，吹响了那根催促人们追求财富的魔笛，于是在中国也出现了西方人所有的各种问题，诸如食品掺假、坑蒙拐骗、权钱交易、贪污腐化、环境恶化，如此等等。这个引入西方机制的过程，是一个潜移默化的过程，首先就是对西方的那一套生活方式的追求，人们“甘”西方人的食，“美”西方人的服，“安”西方人的居，“乐”西方人的俗，社会风尚的演变过程悄然进行，正是在这种向往西方世界的思潮发展蔓延的过程中，反对四项基本原则的倾向也发展起来，各种破坏社会稳定的因素也滋长起来。

这些年来，我们已经习惯了“引入市场机制”的说法，而在实际上，市场机制本来就存在于我们的社会之内，早在商代的时候，我们就已经有了商人，已经有了市场；现在所说的引进市场机制，不过是对这种本来就有而我们对它保持警惕的东西，放开限制，让它发展起来而已。由于它是与人性成长的初级阶段相适应的社会运行机制，我们在运用这种机制时，自然就会放纵低水平的需要，带来我们所不希望的环境污染和各种低俗丑恶的社会现象。

但是，我们现在不能因为有了这些现象而认为当初就不该放开对它的限制。凡是现实的，都是合理的，社会价值体系的进化必须经过这样一个发展环节。这也正是老子所说的：“将欲歙之，必固张之；将欲弱之，必固强之；将欲废之，必固兴之；”历史发展的辩证法就是这样，我们要终结资本主义价值体系的支配地位，就要先让它充分表演，它在创造出巨大生产力和带来各种社会丑恶现象的同时，也为自己的被取代创造着物质的和精神的条件。

现在应当是时候了，我们应当审时度势地驾驭社会价值体系的进化过程，为其寻找一个更重要的价值来承担核心价值的责任，现在我们找到的是“以人为本、科学发展和构建和谐社会”，这应当就是那个可以无限地追求而不会带来副作用的价值，以它为核心价值，我们就可以建立起一个长期地保持社会稳定和谐的价值体系。在现有的生产力发展水平上，我们可以建立起一种与新的价值体系相配套的有利于人性健康成长的生活方式，让所有的人都能“学有所教、劳有所得、病有所医、老有所养、住有所居”。在此基础上，我们的人民群众自然也就有了“甘其食，美其服，安其居，乐其俗”的自信了。

第八十一章

[原文]

信言不美[1]，美言不信。善者不辩，辩者不善[2]。知者不博，博者不知[3]。圣人不积[4]。既以为人己愈有[5]，既以与人己愈多[6]。天之道利而不害[7]；圣人之道为而不争[8]。

[注释]

[1]信言不美：信言，实话、可靠的话；美，华丽。

[2]善者不辩，辩者不善：高亨注，“此二句两‘者’字，傅奕本作‘言’，帛书甲乙本均作‘者’。按傅本较好。但也无须改，以免与上文重”。

[3]知者不博，博者不知：知者，即知道者、有道者；博者，学识渊博者，他们虽然知识渊博，却未能深入了解大道。

[4]不积：指不积累私有财物。王弼注，“无私自有，唯善是与，任物而已”。

[5]既以为人己愈有：既，高亨注，“《广雅•释诂》：‘既，尽也。’”既以为人己愈有，其意思是，把自己的所有财富都拿出来与大家共享，自己反而更加富有。

[6]既以与人己愈多：即是把自己对大道的认知全部告诉别人，开启民智，这也就为自己闻道履道营造了环境，推动自己在闻道履道上达到更高的水平。

[7]利而不害：利物而不害物。

[8]为而不争：积极有为，但又不与人争论。

[译文]

真实可靠的话不华美，华美的话不真实可靠。善良的人不巧辩，巧辩的人不善良。真懂大道的人学识不广博，学识广博的人不懂大道。圣人不积累私产，他把自己的财富拿出来与大家共享，自己反而更加富有；他把自己对大道的认知全部告诉别人，反而使自己在闻道履道上达到更高的水平。自然的法则是促进帮助人的自由全面发展而不是妨害这种发展；“圣人”的准则是努力践行大道而不与别人争论。

[解说]

本章乃全书之总结，帛书甲乙本均把本章和第八十章移到第六十六章（江海所以能为百谷王者）之后。但仔细揣摩一下，我以为还是把这一章作为总结放在结尾为好，这是因为这一章的内容更适合于放在结尾。《道德经》作为一个博大精深的价值体系，从介绍什么是道、如何认识道以及如何实践与坚守大道，引导人们步步深入。而这一章的内容是对那些深入认识和实践了大道的人来说的，也只有在坚守大道的实践中，这一章的教导才是可以理解的。对于执政的共产党人来说，回顾共产主义事业的成长发展过程，再来读老子的这些教导，更是别有一番滋味在心头。

要理清这里的思路，我们就要对人类的进化路线有一个整体的鸟瞰图。我们首先要认识到，人类是一个整体，每一个人都是这个整体的不可分割的有机组成部分。这个认识是大道的根源，认识到这一点，也就是悟道了。在闻道者出现之前，人类社会充满了矛盾内耗。不闻道的人，仍然局限于动物式的思维方式，坚守的是丛林法则，他们也有一套理论，很早以前就有“人不为己，天诛地灭”的说法，后来还出现了“人都是自私的”、“自私很伟大”的说法，近来又听到一种说法：“牺牲自己造福别人是愚蠢的想法”，如此等等。这些说法无不根源于私有制社会的那一套价值体系，它以物质财富的私人占有为核心价值。持有这种价值体系的人，必然要把个体与集体对立起来，把物质需要与精神需要对立起来，追求那种与集体利益相对立的个人物质利益，因而必然要导致马克思所说的“异化现象”。

我们发现，这种价值体系是人生道路上的一个陷阱，人如果跳不出这个陷阱，就会成为一个自相矛盾的人，一个不负责任的人，一个趣味低下的人，一个自作聪明却又自欺欺人的人，一个损害自己的利益同时也危害集体利益的人，一个被别人卖了还替别人数钱的人。人的理性思维能力，是人类之区别于动物界的最珍贵的能力，但在这个陷阱之中，人的理性思维能力却变成了一种自我损害的能力。陷在这个陷阱中的人，以为这种陷阱中的生活就是人生的唯一内容，他们不知道还有一种优美的生活，看见别人追求那种优美的生活，便莫名惊诧，以为异类，很迫切地想要把自己的生活理想强加于人，把别人也拉到陷阱中来。起初采用武力干涉的办法，后来转变策略，采用和平演变战略，用一套忽悠的方法。比如说苏联崩解，接受了西方人的价值体系，西方人仍然要咄咄逼人地“东扩”，而不会因为价值体系的一致而与俄罗斯和平共处，而是要把它按在那个两极分化的世界秩序的最底层。西方人的价值体系本身就是人类各种内耗的总根源。

而闻道者的出现，为人类社会带来了一种新规则，一种可以把人类社会引入和谐轨道的新规则。但在达到这一目标之前，它反而在原本很复杂的矛盾上增加了一种新的矛盾：闻道者与未闻道者的矛盾。所有的人都要追求个人利益，闻道者当然也不例外。但由于价值体系的不同，闻道者与其他人对个人利益的理解不同，实现其个人利益的方式也不同，他们通过总结其他人“金玉满堂，莫之能守；富贵而骄，自遗其咎”的生活经验，发现了个人利益的全面而丰富的内容，以及实现个人利益的合理可行的方式，“既以为人己愈有，既以与人己愈多”。闻道者急切地把这种新发现告诉自己的同胞，因为他们知道，只有在越来越多的人闻道的情况下，才能逐步减少社会内耗，使每一个体的利益得到保障，使社会趋向于和谐。

这样一来，就出现了闻道者与未闻道者的矛盾，矛盾的结果有如下两种情况，一种是在未闻道者掌权的情况下，闻道者的奋斗只是增加了社会的内耗，社会依然在原有的轨道上运行，趋向于堕落毁灭；另一种是由闻道者掌权，于是就可以把社会引到新的轨道上运行，逐步减少社会内耗，把社会引向和谐。要想避免前一种情况，就需要建立社会主义制度，在此基础上，才能由闻道者掌权，并进一步提出正确处理人民内部矛盾、促进民众闻道的目标。在我看来，这第八十一章所讲的就是在闻道者掌权的情况下如何促进民众闻道的问题，老子为之制定了这样几条规则：

一、“信言不美，美言不信”，这里暗含了第一条规则：执政者必须坚持大道，实事求是地认识现实，不能迎合流行的意见。

人类需要一套新的价值体系，来为人们提供行动的指导。在丛林法则的控制下，人们所看到的现实就是一场生存竞争，这种看法使人们的利益彼此对立，从而进一步强化、激化生存竞争，就如女巫的魔咒一样，它可以自我实现。各种价值体系一旦控制了人们的思想和社会运行过程，都会自我实现，自我强化，这就是艾青所说的超循环。所谓闻道，也就是打破旧价值体系的超循环，建立起新价值体系的超循环。

要想打破旧价值体系的超循环，就要靠执政者率先坚持新的价值体系。老子的书是写给侯王们读的，侯王们首先必须闻道，才有可能打破旧价值体系的超循环。但是，闻道者们要想让未闻道的人明白这个道理很困难。于是乎就出现了“信言不美，美言不信”的情况。这是因为，闻道者的话让未闻道的人听起来很不爽，心理上有排斥反应，接受不了，听了后哈哈大笑。在这种情况下，闻道的执政者仍然要实事求是地把现实的情况告诉人们，不能为了得到群众的支持而迎合流行的意见，那样做只能是继续强化了原有的价值体系，使社会在歧途上越走越远。这就像美国人一样，这么多年来，靠发动战争和发行美元，日子过得挺好，到现在才突然发现国家走在错误路线上，但他们的政治体制决定了，执政者必须迎合民众的意见，所以他们找不到走出错误路线的路径。

二、“善者不辩，辩者不善”，这里暗含着第二条规则：执政者在大道的践行上要身体力行，以身作则，不必与人争辩。

闻道的过程是一个很复杂的过程。马克思说人的本质是一切社会关系的总和，这其实也就是说人的价值体系是他的一切社会关系的总和，包括经济基础、上层建筑、文化传统，还有那与生俱来的生理本能，以及他的整个成长过程。先闻道的人当然希望传播自己的价值体系，但他只能因材施教，把那本来就存在于对方心中的正在萌动着的东西唤醒，表现出来，这便是机缘。如果人们不具备这个机缘，一直生活在扭曲片面的价值体系之中，被锁定了成长的方向，那就不可能通过争论来使其价值体系实现一个转换，这就像即使有适宜的温度也不能从石头中孵出小鸡一样。

于是对那些不具备机缘的人，闻道者爱莫能助，只能听之任之。如果人们想通过争论来勉强后者接受，实践证明那是毫无意义的。人的思想觉悟过程是一个自然成长过程，勉强不得，揠苗助长的结果往往是适得其反，自取其辱，所以老子便说：“多言数穷，不如守中”。毛主席主张让人民群众自己教育自己，自己解放自己；邓小平也发明了一个“不争论”。人民群众只有在实践中碰了钉子以后，才有可能自己去总结经验教训。所以圣人并不强辩，只能是身教重于言教，不能靠长篇大论的说教来教育。如果领导者言行不一，说一套做一套，口言善而身行恶，则效果就更加糟糕。所以，老子便说：“善者不辩，辩者不善。”这里的“善者”，应当是“善于传播大道”的人。“善者不辩，辩者不善”的意思是说，那些真正闻道的人们并不愿意与人争是非，而那些急于争个是非出来的人必定没有闻道。

三、“知者不博，博者不知”，这里面暗含了第三条规则：执政者要深刻领悟大道的精髓，创造性地应用，不能机械教条地照抄照搬。

所谓“知者”，即是“知道大道的人”；所谓“博者”，也就是“知识广博的人”。这是两种不同的人，他们尽管都在努力地探索积累知识，但所关注的方向不一样。人类在掌握知识的深度与广度之间似乎有一个反比例的关系。英国人伯林曾有一本书，名为《刺猬与狐狸》，这个书名取自古希腊诗人的话：“狐狸知道很多的事，刺猬则知道一件大事”，他把学者分为两类：刺猬型与狐狸型。刺猬型学者构建一个中心体系，他们只对自己所关心的问题感兴趣，其特点就是思维连贯、逻辑严密。狐狸型学者博学多闻，无所不知，然而缺乏深度。刺猬型学者分泌原创性思想，总结归纳人类每一阶段经验的精华，编织全新的思想构架，提供解释世界的基础支撑点。狐狸型学者则辛勤地消化前者的思想成果，化高雅为通俗。这种分类很相当于老子的分类，刺猬型学者即是老子所说的“知者”，他们致力于闻道，努力地推进价值体系的进化；狐狸型学者即是老子所说的“博者”，他们超越不了流行的价值体系的控制，只能在既定的价值体系的基础上积累知识。

如果仅仅是作为学者，狐狸型学者是受人欢迎的，他们广博的常识可以为他们赢得广泛的声誉和不菲的收入；但如果要把知识付诸实践，解答现实难题，把社会事务管好，那就还是要靠刺猬型学者。通过对大道的追求而摆脱片面性与狭隘偏私的困扰，使自身不断完善；在此基础上才有可能达到对现实世界的真实认识，这便是庄子所说的“有真人而后有真知”。所谓“真人”，即是“修之于身，其德乃真”的人，在此基础上积累知识，才能成为真正的“博者”。若要取得各项事业的实际成果，就应当深入掌握大道的精髓，活学活用，才能正确应对眼前的现实问题。而狐狸型学者则由于缺少了对大道的认识，缺少了对自身完善的追求，尽管很博学，却并不实用，所以就有那样的学者，书读得很多，却越读越蠢。从中国革命的实践中就可以找到很多例证，那些对马列主义倒背如流的人，知识不可谓不渊博，但他们照抄“本本”来指导中国革命的结果是差一点断送了中国革命事业，倒是那没啃过洋面包的山沟里的马列主义者挽救了中国革命。

要想管好社会事务，就必须把知者放在掌权的位置上，这也就是前面所反复强调的“闻道者掌权”；但这一点很难做到，知者与博者的区别是内在的本质性的区别，从外表上很难看出来，甚至由于知者的“顽且鄙”，他们在选拔干部的时候更容易被淘汰掉。特别是在知者很罕见的社会环境中，知者被选拔出来掌权的概率就尤其小。我们在上面说到“执政者要深刻领悟大道的精髓，创造性地应用”，但这只对即将闻道的那一小部分人是有意义的，对另外一些人来说，不过是一句正确的废话。如果掌权者已经闻道，那就无须别人多说，他就可以自然而然地循道而行，执政为民；如果掌权者没有闻道，企图通过劝说来使他们觉悟，其希望是很渺茫的。所以执政的共产党人就应当建立起一个保障闻道者掌权的机制，一是要创造有利于闻道者成长的社会环境，让闻道者经常地每日每时地大批地产生出来；提高了闻道者在民众中的比例，也就可以提高闻道者被选拔出来掌权的概率；二是要让闻道者掌握干部选拔权力，只有他们才有能力识别谁是闻道者，让这样的人来选干部，就可以极大地提高闻道者被选拔出来的概率。

四、“既以为人己愈有，既以与人己愈多”，这里暗含着第四条规则：闻道者要代表人民的根本利益，在为人民服务的过程中实现自己的人生价值。

“圣人不积”是什么意思呢？积是积累，闻道的圣人不积累什么东西，不管是财富还是知识，他的东西都拿出来与他人共享，不要专利；这是因为，他认识到这样一个事实：每个人都是来去匆匆的过客，作为大自然与人类进化过程中的一个分子，我们个体生命之存在的意义就在于:在平凡的生活中坚守大道，充分地发挥自身的潜力，充分运用自身的智慧、勇气，为人类进步事业和大自然的进化过程发挥一份积极的作用。人们付出得越多，其潜能便发挥得越充分，对人类进步事业的贡献就越大，其生命价值就越大。但在现实中，私有制社会的运行规则迫使人们关注物质私利，进而塑造出一种只关心个人物质利益的行为模式，如不能带来个人物质利益，就不肯有任何付出。这在表面上看是维护了私利，但在实际上，拒绝付出也就是拒绝成长，由此而形成了一种心灵空虚、狭隘猥琐的人格。处于这种人格水平上的人，如果富有了，便会张扬跋扈，不知道咋吃咋玩；如果贫穷了，则又会自暴自弃；但不管是富有还是贫穷，他们都把仅有一次的生命轻率地浪费了。

在知识的积累上，也是同样道理。我们看到，总有那么一些人，他们很自信地认为自己掌握了绝对的知识。但历史和现实的经验经常地提醒人们，这是一种假象。圣人能够认识到这一点，他知道自己的知识不是绝对真理，却又必须从现有的知识出发，才能接受新的知识，逐步接近于常道，所以就能够保持一种谦虚开放的心态面对新知识、新现象，于是便能够做到不自见、不自是、不自伐、不自矜。他把人的自由全面发展作为核心价值，尽力帮助别人实现这一价值，于是便可反过来促进了自身的自由全面发展，他为别人所做的越多，他自己在自由全面发展的目标上就走得越远，达到的境界就越高，这便是“既以为人己愈有，既以与人己愈多”。

总结以上四条，概括起来就是“天之道利而不害；圣人之道为而不争”。圣人、闻道者面对人类进化过程应当秉持这样的态度：一方面积极促进这个过程，利而不害；另一方面则要根据现实的发展水平，实事求是，为而不争。毫无疑问，相对于人类个体的生命过程来说，大自然与人类的进化过程太漫长了，黑格尔说过：“在神的面前，千年如一日”，而在老子的面前，也同样是千年如一日。率先闻道的人们急不得，他们必须有足够的耐心等待人们的觉醒。

但对于我们现代人来说，就必须有紧迫感。现代社会所面临的问题比起老子那个时代来，要复杂得多，同时也紧迫得多。当今世界充满了不确定危险，地球生态已濒临崩溃的临界点，人类已不能再耐心地等待，历史留给人类的时间已经不多了。丛林法则与人类创造的巨大生产力结合在一起，正在形成巨大的破坏力，使地球生态环境濒临崩溃。是生存还是毁灭，就在那一念之间。毛主席有一句名言，那就是“只争朝夕”，马克思也怀有同样的紧迫感，这就是他们与老子的不同之处。一方面，他们认识到闻道是人们自己的事情，要靠人们自己的努力；另一方面，他们还认识到，人类还必须自觉主动地促进这个过程，所以他们就一次又一次地预言革命高潮的到来，并自觉地发动促进人类解放的社会政治运动。

历史发展到现在，推进社会价值体系的进步已经不是哲学家个人的事业了，它是无产阶级政党的使命。在当今时代的两种价值体系的大决战中，中国共产党担起了这项使命，做出了构建和谐社会的决定，提出了建设社会主义核心价值体系的新目标，这是社会价值体系演变过程的一个新阶段，也就是人类所要回归的“大道”。共产主义运动的萌芽、成长过程也就是社会主义核心价值体系产生、发展、形成“超循环”、重组社会生活过程并稳定地运行起来的过程。没有社会主义核心价值体系，就没有共产主义运动；只有切实建设好这一价值体系，和谐社会才能成长起来，人民幸福才有了可靠保障。

站在这样的历史高度，我们便可很明确地看到，社会主义的根本任务就是建设社会主义核心价值体系，夺取政权、发展生产力等其他各项目标都不过是序幕，前奏曲。所以，社会主义政权就要抓住建设社会主义核心价值体系这个纲，创造和保持人们闻道所需要的各种条件，就像妇产科的医生随时准备迎接新生命的降临一样，社会主义制度要随时准备迎接实现价值体系转换的人们，所以就要创造新的社会交往方式，建立一套维护新价值体系的新制度，正确处理人民内部矛盾，按照“团结——批评——团结”的公式，从团结的愿望出发，开展积极的思想斗争，帮助人们闻道，在新价值体系的基础上达到新的团结。这是我们不同于老子的地方，或者说是我们超越了老子的地方。

现在我们还应当进一步谈谈共产党执政的依据问题。社会主义运动的发展过程，也就是社会主义核心价值体系在社会中萌芽、成长的过程。马克思虽然没有使用社会主义核心价值体系这个概念，但他就像他所自喻的盗来天火的普罗米修斯一样，给人类带来了一个高级的人生目标——人的自由全面发展。以这个价值为核心价值的价值体系就是社会主义核心价值体系，它为人类社会带来了走向和谐的机遇，开辟了历史的新方向，它就是社会主义核心价值体系的萌芽。它的问世也为社会生活中增添了一项矛盾，那就是两种价值体系的冲突。以前的人类都处在丛林法则的控制下，而在引入了新的价值体系之后，便分裂为两个阵营。一个阵营集中在丛林法则的旗帜下，竭力地维持丛林法则对世界的控制，虽然他们自己内部充满了内耗冲突，但在面对社会主义阵营的时候立即本能地毫不犹豫地团结起来；另一个阵营则团结在社会主义核心价值体系的旗帜下，竭力冲破丛林法则的控制，用新的价值体系改造社会生活，建立起一个没有压迫剥削的新制度。这两个阵营的力量消长决定着人类的前途和命运。

新的价值体系不是凭空而来的，它只能从现有的文化环境中成长起来，在此过程中，必然要经历一个摆脱丛林法则的艰难过程。即使在共产党内部，也不是清一色地坚持着社会主义核心价值体系，也存在着两种价值体系的冲突，真正具有这种价值体系的人也不是很多，但他们能量极大，代表了历史进步的方向，有了他们的领导，社会主义事业便蒸蒸日上。如果没有他们的领导，共产党就会腐败变质，社会主义事业便会滑向歧途，直至穷途末路，重新回归于丛林法则的统治之下。在人类趋向于毁灭和趋向于发展进步的两种力量的斗争中，资本主义和修正主义代表着人性中倒退与毁灭的倾向，两者在本质上是一致的，它们都不能摆脱低阶价值的控制。只有那些坚持社会主义核心价值体系的人，才能代表人类根本利益。

共产党执政的依据是什么呢？那就是共产党人所具有的社会主义核心价值体系，这使他们有能力代表人民的根本利益。其他阶级和政党也很想当领导，但他们没有能力代表人民的根本利益，这是因为他们的那种以财富的私人占有为核心价值的价值体系使他们一有权就想谋取私利，并以自己的身教来把人们引上歧途，让人们认为放纵欲望就是根本的人生幸福，用这种价值体系来引导社会生活，就会在社会生活中制造出许多问题，诸如生态恶化、两极分化，还有周而复始的经济危机，社会一片混乱，动不动就要打仗，炸得一塌糊涂。选择了他们来当领导，人民就要遭殃。唯有共产党能够把人们的利益协调起来，把社会引向和平繁荣，把人生引向幸福安宁、自由全面发展的境界，这就是共产党的执政地位的依据。共产党的存在价值就在于它在历史进化过程中，在社会由私有制向公有制过渡的历史进程中，扮演了牵引力和方向盘的作用。正是基于人类进化的历史需要，共产党的领导权就具有了天然的依据。有人主张以是否经过民主选举作为执政依据，这虽然也可作为依据，但只能排在第二位，如果二者出现了冲突，历史进步的需要就要排在优先地位，以强制的历史必然性为自己开辟道路。

为了给人们闻道创造条件，所以就需要有闻道者掌权，同时还需要有一个培养闻道者的组织，这就是共产党所要承担的历史使命。共产党与其他资产阶级政党的根本区别就在于它承担着一项重大的社会进化的功能：它是社会主义新人的孵化器。对这一点，很多人认识不清，有一部分人钻进党内，把它作为做官谋取私利的捷径；另一部分人则站在党外，力图忽悠它交出执政权力；前一部分人努力使其腐败，后一部分人则努力把它打倒。这两种人表面上看起来很不相同，实际上却持有同样的价值体系，这便是老子所说的“玄同”，在一只看不见的手的驱使下，共同致力于埋葬共产党的任务，这是一个由资本主义价值体系作为序参量的自组织过程。

现在我们已经认识到了建设社会主义核心价值体系的任务，并进一步认识到社会主义运动的目的就是要坚持社会主义核心价值体系，让它从小到大、由弱到强地成长起来，让它在社会生活中越来越强化，居于支配地位，渗透到社会生活过程中去，对社会生活进行自组织。只有当这个自组织过程稳定地运行起来之后，人民群众在这种新的生活方式中享受着和谐的生活并获得自由全面发展的时候，社会主义事业才能稳定下来。如果不能做好这件工作，而只是把注意力专注于经济建设，听任市场法则来控制社会生活，那就必然要使社会生活重新陷入内耗之中，经济建设自然也就难以搞好。

所以我们必须理直气壮地坚持共产党的执政地位，同时还要强调，执政党必须履行好坚持社会主义核心价值体系的历史使命。老百姓只要管好自己的事就行了，在社会潮流面前，他们是无能为力的。就算是有那么一些人反对四项基本原则，那也还是先要找找执政党的责任，普通民众不过是在时代潮流中沉浮，而对这个时代潮流的引导控制则是执政党的责任。悠悠万事，唯此为大。

[概述二]

追寻老子的智慧，建设社会主义核心价值体系

两千多年来，诠释《道德经》的文献汗牛充栋；由于它的博大精深，人们总能从中找到自己需要的东西。现在我们重新诠释它，也是为了寻找自己所需要的东西，即是为了找到“道就是价值体系”的证明。这就像解一道含有未知数的代数题一样，“道”是其中的未知数，我们把“价值体系”代入其中，看它是不是一个合适的解。这个代数式很长，五千言，八十一章，在我们从头到尾地计算了一遍之后，现在可以很有把握地断言，用“价值体系”这个词可以很完美地替换老子所说的“道”；“道”就是“价值体系”，与之相应的，“常道”就是社会主义核心价值体系。

这种拿两种理论体系进行对比的工作，很像生物学家所做的事情。当他们遇到一个不知名的物种时，就要拿它与其他已知的物种进行比较，以便确定其种属。初看起来，古老的老子学说与现在的中国特色社会主义理论之间的差距很大，但是，当中国特色社会主义理论发展到以人为本的阶段并产生了社会主义核心价值体系的概念以后，我们便可以发现它们两者之间的相似之处，找到破译老子学说的密码，从而也就有可能把老子的高高在上的神秘学说转变为普通人都可领悟和践行的智慧，解答现代人所急需解决的难题：真正能够在深思熟虑的基础上来规划设计和建立一个良好的政府，实现社会的科学管理，进而保障每一社会成员的生存与发展、安宁与和谐，而不是听天由命地要靠机遇和强力来决定他们的命运。

要想解决这个难题，我们必须继承老子的伟大智慧，把社会政治过程实事求是地作为一个有机体的自组织过程来研究。这是一个像动物和植物一样的生命成长过程，而不是像一座建筑物那样靠人工建筑起来的过程。在动植

物的成长过程中有 DNA 在其中发挥着控制作用，在社会政治组织的这个自组织过程中也有一个类似的东西发挥着支配作用，它就是我们现在所说的价值体系，也就是老子所说的“道”。从《道德经》第一章的“道可道，非常道”，到最后一章的“天之道，利而不害；圣人之道，为而不争”，老子对社会组织的这个“遗传密码”作了很全面的描述。在两千五百年后，我们终于能够正确理解它了。

马克思说：“最一般的抽象总只是产生在最丰富的具体发展的场合，在那里，一种东西为许多东西所共有，为一切所共有。这样一来，它就不再只是在特殊形式上才能加以思考了。”[①]对价值体系的认识便是如此，尽管它存在于一切时代，并且很早就有老子进行了天才的研究，却也只有在建设社会主义的伟大事业中，人类才能对价值体系在历史上的各种表现进行总结，并把对它的自觉建设提上人类政治事务的日程表。同时也只有在建设社会主义核心价值体系的过程中，人类才终于跨进了科学政治学的大门。经历了漫长的等待，老子的智慧终于派上了用场。

一、整个历史也无非是价值体系的进化过程

社会主义核心价值体系的提出是一次辉煌的日出，在它的照耀下，人类的历史一览无余地展现在我们面前。达到了这个认识之后，我们便可对什么是社会发展的决定因素，以及“历史来自何处？历史通往何方？”[②]的问题做出新的解答。于是我们就会发现，价值体系就是社会运行过程中的主导因素，整个历史也无非是价值体系的进化过程，其最终目标就是进化出社会主义核心价值体系，它就是老子所说的“常道”。

历史发展中的主导因素是什么？在无产阶级改造旧世界的实践中，对这个问题的认识也经历了一个发展过程。首先是马克思强调了生产方式的重要作用，他有一段名言：“物质生活的生产方式制约着整个社会生活、政治生活和经济生活的过程。不是人们的意识决定人们的存在，相反，是人们的社会存在决定人们的意识。”[③]但他并没有把这一决定作用绝对化，他在另一个地

[①]马克思恩格斯选集：第 2 卷[M]．北京：人民出版社，1995：22.
[②][德]卡尔•雅斯贝斯．历史的起源与目标[M]．北京：华夏出版社，1989：3.
[③]马克思恩格斯选集：第 2 卷[M]．北京：人民出版社，1995：32.

方说："不同要素之间存在着相互作用。每一有机整体都是这样。"[①]

在认识到价值体系的存在以后，我们现在认识到，对于马克思主义这样博大精深的理论，人们对它的理解必然要受到各自的理解力的限制，而这种限制又主要是来自人们自己的价值体系发育不充分。在私有制环境中，人们很自然地要把财富的私人占有作为核心价值；所以在马克思主义刚问世的时候就出现了"过分看重经济方面"的倾向，甚至把经济因素看成历史发展的"唯一决定性的因素"，进而把马克思的历史唯物主义曲解为"经济决定论"。尽管马克思本人对这种"马克思主义"很不满意，后来恩格斯又做了很多澄清，这种"经济决定论"在国际共运史上仍然是一团驱之不散的迷雾。不管是早期的伯恩斯坦、考茨基，还是后来的普列汉诺夫和陈独秀，都在这个地方误入歧途。在他们看来，只要生产力发展水平不高，发动无产阶级革命的条件就不成熟。现在有大量的事实证伪了这个"经济决定论"，比如说，社会主义革命并没有在那些生产力发展水平较高的国家出现，而是出现在俄罗斯和中国这样的生产力发展水平很低的国家；再比如说，当代人类生产力的发展日新月异，在西方发达国家仍然没有出现社会主义革命的迹象；此外，在共产党人已经掌权的苏联东欧社会主义国家，在生产力高度发达的情况下，反而出现了资本主义复辟。这些事实都否定了"经济决定论"。

毛主席在领导中国革命的实践中，推动了对历史决定因素的深入认识，他说："诚然，生产力、实践、经济基础，一般地表现为主要的决定的作用，谁不承认这一点，谁就不是唯物论者。然而，生产关系、理论、上层建筑这些方面，在一定条件之下，又转过来表现其为主要的决定的作用，这也是必须承认的。当着不变更生产关系，生产力就不能发展的时候，生产关系的变更就起了主要的决定的作用。当着如同列宁所说'没有革命的理论，就不会有革命的运动'的时候，革命理论的创立和提倡就起了主要的决定的作用。当着某一件事情（任何事情都是一样）要做，但是还没有方针、方法、计划或政策的时候，确定方针、方法、计划或政策，也就是主要的决定的东西。当着政治文化等等上层建筑阻碍着经济基础的发展的时候，对于政治上和文化上的革新就成为主要的决定的东西了。"[②]正因为毛主席在承认总的历史发

[①]马克思恩格斯选集：第2卷[M]．北京：人民出版社，1995：17．
[②]毛泽东选集：第一卷[M]．北京：人民出版社，1991：325－326．

展中是物质的东西决定精神的东西的同时，又承认精神的反作用，并致力于用新的世界观来武装中国人民，缔造了一支坚持新的世界观的革命队伍，所以就能以弱胜强、战胜国内外敌人，领导中国社会实现了翻天覆地的变革。

在改造旧世界的革命实践中，共产党人始终都要面对大量的纠结在一起的矛盾；在这种情况下，关于历史决定因素的研究就不再仅仅是一个理论问题了，而是一个实践中的问题。为了避免单一因素决定论所必然会遇到的困境，毛主席在领导革命的具体实践中发现了一个抓住主要矛盾的思想方法，他说："在复杂的事物的发展过程中，有许多的矛盾存在，其中必有一种是主要的矛盾，由于它的存在和发展规定或影响着其他矛盾的存在和发展。""研究任何过程，如果是存在着两个以上矛盾的复杂过程的话，就要用全力找出它的主要矛盾。捉住了这个主要矛盾，一切问题就迎刃而解了。"[①]

根据这个抓主要矛盾的方法，在不同的历史时期，共产党人所面对的主要矛盾是不一样的。在没有夺取政权之前，夺取政权建立社会主义制度就是主要矛盾；在建立了社会主义的政治制度后，主要矛盾就是发展生产力，发展社会主义民主政治以及与之相适应精神文明。经历了执政将近六十年的实践与认识的深化过程，中国共产党终于发现了价值体系在社会生活中的重要作用，抓住了主要矛盾，驱散了经济决定论的迷雾，开创了理论发展的新境界。它并非是简单地站在经济决定论的对立面来否定经济的作用，而是站在一个新的理论发展高度，建立起一个全面的价值体系，把经济基础、上层建筑的各种因素都包括在内。运用这个理论不仅可以解释以前的理论所解释不清的大量历史现象，诸如为什么西方社会生产力极其发达却仍然没有出现社会主义革命、苏联东欧在生产力发展起来之后反而崩溃了，而且也为我们巩固执政地位、实现构建和谐社会的新目标指明了路径。

价值体系在社会生活过程中的重要作用根源于人类的本质特征。在大自然长期进化的基础上形成的人类社会，除了具有无机界的物质性、生物界的生命特征以外，还具有自己的独有特征，这就是人能够"使自己的生命活动本身变成自己意志的和自己意识的对象。他具有有意识的生命活动"[②]，人能够支配自己的生命活动。《哲学人类学》的作者兰德曼概述了前人对这一问题

[①]毛泽东选集：第一卷[M]．北京：人民出版社，1991：320、322．
[②]马克思恩格斯全集：第3卷[M]．北京：人民出版社，2002：273．

的论述：人“不再是自然手中一架运转永远正常的机器，人成了他自己的行为的意图和目标。（赫德尔）”“在植物和动物中，自然不仅指出了目标，而且也自己来实现目标。但是，对于人，自然只分配了目标，自然把目标的实现委托给人。（席勒）”“人是他自己的伟大实验者；人是永不气馁的人，是永远面向将来的人，人发现从他自己的跳动着的活力中找不到歇息之地，所以他的未来像靴刺一样始终不懈地刺激着每一个现在的肌肉。（尼采）”“海德格尔让我们‘设计’我们自己。”“人与其他的造物不一样，对人来说，没有先于其存在的本质。上帝并没有以自己的形象造人，理性也没有包含一个反映了人的无时间的本质的模式。……人注定是自由的……自由不是他能够接受或拒绝的礼物……人不能逃避自由，甚至在他不知道自由或否定自由的时候也是如此。（萨特）”[①]

由于人是“未完成的”、人是自由的、人必须自我设计自己，所以他必须在自己的头脑里设计自己的未来，就像建筑师造房子一样，他要有一张关于自己的设计图，“蜜蜂建筑蜂房的本领使人间的许多建筑师感到惭愧。但是，最蹩脚的建筑师从一开始就比最灵巧的蜜蜂高明的地方，是他在用蜂蜡建筑蜂房以前，已经在自己的头脑中把它建成了”[②]。对于自己的人格建设，也就是我们所说的价值体系建设，人们同样需要有一个自我设计。但这只是一个“应该”，实际的情况是，它处于人们的自觉控制之外，在人们能够对自己的价值体系进行思考的时候，其理性思考过程本身就已经被社会经济文化过程决定了；从形式上看，人们所狂热坚持的价值体系是自己理性思考的结果，但在实际上，人的本能、经济制度的强制压力、文化环境的模塑等因素共同设计着人们的价值体系。

与每个人都有自己的价值体系一样，每个社会集体都有其占主导地位的价值体系。它是这个社会集体中所有个体的价值体系所形成的合力，反过来又影响和支配着每一个人的价值体系，形成一个“超循环”；对个体来说，人的价值体系决定着其人格的高下，对社会来说，社会价值体系的发展水平同样决定着社会生产力和政治制度的发展水平。

价值体系并非像超市里的商品那样任由人们随心所欲地自由选择，人们

[①][德]米夏埃尔•兰德曼．哲学人类学[M]．上海：上海译文出版社，1988：206-211．
[②]马克思．资本论：第一卷[M]．北京：人民出版社，2004：208．

要选择哪一种价值体系，要取决于时代的货架上所摆放的“商品”。社会价值体系的“超循环”过程就像是一条装配零件的流水线，每一个人都要从上面经过，被装配上一个价值体系，使用了一生，他们甚至根本没有意识到价值体系的存在，就像鱼在水里生活却不知道水的存在一样。只有少数人有幸进入哲学家和先知、圣人的库房，翻出了一些价值体系，因而有了一些选择的权利，但他们又经常地发现这些价值体系的适用性很差，不是过时了便是过于新潮，就像盲目跟风的年轻人的穿着一样，其怪异打扮总是引来路人的侧目。社会价值体系的“超循环”过程支配着所有的人，就像希腊神话中的那个铁床一样，把高个子锯短、把矮个子拉长。人们要想在社会环境中生活下去，就要接受这个环境所提供的价值体系。人们若想自由选择价值体系，除非能对自己出生的时间进行自由选择。特别是对那种深层次的核心价值，人们甚至根本就没想到过要对它们进行更新换代的问题，正因为如此，这些价值体系才能够牢牢地控制着人们的头脑。

认识到这一点，我们便可意识到自己在价值体系进化过程中的责任，而不能固步自封地把低水平价值作为核心价值。哥白尼之前的人们把地球作为太阳系的核心，必然会遇到很多无法自圆其说的现象；同样的道理，当人们把低水平价值作为自己的核心价值时，在理论和实践上总是处于某种程度的自相矛盾之中，放纵情欲物欲的结果却是危害了自己，甚至是自我毁灭。对于社会来说也是同样，如果不能抓住主要矛盾，而是把其他低水平的目标作为核心价值，就不能保证社会的和谐稳定，在社会政治领域就无法进入自由王国。比如说，发展生产力和科技也很重要，但它们不能作为核心价值，如果把它们作为核心价值，就无法保证社会和谐与人生幸福，生产力和科技的进步与人的动物本能相结合，反而会将人类推向毁灭。以美国为例，整个国家都被掌控在军工集团和金融大财团的手里，它们的唯一目的就是聚敛财富，最直接有效的手段就是欺诈、掠夺。于是，美国这个庞然大物就被这个军工集团和金融大财团所绑架，成了他们掠夺世界的巨大战车，既可以为他们遮风避雨挡子弹，又可以让他们打着国家的旗号做那些见不得人的勾当。恰如恶魔附体一般，美国的政府不过是他们的傀儡，人民不过是被他们肆意驱使和牺牲的廉价低值易耗品。只要有利益，他们可以毫不犹豫的牺牲世界人民包括美国人民的利益，这是资本的本性。

所以，人类就需要有一个社会价值体系的进步，把人从动物界提升出来，使人类文明乃至整个大自然的进化过程延续下去。人类一直在黑暗中摸索，寻找那种指导自己合理行动的价值体系，也就是要找到那真正重要的核心价值，以它为核心重建一个指引我们合理行动并进而达到身心和谐、社会和谐、人与自然和谐相处的科学合理的价值体系。“道可道，非常道”，这个对“常道”的追求过程并非是由哲学家在书斋里就可以完成的，而是要在社会集体的进化过程中完成。在对“常道”的寻找过程中，人类经过了两千多年的发展，才找到了社会主义核心价值体系，这就是老子所说的“常道”。

经常听到有人说价值体系进化论是什么唯心主义，这种做法其实是用西方的认识论范式来评论我们这个充分发展的理论。由于其哲学范式的狭隘，不可能得出正确的结论。尽管人们看不见、摸不着这个价值体系，难道它不是一个实实在在的客观存在吗？不管是好的还是差的，每人都有一个价值体系，哪怕是那些否定它的客观存在的人们也同样要有一个。价值体系与人的躯体的关系，就像生物进化过程中的遗传密码与蛋白质的关系一样，价值体系的遗传与进化是目标，而人的躯体不过是基础、介质或者说是手段，或者借用老子的说法，是古人祭祀时用过即扔的“刍狗”。两千多年以来，无数人的生命过程不过是被用来维持价值体系超循环过程的工具，无数人的辛勤劳作、殚精竭虑、灾难痛苦、奋斗呼号乃至某些人的阴谋诡计、邪恶愚蠢，都不过是社会价值体系用过即扔的刍狗。大家都不要对此有什么意见，承认这一点并不令人难堪，因为这是客观存在的事实。珍爱生命的人们，如果不甘于这种“被刍狗”的命运，其唯一的办法是为自己选择一种科学全面的价值体系，自愿地皈依“常道”，心甘情愿地做它的“刍狗”；只有把自己的价值体系提升到“常道”的高度，人才能获得自由，成为自己的主人。

二、按照社会主义核心价值体系的成长过程来对历史重新分期

当我们认识到价值体系的演变过程在历史进程中的支配地位之后，原来被用来划分历史分期的生产力、生产关系标准便淡化了，价值体系标准凸显出来。用这个标准来看，社会主义核心价值体系是一个把人从动物界提升出来、使人真正成为人的价值体系；它有一个诞生、发展与成熟的演变过程；在它诞生之前，人还不能被称为严格意义上的人；在它诞生之后，人类才开

始了提升人性、使人真正地成为人的精神跋涉过程，沿着这个道路发展下去人类终将最终克服兽性、获得完善的人性。认识了这个过程，我们便可根据这个过程的几个阶段，将历史划分为史前期、诞生成长期、成熟期。

史前期。距今 400 万年到 800 万年前的某个时候，在动物种群最高等的灵长类动物中形成了一支类人猿群体。它们是生物群落中最高级的生命，具有比其他生命更发达的大脑和感觉器官，能够适应环境的变迁。由于采取杂食特别是火的应用，它们可以吸收更全面的营养，使得大脑和四肢更加发达，能够思维、站立行走、创造发明和使用生产工具，于是便在“生存斗争”中取得了优势，从而为进化到人类阶段奠定了基础。但它们在精神上仍然保持着原始状态，还没有进入“历史”，因而我们把它称为史前期。雅斯贝斯说：“史前无疑是不断变化的波流，但它在精神上并未获得历史的身份”，“人类在史前的进化，就是构成人性之基本因素的发展。”“史前的过程构成了我们生命的根基，这一形成过程是人之基本结构的成长过程。”①“巴比伦文化、埃及文化、印度河流域文化和中国土著文化，其本身规模可能十分宏大，但却没有显示出某种觉醒意识。”②

诞生成长期。这个说法来自于雅斯贝斯的启示，他将公元前 500 年左右的时期称为历史的“轴心期”，“最不平常的事件集中在这一时期。在中国，孔子和老子非常活跃，中国所有的哲学流派，包括墨子、庄子、列子和诸子百家，都出现了。像中国一样，印度出现了《奥义书》和佛陀，探究了一直到怀疑主义、唯物主义、诡辩派和虚无主义的全部范围的哲学可能性。伊朗的琐罗亚斯德传授一种挑战性的观点，认为人世生活就是一场善与恶的斗争。在巴勒斯坦，从以利亚经由以赛亚和耶利米到以赛亚第二，先知们纷纷涌现。希腊贤哲如云，其中有荷马、哲学家巴门立德、赫拉克利特和柏拉图，以及修昔底德和阿基米德。在这数世纪内，这些名字所包含的一切，几乎同时在中国、印度和西方这三个互不知晓的地区发展起来”③。

“这个时代的新特点是，世界上所有三个地区的人类全都开始意识到整体的存在、自身和自身的限度。人类体验到世界的恐怖和自身的软弱。他探

---

①[德]卡尔•雅斯贝斯．历史的起源与目标[M]．北京：华夏出版社，1989：36－37．
②同上，13．
③同上，8．

询根本性的问题。面对空无，他力求解放和拯救。通过在意识上认识自己的限度，他为自己树立了最高目标。”“这个时代产生了直至今天仍是我们思考范围的基本范畴，创立了人类仍赖以存活的世界宗教之源端。无论在何种意义上，人类都已迈出了走向普遍性的步伐。”“人类一直靠轴心时代所产生、思考和创造的一切而生存，每一次新的飞跃都回顾这一时期，并被它重燃火焰。”①

现在看来，雅斯贝斯所说的轴心期也就是社会主义核心价值体系的萌芽期，它以“道”的形式在中国的老子、孔子及其门生的著作中出现了，在西方以宗教的形式出现。从这个时期开始，人类的价值体系开始进化，在与旧价值体系激烈冲突的过程中，新价值体系发展起来。人类的历史便是价值体系的成长史，这同时也是人性与兽性冲突的历史、和谐法则与丛林法则冲突的历史。在此过程中，人性进化过程并非是一路凯歌，而是在艰难曲折中上演着悲壮的历史剧，其弱小的生命一次又一次地被压制、被扑杀，但它一次又一次地在烈火中重生，以新的形式顽强地成长起来。从中国人的情况来看，这个价值体系经过了许多代人的传承发展，并与西方文化传统的优秀成果马克思主义汇聚融合后，又经过 28 年的奋斗，才上升为统治地位的意识形态；再经过共产党执政 60 年的实践，最终被人们认识，并被命名为社会主义核心价值体系；它就是人类精神进化过程的最终成果，它是老子、孔子、苏格拉底、柏拉图、康德、马克思的理想的忠实继承者，是人类进化过程乃至整个大自然进化过程在当今时代的最终成果。

成熟期。在我们党提出建设社会主义核心价值体系的目标之后，价值体系问题开始进入人们的意识，一个自觉进行价值体系建设的新时代开始了，人类找到了历史之谜的解答，历史进入成熟期。

在意识到价值体系问题之后，我们对共产主义便有了新的认识。以往的人们习惯于把共产主义定义为一个物质资料充分涌流的社会，这种理解仍然以财富的私人占有为核心价值。按照这种理解来建设社会主义，也就在无意识中坚持着资本主义的核心价值，其实践必然要把社会主义引入歧途。现在看来，所谓社会主义或者共产主义，也无非就是一种科学合理的社会组织方

①[德]卡尔•雅斯贝斯．历史的起源与目标[M]．北京：华夏出版社，1989：8、9、14．

式，不管是在什么样的生产力水平上，也不管是在东方还是西方，要想把社会组织管理好，要想最大限度地减少内耗并让人性得到最充分的发展，都必须采用这种方式。这样一种社会组织方式并不像一件外套一样由某个伟人设计出来以后套在社会身上；这种社会组织形式的形成是一个自组织过程，在一个由闻道者组成的社会中，便可以自动地呈现出这样的社会秩序。在人们没有闻道的情况下，如果硬把社会主义生产方式套在社会身上，那就无法启动这个自组织过程，运用自上而下的行政命令建立起来的计划经济模式，肯定是僵化笨拙的，社会经济过程必然会出现混乱。要想推进新生产方式的自组织过程，首先要有坚持这个价值体系的政党，还要有一个能够产生出坚持这种价值体系的领导人的可靠程序作保障。而要有这样的程序和领导人，就需要使先进价值体系形成社会气候，而这样的社会气候又需要相应的政治程序和领导人把它创造出来。

于是我们又遇到了那个“先有蛋还是先有鸡”的问题，究竟是应当先有理想的制度呢还是应当先有成熟的人性？这个问题的答案只能是这样：如果没有新的人生与社会理想，就不会有新制度；没有马克思、列宁、毛主席对理想社会的追求，没有共产党领导的社会革命运动，就不会自动地冒出来一个社会主义制度。新制度的诞生是一个新的社会组织和新的人性互相促进的发展过程，这个新生的制度是不完善的，“它在各方面，在经济、道德和精神方面都还带着它脱胎出来的那个旧社会的痕迹”[①]；从其中的个体来看，大家也都是不完善的，过去的传统都还在纠缠着我们，现实的政治经济制度制约着人们，所以人们就必须不断地自我改造，摆脱旧的价值体系的纠缠。只有在新的价值体系不断成长的情况下，新制度才能在不断成长的价值体系的主导下完成其自组织过程，不断发展完善，这是一个有机体的成长过程。这个过程还必须在社会持续稳定运行的情况下进行，社会再生产过程一刻也不能停下来，我们不可能像修汽车一样把它开到修理厂交给工人师傅，而是要在汽车行驶的过程中修理汽车、更换轮胎等；或者用更准确一点的比喻来说，这是对成长着的动物进行基因改造，就像让一头驴子长成一匹马一样，这无疑是一件极其复杂、极其艰难而又充满风险的工作。

[①]马克思恩格斯选集：第3卷[M]．北京：人民出版社，1995：304．

于是在资本主义与共产主义之间就要有一个过渡阶段——社会主义，这种政治组织形式把人们从生存的自然必然性的强制压力下解放出来，为价值体系的进化创造条件。因而，在建立社会主义制度的同时，就必须为人们提供新的人生目标——人的自由全面发展，并以此为核心构建一个完善的价值体系。只有在人们自觉追求人的自由全面发展的过程中，和谐社会才可以逐步形成并稳定下来。现在看来，社会主义制度的建立也不过是建设社会主义核心价值体系的前置程序。如果有了社会主义制度而不建设与之相配套的社会主义核心价值体系，社会主义制度的优越性就发挥不出来。在这种情况下，在社会生活中实际发挥作用的依然是资本主义价值体系，这种价值体系会自然而然地把资本主义的那一套制度重新恢复起来，这是一个以资本主义价值体系为序参量的自组织过程，在存在着这样的自组织过程的情况下，共产党的执政基础就会日益削弱，其执政地位就会面临日益严重的挑战，这是自然规律。

新中国建立以来的近60年，我国的发展进入了快车道，体制和观念不断更新，经济建设和社会发展日新月异，这种以整个国家为单位的“强行军”，使中国成为全球政治、经贸和文化的焦点，同时也集中了各种尖锐的矛盾、困境和危机。正是这种特殊的历史机遇，使中国占据了一种特殊的“战略高度”，从而有可能认识价值体系在社会生活中的作用和运行规律，并提出建设社会主义核心价值体系的新目标，在哲学上演奏第一小提琴。沿着这个方向走下去，中国特色社会主义必将走向成熟，迈向共产主义。

三、按照“美的规律”构建和谐社会

关于美的问题，哲学家们进行了漫长的探索，提出了几百种定义，诸如“美是理念的感性显现”、“美是生活”等。为阐明这些定义，他们写了大量艰深的著作。在讨论了“道即价值体系”和价值体系的进化过程之后，我们发现，这种在审美对象身上寻找美的定义的美学研究，仍然沉溺于研究思维与存在的关系的哲学范式之中，由于这种哲学范式的狭隘，美学研究也步入了歧途。马克思突破了旧的哲学范式，他发现，“哲学家们只是用不同的方式解释世界，而问题在于改变世界”，在把哲学推进到一个新阶段的同时，他也把美学研究推进到一个新的阶段，不再局限于解释什么是美的本质，而是要

服务于共产党人改造旧世界的伟大事业，研究如何培育美好的人和如何构建美好的社会。达到了这个认识，我们就会发现，美学研究的核心问题也就是社会主义核心价值体系的建设问题。价值体系是真善美的有机统一，随着价值体系进化，人们对世界的认识水平、道德标准和审美标准也同步进化。社会主义核心价值体系是价值体系进化的高级阶段，在这个阶段，人们的审美趣味自然就会达到一个新水平。所谓建设社会主义核心价值体系，并非仅仅是发生在人们心灵深处的变革，而是要从内心深处的变革开始，用高水平的审美标准来培育和谐的人生与社会。根据这个思路来谈论美学，可以谈以下三层意思。

首先，审美感受是人们实践其价值体系过程中的体验。

美并非是存在于客观对象中的某种抽象本质。那些企图在客观世界中找到美的本质的人，仍然站在本原论范式的基础上，其提出问题的方式就不对，所以就无法找到正确解答。当我们超越了本原论范式，站在研究实践与价值体系关系的知行论范式上来思考，问题其实很简单：审美活动是具体的，每个人都在运用自己的价值体系来认识和改造世界，其价值体系就包含着审美标准，凡是符合或支持其价值体系的事物或体验，就会被他认为是美的。审美活动是具体的，具有不同价值体系的人们，其审美标准也不一样。

有人会对这个观点提出疑问，比如说，对于有着不同价值体系的人来说，仍然会有共同的美感。比如说对一道精心烹制的菜肴，大家都认为好吃；对于大河落日的风光，大家都感到壮美。对这个疑问，我们可以这样来认识，人们的价值体系是一个由多层次的需要组成的体系，不仅有发展变化着的部分，同时也还有相对稳定的部分。如基础的生理需要，口之于味，有同嗜焉；对自然风光的欣赏，人们也可能有共同的感受。但即使是在这个范围内，人的审美体验也仍然由于个性发展水平的不同和外部环境的作用，而产生不同的感受。内因是变化的根据，外因是变化的条件，其价值体系的发展水平在其中发挥着重要作用。饥区的灾民大约总不会去种兰花，也没有闲情逸致去欣赏风景；对他们来说，任何能够果腹的东西都是美味，而慈禧老佛爷却面对满桌美味“找不到下箸处”。

黑格尔早就对此进行了辨析：“只有心灵才是真实的，只有心灵才涵盖一切，所以一切美只有在涉及这较高境界而且由这较高境界产生出来时，才真正是美的。就这个意义来说，自然美只是属于心灵的那种美的反映，它所反映的只是一种不完全不完善的形态，而按照它的实体，这种形态原已包涵在心灵里。”[①]这段话很是晦涩，但如果把“心灵”理解为我们现在所说的价值体系，就容易理解了：人们都坚持自己的价值体系，这是他的各种需要、欲望和理想的总和，实现了这些目标便感到愉悦，失败了就感到痛苦。美感就是这些愉悦或痛苦的感受，艺术创造活动也不过是人们表现这些感受的方式。

用价值体系来取代黑格尔所说的“心灵”，便给美学研究带来了一个新进步，使我们的目光深入到人的心灵内部，看到价值体系的进化过程。由于这个进化过程，美的标准也就不可能固定不变。价值体系经历了一个漫长的发展演变过程，不同阶段的价值体系中包含着不同的真善美的标准，因而具有不同价值体系的人，所观察到的现实是不一样的，其善恶标准也不一样，其审美标准也不一样。愚蠢、邪恶与审美趣味的低下是密切联系的有机统一体，那些处在发展的较低水平的价值体系往往由人的生理欲望、文化传统和关于未来的幻觉等杂乱无章地堆积在一起，其内部充满了矛盾，其所坚持的审美标准也是片面畸形的。在由这种低级狭隘甚至畸形邪恶的价值体系主导下的实践活动中，人们也会体验到愉悦的感觉；比如说希特勒，有一本书这样介绍他：“他为破坏所迷狂，死亡的气味对他来说是甜美的。在他成功的那些年里，他似乎仅仅要毁灭他认为是他的敌人的那些人；而当他最后在感到世界末日到来的日子里，他表现出最大的满足是亲眼看到一切的毁灭：德国人民的毁灭，他周围的人的毁灭和他自己的毁灭。”[②]在这种畸形邪恶的审美趣味的引导下，人们的行为不仅危害社会公共利益，而且也会危害个人利益，因为社会公共利益和个人利益本来就是有机地结合在一起的。由于价值体系的低级片面，人们便不能及时发现自身行为的不合理，他们会跟着扭曲的感觉走上歧途，在错误的路上越走越远，小则身心不和谐、疾病缠身，大则违法犯罪、堕落毁灭。人们都是“跟着感觉走”的，区别在于有的人有正确的感觉，有的人缺乏正确的感觉，于是便各自走上了不同的人生道路。

其次，审美趣味的进化推动人们按照美的规律改造世界。

人的审美趣味随着社会价值体系的进化过程不断地进化；这是社会集体

[①]黑格尔．美学：第一卷[M]．北京：商务印书馆，1979：5.
[②]弗洛姆．人心——人的善恶天性[M]．福州：福建人民出版社，1988：24－25.

的进化过程，随着生产力的发展，人们逐渐从生存的自然必然性的束缚下解放了出来，在社会生活的各个不同领域里，审美趣味不断地丰富发展起来。这是一个社会集体进步过程，一个水平不断提高、范围不断扩大的过程。比如说绘画、音乐等艺术创造活动，最早是作为物质生产过程的伴生物而逐渐地成长起来，从最初的只有少数人从事的活动，发展到有越来越多的人可以从事这类活动。少数艺术家引领着审美趣味的发展趋势，其艺术成就的高低归根到底要取决于他个人的审美趣味的高下；但能否得到社会承认，则要取决于社会环境的支持，这也是一个互相影响、互相支持、互相强化的超循环过程。每一种艺术都有自己的成长环境，当来自不同环境的艺术集中到一起的时候，比如说在世博会上，许多国家带来了各自的歌舞和艺术品，通过比较，我们便可发现不同国度的审美趣味的区别。就是在我们自己的国家里，也有着审美趣味的不同取向，如一些电视台制作的低俗节目令人不堪忍受。

审美趣味的进化过程是一个大趋势。按照这个趋势，艺术创造活动不再是少数人享受的奢侈品，审美活动将逐步在人类生活中占据主导地位，进而按照美的规律来塑造生活过程。马克思在《1844 年经济学哲学手稿》中对人的生产与动物的生产进行了比较，他说："动物只生产它自己或它的幼仔所直接需要的东西：动物的生产是片面的，而人的生产是全面的；动物只是在直接的肉体需要的支配下进行生产，而人甚至不受肉体需要的影响也进行生产，并且只有不受这种需要的影响时才进行真正的生产；动物只生产自身，而人再生产整个自然界；动物的产品直接属于它的肉体，而人则自由地面对自己的产品。动物只是按照它所属的那个种的尺度和需要来构造，而人懂得按照任何一个种的尺度来进行生产，并且懂得处处都把内在的尺度运用于对象；因此，人也按照美的规律来构造。"[①]

根据马克思的论述，不同的物种有不同的审美尺度，按照同样的逻辑，不同价值体系的人也具有不同的审美尺度。所谓美的规律并不是某种固定不变的东西，而是一个不断进化着的东西，它的实现以人们所能理解的程度为限。就像人类对科学真理的探索一样，一代又一代的人们推动着审美趣味的进化；越是在价值体系的基础部分，人们越是能够形成大致相同的感受，因

[①]马克思恩格斯全集：第 3 卷[M]．北京：人民出版社，2002：273．

而越是在社会发展的低级阶段，人类的生活就越是单调贫乏；越是在价值体系的高层次，人们的差距就越大，其审美体验就越是丰富多彩。正是这种不断进化的审美趣味，推动着人们永不停歇地追求那多姿多彩的社会与人生。不仅是艺术创作要遵循美的规律，还包括穿着服饰、家居环境，还包括言谈举止、人际关系乃至于社会政治过程。

“道可道，非常道”，那最后的终极的常道究竟是什么样子，由于我们的知识永远是有限的，所以我们永远也无法确切地掌握它；但是，我们却可以确切地知道，它无非就是人类心中对美好生活的追求与梦想。这里面包含了丰富的内容，人们都力图摆脱灾难、贫困、愚昧、邪恶，追求简洁、和谐、正义、悠闲、富足的生活，实现其人格的完美，像荷尔德林所说的那样，“诗意地栖居在大地上”；人类不像动物那样甘于听凭外部命运的摆布，而是要按照实现自身完美的要求来改造世界，使之越来越完美。这种对美的追求是每个人的与生俱来的本能。

这种“诗意的栖居”并非是单个人所能独自享受的福利，只有在社会整体的进化过程中，它才有可能实现。这是因为，对美的追求尽管是人的天性，但在私有制环境中，这种追求却受到压制。私有制是一个只有把人类置于生存压力的奴役之下才能运转起来的制度，这种奴役压制了人类对美的追求；“忧心忡忡的穷人甚至对最美丽的景色都没有什么感觉；贩卖矿物的商人只看到矿物的商业价值，而看不到矿物的美和特性。”[①]这种对美的扼杀对人性健康成长以及人权自由都构成了严重损害，甚至要把人类推向毁灭。要避免人类的自我毁灭，就要打破资本主义制度所造成的生存压力，让思想冲破牢笼，认识到美的规律，把对美的追求扩展到社会政治领域，抛弃那种自发形成的私有制政治制度，按照美的规律来建设一个理想的政治制度，为实现“诗意地栖居”提供政治基础。正是因为这种对自身人格完美的追求以及不断提升的审美趣味，人们才追求和谐社会与和谐世界，踏上那条从“修之于身”到“修之于天下”的漫长的路程。所以，马克思说：“人类的天性本来就是这样的：人们只有为同时代人的完美、为他们的幸福而工作，才能使自己也达到完美。”[②]

[①]马克思恩格斯全集：第 3 卷[M]．北京：人民出版社，2002：305.
[②]马克思恩格斯全集：第 40 卷[M]．北京：人民出版社，1982：7.

共产党人、闻道者之不同于其他人，就在于他们的价值体系突破了私有制所预设的牢笼，对人类天性中的对美的追求有清醒的自觉，并把这种追求扩展到社会各个领域，特别是政治领域。所谓常道，也就是真善美的有机统一。人们不可能孤立地追求美，由于这个原因，对美的追求并非仅仅是艺术家的事业，它首先是政治家的事业。

再次，把美的规律贯彻到社会政治过程之中。

人类对美的追求并不是一个虚幻的东西，而是经济社会运行中的一个重要角色，甚至是一个决定性的角色。在人们追求美的过程中，社会生活才能不断进步，这是一个社会政治过程。所以政治家就必须自觉地把美的规律贯彻到社会政治过程之中，所谓贯彻美的规律，也就是自觉地建设社会主义核心价值体系。只有做好这件事，艺术家们才能充分施展才华；假如政治家的工作不到位，艺术领域便会一片乌烟瘴气，正直的艺术家便会感到憋屈。

在政治领域里认识和实践美的规律，提高社会管理的科学化水平，是一件很难的事情。从以往的情况来看，从事政治活动的人们更深地陷在争权夺利、邪恶愚蠢的旋涡之中，柏杨形象地称之为“酱缸”。这个“酱缸”的形成是一个自组织过程，参与者都为这个过程贡献了自己的力量，但又都对由此而形成的合力无计可施，所以人类在社会政治领域中长期处于听天由命的状态。社会政治领域是人类审美感受最迟钝的领域，因而也是一个充斥着丑陋的领域。

为了改变这种状况，历代都有仁人志士进行了艰难的探索。从古人所设想的“大同世界”到当今的马克思主义，都力图提升和美化政治运行状态，也确实出现了一些追求理想政治的政治家，但他们的力量太单薄，改变不了巨大的“酱缸”；原本看起来是真善美的目标，在付诸实施的过程中却带来了不真不善不美的结果，“正复为奇，善复为妖”，损害了人民的利益。包括共产党人的执政过程，同样也要经历一系列的探索试误过程，本来是为了推动生产力的发展而引入市场法则，却又带来了收入分配差距不断扩大和环境污染的副产品；本来是想把社会生活纳入法制轨道而加强法制建设，却又遭遇了“法令滋彰，盗贼多有”的困境。正是由于经历了这些探索试误，我们对政治领域里的核心价值才有了日益深入的认识，终于提出了建设社会主义核心价值体系的目标。它是社会主义政治目标体系的画龙点睛之笔，以它作为核心价值，不仅统率了“以人为本”、“科学发展观”和“构建和谐社会”等政治目标，同时也把发展经济、改革开放、保护环境、民主法治等政治目标统率起来。有了这个目标，便可纲举目张，建立一个完善的价值体系。

对于个体来说，只有认识到这个价值体系，才能在认识世界时做到客观全面，在实践中有效地实现自身利益。在追求个性完美的过程中，人们终将摆脱是与非、善与恶的纠缠，纯粹以美的追求作为核心价值，所谓建设社会主义核心价值体系，也就是要培养出具有健全的审美趣味的人，培养出能够欣赏美、创造美的人，能够把美的法则贯彻到社会生活过程之中。在它的引导下，过上一种俯仰无愧的生活，进而推动社会政治过程趋向完美，保持社会和人生的和谐，使我们的日常生活过程成为艺术创造过程，实现“诗意的栖居”。只有在个体价值体系水平不断提升的前提下，才能推进和谐社会的自组织过程，在社会政治领域进入自由王国，实现社会的科学治理。所以，我们必须领悟和运用老子的“无为”的智慧：通过建设社会主义核心价值体系来推动社会生活自动地进入和谐轨道。

和谐就是美，所谓“按照美的规律来构造”，也就是以社会主义核心价值体系为序参量来引导人生和重组社会经济政治文化过程，这就是社会主义的美学，通过自觉推进价值体系的进化，进而使我们的生活环境乃至整个世界趋向和谐。闻道勤行，真善美也就全都包括于其中了。美学因而就不再独立于哲学、政治学和经济学之外，而是把它们都囊括在内。只有在全体社会成员共同坚持这种价值体系的过程中，才能打破私有制价值体系对人们的精神束缚，把人的生命引导到一个较高的人生轨道上，进而克服社会运行过程中的各种病态、痉挛、自相矛盾以至于自我毁灭的倾向；只有当这种新的人生目标成为全体社会成员的自觉追求的时候，“以人为本”、“科学发展观”才能把根扎在现实中，具有了生命力，道德也不再是软弱无力的“应该”，和谐社会才能自然而然地成长起来。

社会政治组织的和谐程度不仅要取决于领导者，同时也要取决于人民群众，所有的人都为其贡献了力量，都或多或少地影响着历史。管理学中有一个木桶原理，说是一只木桶盛水的多少，并不取决于桶壁上最高的那块木板，而是取决于桶壁上最短的那块。这个原理也完全适合于社会政治过程，不管是一个家庭还是一个单位乃至一个社会，其和谐程度不是取决于那个价值体系水平最高的人，而是取决于价值体系最低的人。对那些囿于丛林价值体系的人来说，不管有多么优越的物质条件，也不管有多么优越的政治制度，他都仍然要“折腾”，他不知追求和谐社会，审美趣味低下，坚持着“丑的规律”而不自知；他在追求狭隘目标的同时也推动着那样一种机制的自组织过程，这个机制使社会陷入内耗，直至自我毁灭。这种机制的形成是自发的，它处于人类理性的自觉控制之外，以生存的强制压力迫使人们把占有财富作为核心价值，把一部分人引上贪婪腐败之路，把另一部分人引上铤而走险之路，进而把人们都引到与社会对立的方向。

要构建和谐社会，就必须改变上述自发形成的社会机制；只有通过全体公民对美的规律的自觉追求，才能形成新的机制。和谐社会的目标必须与人们所追求的个人理想相结合，然后才有可能实现。人们要按照美的规律来改造世界，首先要按照美的规律来塑造自己的人格。只有内心具有的东西，才能表现于外。建设一个把人从生存的自然必然性的控制下解放出来的社会运行机制，与培养完美的个性、闻道的人是同一件事情。以往的人们把它分为两项任务，单独从事其中的一项而忽略另一项，结果是全都完不成。有些人片面关注人的道德完善，在自我修养上下功夫，忽略了社会制度的完善，结果是陷入妄想与失败；另外一些人否认人性完善提高的可能性，把人性恶作为最基本的假设，设计出极为复杂的宪政民主制度，在监督和民主程序上下功夫，结果也同样陷入妄想与失败。现在我们建设社会主义核心价值体系，也就是要用系统的眼光来统筹这两项任务，在用美的规律塑造人性的同时也塑造整个社会运行机制，把它置于人类理性的自觉控制之下。

四、慎终如始，则无败事

价值体系问题虽然是当代人所提出的问题，但它属于永恒性的“重大问题”，每一代思想家都要在某种程度上涉及这个问题。比如说康德，他认为所有的哲学体系都必须回答的属于永恒性的重大问题有这样几个：

（1）我能认识什么？

（2）我应该做什么？

（3）我可以期望什么？

而这三个问题最后又归结为一个问题：人是什么？

对这个问题，人类的认识经历了一个漫长的过程。两千多年前，有人把人界定为“能直立行走的、有语言、有两只手的动物”，后来又有人把人定义为“有理性的动物”，如此等等。现在我们再回首人类走过的路程，便可看到这样一个不容置疑的事实：首先，人是万物之灵，是大自然的不断进化过程的最高的成果；其次，在大自然的漫长进化过程的基础上，人自身又开始了价值体系的进化过程。

这个进化过程首先是遗传密码的进化，为了完成这一进化，大自然花费了漫长的岁月。在基因进化的基础上，人类才能进一步开始价值体系的进化，从丛林价值体系的束缚下解放出来，建设以人为本的价值体系。必须经历这个进化过程，人才能真正地成为人。与人类基因的进化过程一样，这也是一个自然历史过程。

新的价值体系刚开始出现时，人们并不知道它是什么，只能模模糊糊地感觉到它。一开始是“在地球表面比较小的区域内，出现了某种东西”[①]。老子天才地感知到了这个“东西”，对其进行了描绘：“有物混成，先天地生。寂兮寥兮，独立而不改，周行而不殆，可以为天地母。吾不知其名，强字之曰道。”从那时开始，直到我们现在将这个“东西”理解为社会主义核心价值体系，人类花费了两千五百年的时间。

在这漫长的过程中，人们都在黑暗中摸索，每个人都处在价值体系进化过程的某个阶段上，因而都是不完善的，于是就要站在这个不完善的基础上去寻找那个完善的价值，在价值体系的阶梯上不断地攀登，不断发现新的价值。新发现的价值要比原来的价值重要，所以它就后来者居上，占据核心地位，对先前的各种价值进行整合，让它们围绕着自己运行起来，形成新的价值体系，克服先前的价值体系的内在矛盾。

价值体系的内在矛盾是其进化的动力，只要其中还有矛盾，就说明这个价值体系中的核心价值仍然不能胜任其核心地位，人们所坚持的那个“道”就仍然还不是“常道”，无法完全做到“以人为本”，生活中仍然会出现痛苦不幸，于是人们就还要继续向上寻找新的核心价值。在这个不断攀登的过程中，人们逐步找到那最核心的价值，最终达到闻道、开悟的境界；进化的

[①][德]卡尔·雅斯贝斯．历史的起源与目标[M]．北京：华夏出版社，1989：86．

终极目标也无非是发展出一种既能保持身心和谐同时也与社会和大自然保持和谐的价值体系。

这样一来，康德所提出的那三个问题就可以被重新表述为“我能否认识大道？”“我能否践行大道？”“我能否实现最有价值的人生？”只有达到这种认识之后，人才能抓住根本问题，摆脱文化传统和外部环境的控制，成为自己的真正主人，无愧于其所自诩的“万物之灵”的称号，找到“人是什么”的终极答案。

新的价值体系总是首先在一些杰出的头脑里萌生出来，然后逐步扩散到人民群众中去。这是一个漫长而曲折的过程，“历史上新的正确的东西，在开始的时候常常得不到多数人承认，只能在斗争中曲折地发展。正确的东西，好的东西，人们一开始常常不承认它们是香花，反而把它们看作毒草。哥白尼关于太阳系的学说，达尔文的进化论，都曾经被看作是错误的东西，都曾经经历艰苦的斗争。”[①]价值体系的进化过程更是如此，雅斯贝斯说：“最高成就常常这么旁遭冷落，无人理解，难以传播。”[②]老子也说道：“吾言甚易知，甚易行。天下莫能知，莫能行。”这不是由于人们有意冷落它、压抑它，而是由于人们的实际认识水平达不到。越是价值体系水平低的人们越是缺少自知之明，他们自以为掌握着绝对真理，一意孤行地要用自己的价值体系来改造社会。他们中的大部分人并非是心存邪恶，不过是因为价值体系发育的不充分而被困在偏见谬误之中。他们必须经历惨痛的失败，才能困而学之，接受科学合理的价值体系。

在社会政治领域，人们的审美趣味尤其迟钝，新的价值体系的扩散过程尤其困难。我们经常看到一些“唯物主义者”，他们执着于唯物与唯心的两极对立，强调物质的重要性，反对精神的重要性，正如马克思在批评庸俗经济学时所说的那样，这些人“所做的事情，实际上不过是对于局限在资产阶级生产关系中的生产当事人的观念，当作教义来加以解释、系统化和辩护。因此，我们并不感到奇怪的是，庸俗经济学恰好对于各种经济关系的异化的表现形式感到很自在，而且在各种经济关系的内部联系越是隐蔽，这些关系对普通人的观念来说越是习以为常，它们对庸俗经济学来说就越显得是不证自

[①]毛泽东文集：第七卷[M]．北京：人民出版社，1999：229．
[②][德]卡尔•雅斯贝斯．历史的起源与目标[M]．北京：华夏出版社，1989：287．

明的。”[①]他们把目前还没有实现的共产主义理想断定为永远不能实现的空想，把自己不能达到的人生境界断定为所有的人都不能达到，这样一来，他就否定了人类的进化方向，放弃了人类解放的希望。这种人一旦形成气候，必然会把历史引入歧途。

在强调价值体系进化的历史必然性的同时，我们也必须看到，在它的旁边始终伴生着一条通向堕落与毁灭之路。人类在生物学方面可遗传的特征是稳定持久的，而精神文化上的成果却能在极短时间内被遗忘和毁灭。推动人类精神继续成长是一件极其艰难的事业，而要想把已有的成果毁掉则很容易。正如老子所说的那样，“民之从事，常于几成而败之”，苏联东欧社会主义政权的崩溃便是证明。恰恰是在社会价值体系的进化这个最重要的事情上，人类一直处在听天由命的境地。正由于这个原因，最先走上社会主义道路的苏联的误入歧途也许是无法摆脱的命运，这是后来人找到正确道路的必要条件。伟大的历史进步要以巨大的历史悲剧为铺垫，这或许是无法避免的历史宿命。

相比于大自然和地球生态环境的进化以及从低级生物进化出人类的漫长过程来说，人类精神进化的过程是极其短暂的；相对于我们个体生命过程来说，人类精神进化的过程则又显得过于漫长了。老子与孔子没能看到他们所期待的理想社会，马克思、列宁和毛泽东都没有看到共产主义的实现，马克思甚至连他所期待的革命高潮都没有看到。我们这一代人能不能看到和谐社会的实现，这仍然要取决于人民群众的觉悟程度。但我们感到，这个时机正在向我们逼近。当今人类面临着巨大的危机，不仅是经济危机、生态危机和社会危机，还有频度越来越高的各种灾难性事件。正是这些即将来临的大灾难，将会迫使人类抛弃疯狂追求GDP的生产方式，“只是在旧的方式不再有用的时刻，我们才会拼命寻找出路。我们会手忙脚乱地探索各种可能性，把我们的神经和感情系统整个地调动起来。”“当熵的不断增加引起了某一能源环境的质变时，历史就达到了一个危急的分界线。在这个危急的过渡时刻，陈旧的办法失去了作用。环境的熵变得如此之大，以致社会必须进入一个新的能源环境，创造新的技术模式，产生新的社会、经济和政治机构。”[②]我们应

[①]马克思．资本论：第三卷[M]．北京：人民出版社，2004：925.

[②][美]杰里米·里夫金，特德·霍华德．熵：一种新的世界观[M]．上海：上海译文出版社，1987：56、58.

当相信人类的自我保护的本能，相信人类追求真善美的天性，它们将会引导人类实现价值体系进化的伟大飞跃，为人类找到出路。

我们参与和见证着一个伟大的历史过程。建设社会主义核心价值体系的目标已经写进了党中央的决议，正成为全党和全国人民的实际行动。这是一项前无古人的伟大事业，在此过程中，必然会遇到许多新挑战。但不管有多少困难与艰险，我们都必须沿着社会主义方向继续走下去，倒退是没有出路的。在这个动荡不安的世界上，我们中华民族承载着人类的希望。

对于每个人的生命过程来说，闻道都是核心价值；对于社会主义政治过程来说，建设社会主义核心价值体系也是核心目标。它并不因为某些人没有认识到它而不存在，它就是太阳系里的太阳，就是“纲举目张”中的那个“纲”，它属于全人类，因而是真正的普世价值。当社会主义核心价值体系在社会生活中占据压倒优势后，对和谐的追求就会成为人们的自觉追求，人类的苦难以及为消除苦难而必须进行的革命都将成为过去。一个漫长的求索过程终于完成了，人类便可科学合理地组织社会政治过程，自觉驾驭社会经济过程以服务人的自由全面发展，开创一个平等、和谐、自由全面发展的新时代。

价值体系的建设与调控是最高层次的社会管理艺术，老子率先在这个领域进行了探索，给我们留下了伟大的智慧，也留下了他的期待。穿过幽长的历史隧道，老子的叮咛依然在我们身后回响：“慎终如始，则无败事。”

参 考 文 献

[1][魏]王弼.老子道德经[M]；[清]魏源.老子本义[M].上海：上海书店，1992.

[2]马克思.资本论[M].北京：人民出版社，2004.

[3]马克思恩格斯选集[M].北京：人民出版社，1995.

[4]马克思恩格斯全集[M].第3卷.北京：人民出版社，2002.

[5]毛泽东文集[M].北京：人民出版社，1999.

[6]邓小平文选[M].北京：人民出版社，1993.

[7][德]黑格尔.小逻辑[M].北京：商务印书馆，1980.

[8][德]黑格尔.哲学史讲演录[M].北京：商务印书馆，1981.

[9][意]安东尼奥·葛兰西.狱中札记[M].北京：人民出版社，1983.

[10][美]马斯洛：动机与人格[M].北京：华夏出版社，1995.

[11][日]池田大作，[意]贝恰.二十一世纪的警钟[M].北京：中国国际广播出版社，1988.

[12][德]兰德曼.哲学人类学[M].上海：上海译文出版社，1988.

[13][德]卡尔•雅斯贝斯.历史的起源与目标[M].北京：华夏出版社，1989.

[14][美]拉兹洛.进化——广义综合理论[M].北京:社会科学文献出版社，1988.

[15][德]赫尔曼·哈肯.协同学：大自然构成的奥秘[M].上海：上海译文出版社，1995.

[16]高亨.老子注译[M].郑州：河南人民出版社，1980.

[17]廖名春.郭店楚简老子校释[M].北京：清华大学出版社，2002.

[18]姜璐，王德胜.系统科学新论[M].北京：华夏出版社，1990.